明 哲 文 选

承传行践
全方位管理学者的淬炼
PASSING THE BATON
Becoming a Renaissance
Management Scholar

[美] 陈明哲 著

机械工业出版社
CHINA MACHINE PRESS

图书在版编目（CIP）数据

承传行践：全方位管理学者的淬炼 /（美）陈明哲著 . —北京：机械工业出版社，
2020.11（2023.5 重印）
（明哲文选）

ISBN 978-7-111-66865-7

I. 承… II. 陈… III. 陈明哲－自传 IV. K837.125.1

中国版本图书馆 CIP 数据核字（2020）第 240714 号

北京市版权局著作权合同登记 图字：01-2020-4289 号。

承传行践：全方位管理学者的淬炼

出版发行：机械工业出版社（北京市西城区百万庄大街 22 号 邮政编码：100037）

责任编辑：闫广文 责任校对：李秋荣

印　　刷：北京建宏印刷有限公司 版　　次：2023 年 5 月第 1 版第 3 次印刷

开　　本：170mm×230mm　1/16 印　　张：36

书　　号：ISBN 978-7-111-66865-7 定　　价：159.00 元

客服电话：（010）88361066　68326294

谨以此书敬献给生我养我育我的父母

|目 录|

|第一篇|

忆父怀师

| 第二篇 |

教研育人

| 第三篇 |

方法心法

| 第四篇 |

精一执中

VI

学为人师 行为世范

古今中外，概莫能外。弟子为老师记录言行并编纂流播是一种美德，正是感于明哲先生的弟子的诚意，写点对《明哲文选》的读后感。

我与明哲先生有缘当面交流。2013 年，在时任国际管理学会（AOM）主席的明哲先生的推动下，我出席了第 73 届 AOM 年会并做了有关海尔人单合一模式探索的演讲。通过 AOM 的顶级学术平台，人单合一模式得到国际知名管理学者的关注和热议。年会期间的研讨交流，对年轻的人单合一模式的发展和完善作用匪浅。这是一场管理学界的盛会，之前，鲜有企业家获邀发表主题演讲，即使有，也是小范围的。选择让我做年会的主题演讲，体现了明哲先生的理念。他说，"AOM 年会要做的事就是追求典范的力量，海尔无疑是商业模式创新与变革的鲜明代表"。也是在那次会议上，我对明哲先生的"动态竞争""文化双融"理论体系有了深入的了解。

管理，作为一门学问，源于发生工业革命的西方。在相当长的时间里，管理的理论和方法基本上就是西方管理的代名词。全球企业遵循的经典管理模式也来自西方，比如福特模式、丰田模式。丰田虽然是日本企业，但丰田模式的管理理论源于美国管理学家戴明的"全面质量管理"。海尔在创业初期也曾学习美国企业、日本企业的管理方法，但在互联网时代，西方经典管理模式暴露出致命的缺陷：工具理性肆意泛滥，完全压倒了价值理性，以理性经济人为假设前提的主客二分体系禁锢了员工的创造力，许多显赫一时的企业巨头也并非大而不倒。我一直在思考这个问题，从管理学领域没找到答案，却在文化范畴发现了曙光。西方固有的线性思维和"原子论"观念体系，可能是导致经典管理模式走入死胡同的根源，而中国传统文化的"系统论"基因正是突破这一困境的良药。从2005年起，我们就在探索一种全新的人单合一模式。这种新的管理模式以"人的价值第一"为出发点，相对于西方企业普遍奉行的"股东第一"，完全是颠覆性的，所以我们在探索的过程中找不到现成的借鉴，一度备受质疑。我也曾遍访"竞争战略之父"迈克尔·波特、IBM前CEO郭士纳等学界、企业界泰斗，希望得到理论和实践方面的指导，但除了对海尔挑战传统管理的勇气的嘉许，所获甚微。这是两个时代，就像两条道上跑的车，没有可比性。直到遇到明哲先生，我的信心才更加坚定。"动态竞争"和"文化双融"挣脱了工具理性的牢笼，它对人的价值的根本性关心，为管理学在新时代的发展提供了新的可能。

也许是遍尝探索人单合一模式的艰辛，我对明哲先生独创两个新的研究领域心生尊敬，也心有戚戚。我们知道，任何一种思想上的创新体系都必然同时受到外部环境和自身主观性两种因素的作用与影响。明哲先生刚到美国投身管理研究的20世纪80年代，正是美国管理理论和企业实践最活跃的时期。也就是说，明哲先生在大师云集的时间和地点入行，学而优则创，直至开宗立派，其艰难程度可想而知，其坚韧可想而知。这或许就是哲学家福柯所描绘的一种境界——从被动依赖权威中走出，运用自我的理性来进行主动思考。这是极不容易做到的，福柯将其定义为"启蒙"。追溯明哲先生管理思想的渊源，儒家思想是源头，但不仅如此，明哲先生在管理学领域的勇猛精进也大有"知其不可为而为之"的精神。《明哲文选》为读者提供了藏在文字背后的答案。这套书就好在全景、全视角地再现了一位管理大家的成长历程和新研究领域的形成过程。很少见到这样的个案，他的学术创业、实践创业与他的个人经历、思想演变完美融合。

所学即所教，所知即所行，无怪乎他的学生无论课堂内外始终追随他。书中有这样一段话令人印象深刻：东方学者的首要职责是树立道德、伦理规范，"传承"祖制及先贤智慧，传播知识，弘扬文化。也许，正是由于东方学者的这种使命感，国际管理界的智慧清单里才会出现源于东方智慧的贡献。在互联网和物联网时代，东方智慧正在创造具有普适性的解决方案。正如书中所说，文化双融理论的核心在于回答这样一个问题：管理人员和企业如何在纷乱却又互联，甚至有些自相矛盾的全球化世界中应对商业的复杂性。这是一个正确的问题，答案未必单一绝对，但过去的答案一定不适应现在的挑战。当下，全世界正面临着新冠疫情的困扰，更需要这样思考，更需要这样行动。

值得欣慰的是，从7年前人单合一模式正式登上国际管理学会的殿堂起，国际学术界、企业界对人单合一模式越来越认可，不少欧美企业也放弃原来的模式，转而学习人单合一。文化双融理论也在广泛的实践领域得到进一步验证。在我们并购的欧美企业中也是如此，我称之为"沙拉式文化融合"，不同国家的文化都得到尊重，就像蔬菜各不相同，但沙拉酱是一样的，那就是基于"人的价值第一"的人单合一模式。

最后，引用明哲先生的一句话作为结语，并与本书的读者共勉：

我们只有一个竞争者，即我们自己。

张瑞敏

海尔集团董事局主席、首席执行官

2020 年 3 月

明哲老师："精一"与"双融"

也许是因为动态竞争战略贯穿着文化、系统性知识、直接面向应用的独特魅力，第一次遇见它时，我就被深深折服，并因此在理论中认识了明哲老师。作为动态竞争理论的创始人和国际管理学会前主席，明哲老师享誉海内外，是全球著名的管理学者，更是华人管理学界的榜样和骄傲。

最让我想不到的是，2017年7月接到明哲老师发来的邮件，我们约定9月在他主持的论坛上相见。9月如期而至，明哲老师早早在酒店门口等我到来，他的平易近人令我非常感动。完整聆听完他讲授的"文化 - 战略 - 执行三环链"，我真正理解了明哲老师所强调的"精一"，即战略必须有一致性和连贯性，其关键就是专注；我感知到"双融"，即融合东西文化。我内心暗暗钦佩明哲老师深厚的中华文化的根基，以及对西方文化的融通。此后，明哲老师和我有了更多近距离的交流，只要明哲老师来京的时候有时间，我们就会进行深入的讨论，那是一种纯粹的对话，令我受益匪浅。

明哲老师自己就是"精一"与"双融"的典范，他不仅在研究中独创了动态竞争理论，还将其应用于自己的管理教学和企业咨询之中，实现了理论与实践的真正统一。他不仅倡导文化双融，更将这一理念贯穿于自己的研究和教学之中，使自己成为学贯中西、融通古今的学者典范。他将中国传统智慧运用于当代管理理论的构建，引领了战略管理研究的国际潮流。他强调"立人立群"，创立和领导各种国际学术社群，倾尽全力培养适合未来的管理研究者和管理实践者。

面对这样一位做出如此卓越贡献的学者，我一直很想向明哲老师请教，他究竟是如何走过来的？他开创的理论体系为何能够影响全球？他坚持的思维习惯和处世哲学是什么？他对管理研究、管理教育以及企业实践分别有哪些忠告和建议？

当被邀请为《明哲文选》作序时，我第一时间通读了这套文选，我发现我想要的答案全部呈现在这套文选里，而且其内容远远超出这些答案本身，从而使我更深地感知到一位前辈学者的拳拳之心。透过这些文字，明哲老师将自己关于工作和人生的全部智慧倾囊相授。我相信，每位阅读这套文选的人，一定会有属于自己的启示。

如果你是一位管理研究者，明哲老师的学术创业历程会对你极具启发意义，这也是让我尤为感动的。从无到有地开创一个全新的研究领域，引领这一领域不断发展，并最终形成一套完整的理论体系，这样的学术经历，不仅在华人世界，而且在全球范围内都较为罕见，而明哲老师做到了。他创立了著名的动态竞争理论，并使之成为当代最重要的战略管理理论之一。《明哲文选》详细地介绍了这一学术创业的全过程，以及每一阶段的关键成功要素。驱动这一过程的核心力量，源于明哲老师对现实中动态而复杂的竞争现象的深刻体察，以及对"竞争是什么"这一基本问题的不断追问。

《明哲文选》也汇集了明哲老师关于动态竞争理论的学术著作，能够帮助对此感兴趣的学者深入了解这一重要理论体系及其发展动态，也可以作为随时查阅的案头工具书。文选还包含了大量明哲老师对于研究和教学的心得体会。例如，他介绍了自己在研究中如何进行构思、管理写作时间以及处理审稿意见，在 MBA 教学中如何安排课程内容、了解学生背景以及设计课堂互动，并总结出"明哲方法与心法"。这些"成功诀窍"的分享细致且深入，非常有借鉴意义。

如果你是一位企业管理者，《明哲文选》包含的大量对企业实践具有指导意义的理论和建议，会让你受益良多。因为贴近现实中的管理现象，并受中国传统智慧的影响，明哲老师的研究和理论更易于为中国企业管理者所理解和接受。他关于动态竞争的一系列研究，为管理者洞察竞争的本质、多层面地理解竞争行为、准确地预测竞争对手的响应、构建更具可持续性的竞争合作战略，提供了直接又极具价值的指导。当前，如何在东方与西方文化、微观与宏观管理、长期与短期经营、竞争与合作及全球化与本土化等可能的矛盾中找到平衡甚至超越对立，是中国企业管理者面临的巨大挑战。明哲老师提出的"文化双融"理念，对如何应对这些重要挑战给出了答案，是当代管理者必须理解和具备的。

如果你是一位初学者，也可以从这套文选中受益颇多。明哲老师的成长历程，对于任何追求卓越和突破极限的人都极具启发意义。正如他为自己的导师威廉·纽曼教授写的纪念文所言，明哲老师从导师纽曼教授那里秉承的"对很多事情坚持却和顺"的秉性，是一个优秀者内在的定力。

透过《明哲文选》，读者可以感受到明哲老师身上所彰显的学者风范，也可以更好地理解"坚持却和顺"的"中和"之道。孔子认为"君子和而不流，强哉矫"（《中庸》）是"强"的最高境界，明哲老师便是践行的典范，正如明哲老师在给我的邮件中所言，"其实，文化双融只不过是中庸之道的现代英文白话版。从我的角度来看，'中'的运用，不管是对中国人还是对中国企业而言，都可能是华夏智慧与现代中国管理对世界文明的最大价值。"明哲老师做到了，期待更多的中国学者和中国企业管理者也能够做到。

陈春花

2020 年 4 月 3 日于上海

陈明哲教授文选推荐序[⊖]

这套重要的系列作品代表了国际知名企业战略学者、美国弗吉尼亚大学达顿商学院讲座教授陈明哲博士毕生的深远贡献。在这套文选中，陈明哲教授对战略管理学术研究与企业实践方面的核心议题提供了诸多洞见。更重要的是，他透过这套文选告诉我们，他如何身体力行地成为一位具有社会责任感与人文关怀的学者和老师，以及一名"反求诸己"、有德性的管理实务行践者。

明哲终其一生严于律己，致力于成为诸多领域中的典范。他的许多开创性研究与思想贡献都一一呈现在这套文选中，这套文选无疑将会成为企业战略管理领域的经典著作，在今后的历史长河中影响管理学学者和企业管理者。让我对这套文选中的三本书分别略抒己见。

在系列之一《承传行践：全方位管理学者的淬炼》中，陈教授指出了现今管理学领域中狭隘地、过度地聚焦于研究、教学或实践单一领域的贫瘠。他强调研究、教学与实践三者之间整合与融合的必要性。更重要的是，他展示了自己如何从三者的本质来进行互补与协同。其中，诸多示例的展示生动地描述了学者若仅专注于对任何单一路径的追求，可能会阻碍管理学的学术严谨性、实践相关性与深度。事实上，研究、教学与实践的整合一直以来被

⊖　后附此推荐序的英文版 Preface of "Selected Works of Ming-Jer Chen"。

管理学者所忽视，管理学者将自己关在象牙塔内，对于现实中管理实践的挑战与发展漠不关心。这使得他们错失了许多机会，比如大学课堂或高管教育能够将管理学研究、教学与实践加以整合的机会。同样地，企业管理者日复一日地投身管理事务，忽略了从现状中跳脱出来，汲取管理学理论层面与理论洞察中的养分，因而陷入"见树不见林"的情境之中。在这套文选中，陈教授通过自身经历以及诸多发人深省的经典示例，向我们呈现出如何进行"全方位管理学者的淬炼"，并通过这些"淬炼"去更好地整合与联结当下研究、教学与实践之间的割裂，进而启发这三个领域的发展。这也对我们这些投身于学术研究、教学与实践的学术工作者提出了更高的要求。

在系列之二《动态竞争：后波特时代的竞争优势》中，陈教授作为动态竞争理论的主要创始人之一，系统地回顾了动态竞争理论的演化与发展。在动态竞争理论提出之前，战略管理的主要理论都采用静态的视角，这一视角使得企业战略管理研究脱离企业经营现实，特别是当分析企业之间你来我往的竞争行为时，这种静态视角的局限性尤为明显。在战略管理中开创性地提出动态竞争理论的这一过程中，陈教授和他的同事对企业战略管理思想的形成与实践发挥了极为重要的影响与推进作用。比如，陈教授首次在研究中提出"竞争决策组合"这个概念，在这个概念之下，竞争行为的简化、惯性以及一致性的起源和影响都得到了更全面的探讨。通过"竞争决策组合"等一系列研究，陈教授和他的同事让管理学者以及企业管理者得以更好地理解那些有效和无效的组织学习、组织模仿与组织变革的行为。

在后续研究中，陈教授基于期望 - 效价理论中的部分观点，开创性地提出"察觉 - 动机 - 能力"这一动态竞争理论的基本分析框架。这一分析框架几乎成为所有动态竞争理论学者的研究基石，其影响不仅源于它的理论内涵以及强大的预测能力，更重要的是，它将企业战略管理领域中两个极为重要却看似难以融合的理论（资源基础理论和波特的竞争理论）进行了完美的整合。

在"察觉－动机－能力"这一理论分析框架的基础上，陈教授提出了更具洞见的"关系视角"。他将动态竞争理论中从交易出发、两两对立的竞争视角，引向更为长期导向的关系视角。在关系视角中，更为广义的利益相关者（包括员工、客户、供应商和社群等）都被纳入分析框架当中。可以说，陈教授在动态竞争理论领域的一系列研究，是那些想要探寻与理解企业竞争行为的学者与实践者的必读经典之作。

从世界范围来看，管理学研究一直以来都被西方的管理学观点与视角所主宰。比如，西方的管理学研究视角重视竞争、破坏性创新与精英统治，强调对手而忽视伙伴，强调交易而忽视合作，强调短期思维而忽视长期思维。简言之，西方的管理学研究视角是一种狭隘的、赢者通吃的逻辑。与此相反，东方管理学研究与实践采用的是一种海纳式的、长远的、更为强调利益相关者之间联系的视角，当然这其中也包含着家长式管理、家族绑定、信任亲信等一些极具东方色彩的元素。

在系列之三《文化双融：执两用中的战略新思维》中，陈教授将他近年来开创性提出的文化双融理论及其应用做了翔实的呈现。文化双融理论强调整合看似对立或不兼容的两方（或多方）的优点，同时最大限度地摒弃各自的缺点。事实上，文化双融理论源自东方哲学思维中的"执两用中"，陈教授由此指出我们应当更好地整合东西方思想中的精华，从而避免二者取其一的极端，这种文化双融的思维不仅可以应用到企业的战略思考中，还可以应用到我们每个人的生活中。我们不难看出，陈教授始终在深思与反思人类行为与人文社会学领域的一些基本问题，始终"精一"地推动各种矛盾的协调与整合。陈教授毕生都在推动东西方管理学思想的"双融"，这对于管理学学术与实践的发展有着深远的影响与贡献。

我强烈推荐陈教授的这套书给大家，这套书将会帮助从学生、教授到企业管理者等各个行业与领域的人，更为有效地理解企业战略管理，并将这些理解应用于实践当中。

丹尼·米勒[⊖]

2020 年 3 月于蒙特利尔高等商学院

附

Preface of "Selected Works of Ming-Jer Chen"

This vital series of works marks a lifetime of profound contribution by Professor Ming-Jer Chen of the Darden School of the University of Virginia, one of the world's great scholars of strategy. In this collection, Ming-Jer Chen has provided insight into vital topics in strategic management scholarship and practice. More importantly, he tells us what it takes to lead a life of socially responsible academic research and teaching, and lays bare the core elements of what it takes to become a reflective and moral business practitioner.

Ming-Jer has devoted his life to and served as a role model in all of these spheres. Happily, his pathbreaking contributions are highlighted in each of the

---

⊖ 丹尼·米勒教授是全球最为高产且极具影响力的战略管理学者（陈明哲教授曾说，作为战略管理学者，米勒教授是目前全球顶尖者中的顶尖者）。这里有一个有趣的小故事：陈明哲教授之前从未和米勒教授提到这三本中文书，但当米勒教授收到这套中文书稿并受邀撰写推荐序后，他很快就发来了这篇推荐序。从他的推荐序中可以看出，他不仅非常了解书中的内容和思路，而且似乎他也懂中文！

three thematic works in this important collection, which no doubt will serve as classics in strategic wisdom for scholars and managers alike for many decades to come. Please let me say a little about each of the volumes in the collection.

In the first volume of this series *Passing the Baton: Becoming a Renaissance Management Scholar*, Professor Chen highlights the poverty of an exclusive and excessive focus only on research, teaching, or practice. He argues for the integral connections among these vital areas of society, namely, scholarship, instruction and the conduct of management. More importantly, he demonstrates their essential complementary and synergy among these domains. In so doing, he vividly demonstrates that the pursuit of any one single path hobbles its relevance, rigour and depth. The importance of complementarity has been neglected by too many academics who have failed to become informed by real world challenges and developments, and have failed thereby to enrich and in turn become enriched by their university classroom and executive education experiences. It has also been ignored by too many managers who are so focussed on the day to day tasks at hand that they neglect to learn from more conceptually fundamental strategic insights and thereby fail to " see the forest for the trees " . Using poignant real-world and personal examples and deep perspective, Ming-Jer Chen shows how " becoming a Renaissance management scholar " can bridge the current chasms that exist between teaching and research, and research and practice, thereby enlightening all three domains. In so doing he raises the bar for all of us working in academic research, instruction, and executive practice.

In the second volume of this series, *Competitive Dynamics: Competitive Advantage in the Post-Porter Era*, Professor Chen traces a scholarly trajectory of evolution, beginning with his roots as one of the primary founders of competitive dynamics. Before the advent of the competitive dynamics perspective, research in strategy was static, too far removed from the realities and give and take of true rivalry—of competitive action and response. In pioneering this critical area of research, Professor Chen, along with his colleagues, significantly advanced strategic thinking and practice. He initiated research into hitherto neglected competitive repertoires—and the contextual sources and performance consequences the simplicity, inertia, and conformity characterizing such multifaceted repertoires. In so doing, he and his colleagues have derived important insights into the nature of functional and dysfunctional organizational learning, imitation, and change.

In later work, based in part on an expectancy-valence perspective, Professor Chen developed his Awareness-Motivation-Capability model which was to serve as a foundational framework for legions of competitive dynamics scholars. The widespread influence of this model stemmed not only from its elegance and predictive power, but also because it reconciled the two dominant, but seemingly disparate, strategic perspectives of the day: Porterian competitive analysis and the ever-popular resource-based-view.

Ming-Jer then worked to update this model by proposing a more long-term oriented relational approach, taking the field of head-to-head competition from a transactional portrayal of dual opponents, to a longer-term relational perspective encompassing a far wider range of stakeholders—employees, customers, suppliers, and the community at large. At the present time, Ming-Jer's work in competitive dynamics is indispensable to those who wish to be both scholars and practitioners of effective strategic competition.

The field of management scholarship in much of the world has been dominated by a Western viewpoint and perspective—one of supposed competition, creative destruction and meritocracy, but also one of rivalry over cooperation, transactions over relationships, and short-term versus long-term thinking—in short, a rather narrow, winner-takes all logic. At an opposite end of the spectrum, Asian management scholarship and practice has tended towards a broader, longer-term, more relational perspective—but also sometimes one of paternalism, familial favoritism, and even cronyism.

In the third volume of this series, *Ambiculturalism: Strategic Middle-Way Thinking for the Modern World*, Ming-Jer Chen presents a model that embraces the best of both worlds while avoiding its less salutary aspects. He outlines in revealing detail a middle way that avoids the excesses, but exploits the advantages, of both Eastern and Western thought as they apply not only to strategic thinking, but to life itself. In so doing he celebrates the " power of one " —the necessity to integrate, reflect, reconcile, and think more deeply about the underlying multifaceted tensions and characteristics underlying human conduct, and fundamental humanity. Ming-Jer Chen thereby brings to Asian and Western scholars alike, a foundation for enriching their scholarly and practical contributions.

I cannot recommend this work more highly for students, professors, and managers at all levels to help them become more effective and more relevant in their lifelong strategic pursuits, very broadly defined.

Danny Miller

HEC Montreal

Montreal, March 2020

|自 序|

感恩·惜福·惜缘[○][注]

　　《明哲文选》收录了我过去 30 年来发表的文章，其中多篇是从英文翻译过来的：既有在全球顶尖学术期刊发表的严谨论文，也有解决实际管理问题、培养企业家战略思维的应用型文章；既有我忆父怀师的真情抒怀，也有我服务社群的心得反思；还有中外学者、企业家对文章的点评，以及媒体的采访报道。所以严格来讲，它可以说是"杂集"。

　　文选是杂集，这篇自序也很另类，因为它着力颇深、篇幅较长。一来，如同学术论文，有众多的脚注说明；[注]二来，因为各类文章不少，自然有许多想说的话，内容不仅包括一般自序所涵盖的缘起、动机、对读者群的关照等，也包括了全套书，尤其是《明哲文选》系列之一《承传行践：全方位管理学者的淬炼》的介绍。因为系列之二《动态竞争：后波特时代的竞争优势》、系列之三《文化双融：执两用中的战略新思维》自成理论体系，从传统中国读书人的角度来讲，是某种程度"成一家之言"的"学问"，所以不需要着墨太多。

○　感谢陈宇平、关健、何波、雷勇、林豪杰、刘刚、吕玉华、庞大龙、施黑妮、孙中兴、武珩、谢岚、张宏亮和钟达荣（依姓氏拼音字母顺序排列）给予本文初稿的宝贵意见。感恩蔡嘉麟博士在自序撰写中的鼎力相助，惜缘奉元同门之谊，惜福共学适道之乐。特别感谢庞大龙、连婉茜、林文琛、何波、张宏亮和谢岚，与你们六位共学共事，包括本书的出版和自传的撰写以及未来更多有意义的工作，乃我人生一乐也。

○　脚注不少，可能降低阅读的流畅度，然而依我保守的个性，经常会把"看点"放在脚注里。

第一本书的内容较为宽泛，虽然有不少文章曾发表在英文学术期刊上，但如果从纯西方主流学界的角度来看，恐怕仍然难登"学术"大雅之堂。[⊖]即使如此，对我而言，第一本书实为第二本书与第三本书的基础，更是我学术研究、教学育人核心理念的真实呈现。第一本书主要写"人"：写深深影响过我的长辈恩师；写我如何在西方学术界走出自己的一条路；写我如何琢磨出一套心法和方法，在课堂教学、学术活动、咨询培训中与人互动，相互启迪，群智共享。这些是我作为管理学者的淬炼过程，也是我"承传行践"的具体展现。将书名定为《承传行践》，并且使用"承传"一词，而不是一般惯用的"传承"，意在彰显"先承而后传"——"承前启后，薪火相传"，大明终始，大易生生之精义。[⊜]因为数十年来我的一步一履，都是在众多福缘中有幸不断承蒙恩泽、成长提升，在感恩中分享回馈，传道授业，立人立群。因此，第一本是根基，第二本和第三本则是由此展开的枝干，分别讲述我的两大管理思想及其实际应用。

文如其人：这套书就是我，我就是这套书

我从"学术"的角度切入，阐述第一本书的重要性，其实想要表达我多年坚信的理念。虽然我在西方主流学术的核心待了三四十年，但由于我在年轻时幸遇明师，引领我学习华夏经典，进而深受中国传统思维的影响，我对"学术"或"学问"的见解恐怕与目前的主流看法大相径庭。一如中国传

⊖ 关于具备什么样的条件才符合"学术"研究的标准，因人因校而异，而且差别很大。以我在美国任教的第一所大学哥伦比亚大学商学院为例，当时在战略管理领域，我们只把发表在四个顶级期刊上的文章视为学术研究，登载于其他刊物的科研文章一概不算数。当然，这代表一个极端，一个最精确（恐怕也是最"狭隘"）的标准或定义。

⊜ "承"有敬受、接续、担当的意思（《说文解字》：承，奉也、受也），我敬受了许多恩惠，必须有所承担，延续下去；"传"有教授、交与、流布、表达等意思（《字汇》：传，授也、续也、布也），我也期勉自己在如同跑接力的世代传递中，能有韩愈所说的"传道"的智慧与精神（《师说》："师者，所以传道授业解惑也"）。

统重视进德修业的读书人，我始终认为读书是为了改变器质，知行合一才是"学"，"世路人情皆学问"（《毓老师说易经·坤卦第二》），⊖ "经纬天地谓之文"（《尚书·尧典》马融、郑玄注）。如此，才是真正的"学术"和"学问"。所以，即使我长期身处西方学术象牙塔中，内心始终依循这个准则，坚持不懈、真诚如实地行践着。

我想经由这套书来表达传统读书人所追求的最高目标与境界："其文如其为人。"（苏轼《答张文潜书》）对于一个毕生追求"精一执中"的现代管理学者来说，这套书所要传达的"一"点，就是"文如其人"。或者说，犹如孔子删述《春秋》时所表明的心意："我欲载之空言，不如见之于行事之深切著明也。"（《史记·太史公自序》）"凡走过必留下痕迹"（"法证之父"埃德蒙·罗卡），这套书就是我"行事"的总结，也是我一路走来的行迹。简单来说，这套书就是我，我就是这套书。

因此，这一系列文选（目前先出版三本）在某种程度上就是我的"自传"，是我学术生涯30年所思、所言、所行、所写，一步一脚印的痕迹，回答了每个人一生中必须面对的三个基本问题：我是谁（Who am I）？我做了什么事（What have I done）？这（些）事有什么意义（What does it mean）？⊜

我始终认为做人、做事、做学问，⊜其实是一件事。做人是本，是源

⊖ 朱熹认为，"学问根本在日用间"（《答潘叔恭》）；曹雪芹在《红楼梦》中也表达了类似的看法："世事洞明皆学问，人情练达即文章。"毓老师则说："什么叫文章？即内圣外王之道，大块文章。"（《毓老师讲论语》）

⊜ 当然，要如何回答这三个基本的人生问题，每个人都有着不同的价值观与个性，对人生的看法也不相同，所以会做出不同的选择。这三个问题其实与我过去30年每次上课在黑板上写下的三个问题有异曲同工的意味："Why are we here（我们为什么来这里）""Why should we care（我们为什么要关心这件事情）"和"How much do we know（我们了解多少）"。

⊜ 因为我这套书不仅是为管理或其它领域的学术工作者而写，也是为企（创）业家、专业人士，乃至仍在寻找人生意义或方向的一般人而写，因此，所以很多用字与用意皆可模拟到相应的情境。例如：对学术界谈的做人、做事、做学问，延伸到企（创）业家和专业人士，就是做人、做事、办企业；对一般人而言，则是做人、做事、干活。

（原、元），做事与做学问是做人的延伸与反映。在此，我想稍微修改河南康百万庄园中我很喜欢的一副楹联[⊖]，来表达这个想法："学道无形，学道即人道；作品有形，作品即人品。"中国自古以来强调道德文章，从做人到做事，再到做学问、写文章，或者经商、办企业，甚至大到治国理政，小到干活办事，一以贯之。遗憾的是，或许是过去一二百年来受西方思潮的影响，竟有些本末倒置，分不清楚先后顺序、孰轻孰重了。做人不仅和做学问、写文章无关，甚至为了争取文章的发表，不择手段，放弃原则。学术界如此，企业界也不遑多让，抄短线、求快钱，为了商业利益牺牲道德底线，甚至朋友情谊与家族亲情。

这套书彰显了我个人面对人生三大基本问题时所做的选择，也代表了一个出身草根却有机会领略传统中华文化、从事现代管理研究的我，长期面对中西文化冲击、"人心惟危，道心惟微"[○]（《尚书·大禹谟》），以及科技速变、时局动荡的情势，在对时、势、道、术的思考判断下做出的连续选择。

感恩、惜福、惜缘

这套书的出版，我确实很感恩、惜福、惜缘——这句话是我多年来用中文上课时始终如一的开场白。[⊜]

回顾过往，我首先感恩我的出生与成长背景。年纪越大、阅历越多，我越是感恩我在台东出生成长到 17 岁的这段经历。[⊛]以整个台湾地区而言，

⊖ 这副楹联原先是写给一个商贾世家的，原句为"商道无形商道即人道，商品有形商品即人品"（《河南康百万庄园匾额楹联撷珍》），是针对企业家与商人而言。

○ 这句话是舜传给禹的 16 字心法的前 8 个字，意思是，人心是非常不安的，道德心是非常微弱的。这也多少反映了现今全球的态势，是当下时局最好的写照。这 16 字心法的后 8 个字"惟精惟一，允执厥中"也是面对人心不安、道德式微的环境，老祖宗给我们的最好解方。"精一执中"始终是我一生奉为圭臬，指导我做人行事的最高准则。

⊜ 感恩、惜福、惜缘看起来像是三件事情，但是因为它们彼此环环相扣、相互影响，可以当成一件事。

⊛ 这可能是我个人的地缘（域）优势（locational advantage），别人难以复制。

台东是名副其实的"偏乡",相对于台湾的其他城市,它既落后,又资源(尤其是教育资源)匮乏,但不理想的成长环境始终是驱动我不断向上求进的动力。动态竞争理论体系的创建,[○]从无到有,从边缘走到主流,与我出生成长的背景有直接关系,文化双融视角的形成也是如此。[○]过去30年有幸身处国际学术主流的核心,但是在台东出生成长所形成的边缘思维,始终使我的所思所行与我周遭的精英甚至权贵大不相同。由此,它让我领悟到"和而不流"的中庸思想精髓,并启迪我创建和践行"文化双融"这一学术思想。

我很怀念和珍惜自己亲历的20世纪70年代的台湾。当时,台湾民风朴实、群贤齐聚,承传文化与勤苦奋斗之风浓厚,培育出众多优秀的青年与创业家,后来在海内外不同的行业中发光发热,例如,我所尊敬的或为人所熟知的林怀民[○]、李安(享誉国际的导演)、裴正康[○]、施振荣(宏碁集团创始人)、郑崇华(台达集团创始人)、温世仁[○](已故英业达创始人)、"文化双融"专

○ 请参见《明哲文选》系列之二:《动态竞争:后波特时代的竞争优势》。

○ 请参见《明哲文选》系列之三:《文化双融:执两用中的战略新思维》。

○ 林怀民是现代舞蹈表演团体"云门舞集"的创办人,他经常从亚洲传统文化与美学中汲取灵感,编创充满当代意识的舞蹈作品,是受到国际推崇的编舞家。1973年,林怀民创办台湾第一个专业舞团"云门舞集"时,引用《吕氏春秋》:"黄帝时,大容作云门"("云门"是5000年前黄帝时代的舞蹈,但舞容舞步均已失传),希望用中国人写的音乐,让中国舞者跳给中国人看。

○ 裴正康医师1976年毕业于台湾大学医学院,后赴美行医,是全球最权威的儿童血癌(白血病)专家之一,数年前当选为中国工程院外籍院士。过去近20年我有幸与裴医师深切交往,他重新定义了我对"专业"的看法,以及对于专业标准的要求。他可以说是一位医疗领域"专业士"的模范(关于"专业士"的概念,请见本书第XXXIII-XXXIV页)。裴医师为人谦逊低调,近年才得知他是唐朝名相裴度的后人,他的家族是中国历史上的名门望族,历朝历代出了59位宰相与59位大将军。

○ 温世仁(1948—2003)是我"天德黉舍"的师兄,深获毓老师赞赏,只可惜他英年早逝。温世仁希望利用科技力量协助偏远贫困乡村的发展,生前在甘肃武威古浪县的黄羊川发起公益项目"千乡万才"计划,经由英业达公司与黄羊川职业中学合作,用网络协助村民与外界沟通,促成农产品电子商务,并达到"西才东用"的远距雇用。温师兄曾向毓老师立下豪言:"东北有老师关照,西北就交给我了!"如今思之,不胜感叹!

业经理的代表张孝威[⊖]等人。那个年代，正是我在大学受教养成的时期。《周易·蒙卦》说"蒙以养正"，求学期间我有幸受教于许士军、司徒达贤和姜占魁（已故）等第一批在美取得管理学博士学位并返回中国台湾任教的前辈师长，他们的学养风范，让我得以在来美求学之前就完成了基础的准备。对此，我既惜福也感恩。[⊜]

我更感谢赴美深造的机缘，因为当初在中国台湾时并没有出色的成绩与显赫的学历，却幸运地拿到了我唯一的博士班入学许可。在马里兰大学完成学业后，我有幸任教于当年大家梦寐以求的哥伦比亚大学商学院[⊜]，为我后来成为全方位管理学者打下了扎实的基础。我更惜福，过去30年我先后任教于哥伦比亚大学商学院、宾夕法尼亚大学沃顿商学院与弗吉尼亚大学达顿商学院[⊛]，前两者是全美顶尖的研究型商学院，后者则是最具代表性的教学型商学院。两种完全不同的组织文化、截然不同的思维、大相径庭的考核标准，提供了我极富挑战性的学术生涯，是淬炼我文化双融、执两用中的最佳人生实验场。

⊖ 张孝威毕业于台湾大学，是宾夕法尼亚大学沃顿商学院MBA台湾最早一批的留学生（1976年毕业）。他是台湾企业界极少数横跨金融、高科技、电信和媒体的职业经理人，以及台湾的公司治理先驱，也可说是一位企业管理领域的"专业士"。他强调企业必须有良好的公司治理、永续经营的价值观，以及要有成为"企业公民"典范的企图心。他是曾国藩家族的后代，现已退休，全心投入学习声乐及意大利文，展开他的乐活人生的下半场。

⊜ 正因为故乡对我的栽培养育之恩，每次回台湾时我的心情总是特别激动，家乡的一景一物都在提醒我作为一个边缘人的责任。除了向来与故乡台湾的学者有深切的联系，2004、2006与2007年，我三度受邀回台湾培训管理学教师。2009年7月中旬，我在台湾大学开启了我在美国以外EMBA及企业高管培训之门。此后，我不时返台湾举办相关课程与交流活动，回馈桑梓。

⊜ 当年哥伦比亚大学商学院这一职缺，被全美战略新科博士认为是年度教职市场排名第一的职缺，在此之前，哥伦比亚大学战略领域已经连续三年在市场求才，但始终未发出聘书。哥伦比亚大学除了注重研究与教学，也重视与企业家的互动，我还没有在MBA教室上课之前，就已经被学校安排至它在全美久负盛名的Arden House（培训中心）去"教"企业家了，这在美国各主要大学院校实在是极其少有的。

⊛ 弗吉尼亚大学达顿商学院创办于1954年，它是美国少数以教学与企业培训为创院使命的商学院，长期以来，在各项MBA教育的评比中，不管是教学还是师资方面，始终排名第一，院里的同事也以"我们是全世界最棒的教师"（We are the best teaching faculty in the world）而自豪。

我还有太多的人、太多的事要感恩。书中我介绍了几位影响我至深的师长，如启蒙恩师姜占魁先生。在我离台前的一段学习时光中，姜老师带着我一本本地"啃"组织学、管理学领域最经典的英文原著。当时我的英文不太好，大部分书读不懂，但姜老师从不嫌弃我，从不浇我冷水，他只是默默地带领我、鼓励我这个出身偏乡、不知天高地厚的穷小子勇敢负笈美国求学深造。[⊖]

又如，中西文化双融的人生导师爱新觉罗·毓鋆[⊖]与威廉·纽曼（William H. Newman）教授。[⊜]毓老师的身份与经历相当特殊，他是清朝宗室礼亲王后裔，幼年进宫，为末代皇帝溥仪的伴读；青年时，他留学日本、德国学习军事。1947 年迁居中国台湾后，毓老师毅然决定以传承华夏智慧、弘扬中华文化作为后半生的志业，开始了 60 余年"潜龙勿用"[⊗]的讲学与教育生涯。在毓老师的"天德黉舍"求学期间，我从老师的言传与身教中，见到了活的、真的儒家精神，以及经世致用的实学。同时期，我在学院中修读企业管理，接受"西学"专业教育，两处的学习看似彼此"矛盾"，实际上毫无干扰，那是我扎根双融、修习基本功的时期，由此我深刻了解到生命的核心价值，找到了人生的方向与意义。回顾这段殊胜的经历，我恍然大悟，原来在我赴美迈向人生下一个阶段前，最重要的准备就是进

⊖ 我永远记得姜老师位于台北中和南势角小小的家，我时常埋头读一两个星期后，就去他家坐坐，读到什么都和他聊，有很多话题。其实在我来美国之前，我并没有长远的"愿景"，初心只是想多学一点新的东西，更多的是来自姜老师的鼓励与期许。他在我赴美时送给我的两个词"determination"（决心）与"persistence"（坚持），在过去的 40 年始终伴随着我。

⊖ 爱新觉罗·毓鋆（1906—2011，人称"毓老师"）早年跟随晚清皇帝，师从 20 世纪早期中国久负盛名的学者和哲学家。毓老师在中国台湾传道授业 60 余载，直至 106 岁逝世。毓老师在台湾的学生包括数百位学者和其他专业人士（其中包括一位前任高官），此外，他还指导了美国不少知名的汉学家，如已故的加利福尼亚大学伯克利分校的魏斐德教授、宾夕法尼亚大学的席文教授、芝加哥大学的孟旦教授，还有哈佛大学的包弼德教授。

⊜ 请参见《明哲文选》系列之一《承传行践：全方位管理学者的淬炼》第一篇"忆父怀师"中的第 3 章、第 4 章，第一篇还介绍了许多深刻影响我的师长。

⊗ "潜龙勿用"语出《周易·乾卦》，意思是一个人具有高深的智慧与德行，但因时空限制，不为当世所用，只能潜藏民间，默默推展自己的理念抱负。

入"天德奉元之门"⊖!

威廉·纽曼教授是我亦师亦友的忘年交。在1988年的国际管理学会会议上，我只是个刚进入哥伦比亚大学任教的年轻学者，通过介绍，有缘与他这位已退休20多年且有丰富实战经验的管理学泰斗相识。纽曼教授是一位非常有远见的智者，他在20世纪90年代初就预见了美国2008年的金融危机、北极的重要战略位置、中国在世界上的重要性等。在中国改革开放后的80年代初，他是首批进入中国开展管理教育的四位美国教授之一。当时，他协助余凯成教授在中国工业科技管理大连培训中心教授现代管理，他们共同开启了中国现代管理教育的先河。纽曼教授学术地位很高，但他时刻怀着赤子之心，始终沉稳而谦逊地著述与行事。他让我知道，在美国这个非常市场化的环境中，仍然能够成为一位极具人文关怀的学者，做真正的自己；他赋予我超越当下，看见别人所看不见的事物的能力；他更时刻让我提醒自己身上所具有的中华文化底蕴。我很怀念和他在一起的时光。⊖

除了师长的教诲，朋友、学生也深深影响着我，我珍惜这些人际联结与缘分。我从小受父母影响，很喜欢交朋友，把情义看得特别重。虽然长期"忝寄儒林"（毓老师语）、久居学术界，因研究的需要，必须经常过着"出

⊖ 1947年，因国民政府的安排，毓老师只身远赴台湾。在台湾民风纯朴、民间活力涌升的20世纪70年代初，毓老师开办了"天德黉舍"，传授四书五经及道家、法家、兵家要籍等华夏经典，我有幸在同学的介绍下，于70年代末成为入门弟子。1987年，"天德黉舍"改名为"奉元书院"。一直到2009年2月，毓老师才不再授课。请参见《明哲文选》系列之一《承传行践：全方位管理学者的淬炼》第一篇"忆父怀师"中的第3章"有教无类：恩师爱新觉罗·毓鋆教育理念的承传行践"。

⊖ 纽曼教授是哥伦比亚大学历史上第一位校级讲座教授，1954年由艾森豪威尔总统在担任校长时亲自颁证。他早年担任老麦肯锡在芝加哥大学的助教，后来成为其在麦肯锡咨询公司的特别助理。过去，纽曼教授到纽约时，经常与我在哥伦比亚大学教授俱乐部共进午餐和晚餐，有谈不完的话题。我们也常在百老汇散步，在116大街上进行漫长的饭后讨论。纽曼老当益壮，乐于探索未知，他87岁到印度尼西亚，88岁到中国西藏，89岁到丝绸之路，90岁时甚至远赴北极。还记得他要开始北极之旅前我去拜访他，他正蹲在地上查看地图。我问他："你千里迢迢到北极想要做什么？"他回答："全世界有40%的石油在那里，我想去看一看。"

世"的生活，以便专心基础科研，求真尽善。然而，杏坛、教室却是与人结缘的最好地方，30 年来有幸与中美企业领袖、专业精英结缘，教授过的企业领导者至少有 1 万人。[⊖]因为在学术界长期服务学术社群并曾担任国际管理学会（该学会在全球 100 多个国家有两万多名会员）第 68 届主席[⊜]，这让我能接触到为数众多的全球学者、专家。此外，我也不忘育人的初衷，立人立群，先后创立了全球华人管理学者社群（Chinese Management Scholars Community, CMSC）、中国管理学者交流营（Chinese Management Scholars Workshop, CMSW）、动态竞争国际论坛（Competitive Dynamics International Conferences, CDIC），以及精一学堂（The Oneness Academy）、王道薪传班（Wangdao Management Program）、夏商全球领袖班（Xiashang Global Business Program）等各类企业高管培训项目，传授知识，作育英才。[⊜]

因缘际会，我在 1997 年夏天受中国国家教育委员会与全国 MBA 教育指导委员会邀请来北京，在清华大学为中国第一批管理学教师（当时中国有 MBA 项目的学校共 54 所，每校派一人）培训 11 天。[⊗]1997 年中国尚未加入

⊖ 我从 2009 年开始，先后在台湾大学、上海国家会计学院、复旦大学、北京大学（光华管理学院、汇丰商学院）、清华大学（经济管理学院、五道口金融学院、苏世民书院）、长江商学院与台湾政治大学教授 EMBA、DBA 及后 EMBA 课程。

⊜ 我不是第一位被选为这个全球管理学领域最有影响力组织主席的华人，但我是这个组织 70 年来第一位没有在美国接受大学本科教育的主席。这件事对该学会和主流学术界意义深远。

⊜ 请参见《明哲文选》系列之一《承传行践：全方位管理学者的淬炼》第七篇"立人立群"，很多社群的核心成员都在书中"以文会友"部分分享了他们的观点与经验。这些社群有些是针对管理学者设立的，有些是针对企业家设立的；有些是与高校合办，有些则与企业家合作。例如，"王道薪传班"与宏碁集团创始人施振荣先生合办，"夏商全球领袖班"则是与复旦大学管理学院院长陆雄文教授合办。

⊗ 当时清华大学经济管理学院的院长是朱镕基，常务副院长是赵纯钧，课程结束时，赵老师还把朱镕基书架上四卷六册《清华大学史料选编》赠送给我，表达他对我远从美国义务赴华授课的感谢。《明哲文选》系列之一《承传行践：全方位管理学者的淬炼》第五篇"动态竞争"中的第 20 章"学术创业：动态竞争理论从无到有的历程"是特别敬献给赵纯钧院长，以及另一位对中国早期管理教育有着巨大贡献的复旦大学管理学院前院长郑绍镰的，以表达对两位管理前辈最大的敬意。

WTO，当时的名义 GDP 只有 79 715 亿元人民币，2019 年的名义 GDP 为 990 865 亿元人民币，消除价格变动因素后，1997 年的实际 GDP 占 2019 年实际 GDP 的 15.4%，也就是说，中国在过去这段时间中 GDP 实际整整增长了 549.6%。我有幸从清华园开始，以小观大、以管窥天，在过去的 22 年间，见证了整个中国大环境的改变，⊖尤其是企业管理教育在中国的茁壮发展。一般人都会强调中国改革开放 40 多年取得的各种统计指标上的成就，然而，我从一个教育者的角度来看，自我 1984 年在美国接触中国第一个 MBA 学生开始，中国改革开放最大的成就，就是造就了一个又一个人才。

清华园这 11 天的教学相长，影响了我日后所做的很多事情，不论是教学、研究，还是社群的建立。2013 年我们这批 1997 年共学的教师好友，在清华园重聚并发起成立了中国管理学者交流营，每年轮流在国内各高校与从事管理教学及研究的高校教师和研究者开会聚叙，目前年会主办学校已经排到 2026 年。对我个人而言，清华大学国学院时期（1925 ~ 1929 年）的四大导师（王国维⊜、梁启超、陈寅恪与赵元任），更是我私淑心仪的典范。这是多大的缘、多大的福，我感恩。

最后，我最大的感恩与珍惜是能够将自己从小就喜欢的"竞争"（年少时喜欢各式各样的竞赛，篮球比赛曾有一场我个人得到 44 分），变成学术研究的主题，把我喜欢助人、与人为善的个性变成教学育人的志业。"尽己之谓忠"（朱熹《论语集注》），30 年来，我始终忠于我的专业，忠于我的研究，

⊖ 对此我是很有体会的，因为我 1997 年在沃顿商学院开设的第一门选修课"Global Chinese Business Seminar"，经过 20 年的发展，现在已经变成了三门课："East-West Strategy Seminar""Cases in Global Strategy Seminar" 与"Ambicultural Strategic Thinking"。细节请参见《承传行践：全方位管理学者的淬炼》第二篇"教研育人"中的第 12 章。

⊜ 严格来说，王国维应该是我的太老师，因为我在离开台湾之前，有机会师从爱新觉罗·毓鋆先生，接受最为传统的私塾教育（见《承传行践：全方位管理学者的淬炼》第一篇"忆父怀师"中的第 3 章），毓老师则是王国维（静安公）的入室弟子。

更重要的是忠于自己,未曾辜负"文如其人""尽己之性"[⊖]的传统中国人的人生追求。

立言出书的初心

介绍了此系列书的性质,感恩我一路走来所接受的众多缘分与福气后,还要向读者坦言叙明我编著这套书的初心,其实很单纯,只有"一"个:我只是想为我中文 EMBA、DBA 的"学生"或企(创)业家、专业人员提供一套完整的"教本",希望他们从中能找到一些对他们经营企业或做人行事有所帮助的洞见与方法。

首先,作为一个作育英才的学者,我的想法可能有些另类,因为 20 多年来我已经没有了视"学生"为学生的观念,始终将我的身份定义为他们的"伴读"[⊜]。我始终认为,在"没有学生哪有老师"这句话中,所谓的学生其实是我"共学适道"(参见《论语·子罕》)的伙伴。正所谓教学相长,"闻道有先后,术业有专攻"[⊜],对我来说,他们都是与我互相切磋、共同成长的"学友"[⊗]。我惜福、惜缘,感恩这些学友把目前这个世界最稀缺的"诚信"给了我,这恐怕是我创立的各种学术、企业社群或"明哲平台"这个统合性大社群的独特之处。[⊕]

⊖ 《中庸》:"唯天下至诚,为能尽其性。"尽其性,就是尽己之性。
⊜ 毓老师六岁时成为末代皇帝溥仪的伴读,老师"伴读"的观念给我很大启发,对我影响深远。
⊜ 出自唐朝韩愈《师说》:"是故弟子不必不如师,师不必贤于弟子,闻道有先后,术业有专攻,如是而已。"
⊗ 《明哲文选》系列之一《承传行践:全方位管理学者的淬炼》中有个非常特殊的部分叫"以文会友","学友"的观念就是从《论语·颜渊》"以文会友,以友辅仁"这句话来的。又联想到《水浒传》108 条好汉情义相结,我很有福气,也非常幸运,能够跟我那么多的企(创)业家学生成为真诚交往、共学适道、互勉互动、进德修业的学友。
⊕ 请参见《明哲文选》系列之一《承传行践:全方位管理学者的淬炼》第七篇"立人立群"。

其次，我要让我的"宝贝"[⊖]学生们知道，这套书中的每一句话或给企业的每一个建议，都是有凭有据的。它们也许是学术研究的发现，也许是我长期观察世界各国企业的心得、多年实践的经验，而且最好的实践来自最好理论的指导。我要让大家知道，我讲的是"实学"，是一套可用、好用的学问。更重要的是，这套书整合了中西两种文化与企业管理的优势，并将文化、系统化知识、经验与案例以及应用性工具，一以贯之地融合。

再者，"远近大小若一"（《春秋公羊经传解诂·隐公元年》），对于我个人而言，虽然我不能改变大环境，但我希望能改变小教室（小研究室），由"小我"逐步影响"大我"。我希望这套书经由"小教室"，可以在一定程度上提升中国学术界的学风[⊜]，照亮中国乃至全球华人企业的大未来。

检视当今中国企业，不论大小，虽然凭借市场的需要多年来快速成长而开枝散叶甚至业大财大，然而很多"基本功"仍然有待加强。许多公司仍然采取且战且走、游击队突进的方法，欠缺正规军的系统化经营、全球性思维，经常追求投机式快速扩张，而非致力于创造长期价值的终极理想。我一向认为，中国企业的发展除了要吸收西方企业制度的精华，更要联结中华传统文化的源头，善用华夏智慧的底蕴，左右开弓，中西合璧，永续经营，以造福桑梓，美利天下[⊜]。

中国企业应当往前多走一步，寻找企业的"魂"。虽然中外企业都强调企业文化，但中国企业应当顺着文化的脉络，善用华夏智慧，以此为基础，思考如何培养企业的"魂"，如何从源远流长的中华文化中找回未来可以依托的精神。有此依托，可以从中深思：身为中国企业，哪些才是留给中国经

⊖ 基于"有教无类"的理念，我始终把我每个学生当成"瑰宝"，我对他们也是抱着欣赏、佩服、爱护、期许的态度，与他们交往互动。

⊜ 这也是我2019年9月27日于清华大学经济管理学院动态竞争与创新战略研究中心成立时，对该中心的一个期许，我希望它能成为导正中国学术风气的一盏明灯。该研究中心由李纪珍教授与林文琛负责，我则以荣誉主任的身份提供精神上的支持。

⊜ 《周易·乾卦·文言》："乾始，能以'美利'利天下，不言所利，大矣哉！"

济、社会和历史的永恒遗产？如何才能为人类文明或世界的永续发展做出最大的贡献？⊖哪些只是风光一时、如梦幻泡影？这套书或许还可以直击一些中国企业家的内心，使他们回归他们想要成为"法大行小"⊜、全方位整合型"将才"的目标。

再从全球化思维的层面来讲，中国企业应当思考，如何平衡本土化与全球化的经营，如何整合长远目标与短期目标，如何从一个令西方畏惧的竞争对手，变成令西方尊敬的竞争对手等。对于中国企业家来说，这套书有助于启迪他们进一步理解西方系统性的战略思维与完整的管理知识体系，并且在经验与方法的层面参考、借鉴西方发达国家诸多实践经验，找到可作为自身依据的参照标杆。虽然目前的大环境瞬息万变，未来的挑战非常多，但是从长期永续的发展来看，中国企业现在更要勇敢地思考怎么成为"百年企业"。

在企业家之外，我也希望这套书能对广大专业人士有所帮助。我在书中透过自身经历，展示了职业的意义如何真正地源于生活，如何将职（专、志）业融入人生，以及职业、专业与志业在意义与境界上的不同。这套书可以示范如何在专业和人文方面达到理想的平衡，如何将自身的发展融入专业群体，特别是行业领先的群体，并与群体实现多赢。

"企业士"的观念是过去我对中国企业家与专业人士的最大期望，并且长年阐述推广。⊜然而，面对环境剧变、价值混淆的时代，中国以至于全球

⊖ 最近我经常想起毓老师的训诲"以夏学奥质，寻拯世真文"，并有许多深刻的体会。
⊜ "大"者，天也。法大就是法天，"唯天为大，唯尧则之"（《论语·泰伯》）。"小"字的意思与《老子》"治大国若烹小鲜"以及曾国藩"不苟不懈，克勤小物"（《曾国藩日记》）相同。"法大行小"这四个字是毓老师对同门颜铨颖的开示，与"远近大小若一"一样都是老师讲学的核心理念。请参见台湾中山大学中文系吴孟谦教授的《真人与真知：管窥毓老师的人格与学问》（《夏学论集（二）爱新觉罗·毓鋆先生逝世八周年纪念》，台北：中华奉元学会，2019 年，页 37-46）。我用白话来说，"法大行小"就是大事小事都是一件事。
⊜ "士"是传统中国的特定群体或阶层，概指读书人、公务人员。从字义来看，"士，抱十合一，是读书、开始做事时"（《毓老师讲论语》（上），页 156）。抱十合一，就是大事、小事，"一"以贯之。所谓"企业士"，则指基于华夏智慧，拥有文化双融思维与动态竞争能力的现代企业家，一方面蕴藏执两用中的文化素养，另一方面具备纵览全局、与时俱进的战略格局，同时拥有一以贯之的执行力。

的百工百业、不同阶层，迫切需要各种类型的品性正直、才具卓越、胸襟开阔的人士，以实际的"行"来树立各行各业的典范。因此，我更想以包括企业士、公务士、医务士、教育士等，涵盖所有职业的"专业士"一词来阐述我的想法。其实，"专业士"就是"人人皆有士君子之行"（《春秋繁露·俞序》）理念在当代的一种展现。士大夫是古代中国稳定社会、安定人心的主体，士大夫也多以此自我期许、承担责任。由此来看，"专业士"是新时代的士大夫，是"群士"，不同位置上的人士都能够为人类社会带来安定与升华的力量。此时此刻，尤其是在全球经历新冠肺炎疫情后的再生与重建过程中，扮演旋转乾坤的角色。

"专业士"不是空泛高远的倡议。细察我们生活、工作乃至于社会的各个角落，不难见到完全恪尽本分、脚踏实地、做事用心，勤勉于保身安家、敬业乐群的"小人物"身影，他们都是维持社会安定的沉默力量！坦白说，我也是这样的"小人物"中的一员，因为我每天所思考的，只是如何在我的"小教室""小研究室"（小书房）中，把该做的事做好，如此而已。你我都是社会中的一颗小螺丝钉，不要小看"一"的力量，只需要找回你的心，"素其位而行"（《中庸》），在自己的工作与生活中真诚落实，就能成为一位利他益世的"专业士"。

这套书同样可以为普罗大众提供参考。从成长的起点来讲，我和绝大多数普通人一样，与那些在"平凡"岗位上一生兢兢业业、恪守正道的普通人无本质上的区别，只是多了一分坚持，多了一分努力，多了一分幸运。从这个意义上来讲，这套书更多的是让人们了解"什么是可能的"（What's possible），不要自我设限，只要跨出第一步，你不知道自己可以走多远。因此，无论是想改变自己命运的人，还是知足常乐的人，都可以从我对自己与师长的介绍、学友的回馈中领略到人性的真善美，感受到来自专业的尊重与乐趣，并获得面对明天的动力。

献给探索自己、活出自己的你

总体而言，这套书其实是写给所有想了解自己，思考如何真诚面对自己、活出自己，在意自己心"魂"的人。

我一生追求的就是如何顺己之"性"[一]，作为一个缺点不少、年轻时训练不够扎实也不够努力的我，作为一个本来应该被这个社会淘汰的"边缘人"[二]，一如常人却把我的个性（好的也好，不完美的也罢）发挥到极致。一个人的一生结果如何，是"成"是"败"（每个人定义不同），有太多的环境因素与运气，非个人所能决定。但是，我的做法是选择每天认真地面对我自己，真诚地"求阙（缺）"（曾文正公语），做自己，对我自己负责。尽管这只是一个"小我"的选择，然而一个人只要能够真诚地面对自己，至少可以保护自己，顾及家庭，和睦亲友，甚至在专业上小有所成。

每个人的"心"大小有所不同，对于一些公心比较大的人，"小我"的选择可能产生造就"大我"的贡献。或者说，世界是一个大宇宙，个人是一个小宇宙，从我这个小宇宙来看世界这个大宇宙，只要一个人"诚意正心"（《大学》），也就是只要意念真诚无妄、心地干净纯正，做事就有正向力量，看世间诸事万物，虽然纷纷扰扰，也能一目了然。这或许就是中国人素来追求的天人合一的境界，因此千万不要低估自己、小看"小我"。归根结底，一个人首先要学会如何面对自己，在生活中找寻自己，甚至于实现自己。这套书我以自己为案例，将我有限的经验与这个世界所有的"人"或是想学

[一] 《中庸》："率性之谓道。""率"读作"朔"，也就是"顺"的意思；率性，顺着自己的本性、个性。

[二] 很多学友常问我手上戴了20年的黄色手环是做什么的，是不是为了增强气场或带来好运的。其实它什么都不是，只是一个普通的塑料环。这类手环是环法自行车冠军赛选手兰斯·阿姆斯特朗在罹患癌症以后，全世界车迷为他打气，纷纷戴起的黄色手环，后来也被广泛用于对罹癌家人的精神支持。作为一个当初可能被社会淘汰的边缘人——我始终是以边缘人（"乡下人""草根"）自居，我则是用它来提醒自己作为一个幸存者应承担的责任。

"做人"的人互励共勉。⊖

结语：感谢与愿景

2020 年年初，在这套书临近付梓之时，恰是整个世界面临最大挑战的时候，全世界的企业都在面临着百年以来最大的"一变"。⊜在这个环境剧变、高度不确定的时代中，我们每个人（或企业）如何安身立命？如何在变中求定、定中求静、静中求安、安中求虑、虑中求得？这套书记录了我一步一脚印，"终日乾乾"（《周易·乾卦》），面对挑战，不断超越、不断回归、不断关照初心的努力。能够把初心变成愿景，把专业变成志业⊜，这个过程本身就是一种学习，一种享受。从这个意义上来讲，这套书或许能成为治疗当今中国经济社会缺失"本源"痼疾的一剂良方。

《明哲文选》目前出版的这三本书，某种程度上只是我"鲤山又一村"⊗的第一小步。我一直心仪曾国藩（文正公），从年轻的时候就喜欢阅读曾文正

⊖ 我最近常在思考，也想写一本书，书名姑且叫作《好生，好活，好死》。生，我们每个人都没有太多的选择，有些人生下来断了一只手（或脚），有些人天生鲁钝，有些人天生丽质——我们都没得选择。死，我们也没得选择，时候到了，我们就应该走了，当然每个人怎么走要看造化，有些人卧床多年，有些人自然坐化（像毓老师）。但是，怎么活，每天怎么活在这个世界上，我们每个人，其实都有选择。活得好，活得坏，活得成，活得败，往往都是个人选择的结果。这套书其实是想分享我个人这一辈子（至少是过去 30 年）怎么活，作为一个科研人员，作为一个学者，作为一个老师，作为一个作者，作为一个儿子，作为一个父亲，作为一个丈夫，作为一个朋友，作为一个平平凡凡的人，我怎么做人、做事，怎么度过我的一生。

⊜ 世界商业领袖沃伦·巴菲特（1959 年毕业于哥伦比亚大学管理学院，可以说是哥伦比亚大学最出名的校友）表示，这一变局为其平生（他现在 89 岁）所未见。请参见 https://www.marketwatch.com/story/warren-buffett-on-the-one-two-punch-market-panic-it-took-me-89-years-to-experience-something-like-this-2020-03-11。

⊜ 《孟子·尽心上》："士尚志。"志（志＝士＋心）者，心之所主。

⊗ "鲤山"就是我故乡台东的"鲤鱼山"，由于毓老师当年曾以"长白又一村"明志，受老师的启迪，改换老师的用语来自勉。毓老师的"长白"是连绵东北三省的长白山，我年少时常去、多年来空存怀想的鲤鱼山只是台东市区里一座小小的丘陵。山的大小虽然有异，但我与老师溯源思乡的情怀则是相同的。

公的文集，除了在做人、做事、做学问的方方面面师法他，力求一以贯之，也注重用文字记录人生点滴，可以说他的言行事迹是我这个入世之人的范本。作为《明哲文选》的后续，将来还有一系列的出版计划，⊖甚至还想整理出版我平常往来的文书信件，尤其英文书信更是反映了平日在美面对中西文化冲突、学术实务碰撞时，我个人如何执两用中，做出适时适当的选择，也就是我如何"做自己"的具体做法与"真""实"的功夫等。我愿意毫无保留地将自己多年的所做、所为、所思、所写的"全集"公之于世⊜。

　　首先出版的这三本书共收录了 60 余篇文章，从翻译、校对、编辑与整理，到最终出版，都是团队成员共同努力与贡献的结果。尤其感谢连婉茜（新罕布什尔大学）负责领导整个团队，从整套选集的架构安排到书中内容的选取，从最初的想法到后期的付梓，付出了非常多的心力与时间。她对这套书的"用心深细"（熊十力语）⊜，让我感动。感谢刘刚（国住人居工程顾问有限公司）协调整套书的出版事宜，以及林豪杰教授（台湾"中山大学"）对此书的形成提出诸多具有启发性的建议。感谢谢岚为多章内容进行整理与撰稿，武珩为本套书的整体结构提供宝贵的建议，以及庞大龙（西安交通大学）、谭畅（西南大学）、张国义教授（台湾"东华大学"）、黄怡华在翻译与校对工作上的投入。同时感谢路江涌教授、林道谧教授所带领的北京大学团

⊖　在这三本书之后，还有：动态竞争在企业应用的文章选集；用更通俗的体例整合前三本书，记录中西企业全球化以及中西企业交流的典范案例集（我正在撰写双汇、闻泰科技的海外推广以及希尔顿在中国的相关案例）；整理我多年来上课时为学生（友）手写的笔记与板书；分享我多年来在管理学术顶级期刊上所发文章的投稿与修改过程，以及投稿被拒的经验教训。以上所述为《明哲文选》后续的预定内容，未来将陆续出版。

⊜　最后我也希望在我百年以后，有人能为我出版一本类似"生说师语"的书。"以文会友"这个栏目是《明哲文选》系列之一《承传行践：全方位管理学者的淬炼》的特色，它也可以说是"师说生语"。多年来我养成观察学生课上和课下的言行举止、企业的成长以及各方面的表现，做笔记、留下记录的习惯。将来我人生"毕业"以后，我会留给我的这些"宝贝"学生或学友一些人生箴（诤）言，为每个人留下"一"个字，或是"一"句话、"一"个观念，作为我对于他个人、企业所作所为的遗（传）世"忠"（尽己、真诚）言与惕厉。

⊜　连婉茜博士跟我一样出身台湾乡下（苗栗），也是从无到有，过去 10 年，我有幸看着她一路成长，她把 10 年来的学习历程写成了《细谈"用心深细"：明哲老师助教的一线观察》一文，请参见《明哲文选》系列之一《承传行践：全方位管理学者的淬炼》第三篇"方法心法"的第 15 章。

队；台湾政治大学许牧彦教授所带领的姜占魁薪传学者团队，他们支持了部分章节早期版本的翻译工作；清华大学经济管理学院李纪珍教授与林文琛所带领的"动态竞争与创新战略研究中心"团队、西南科技大学何波与张宏亮教授所带领的明哲钻石俱乐部与"凉山小朋友"为本书提供支持，在此敬申谢枕。感谢机械工业出版社出版这套书，协助我将30年来的为文与行事的成果呈献给世人。由于时间有限，在英文文章翻译、校对的过程中，难免会出现转译上不尽理想的地方，在此谨向读者表示歉意，文责当然由本人自负。

感恩，惜福，惜缘。这么多位好友、学友的努力，让我有机会把众多分散在中英文各类期刊中的文章汇聚在一处。⊖这套书以《明哲文选》命名，既感念父母养育之恩，更想借由"明""哲"二字的深刻含义彰显华夏智慧的精华。"明"="日"+"月"，日起月落，月起日落，体现了大易"生生之道"，它有薪火相传的底蕴，也和终始之道若合符节。"大学之道，在明明德，在亲（新）民，在止于至善"（《大学》），"明"字也有自明（"明德"）与新民的意思，己立立人，己达达人。"哲"关乎人生，拆解此字，表示思考折中，能用中道，也就是"执两用中"的意思。"哲"也有头脑缜密、内心清明如镜的含义，犹如《尔雅·释言》所说，"哲者，智也"。"明哲"二字蕴含我的中华情怀，代表我对故乡台湾、大陆、旅居全球各地的华人企业家与专业人士，乃至全球各国、各种文化背景下的企业家与专业人士最大的期许：自觉觉人、己立立人；洞悉天下，永续经营；共同延续并创造崭新的华夏与世界文明。

陈明哲

美国弗吉尼亚州夏洛茨维尔

2020 年 6 月

⊖ 有些学友知道我在写这一系列书，非常希望我能早日完成，但他们不一定是想要立即细读深思，只是想把它们放在书架上，当作一面"镜子"，每天审视、提醒自己。

　　《明哲文选》系列，目前已成书三册，分别为《承传行践：全方位管理学者的淬炼》《动态竞争：后波特时代的竞争优势》《文化双融：执两用中的战略新思维》。这部文选既是陈明哲老师个人知与行的论著，也是他与众多友人共学适道的成果，汇聚了陈明哲老师在为人处世、洞见理论与教书育人等诸多层面的方法和心法。本文名为导读，实则是笔者的学习体会，谨供有志于研读这部文选的同好参考。

系列之一《承传行践：全方位管理学者的淬炼》

　　我是谁？我该去哪里？我如何前往，如何到达？

　　从成书逻辑上看，系列之一《承传行践：全方位管理学者的淬炼》是整部《明哲文选》的总纲。该书从"忆父怀师"（第一篇）开始，在浓浓的人文情怀背后，暗藏了"承传"二字的家学与师承。"教研育人"（第二篇）与"精一执中"（第四篇）两篇，分别从学者和企业家的视角，深入诠释了"行践"一词。"方法心法"（第三篇）则在阐述"明哲"方法与心法的同时，进一步明晰了薪火相传的行文主旨。陈明哲老师以自身的教学情境作为讲述"明哲"方法与心法的载体，一方面体现了他作为教师的职（志）业责任感，另一方面也与后文的学术创业相得益彰。

　　学术创业部分由理论、思想和社群服务三个层面构成，是陈明哲老师承传行践具体行动的展现。理论部分，陈明哲老师总结了"动态竞争"（第五篇）从无到有的过程，归纳出动态竞争理论体系的六个研究主题，为系列之二《动态竞争：后波特时代的竞争优势》奠定了基础；思想部分，陈明哲老师进一步对动态竞争理论背后的"文化双融"（第六篇）的思想内核进行了剖析，并一如既往地从学者和企业家的双重视角提出自己的见解和建议，为系列之三《文化双融：执两用中的战略新思维》做铺垫；社群服务部分，陈明哲老师以"立人立群"（第七篇）为题，介绍了他创立各种社群的目的和动机，描述了他20多年来有目的地培养教育家和企业士的社会行践之路。

除了成书的逻辑体系外，系列之一《承传行践：全方位管理学者的淬炼》还有三个关键词值得读者关注和体会。第一个关键词是"边缘人思维"。陈明哲老师出生在相对落后的台东，并在那里度过了他的青少年时期，这一特殊的成长背景使得他在之后的学术研究和教学育人过程中，始终秉持"边缘人"的视角与思维，倡导发现被主流所掩盖或忽视的问题。第二个关键词是"过程导向"。无论是在动态竞争理论创建过程中由差异化到合法性的构建，还是在案例教学过程中的问题引导性布局，都深刻体现出陈明哲老师对于实现目标的过程的把控。第三个关键词是"顺己之心、顺性而为"。每个人都有自己的初心，在书中陈明哲老师不仅表露了自己的初心，更展现出了在环境剧变的压力下真诚面对自己和活出自己的"精一执守"。顺己之心、顺性而为，强调做人先于做事，在做好自己的同时，融入人群，融入社会，由此方能和睦亲友乃至推动事业长期发展。

系列之二《动态竞争：后波特时代的竞争优势》

竞争是什么？与谁竞争？如何竞争，如何实现可持续发展？

从成书逻辑上看，系列之二《动态竞争：后波特时代的竞争优势》是整部《明哲文选》的学术担当。全书由陈明哲老师所撰写的 15 篇"动态竞争理论"主题论文翻译组合而成。这些论文已经刊载于各类主流管理学术期刊，既是陈明哲老师入世实学的体现，也是他对于当今管理学研究的理论贡献之所在，展现了陈明哲老师学贯中西的深厚功底。

该书从动态竞争理论的综述（第一篇）开始，细数动态竞争理论由创建到发展 30 年历程中所形成的竞争互动（第二篇）、竞争行为（第三篇）、多点竞争（第四篇）、整合性竞争分析（第五篇）、竞争知觉（第六篇）和动态竞争研究方法（第七篇）六个研究主题的相关研究成果，是动态竞争理论的系统性展示。全书虽未按文章发表的先后顺序布局，但它始终贯穿了由"识别竞争对手"到"深入了解竞争对手"再到"通过不同层面竞争分析降低竞争者对抗性"的主线逻辑，能够帮助读者从概念和方法论上全面了解整个动态竞争的理论体系。通过动态竞争战略创造一次次的短暂竞争优势，可以为企业的长久可持续发展建立根基，这样的核心战略行为指引更有助于新常态下中国企业参与全球化竞争。

在系统性呈现动态竞争研究领域的同时，陈明哲老师还从"本质"和"过程"两个层面，剖析了他从"爱好'竞争'"到"初涉'竞争'学术领域"再到"发展动态竞争理论"的学术生涯全过程，分享了自己的经验和体会（第八篇）。读者可以从中感悟，陈明哲老师在动态竞争理论的学术创业中贯穿始终的"精一"理念。

系列之二《动态竞争：后波特时代的竞争优势》中的每一章均采用了学术论文的体例。为了便于读者系统性地阅读学术论文，陈明哲老师还专门撰写了《发挥学术文章的最大效用：给管理者的实用阅读指南》（附录），详细解释了学术论文体例中各个部分的形式和功能，并为读者提供了关于如何阅读学术论文的建议，在解答读者对论文的科学性疑惑的同时，帮助读者关注和掌握论文的核心议题与关键结论。

系列之三《文化双融：执两用中的战略新思维》

何谓"两难"？为何"两难"？"两难"问题如何突破？

从成书逻辑上看，系列之三《文化双融：执两用中的战略新思维》蕴含着整部《明哲文选》的思想内涵，展现了陈明哲老师为人处世的中华文化底蕴。该书从管理所面向的诸多二分对立现象入手，详述了"文化双融"这一名词（概念）的由来，以及文化双融理念在协调东方与西方（第一篇）、竞争与合作（第二篇）、古与今（第三篇）、宏观与微观（第四篇）多个层面的二分对立问题的哲学思考和实践应用（第五篇），全方位展现了文化双融理念的生命力和价值。

文化双融理念倡导在理解对立的基础上，寻求平衡与整合后的创新机遇。其"执两用中"的战略思维，对于读者思考自身所面临的两难问题，乃至探讨当今全球化的新情境均大有裨益。特别是当前中美双方全方位的互动，直接影响了全球包括政治、经济、文化在内的整体格局。利用"文化双融理念"和"执两用中思维"，或许能够帮助读者在这样的不确定性环境压力下，找到自己或企业突破各种二分对立困境的办法和思路。

在系列之三《文化双融：执两用中的战略新思维》中，陈明哲老师一如既往地以自己为例，从其人生各个社会化发展阶段、教学研究与社会服务的职业生涯乃至个人生活的点滴事项等多个层面，呈现了他面对"两难"挑战时秉持文化双融理念的思考与实践。读者可以从中体会"执两用中"的知行不易，并由此反思自己的职业观念、价值观念、处世态度等。

在行文体例上，系列之三《文化双融：执两用中的战略新思维》有意识地将"动态竞争"理论体系的形成作为案例，在各个层面的文化双融应用情景之中进行分析。这样的布局，体现了陈明哲老师在教学层面向企业和企业家学习的"教学双融"，同时与系列之二《动态竞争：后波特时代的竞争优势》

中动态竞争理论体系的战略观、竞争行为、竞争响应结果研判等诸多研究内容相呼应，有助于读者进一步理解动态竞争理论通过文化双融理念逐步淬炼成型的全过程。

结语

《明哲文选》系列三本书，各具风格又有着共同的根源。文意"由我及人"，既具体呈现了陈明哲老师文如其人的风格，又真诚表达了他作为教育者的谆谆教导之意。为梳理读后对《明哲文选》脉络的体会，特依托文选中的关键信息点，绘制成脉络信息图（见图 0-1），以为同好导览。短短数千字的导读，难以道尽文选之精髓，反因个人能力有限，图文表达难免有不当之处，望各位同好见谅！

在精读《明哲文选》的过程中，各位同好可能会有不少感悟和反思，恰如系列之一《承传行践：全方位管理学者的淬炼》中每篇的"以文会友：群友的回馈与共勉"部分所展现的那样。经陈明哲老师首肯，也将明哲钻石俱乐部"凉山小朋友"[1]阅读《明哲文选》后的部分感言作为系列之一《承传行践：全方位管理学者的淬炼》的附录 C，以为引玉之砖。

张宏亮[2]

明哲钻石俱乐部

2020 年 4 月

---

[1] 明哲钻石俱乐部是一个由企业、陈明哲老师、学校三方共建的平台，致力于促进中国中西部偏远地区高校学生的发展。陈明哲老师亲切地称俱乐部的成员为"凉山小朋友"，并随时关注和支持这批来自"边缘"的友人。谨以此文，代表"凉山小朋友"向陈明哲老师致敬。

[2] 张宏亮，西南科技大学经济管理学院教师，明哲钻石俱乐部成员。

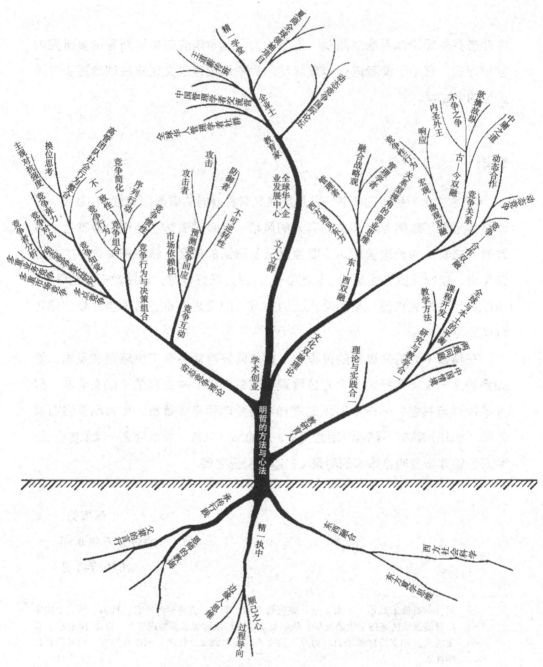

图 0-1 《明哲文选》脉络信息图

第一篇

忆父怀师

这一部分，有点像一部纪录片。

主人公，是陈明哲和他父亲，以及他的诸位师长。

一篇篇怀想，是一段段有缘相识、走进彼此生命的故事。

少年时，与父亲满头大汗地一起打球，而父亲听他稚嫩而认真地分析天下大事。

青年时，和老师对坐于小小的教员宿舍内，在炒菜声、脚步声、幼儿哭闹声中汇报两三周的读书心得。

抑或和一群莘莘学子，挤在地下室改建的书院里，听老师声若洪钟地讲谈《论语》，讲谈《大学》……

负笈美国求学，老师相邀，坦诚深谈，遂决定改换研究方向；学业紧张，老师招呼学生们去家里聚会放松，准备了"看家菜"酸黄瓜三明治，还特地烧了中国菜。

初为青年教师，籍籍无名，却与资深教授一见如故，结为忘年之交，在餐厅，在自家公寓，在百老汇 116 大街，有谈不完的话题。

及至壮年，依然有老师的引领；出席校友会、学会晚宴……共同探索学术和教育的本真。

点点滴滴，仿佛昨日。

感恩、惜缘、惜福，是陈明哲经常讲的话。而回望一路，父亲与师长的陪伴、远见、鼓励、鞭策和引领，以及他们在精神和情感上给予的爱与力量，确然是生命中丰厚的福气。

我们就是在这样的获得之后，逐渐辨明方向，逐渐成长、成熟，把这份爱和力量，再度播撒出去。

如此，生生不息。

（文：谢岚　上海广中学校教师）

第 1 章

忆庭训

陈明哲

我家中几代都从事财务相关工作，父母都是会计，一辈子在机关任职。或许是由于我叛逆的个性，也或许是由于我无知地自命"清高"，所以总是认为大丈夫怎能在锱铢细节上浪费时间。我从小就对与钱有关的事及学科避之唯恐不及，即便是长期就学、任教于商学院，这种想法也始终没有改变。

"反者道之动"（《老子》），这一"反"却让我走出了一条不一样的人生道路，成就了一个以动态竞争为主轴，整合学术与实务、东方与西方、主流与边缘的"文化双融"的生涯。

对于钱，从小父亲教给我几个观念，我确是始终牢记，奉行至今。首先是钱的事一定要跟人算清楚，一点也不可以马虎；其次是不可以欠人家钱（当然也不要欠人情）；再次是若要借给人家钱，就要抱着这笔钱是送人的想法，不要期望这笔钱将来会被归还；最后是不该拿的钱绝对不拿。

20 世纪六七十年代，台湾地区贪污之风盛行，父亲担任会（主）计主任，这可以说是一个大肥缺。当时，蒋经国对公务员贪污深恶痛绝，一旦抓到都是严惩，甚至判处死刑，以儆效尤。我们家中的规矩是逢年过节不接电话、不开门，以避免不必要的麻烦。如果厂商送礼，整个机关（或单位）大家都拿，实在难以推却时，父亲往往是先收下，再叫我们拿去慈善机构捐赠，并要求取得收据，留作记录，始终都是如此。

父亲一辈子两袖清风，虽然生活水准比不上很多同事，却始终安分守己，心安理得。他以身作则，让我看到了"和而不流，强哉矫"（《中庸》）的具体做法，也让我从小有了"度"的观念，对于我一生做人、做事在"分寸"上的拿捏，影响深远。

关于父亲奉公守法的行事作风，我印象最深刻的一件事，就是当年他从林务局退休时，主动将长期居住的宿舍归还给公家。他可能是我所认识的亲戚朋友当中唯一如此做的人。

这件事也关联到另一件往事：我收藏的整屋子的珍贵书籍被充公丢弃。当年我出国前，我们所住的宿舍在新竹。父亲退休后，随着家弟搬到嘉义。为了避免他与家母难过，来美国后，我始终未敢搬动新竹家中留下的整个房间的书。其中很多书籍是我省吃俭用购买收藏的，有不少是我当年与目前在台湾大学任教的孙中兴教授，两人同食一份晚餐，省钱购买的河洛书局的昂贵的线装书，自然也包括了我写满听毓鋆老师上课的笔记与读书心得的挚爱的《春秋繁露》。同时，还有日记、照片、过去的成绩单等。这些珍贵的收藏都因为当时公家未尽职责，清理过户时未通知家父，全部被当作废纸丢掉。父亲过世前每提起此事，总是特别难过，一生依法行事，却给我造成了无法弥补的损失。但这件事情的发生也使负笈异乡的我有了白手起家、一切从头再来的动力。

父亲身材瘦削，体形不是很好，我们两兄弟常笑他。但是，他乒乓球打得很好，是所任职机关的教练，同时也是篮球队队员。正因如此，我从小喜欢运动，只要是球类（或是一切圆的东西），我都喜欢；无论是打球还是看球，我都有很大的兴趣。也因如此，成为一个好的运动员或是保持良好的运动家风度，始终是我努力的目标。这也为我日后专业精神的培养，以及一生潜心研究战略思维、动态竞争，培养长期的兴趣，奠定了扎实的基础。

我小时候原想成为新闻记者。在台湾台东乡下，竞争不太激烈，学习压力也不大，小学、初中时养成大量读报的习惯，最多的时候，一天可以看二三十份报纸。我常喜欢将自己对国际时政的分析与父亲分享，每当我有独特见解或分析到位时，他总会称许、鼓励。他欣慰的眼神，令我至今难忘。

祖父早逝，父亲从小独立。他年仅八岁时，曾独自穿越被日军占领的沦陷区，重返福州老家。2017年夏天，我陪母亲与家人首次回到榕城探亲扫墓，也参观了父亲当年在文儒坊出生时住的房子，一圆多年心愿。

父亲是一个很有原则的人，也有他的坚持，终生不渝。我的精一知止与在很多事情上的坚持与恪守，其来有自。

母亲出身大家，好客，喜交友，乐于助人，很有人缘。她一直在公家机关担任会计，职位虽然不高，但退休时机关首长及全体一级主管特别举办宴席，为她送行，也为她平日待人、助人画下完美的句号。这件事是她退休后最大的安慰，她始终引以为傲。我从小喜好交友，重视人缘情谊，应该是受到了母亲较大的影响。

近日重读2009年所写的祭父文，深有感触，提笔略记父亲二三往事。缅怀庭训，感恩双亲。兢兢业业，冀望承传家风，毋忝所生。

第2章

恩师姜占魁

蒙以养正，弦歌不辍

陈明哲　口述

谢　岚　采访 / 整理

2.1　学生准备好了，老师就出现了

"大学里，我玩得很厉害。一三五打桥牌，二四六打篮球，周日呢？就找黄牛买门票，看热门的球赛。当时我读的是中兴法商（中兴大学法商学院，现台北大学）。那时候企管系更像国际贸易系，什么国际贸易、会计、财务管理，我都没什么兴趣。我家里几代都是会计，我却不喜欢算来算去。所以，大学里逃课逃得一塌糊涂。"（笑）（陈明哲）

"中兴法商毕业后，我进了一家教育研究所。那时候收心了，认认真真读点书，想自己的未来究竟要怎么走。当时是 20 世纪 70 年代末，台湾地区出国的风气蛮盛的。我也想换个环境重新开始，想找机会读博士，可没有大方向，不清楚应该往哪里努力。1978 年，中兴法商举办活动，想请姜占魁老师来讲座。大家让我去邀请，我就去了。这是我和姜老师第一次见面。"（陈明哲）

姜占魁当时是中兴法商的老师，教授行政管理、组织理论和行为、人群关系等课程。学生们都知道姜老师"很有料"——他是当时为数不多的从美

国名校回来的"正牌博士"之一。

"20 世纪 60 年代，密歇根大学在台湾政治大学（以下简称政大）成立了研究中心，18 位政大的讲师通过选拔，赴美进修，6 位拿到了博士学位，姜老师就是其中之一。当时他 32 岁出国，在美国读了 12 年。"陈明哲说。

需要说明的是，这不是一个"简单"的学术交流。

美国政府联合美国的大学，通过学术关系构建战略同盟，服务其地缘政治目标。

纳尔逊的研究认为，20 世纪 60 年代初，美国外交政策专家越来越担心世界各地的大学生并不支持美国的对外政策，于是美国政府联合大学，在全球推动了各种文化和学术交流项目，以建立信任，获取这些未来社会精英的支持。大名鼎鼎的富布赖特项目、姜占魁入选的"密大—政大"项目，皆是这个时代背景下的产物。

而对 20 世纪五六十年代的台湾地区中青年学人来说，出国研修是一个极具吸引力，甚至以前想都不敢想的机遇，但同时也意味着抉择的为难和割舍的愧疚。

"1960 年，由政大法学院院长朱建民推荐，先生赴美攻读公共行政硕士及政治学博士，前后历经十二载。当时先生已婚（时年 32 岁），忍受离乡背井和师母两地相思的孤寂，只身远赴异国深造。师母含辛茹苦，一面在初中任教，一面独自负起教养子女之重任。"（台北大学校史馆）

2.2 读不懂的，和太有趣的

1972 年，姜占魁以优异成绩博士毕业，"值尼克松总统任内中国热正炙，研究中国问题之美国学界，争相礼聘，然先生放弃一般博士生梦寐以求的密歇根（大学）与哥伦比亚大学之教职，及共和党智库兰德公司（Rand）

研究员之聘约，束装返台，献身大学教育和学术研究"（台大校史馆），尤其专注于公共行政和组织管理。

和姜占魁初次见面后，陈明哲做了个决定：请姜占魁教他读书。"那时候，我对管理学、行政管理、组织理论之类的东西，都只是朦朦胧胧地了解，但我想，姜老师是美国回来的博士，一定有东西可以教我，于是我就跟着他开始读书。"

从 1978 年到 1981 年，这一读，近三年。

"那两三年里，每隔两三个星期，我就会去找姜老师。"这对师生见面的地方，通常有两个。"当时姜老师是淡江文理学院（现淡江大学）公共行政学系夜间部主任（兼任）。要是他晚上有课，我们就会在上课前聊聊。"

"还有一个地方，是姜老师在新北市中和区的家。师母是初中老师，当局分配给他们一间宿舍。宿舍地方不大。我们一对一地交流，一次见面谈一两个小时。我读到什么都和他聊，自然而然就有很多话题。"

桌椅、炊具、床铺、晾晒的衣服、饭菜味儿、邻居上下楼的脚步声、窗外的叫卖声……在小小的家中促膝而谈，使读书这个精神性的行为有了油盐酱醋的寻常生活之味。

姜占魁的"导读"，没有一点花哨，实实在在，就像扎马步。他学识扎实、完备，能够为学生提供一张"地图"，像个经验丰富、沉稳笃定的领航员，让学生知道在茫茫无涯的学海中从哪里下水，向哪里划桨前行。

"姜老师带着我一本一本地读英文原著，先让我读组织学和管理学中最重要、最经典的那些著作。"陈明哲说。

"当时我英文不太好，大部分书是读不懂的。但姜老师一向不太给人压力，从不会因为你英文不好就说'你怎么不行'，从来没有因为你英文不太好而嫌弃你。"陈明哲回忆道，"师生的关系非常平等。姜老师说我是'饿狗'，英文就是 hungry dog，什么都想要，什么都想抓。姜老师知道我英文不够好，可他非常尊重我的求知欲。"

陈明哲很快也发觉姜占魁的另一个不同之处。"姜老师不直接告诉我答案，而是考我一些问题，促使我自己去琢磨，表达自己的见解。这也是我第一次体验到'启发式''讨论式'教学。他懂得循序渐进，因材施教，会从我的程度、我的反馈来调整。姜老师和其他几位深深影响我的老师有个共同特点：一个好老师，不论你资质好坏，都能找到合适你的方法带你、引导你。"

这样一知半解地读着、读着，陈明哲感觉到了自己内在的变化："慢慢地，心就比较安。"

心安下来，门就开了。

"有一次，姜老师推荐我读《组织与管理》(*Organization and Management: A Systems Approach*)，也是英文原著。我很喜欢，被它吸引住了。尽管还是有很多句子读起来疙疙瘩瘩的，但就是想一口气读下去。书里讲，一个组织是一个开放系统，它在不断地和外界环境互动。这个观点很吸引我，我开始从这个视角去思考企业。企业是如何与外界互动的？如何被外界影响的？企业的大政方针是如何制定出来的？高管团队扮演什么样的角色？消费者对企业而言又是什么样的角色……我的好奇心被勾起来了，觉得这些事情太有趣了。这本书，打开了我对管理的视野。

"跟姜老师读书的两三年，我渐渐清楚了自己要什么、不要什么。在他的引导下，我慢慢发觉，我的兴趣是在宏观思考和研究上。在和好的老师相处的过程中，你慢慢地会发现和清楚自己的兴趣是什么、自己的'性'是什么。"陈明哲说。

20 世纪 80 年代初，陈明哲启程去美国马里兰大学攻读博士。当时华人留学，多半选择学财务、会计，而陈明哲却选择了企业管理，而且还是战略管理，这在当时是很少见的。但他确定，这就是他想要的。

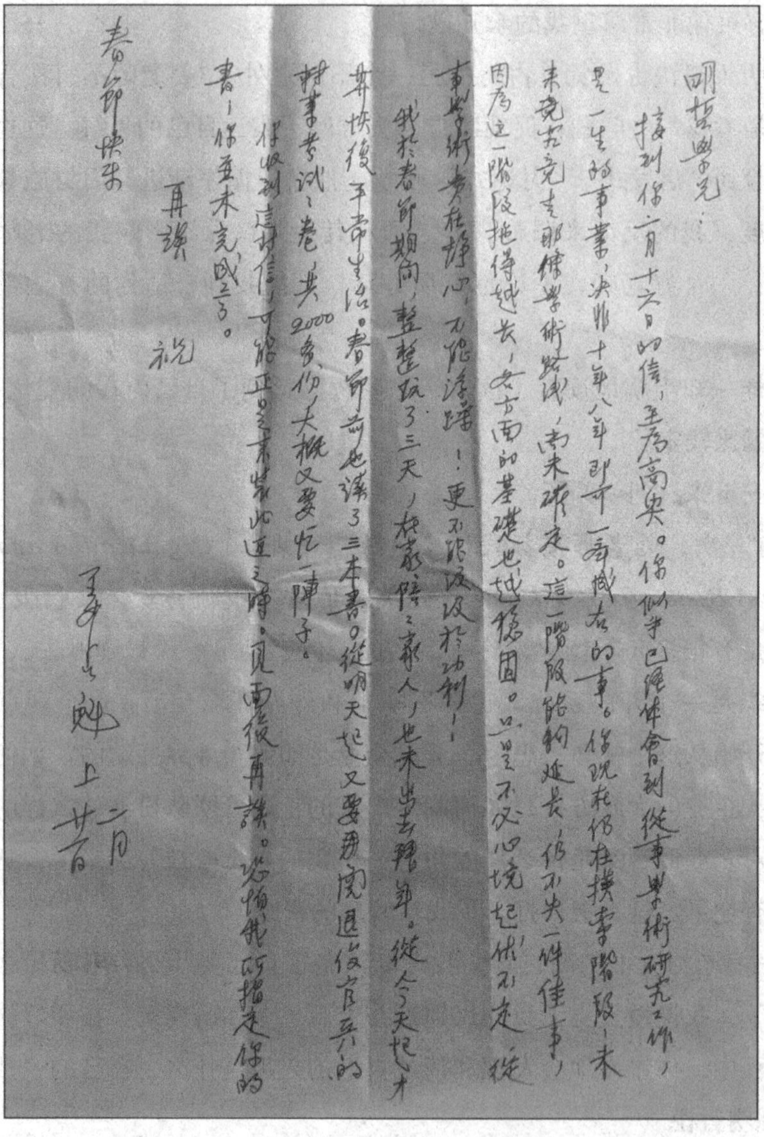

明哲学兄：

接到你二月十六日的信，至感高兴。你似乎已经体会到从事学术研究工作，是一生的事业，决非十年八年即于一辈或者的事。你现在能在撰写学位阶段，未克先完成那种学术养成，尚未确定。这一阶段能够延长，你不失一件佳事，因为这一阶段拖得越长，安方面的基础也越稳固。只是不必心焦也不定。从事学术寿在耐心，不急浮躁！更不能计较目前功利！

我和春节期间，整整玩了三天，把书陪了都人，也未去拜年。从今天起才看收後平常生活。春节前起谋了三本书，继明天起又要忙一阵子。辨书考试一卷，共2000多份，大概又要忙退後官兵的。

保级到这封信，可给正，看看需要必逗一逗，贝雷後再谋。恐怕我所指走你的书一信至未克成言。

祝

春节快乐

再谈

王 二月

（此处署名）上其

此为1977年春节期间（2月21日）姜占魁老师回复我拜年信的亲笔信函，字里行间尽是老师的悉心提点与谆谆教诲。重读伴我40余年的信函，深深感佩老师为我指明学术之路与人生道途，并提醒自己时刻不忘初衷。

2.3 37 公斤的意义

1989 年秋天，陈明哲在新泽西海边参加宾夕法尼亚大学沃顿商学院主办的学术精英工作坊，当时他刚到哥伦比亚大学任教。陈明哲在工作坊的一项任务是宣读评论"战略群组"（strategic group）的论文。当时，"战略群组"是一个热门的学术议题，光是那一年，探讨这个话题的博士论文就有 33 篇。而陈明哲在评论中直率地表达了自己的观点——他认为，战略群组方法对竞争者分析并不是那么有用。

当时在座的有许多学术界的大人物，而陈明哲只是个学术新人。他的发言遭到了非常严苛甚至刻薄的反弹。为了平复自己的心情，他开了两个小时车去另外一个小镇。在那里，他买了一幅油画，画中是一艘船在狂风怒浪里航行。

出国后，全新的生活环境中处处都是挑战：论文多次被退稿，如何调整自己？日复一日地辛勤研究，是否真的能有成果？如何把握分寸，处理学术界的人际关系？如何在人才济济、竞争激烈的顶尖名校里生存下来，脱颖而出……"学术界和其他行业一样，有最好的一面，也有最坏的一面。日后，当我面对横逆，姜老师在我临行前送给我的两个词——决心（determination）与坚持（persistence），始终是驱策我往前迈进、追求精一的动力。"

陈明哲时常会提起姜占魁的一段往事：当年，姜老师在台湾大学英文系读书，一本本"啃"英文书，一本本"背"英文书。一个大男人，读书读到瘦得只有 37 公斤！

"一个大男人，读书读到瘦得只有 37 公斤。"如果放在今天的语境中，这恐怕会令人颇为费解，甚至招致讪笑——这不就是个书呆子？！然而，当我们了解了姜老师经历过什么，才能多少明白这句话背后的意味。

"先生 1928 年出生于山东省莱阳县，家境清贫，成长期间历经战乱，颠

沛流离。14 岁离家赴县城求学，为全村仅有的两个中学生之一。"（台大校史馆）

姜占魁，曾是中国千百万流亡学生之一。

"现代中国，有个名词叫流亡学生，它前后有三个梯次。第一梯次，'九一八事变'发生，东北青年入关。第二梯次，'七七抗战'开始，沿海各省青年内迁。第三梯次，内战期间，各地青年外逃……流亡的青年千万百万，流亡很苦，很孤独，有时也壮烈，危险。"姜占魁的同代人，且是山东老乡的台湾作家王鼎钧在回忆录《怒目少年》中写道。

1942 年，王鼎钧 17 岁，离开家乡山东兰陵，前往安徽阜阳。同一年，14 岁的姜占魁也开始了流亡生涯，先赴县城求学，后随校辗转至青岛。

"那时，山东省是沦陷区，日本控制学校，修改文史课程，培养以日本为宗主的思想，办理各种亲日活动……高压之下，中年老年懂得世故分寸，可以苟全。年轻人血气方刚，心里窝着一把火，留在家里很危险……家长们千方百计把孩子送出去。"（引自《怒目少年》）而当时，国共两党都成立了战时学校，收容流亡学生，在硝烟炮火中一路求生、一路读书。

"先生（姜占魁）14 岁离家，在四年物资匮乏的学校生活中，曾因饥饿缺粮濒临死亡……1948 年，先生离开青岛转赴南京，幸得同乡协助，在湖南国立师范学院旁听。正当此时，先生罹患重病昏迷，醒来时，身上所有皆被偷光，只得将仅存之大衣向农家老妇换来一袋鸡蛋和少许米麸，得以撑到广州，不致沦为饿殍。"（台大校史馆）

流亡学生中，有的半途投笔从戎，有的自谋生路，有的则将读书向学作为风雨飘摇中的精神支柱、生存支柱。

"我从汉中长途行军回援贵州时，发觉漫山遍野都是难民大军——铁路公路员工及其眷属，流亡学生与教师，工矿职工和家眷，近百万的军眷，溃散的游兵散勇及不愿做奴隶的热血青年，男女老幼汇成一股汹涌人流。道路上塞了各种各样的车辆——从手推车到汽车应有尽有，道路两旁的农田也挤满了人, 践踏得寸草不生, 一片泥泞。难民大军所到之处, 食物马上一空。入夜天寒, 人们烧火取暖, 一堆堆野火中夹杂着老弱病人的痛苦呻吟与儿童啼饥号寒的悲声。沿途到处是倒地的肿胀尸体, 极目远望不见一幢完整的房屋, 顿生人间何世之感, 不由得堕入悲痛惊愕的心境, 刚劲之气随之消沉。"(齐邦媛,《巨流河》)

"颠沛流离有说不尽的苦难, 但是不论什么时候, 户内户外, 能容下数十人之处, 就是老师上课的地方。学校永远带着各科教科书、仪器和基本设备随行。我今天回想那些老师上课的样子, 深深感到他们所代表的中国知识分子的希望和信心。他们真正相信'楚虽三户, 亡秦必楚'; 除了各科课程, 他们还传授献身与爱, 尤其是自尊和自信。"(齐邦媛,《巨流河》)

"流亡学校"的创办者有政府、军人、教育家, 形形色色, 因为他们的心力、能力、物力之不同, 其所创办的"流亡学校"也千差万别。然"为国家民族保存一点读书的种子", 却是彼时中国共同的愿力。

1949 年, 国民党大势已去, 留踞海南岛做最后挣扎。21 岁的姜占魁亦流亡至海南岛海口师范学院。后解放军挥师南下, 姜占魁便追随恩师邓文礼先生 (后任台湾师范大学英文系教授), 渡海来台。

"到了台湾, 先生举目无亲, 生活困顿, 依然奋发图强重拾书本。1950年如愿考上台湾大学外文系, 却于体检时发现罹患二期肺病, 必须强制休学。校长傅斯年先生得知, 特别拨款补充伙食。先生经过调养, 身体得以康复并复学。在台湾大学四年期间, 先生披星戴月寒窗苦读, 从来不敢有须臾享乐或松懈, 终以优异成绩毕业。"(台大校史馆)

2.4 尽己之谓忠

"公共行政和组织管理, 是姜老师一辈子的研究课题。其中, 他又专注于组织架构的优化健全，台湾当局如何改变叠床架屋、权责不清的问题，如何通过建立更好的制度引进和任用人才。姜老师就是踏实、勤勉地翻译、出书，然后结合台湾的实际情况，传播给台湾当局和企业界。当时台湾有一批这样的学人，比如杨必立、许士军、吴静吉、林英峰、黄国隆、刘水深、司徒达贤……这些前辈在20世纪七八十年代全心付出，在台湾共同建立了管理学学科体系。"（陈明哲）

20世纪七八十年代，管理学在台湾应运勃兴。

新兴的管理学积极地和政府、企业、社会互动。"我觉得姜老师那代人做得很好，从无到有，实实在在、很扎实。他们不仅贡献了思想资源，更贡献了求真务实的风气。"陈明哲说。

"姜老师是政大送出去培养的，苦读12年，回来后是台湾学界为数不多的美国博士。按理说，以姜老师的学养应该留在政大，但他受到了排挤。最初去中兴教书，也是无奈，但我在他身上看到，一个学者如何在逆境中看大、看远，如何'尽己'。"（陈明哲）

"1974年，中兴大学法商学院成立公共政策研究所，在校长罗云平先生力邀下，（姜占魁）接掌第二任所长，对所务发展和教学鞠躬尽瘁，直至退休。"（台大校史馆）

"坦白讲，中兴大学在当时不是很好的学校。当年，台湾最好的公共行政学是政大的，而姜老师到了中兴后，中兴的公共行政学很好地发展了起来，跃升到（全台湾）第二第三。"（陈明哲）

姜占魁一口山东腔，神情节制、淡然，看起来是个很"中国"的读书人，可陈明哲记得，姜占魁却有个"洋派"的习惯——只要去上课，他总是穿西装、打领带。这份"洋派"在当时台湾的大学里并不多见。

"姜老师和我说过一件事。他刚到美国的时候，在电视上看到基辛格到国会参加听证会，那些议员对他非常不客气，但姜老师注意到了一个细

节：议员们称呼基辛格时，先称呼他博士，再称呼他国务卿（Doctor and Mr Secretary）。"（陈明哲）

"姜老师很专心，就是读书、教书、写书、学者建言。他研究组织架构的优化，当局会邀请他做顾问、做演讲。有时当局会在姜老师的'建言报告'上批复四个字：'用力过猛'，然后就束之高阁了。我有时也能感觉到姜老师的挫折感，偶尔也会有些牢骚话，但姜老师的心境比较平和，从不流于激愤。他的学生里，有些做了公务员，做了官。姜老师如果觉得你哪些地方做得有问题，就会不假辞色地指出来。他认为这就是老师的本分。姜老师从不会因为谁有权力，而回避、讨好。"（陈明哲）

"先生之学生，无论在学术界、政界或企业界，出类拔萃者甚众，先生对此深感欣慰，视之为毕生最大成就，亦不负当年诸恩师对一孤苦无依流亡学生的提携之恩。"（台大校史馆）

2008 年，陈明哲回台湾参加学术活动，并被政大聘为校级讲席教授。时任校长吴思华悉心安排，给了陈明哲一个惊喜：年届八旬、多年未见的姜占魁也来聚叙，一起分享学有所成的欣悦。"没想到，这次聚叙是我和姜老师的最后一面。"

2010 年 7 月，82 岁高龄的姜占魁病逝。临终前一个月，学生曾去医院探望，当时，姜占魁已经昏迷，认不得人。谁知，这几位学生走到病床前头问候时，他忽然神志清醒，清楚地叫出他们的名字。

公祭当日，念祭师文，众多学生始知老师一生坎坷。

姜占魁传略

姜占魁（1928 年 1 月 30 日—2010 年 7 月 14 日），中兴大学法商学院公共行政暨政策研究所（1982 年更名为公共政策研究所；1999 年与公共行政学系合并，更名为公共行政暨政策学系）教授，其著作有《行政学》《人群关系》《组织行为与行政管理》《行政管理论丛》等。姜占魁言谈幽默，举止亲切，对晚辈更是照顾有加。他一生专注于治学、著书立说、作育英才、针砭时弊，及理论与实务之结合。他的学生遍布于学术界、政界及企业界，皆有优异的表现。

姜占魁出生于山东省莱阳县，14 岁时离家至县城求学，时逢抗日战争，随校辗转至青岛完成高中学业，1948 年，离开青岛转赴南京，经同乡协助在湖南国立师范学院旁听，后因重病昏迷且身家遭窃，醒来后只能以仅有的大衣换取食物撑到广州，然后流亡到海南岛海口师范学院。随后追随其恩师邓文礼先生（后任教于台湾师范大学英文系）渡海来台。

来台后，姜占魁举目无亲，生活困顿，但仍孜孜不倦地苦读，于 1950 年考上台湾大学外文系；后来又于台湾政治大学新闻研究所就读，1958 年毕业，因表现良好留校任教。1960 年，姜占魁由台湾政治大学法学院院长朱建民推荐，申请密歇根大学安娜堡分校奖学金，赴美攻读，12 年后取得公共行政硕士及政治学博士学位。当时姜占魁因博士论文口试成绩优异（第三名），获密歇根大学教职、哥伦比亚大学教职及共和党智库兰德公司研究员等聘约，但他仍毅然决然返回中国台湾。回台后，他先后任教于台湾政治大学、中兴大学、淡江大学和文化大学等公共行政相关学系，讲授组织理论与行为、人群关系、行政管理、组织设计等课程。1974 年中兴大学法商学院（现台北大学）成立公共行政暨政策研究所（1982 年更名为公共政策研究所；1999 年与公共行政学系合并，更名为公共行政暨政策学系），姜占魁应当时校长罗云平力邀接掌第二任所长，之后在该所服务至退休。

| 第 3 章 |

有教无类

恩师爱新觉罗·毓鋆教育理念的承传行践[⊖]

原文出处 陈明哲，2019，有教无类：恩师爱新觉罗·毓鋆教育理念的承传行践，《外国经济与管理》，第 41 卷第 1 期，页 141-152。

　　1997 年，我在沃顿商学院创办美国第一个以华人企业与企（创）业家为对象的研究中心时，毓老师的亲笔墨宝，我依古礼跪拜接受。这幅墨宝对我未来的志业以及文化的承传意义深远。毓老师留下的墨宝不多，外流更少，此幅目前挂在我家中书房的真迹弥足珍贵。

3.1　前言

　　从就读博士班时期的马里兰大学，到任教的哥伦比亚大学、宾夕法尼亚大学沃顿商学院，再到现在的弗吉尼亚大学达顿商学院，离乡赴美转眼已 30 余年，教学与教育始终是我的核心工作，教过的学生超过万人且遍及

⊖　谨以此文献给对我一生影响深远的恩师爱新觉罗·毓鋆，同时，感谢蔡嘉麟、林豪杰协助整理润稿，谢岚、吕玉华、马越、刘刚、薛丹琦、孙中兴提供润饰意见。谨以此文与精一学堂学友分享个人对传承与有教无类理念的知与行，既是互勉，更是期许。

世界各地与各行各业。每一年，学校都例行性地迎新送旧，我也经常收到毕业学生的回馈，但是，每当有学生告诉我，我当年的某一句话、某一个观念或某一段对话如何影响他们的事业、家庭或生活时，还是让期望成为一位"学行合一"的管理学者的我备感欣慰。2014 年，我有幸获国际管理学会（Academy of Management, AOM）"杰出教育家终身成就奖"，⊖一方面深受鼓励，另一方面更感责任重大。感今怀昔，我之所以兢兢业业、终日乾乾⊜，热衷于教学育人，三四十年如一日，早年在中国台湾地区求学及赴美攻读博士学位期间，多位良师对我的启发与教导，⊜实为个中关键；其中，尤以先师一代大儒爱新觉罗·毓鋆（1906—2011）为最。

事实上，在美最初的 20 余年，因忙于取得博士学位、初任教职，再加上美国一流名校对科研、教学等专业的严格要求，因此，我的重点全放在西方社会科学研究上，几乎没有时间接触中国的传统学问，自然也就很少温故知新，重习恩师爱新觉罗·毓鋆当年谆谆教诲的"四书"、《大易》《春秋》《老子》《庄子》及《孙子兵法》等诸子之道。一直到几年前，当我重新审视我

⊖ 国际管理学会每年会从散布于 100 多个国家的 20 000 多名会员中，选出一位"杰出教育家终身成就奖"（Career Achievement Awards for Distinguished Educator）得主。

⊜ "终日乾乾"出自《周易·乾卦》，就是与时精进、敬业不懈的意思。

⊜ 在此仅列出几位老师（或益友）做代表。如当年鼓励我出国的姜占魁教授（前中兴大学法商学院）（请参见 "Reflecting on the process: Building competitive dynamics research,（Chen, Ming-Jer), Asia Pacific Journal of Management, 2010, 27(1): 9-24."），亚洲最早一批在美国取得管理学博士学位的许士军（台湾元智大学）与司徒达贤（台湾政治大学）两位教授，我在马里兰大学读博士时的塞穆尔·科兹（Samuel Kotz）教授（请参见 "Sam Kotz-Teacher and Mentor"（Advances in the Theory and Practice of Statistics: A Volume in Honor of Samuel Kotz, Norman L. Johnson and N. Balakrishnan (eds.), John Wiley & Sons, lns. 1997)）与弗兰克·佩因（Frank T. Paine）教授（请参见 "Reflecting on the process: Building competitive dynamics research, (Chen, Ming-Jer), Asia Pacific Journal of Management, 2010, 27(1): 9-24."），以及我在哥伦比亚大学任教时亦师亦友的忘年交威廉·纽曼（William H. Newman）教授（请参见 "In memoriam: Remarks in Remembrance of Professor William H. Newman, Academy of Management News, December 2002."）和王念祖（N. T. Wang）教授。

首创的"动态竞争"（competitive dynamics）与"文化双融"（ambiculturalism）理论时，才惊觉恩师当年播种的华夏智慧，早已悄然影响了我的思考、教学与做人行事，并贯穿于这两个理论之中。回想当年在天德黉舍（奉元书院前身）读书时少不更事，国学基础也不扎实，很难想象四五年的私塾生涯会对我平日所思、所学、所行及下半辈子从事的管理学术与教育产生如此巨大的影响。

我在 20 世纪 80 年代初期即开始长居美国，很少再回黉舍。没有记错的话，最后一次拜望老师是在 2006 年短暂回台北期间。黉舍位于台湾大学附近罗斯福路的巷弄中，老师晚上九点刚下课，随即在地下室的教室中接见我，谈完离开时已是次日凌晨一点多！当时他老人家虽已年过百岁，却仍一如既往神采奕奕、目光如炬、字字珠玑，让我茅塞大开，受益良多。老师的教诲，个人始终铭记于心，不敢或忘。2011 年，老师辞世，迄今已七载，海内外门生追思怀念的书籍与文章相当多⊖，内容真切感人，阅读后不仅让人生出哲人日已远的无限追思，更令人动容，产生见贤思齐、效法承传之心。

文化、思想、精神的传承，严格来说用"承传"两个字更贴切。先"承"才能"传"，承先才能启后，先继承才能薪火相传，一棒一棒地交（教）下去。至于"承"什么、"传"什么，怎么"承"、怎么"传"，这几年来，我最大的体悟就是"继志述事"，继续先人之志、遵循先人之事⊖；用白话来说，就是承继前人（辈）的志向愿景（"志者，心之所主"），接续发展他们遗留下来的心愿与事业。以下，谨由管理学术与教学实践的专业及经验出发，略抒我个人如何承传毓老师的教育理念，借此表达对恩师无限的追思与感念。

⊖ 请参见：许仁图，《长白又一村》（高雄：河洛图书出版社，2012 年）；张辉诚，《毓老真精神》（台北：印刻文学，2012 年）；李淑珍，《毓老时代的开阖起落》（收录于《夏学论集（一）爱新觉罗·毓鋆先生百岁晋拾纪念》，台北：中华奉元学会，2017 年，页 57-129）。

⊖ 原文出自《中庸》："夫孝者，善继人之志，善述人之事者也。"

3.2 毓老师与"有教无类"理念

3.2.1 毓老师生平经历与育人生涯

恩师的身份与经历相当特殊。他是清朝宗室礼亲王的后裔,幼年进宫陪伴已逊位的末代皇帝溥仪读书学习。少年时,留学日本、德国学习军事;青壮年时,任职于伪满洲国,直到日本投降。1947 年,因国民党政府的安置,老师只身远赴台湾。在年富力强却又困顿受限的当下,老师毅然决定以传承华夏智慧、弘扬中华文化作为后半生志业,开始了 60 余年的讲学与教育生涯。最初,老师在台东[○]农校担任教务主任,1958 年开始在台北指导留学的外国博士生,后来陆续受聘至几所大学短暂任教。1971 年,开办书院,取名"天德黉舍",传授四书五经及道家、法家、兵家要籍等华夏经典;[○] 1987 年,天德黉舍改名"奉元书院",老师继续讲学,一直到 2009 年 2 月才不再授课。

由于师承、历练的不同,加上时代苦难的锻造,老师的教学不像一般学院教授着重知识、技能的传授。他始终训勉学生不能做书呆子,要学做人,要能经世致用、道济天下、掌握时势、真诚实践,在不同的岗位上承担造福社会、解决时代问题的责任。数十年来,老师秉承"有教无类"(《论语·卫灵公》)的理念,培育了两万多名学生,遍及海内外,分布于各行各业,俨然孔子无私造就"三千弟子"的再现。[○]

○ 台东是台湾地区东南部的偏远县份,是我出生、成长的地方,一直到 17 岁,我才离开那里。

○ 毓老师讲学以《大易》《春秋》为本经,"四书"为入门,曾讲授《诗》《书》《礼》,以及《荀子》《老子》《庄子》《管子》《商君书》《韩非子》《孙子兵法》等各家要籍,也讲授《人物志》《资治通鉴》等书。

○ 在 60 余年的教学生涯中,毓老师除了在中国台湾地区培养出许多优秀的学生(如政界人士江宜桦、已故的英业达集团前总裁温世仁等人)外,也指导了许多在美国声望卓著的汉学家,如加州大学洛杉矶分校东亚学院的创办人鲁道夫(Richard Rudolph)、哈佛大学的包弼德(Peter K. Bol)、芝加哥大学的孟若(Donald J. Munro)、宾夕法尼亚大学的席文(Nathan Sivin),以及加州大学伯克利分校已故的魏斐德(Frederic Wakeman Jr.)教授等人。

3.2.2 有教无类的含义

　　孔子被誉为中国第一位教育家，被后世尊为"大成至圣先师"，"有教无类"（及其相关理念"因材施教"）是孔子的最高教育理想，也是中华文化对世界文明的重大贡献之一。毓老师盛赞这是孔子最伟大之处，因为当时只有贵族才能接受教育，他却不分身份地位，什么学生都收，相当于全民教育。对此，毓老师有一段深刻而犀利的评论："不动声色，对乱制用釜底抽薪的手段。百姓不再糊涂了，都有知识了，那做坏事的人焉能不小心？要向下扎根，从根本解决问题。"⊖为什么孔子会有这样的理念？毓老师讲述《春秋》时说过，孔子认为没有人生来就是尊贵的⊜，政府官职只凭血缘就能世袭是不合"礼"（理）的⊜。因为人人平等，人人皆可为尧舜®，所以孔子毕生以实现"天下之人人，有士君子之行"（《春秋繁露·俞序》）为奋斗目标。教育，正是达成此理想最根本的办法。

　　孔子的"有教无类"还有另一层重要意义。孔子说过，一个内心安于"仁"、始终怀着仁爱之心的人，就没有分别心，对所有人一视同"仁"。⑤孔子真正做到了，他说"自行束脩以上，吾未尝无诲焉"（《论语·述而》），只

　　⊖　爱新觉罗·毓鋆讲述，陈絅笔记：《毓老师讲论语》（下册）（台北：中华奉元学会，2015 年），页 231-232。毓老师所说的"乱制"是指夏、商、周三代的"家天下"、世袭制度，都不合于尧舜时代"天下为公、选贤与能"的准则。

　　⊜　原文出自《礼记·郊特牲》："天下无生而贵者也。"

　　⊜　《礼记·仲尼燕居》记载，孔子说："礼也者，理也。"《春秋公羊传》，隐公三年四月："讥世卿，世卿非礼也。"意思是，依照礼，一个国家的官职，公卿、大夫、士，从上到下都应该选贤而用，不应当世袭，父死子继。

　　®　孟子曾经引述孔子得意门生颜渊的一句话："舜，何人也？予，何人也？有为者亦若是。"（《孟子·滕文公》）就是说，舜是人，我也是人，只要发愤有为，都能像舜一样有成就，所以，孟子肯定"人皆可以为尧舜"（《孟子·告子》）。传承孔子思想的颜渊、孟子有这样的想法，可以推知孔子必然有如此的主张。

　　⑤　这是毓老师对"中心安仁者，天下一人而已矣"（《礼记·表记》）的解释。"仁"也有"人"的意思，《中庸》记载，孔子答鲁哀公问政时说："仁者，人也。"

要有心向学，都愿意接纳，正如钱穆的描述："孔门富如冉有、子贡，贫如颜渊、原思，孟懿子为鲁之贵族，子路为卞之野人，曾参之鲁，高柴之愚，皆为高第弟子。"[一]既已入门，孔子倾囊相授，未曾保留或隐瞒。[二]孔子的言行启示我们：每一个学生都有求知受教的权利，这是每一个"人"生来俱有的基本权利，只要他们真诚求教，做老师的就有责任去教，就好像医生不能选择病人，因为救人是他们的职责使命。更重要的是，老师对所有学生都要完全尊重、一视同仁，不可以因为个人背景、财富、资质或个性的差异，而给予不同的对待。

从教育的角度来说，有教无类实在是真知灼见，既然担任老师，就应该有如此的自觉和信念。然而，说起来容易，真正去做却不简单。知理不难，知所以用理之为难。[三]这是因为，每一位学生的个性、资质、成长背景、学习态度都不相同，而且老师也是人，和一般人一样有自己的偏好，甚至私心。例如，张三嘴巴甜，李四勤奋好学，王五天资聪颖，这样的学生很容易受到特别关爱。只是，一旦有偏好或特别关爱，就会产生分别心，而有（分）"类"了。因此，对为师者而言，学习真正地落实有教无类，乃是终身不容松懈的修炼，做起来实在不容易！

3.2.3　毓老师"有教无类"的体现

毓老师是如何阐述、践行"有教无类"的呢？我用两件一直铭刻在我内

⊖　请参见：钱穆，《论语新解》（台北：东大图书公司，2004 年），页 454。在此段引文之前，钱穆对"有教无类"有所解释："人有差别，如贵贱、贫富、智愚、善恶之类。惟就教育言，则当因地因材，掖而进之，感而化之，作而成之，不复有类。"

⊜　在《论语·述而》中，孔子说："二三子以我为隐乎？吾无隐乎尔。吾无行而不与二三子者，是丘也。"

⊜　清末民初学者辜鸿铭曾说："盖天下事非明理之为难，知所以用理之为难。"（《张文襄幕府纪闻·权》）

心的小事来说明。第一件事，当年我在黉舍读书时，印象最深刻的是，每次上课都像去"听训挨骂"。老师极具威仪，又以如雷的洪钟之声，抱着恨铁不成钢的心情，对于听课的学生不仅谆谆教诲，更常疾言厉色，借圣贤之言教训学子平日言行应当如何如何。这其中，最让我佩服的是：他能让满屋子五六十位学生，每一个都觉得老师不是在骂别人，而是在说我，每一句话都直指自己，每个训诲都鞭打在自己身上。正因为如此，不知有多少年轻的生命受到激励而奋发！第二件事是老师过世后，许多弟子著书立说以传"毓子"之道，多位师兄（姐）也借此表达老师对他（她）个人的特殊期许。这一点正是毓老师与一般老师最不一样的地方——他就是有办法让每一个被教过的学生都觉得，老师对我个人有特殊的期许。

学生们感觉毓老师对自己有特别期许绝不是空泛虚无的。我认为，那是老师内心相信每一位学生都是可造之才，对学生用心深细、始终如一，希望大家能"知至至之"$^{\ominus}$，精深化育，不断引导每一个人将特质与才能发挥到极致的自然结果。入学之初，老师都会要求我们写一篇短小的报告或自传，借此了解每一位学生的基本状况。上课时，老师会一边讲课，一边以目光扫视并观察每一位学生的眼神、表情与举止反应。只要持续在学，老师通常会分批（或个别）找学生交谈，在聆听、回答与发问的过程中，老师会细致入微地关怀每一位学生的个人与家庭状况，引导学生思考自己的人生方向，使学生在谈话结束后总能感受到老师的眷顾与激励，带着温暖与感动或是惭愧与振作交杂的心情离开书院。此际的老师，就如同子夏对孔子的形容："望之俨然，即之也温，听其言也厉（严正）"（《论语·子张》）。更重要的是，每一

$\ominus$　"知至至之"出自《周易·乾卦·文言》："九三曰'君子终日乾乾，夕惕若，厉无咎'何谓也？子曰：君子进德修业。忠信，所以进德也；修辞立其诚，所以居业也。知至至之，可与言几也。知终终之，可与存义也。""知至至之"的意思是，知道自己可以到达的最高目标、境界，而且致力达到，不是空谈理想而已。

次对话并未随着时光的消逝而被淡化，因为学生提过的事，老师几乎全记在脑海中，数十年不忘！正是这样令人惊叹的基本功、这样深的了解与用心，让老师可以个别提点与指导每个学生，帮助每个人了解自己的才能，知道自己在社会上要承担的责任、发挥的作用。这正是"有教无类"与"因材施教"的真实体现！

毓老师经常训勉每一位学生要真正了解自己，检讨自己能做什么、应该做什么，不要自欺、不要妄想。这是传统儒家真精神——"反求诸己"⊖的口授心传，与"失之正鹄，反求诸其身"（《中庸》）、"严师出高徒"的道理一脉相通。谈到"严师出高徒"，一般人往往解释为：严格（厉）的老师才能教出高明的徒弟。然而，毓老师根据传统智慧的解释却是：严"身"之师出高徒。也就是说，一个老师对自己要求越严格，徒弟才会越有成就，这是言传身教、潜移默化所能达到的最佳效果，也是一般所谓"强将手下无弱兵"最好的说明，与"经师、人师""十年树木，百年树人"⊜"师者，所以传道授业解惑也"（韩愈《师说》）等，更是相互呼应。老师以"一字一义"的功夫来阐释经典，果真是一字之差，境界迥异。

毓老师的一生就是反求诸己最好的典范。例如，他只身在台60余年，谨守《周易·乾卦》中初爻的"潜龙勿用"，虽有"龙德"，却"大隐隐于市"，不仕任何官职。他对自己要求极严，常说"君子当守身如玉""有守才足以有为"，以此训示告诫我们。有一次，照顾毓老师晚年生活的关门弟子颜铨颖告诉我：颜回当年是怎么过的，老师就是怎么过的（《论语·雍也》："一箪食，一瓢饮，在陋巷。人不堪其忧，回也不改其乐。贤哉回也！"）。太

⊖ 孔子、孟子都以"射箭之道"来比喻反求诸己的重要性。《礼记·射义》指出："射者，仁之道也。射求正诸己，己正然后发，发而不中，则不怨胜己者，反求诸己而已矣。"并援引孔子曰："君子无所争，必也射乎！揖让而升，下而饮，其争也君子。"孟子也有"仁者如射""反求诸己"的说法（《孟子·公孙丑》）。

⊜ 典故出自《管子·权修》："十年之计，莫如树木；终身之计，莫如树人。"

师母过世，他不能回大陆奔丧，为了反哺报恩，手绘观音像千幅赠人，这需要何等毅力！常言道"由俭入奢易，由奢入俭难"（司马光《训俭示康》），若非对自己有最高的要求，以他出身清朝皇族、前半生尽享优渥生活的背景，岂能甘居陋室、视荣华如粪土呀！

再如，与师母相隔两岸，一个终生未再娶，一个终生未再嫁。老师曾收到师母辗转送来的亲笔信，信中有段诗文："倚门闾而望穿云树，履林海而恨满关山。两地相思，一言难尽。花荫竹影，满地离愁；独对孤灯，一天别恨。月夜，雨夜，无事夜；饭时，眠时，黄昏时。此六时滋味，不可言传。"师母过世后，老师思念益深，曾写无题诗一首："餐唇啖鬓玉温香，缘尽孤雁恨茫茫。空留今生怀幻想，怎醒黄粱梦一场。倚栏未了知心话，当在冥中诉衷肠。一年几度情露水，都化清烟随意狂。"含蓄之谓美，两段诗文，彰显了老一辈中国人字字句句所蓄足的无限情感。老师与师母的情深、愁思，以及对彼此感情的坚贞，在其中表露无遗，每次读来都让我感动莫名，难以自已。

3.3　我对"有教无类"理念的体悟、承传与实践

"哲人日已远，典刑在夙昔"（文天祥《正气歌》），毓老师的言传身教今日依然如此清晰。回想过去30余年的教学历程，我发觉自己在有意无意间，不但受到了老师的影响，也与时俱进、因地制宜，践行了老师的核心教育理念。比方说，针对每一门课程，我自己最用心也最乐在其中的一项，就是花大量时间与心力做课前准备。这不是指教学材料的准备，而是努力去了解每一位同学的背景与兴趣，找到他们的"一"，不论是"一"个纠结、"一"个长处、"一"个短板，还是"一"个需求、"一"个动机。曾经有一位复旦大学 EMBA 学员回馈说："陈教授的课前准备工作之细致让人惊叹，他对每

一位同学的履历、从事的行业、教育背景等都如数家珍，娓娓道来，还为每一位同学准备了针对性的问题，在教育界充满浮躁风气的今天，实在难能可贵。当他叫你的名字的时候，你感觉和他已经认识很久了，那种亲切、自然、平等的感觉在其他老师的课堂上很难感受到。"同学的溢美之词，实在愧不敢当。饮水思源，这些都是毓老师当年对我潜移默化的结果。

3.3.1 平等待人，"奉元"育人

这份学员回馈中的"平等"二字，其实也道出了有教无类的真谛。同学感受到的"平等"，或许是觉得我"通过各种方式谦虚、平等地与学生交流沟通"，没有"国际大牌"的架子。⊖这样的观感，与我一直牢记、自我惕厉的一句话"居上位而不骄，在下位而不忧"（《周易·乾卦·文言》），乃是一致的。我总觉得，一个做老师的能够做到不骄，做到真正的因材施教、教学相长，是因为他（她）没有上下"位"的观念。毕竟，"闻道有先后，术业有专攻"⊖，课堂中的老师只是某个专业的先进，在其他方面未必贤于学生。我始终抱持着这样的观念，将它作为有教无类的内涵，持续努力地实践。

平等待人、一视同仁，其实就是毓老师"奉元"理念的重要内涵之一。近年来，同门师兄弟对于"奉元"有过一些阐述，他们提道：老师曾说"将

⊖ 这是复旦大学管理学院苏勇教授的观察与美言，苏勇教授说："EMBA的学生都是成人，都是各种'领导'，有着一定的地位、财富和权势，所以形成很强的思维定式，而且往往有着'成功者的自负'。而陈明哲教授的高明之处在于，通过各种方式谦虚、平等地与学生交流沟通，而且这种谦虚、平等是发自内心、非常真诚的，正如中国先贤所言：'欲胜人者先自胜，欲卑人者先自卑。'再加上陈教授的'国际大牌'身份，学生更觉其难能可贵，备受感动，所以会有分手时的依依不舍，会有最后时刻的'热泪盈眶'。"请参见：苏勇，《世界上就怕"认真"二字——听陈明哲教授授课有感》，《复旦大学EMBA》，2011年夏季刊，页76。
⊖ 此句出自韩愈《师说》："孔子曰：'三人行，则必有我师。'是故弟子不必不如师，师不必贤于弟子。闻道有先后，术业有专攻，如是而已。"

所有东西看成一样，所以我们才奉元"，因为，"奉元"就是"民胞物与"。能有万物平等的基本体认，进一步落实"人人皆可为尧舜""群龙无首"的观念，最终就能实现"天下一家"。[○]反复温习思考后，我的领悟是："奉元"在教学育人上，就是要对所有人（学生）一视同仁（人），坚信每一个人都有无限可能的发展（"人人皆可为尧舜"），教师的职责就是引导学生发挥自己的潜能，成为社会各界的中坚（"群龙无首"）。因此，"奉元"育人岂不是有教无类的体现？

　　反思以往的教学实践，以及最近对于"奉元"育人的体悟，我发觉自己多年来坚持的一个信念竟与老师的"奉元"理念契合，这个信念就是：我认为自己在课程中扮演的角色并不是一般定义的"老师"（虽然一生从事教育，但"老师"这两个字对我始终是沉重的负担），而是"伴读"。在我的认知里，"伴读"注重从知识传递到心智启发与个人反思的整体过程；"伴读"者需要把握节奏，在适当的时机进行适当的引导，并在关键时刻与当事人的体验精准地对接。课前的充分准备，正是不可或缺的关键环节。

　　每一个人都有自己精彩的故事，更不用说来到我的 EMBA / DBA 或企

< span>○ 1987 年，"天德黉舍"易名为"奉元书院"后，毓老师即不断阐扬奉元的意义，如："奉元文化，民胞物与，人人皆可为尧舜，亦即群龙无首"（参见许仁图主编：《礼元录〈毓老师说〉》，高雄：河洛图书出版社，2012 年，页 191）；"奉元，得止于元""要以'元'化际与界，天下一家，一统"（请参见陈绒笔记《毓老师讲学庸》，台北：中华奉元学会，2014 年，页 44）。上面所说的"民胞物与"，出自北宋张载《西铭》的"民吾同胞，物吾与也"，毓老师这么解释："民（人）与物都是同根生""树立发掘同根情，才能发挥同根爱"（请参见许晋溢笔记《毓老师讲中庸》，台北：中华奉元学会，2013 年，页 237）。所谓"同根"，意即天地万物（包含人类）的共同根源就是"元"。至于"群龙无首"，老师说："天德不可为首也（《周易·乾卦·象传》），大家都不争领袖，才能奉元，奉元才能天下一家。"其缘故是人人都有"龙德"，每个人都是"龙"，都有相同程度的德，不争领袖，所以能见（现）"群龙无首，吉"，由此达到天下一家（请参见蔡嘉麟《略论奉元理念与孟子思想要点》，收录于《夏学论集（一）爱新觉罗·毓鋆先生百岁晋拾纪念》，台北：中华奉元学会，2017 年，页 271-272）。其实，"群龙无首"也可比喻为每一个人都是 CEO，用英文讲就是"leaderless leadership"，亦即没有领导人的领导。

业培训课堂上的诸多"成功者"了。有一次，在北京的某个课堂上，一位助教于课前告诉我，某位学员在全球富豪榜中名列前茅；他见我没有回应，第一节课后又来跟我说，有位著名的女明星追求过这位学员。未经细想，我直接告诉他："那又怎么样呢？"尽管我的助教是出于好意告诉我学员的背景资料，但对我来说，学员的财富、身份、地位都没有意义。比起对他们经历的好奇，我更关心他们在我的课堂上学到了什么，以及从第一天到最后一天，他们状态的改变、气质的变化，甚至行为的转变。在此期间，我会根据学生的状况，因势利导、唯变所适，调整原本预设的课程内容与次序；我的内心也经常在"润物细无声"的过程中，为学生们能在课堂中打开自己、推动自己的思考往前多走一步而喝彩，期盼每一个"我"都能够真诚、平等地呈现出来。[○]课后，我也很用心地维系彼此的情谊，在书信往复、会面交谈中，关心学生的最新动态，分享我的心得与建议，并且乐此不疲。这样的方式，乃是我终身追求、承传自孔子与毓老师的"有教无类""因材施教"教诲的学习和实践！

记得毓老师说过："谁知道天上的哪一朵乌云会下雨？"他以此形容人才培育的不可预期性。哪一位老师会料到：当年班上看似呆呆的学生，未来会不会成为一位成就非凡的学者或企业家？有教无类也可以如此理解。进一步说，有教无类也是教育的结果，通过教育，可以消弭不同人所受到的差别待遇。以企业界为例，如果企业家能把每一位员工都当作一块璞玉，以播种、海纳百川的心态，了解他们、雕琢他们，就可以发挥他们的最大潜能。由此来看，有教无类的意义既深且广，可以延伸、应用到企业的经营管理层面，

○ 近年来，利用互联网线上授课，并将课程内容、讲课视频公开于网络的教学模式日益普及。网络教学让全球各地的人们可以零时差地共同学习，因此，不但课程的学员数可能巨量地增加，求学者的身份类别也更为多样。网络教学可视为"有教无类"理念的一种时代新特征，在此，教师如何去应对更复杂多样的学习需求，并善尽传统课堂中"伴读"、教学育人的职责，是我这几年持续思考的课题。

对企业家深具意义。毕竟，每一位企业家在自己的企业中，都需要带领员工，有的甚至长达数十年。员工目睹企业主怎么做事、怎么做人、怎么样兴业、如何成长发展，并参与其中，在此过程里，企业家实际上扮演着"社会教育家"的角色。

3.3.2 管理专业的精一实践：教学与研究双融并进

30多年来，我在管理专业上努力做自己，一股傻劲地在教学与研究的路上奋力迈进，并且尽力保持两者间的平衡。这种数十年如一日的精一坚持，就是为了承传行践"有教无类"。因为，研究成果能够支持、落实于教学（育）；教学育人过程中遭遇的问题，则有助于研究课题的发散，教学相长更是我投身教研志业重要的动力！这种双融而精一的坚持，一方面要感谢毓老师的教导，另一方面也要感谢各个任教学校对我的不同要求，以及其他多位师友对我的影响。比较可惜的是，在当今的学术环境下，同时对教学、研究倾注心力的学者仍是少数。

个人有幸先后任教于美国一流的研究型与教学型大学，深切感受到教学与研究的严重脱钩与对立。简单地说，哥伦比亚大学与宾夕法尼亚大学沃顿商学院都是研究型院校，我目前任教的弗吉尼亚大学达顿商学院，则把教学当作第一要务。前两所院校对研究极度重视，只有发表在少数顶尖期刊上的文章，才会被承认，才算个人绩效。⊖ 至于后者，案例和专著都被视为研究成果，而且学院实施教师研究室的"门扉敞开"（open-door）政策，欢迎学生随时拜访教师，公告办公室时间（office hours）反而是一种禁忌，这和传统

⊖ 以哥伦比亚大学为例，在管理学类数百种学术期刊中，仅承认其中的四种期刊为"研究型"（research）。（请参见"Becoming Ambicultural: A Personal Quest and Aspiration for Organizations,（Chen, Ming-Jer），Academy of Management Review, 2014, 39(2): 119-137."。）

认为公告办公室时间是一种负责任行为的逻辑，反差极大。

事实上，先前我在哥伦比亚大学、宾夕法尼亚大学任教时，教学之外均专注于研究发表。但是，我在达顿商学院有宽广的教学挥洒空间，因为达顿商学院在创立之初即强调教学（尤其是案例），同人均以成为全球最好的教师为目标，所有权威评比也是如此，学术研究自然而然就被忽视了。[○]即便如此，无论在哪里，我都坚持兼顾研究与教学的平衡和融合。有趣（却也写实）的一点是，我竟然不经意地改变了一些达顿同事根深蒂固的想法；他们发现，原来做研究的人也能教书，做研究的也有"好人"。这些同事之前看到目前美国学术界很多做研究的人只在乎文章的发表，犹如"自私"、独善其身的"个体户"，于是将研究者归类为"坏人"，形成了刻板印象。

重科研而轻教学，确实是当前东西学界的普遍现象。2016 年夏天，我参加第四届"中国管理学者交流营"年会，与深圳大学韩巍教授、北京师范大学赵向阳教授交谈时，也谈到这个问题。他们问我："在当下的学术环境中，只当一名合格的老师就足够了吗？"我回答："已经绰绰有余了。"随后，我问他们："管理学者能被称为中国当代的'士'吗？能既在专业上有贡献，又在中华文化的历史传承过程中扮演时代性的角色吗？"他们立即回答："绝对不可能！"我又回应他们："如果是这样的话，当今还有哪一个职业或者群体能够（或是应该）扮演这个历史角色？"[○]

这段对话，说明了学术界现在的核心问题与挑战。管理学界如此，整个学术大环境就不难想象了。当然，在以发表优质论文为首要目标、为发表而发表的风尚中，仍有不少学者、教师愿意在科研之外，倾注心力于教学上。

○ 达顿商学院的同事专注于教学，比较不看重发表研究成果。几年前，我个人在 A 级期刊发表的文章篇数竟占全院六七十位教授总和的 32%。这是一个比较特殊的案例，但也清楚地说明了我们学校以教学为使命与专注的独特性，有其特殊意义。

○ 请参见"The research-teaching 'oneness' of competitive dynamics: Toward an ambicultural integration,（Chen, Ming-Jer），Asia Pacific Journal of Management, 2018, 35(2): 285-311."。

只不过，受到学术考核规则量化指标的束缚与扭曲，能够兼顾教研并坚持到底的确实不多，很多教师甚至选择对课堂教学避而远之。"教学"受到冷落，"教育"更不用谈了，着实令人痛惜！毓老师曾说："中国人不写书，一写就惊天动地。美国制度，教授一年要出一本书，由此制度知美国人不足法。"（参见《礼元录〈毓老师说〉》，页 59-60）毓老师批判大学教授追求研究成果的量产，不但不是做学问根本之道，更忽视了教学育人的本职。这句话对于长期在美国任教的我而言，既是当头棒喝，更是随时提醒我自己的警世箴言，鞭策我不能将教学（育）偏废不顾，必须要教研合一，树立典范。目前以美国为代表的国际主流管理学界偏重纯学术研究（追求至少每年要发表一篇优质的期刊文章，而非过去的专著），轻忽实务应用性，而且不甚重视教学的情形，与毓老师当年的批评对照，实在是每况愈下。⊖以上所言只是当前教育界诸多问题的其中一项，盼望在"逆风"前行的路途上，更多有志的伙伴能一起加入改变风气的行列。

3.4 感念师恩，自我期望

个人有幸接受毓老师的教诲，受惠于老师当年的启蒙开示、耳提面命、以身作则、言传身教。因此，从一开始我就把教学（育）与研究当作一件事，"精一""执中"，⊖ 自然不会有如何融合两者的冲突与取舍，而是致力做到"无

⊖ 请参见 "The Business School 'Business': Some Lessons from the US Experience, (Pfeffer, Jeffrey and Christina T. Fong), *Journal of Management Studies*, 2004, 41(8): 1501-1520."。

⊖ 如何贯彻把教学（育）与研究当作"一件事"，而不是"两件事"的概念？一方面要"精一"，另一方面则是"执中"（双融）。简单地说，一辈子做好一件事，例如一辈子只做一个研究主题，把这个主题做到极致，就是"精一"。面对看似对立冲突的教学与研究，能够执守中道、调和两者，做到双融、发挥加乘的效果，就是"执中"（请参见：吕力，《管理学研究的"精一""双融"和"经世致用"：对陈明哲的访谈》，《管理学报》，第 13 卷第 1 期，2016 年 1 月，页 1-6）。

所不用其极"与"无入而不自得"。[⊖]《中庸》说，"登高必自卑，行远必自迩"[⊜]，我在教育上虽然摸索出了一点心得，但是"任重而道远"，仍然不敢稍有轻忽、懈怠。

走笔至此，我想到某位师兄转述的毓老师训斥："在学校教书的，你们能教什么？你们教的又是什么？自己好好想一想！"这句迎头棒喝的警语，我一直记在心里，提醒自己不忘当初选择教育工作的初心。一名教师，或者说一名教育工作者，不能忘却这个身份的责任、使命及影响力。毓老师常说"中国文化，就是遗爱人间"[⊜]，因此，有遗德于他人、有遗爱于人间，应该是当一个老师的根本初心与使命吧！

管理教育与其说是我一生的专（职）业，不如说是我的"志"业，是我期望自己成为一名现代士的初心。30多年来，我授课、教育的对象（不论是企业家还是专业人员），几乎都是"企业或商场"中人，也是现代市场与经济活动的主要推手。身为教育工作者，我对他们有很高的期许，因为他们掌握巨大的社会资源，影响到很多人、很多家庭。我期许他们，不论企业大小，都能成为当代的士（也就是我宣导的"企业士"），都能有"志"（《孟子·尽心》："士尚志"；志＝士＋心），体认"企业家也是（社会）教育家"，

⊖ "无所不用其极""无入而不自得"分别出自《大学》《中庸》。根据毓老师的解释，"无所不用其极"的意思是，没有哪个地方不用最高明的办法、最好的修养来处理各种事务。"无入而不自得"则是说，无论进入什么样的环境，都要坚持自己的理念志向，认真践行，最终实现自己的志（自得己之志）。

⊜ 《中庸》原文是："君子之道，辟如行远必自迩，辟如登高必自卑。"同样是指反求诸己、从自己做起。

⊜ 毓老师也经常训诲，很多人想流芳百世，但是回顾历史，真正能被后人怀念的有几人？真正能留下的是什么？其实只有"德"。"德"不是嘴上说的仁义道德，而是有实际作为，能够惠及他人。简单来说，德就是行的总和，因此我们常说德行。老师最常举晚清名臣林则徐的例子：林则徐曾被革职、发配新疆充军，他未曾丧志，主动负责修筑并推广"坎儿井"（荒漠地区的特殊灌溉系统），农业生产因而大规模地发展。当地民众感念他的功劳，称之为"林公井"或"林公渠"。

需要担当移风易俗、文明（化）进步动能的角色。我也期许他们，不断地进德修业，日新又新，美利天下，生生不息。凡此种种，正是"有教无类"此一华夏智慧结晶在当今管理教研上的承传与行践。

3.5 后记

师与生是相对的，我常说，没有"学生"，哪有"老师"？一个老师要先发心，体察自己的角色与职责，从内心深处相信每个学生都是可造之才，"人之视己，如见其肺肝然""诚于中，形于外"（《大学》），学生自然也会真实地感受到老师的期许，变得相信自己、愿意去努力。我一个新闻界好友在看完本文初稿之后的回馈中说，这类"人的价值观"在当今"草（小）民"集体意识普遍强烈的现代社会是稀缺的。她说，"从我们很小的时候就开始分三六九等了"，"我们这样的小员工算什么""这样的事情有领导安排，我们操什么心"。正如我的企业家学生在还没有"进入状态"，或是还未能完全理解有教无类、人人平等理念之前，总是在比企业大小、营业额多少、排名多高一样，一般人会习惯性地以成绩、表现来划分人：优秀的、一般的、差劲的；似乎只有优秀者才会被青睐，才会被赋予期许。"舜，何人也？予，何人也？有为者亦若是"（《孟子·滕文公》），如何让每一个人都觉得自己很重要，都有无尽的潜能，都可以做到最好，都能对社会有所贡献，乃是大家（教育家也好，企业家也罢）共同的责任。

毓老师过世多年，我除了在 2013 年国际管理学会的主席演讲时，在来自全球各地千余名学者面前播放过老师上课的视频[⊖]、表达对老师的感恩与追

[⊖] 这段视频是同门师兄弟于老师逝世后制作的追思纪念专辑，大部分是老师最后两年上课录像的片段。后来，经由当年的天德黉舍同窗好友中国台湾大学孙中兴教授协助翻译，加附英文字幕，对海外宣扬老师的教诲贡献良多。（请参见"Becoming Ambicultural: A Personal Quest and Aspiration for Organizations, (Chen, Ming-Jer), *Academy of Management Review*, 2014, 39(2): 119-137."。）

思外，仅有衔哀谨守个人工作，未善尽弟子之责。当年子贡在孔子墓旁筑屋守丧六年的千古美谈，我也只能遥想，望尘莫及。

本文尝试从毓老师承传孔门最高理念的"有教无类"精神与实践入手，略抒浅见一二。老师常说：文化思想承传是跑接力。老师跑了其中一棒，现在接力棒传递到我们手上，将来还要一棒接一棒承传下去。谆谆之语，无时无刻不在我的耳际回荡，门人后辈岂可懈怠？谨以此文感念恩师，自我惕厉，并与同道互勉！

| 第 4 章 |

威廉·纽曼

真知灼见，双融典范

陈明哲 口述并提供回忆文章
谢　岚 采访 / 整理

"比尔取得了很高的学术地位，但依旧以高度的善意、沉稳、谦逊行事。他让我明白，在这个非常市场化的环境中，仍然有可能成为一位人文学者，做真正的自己。"（陈明哲）

4.1　我们常常在百老汇 116 大街上散步，有谈不完的话题

EMBA 课堂上，陈明哲总是会播放一页 PPT，上面有张照片，那是他的良师益友、忘年之交——威廉·纽曼。老先生面容瘦长，戴着浅琥珀色的玳瑁眼镜，一双眼睛——就算是在照片里——也是活的，仿佛沉静、聪敏、耐心地看着你，带着对你、对这个世界的关心。

"我和比尔（和威廉·纽曼教授相熟的人，都叫他'比尔'）交往了 14年，一直到他生命的尽头，他对我影响非常大。比尔是个美国人，却比我的很多中国朋友更'中国'。他真的是'又中又西'。"（陈明哲）

1988 年夏天，在加州阿纳海姆（Anaheim）国际管理学会会议上，陈明哲和威廉·纽曼教授初次相识，介绍人是陈明哲的博士生导师、马里兰大学

的李·普雷斯顿（Lee Preston）教授。当时李·普雷斯顿还幽默地说："哦，这是哥伦比亚大学'最资浅教授与最资深教授的会面'！"

"当时我刚加入哥伦比亚大学的管理学部（Management Division）。那是比尔1949年加入哥伦比亚大学后，对其发展做出卓越贡献的地方。"⊖（陈明哲）

那次会面后，两人就成了忘年交。

"第一次见面后不久，我接到了卡米拉·科赫（Camilla Koch）的电话——她是比尔的助手，和比尔一起工作长达45年。她说，比尔要和我通电话，讨论一些事情。从这一天起，每当比尔造访纽约或哥伦比亚大学，我们总会聚一聚。我们在阿姆斯特丹大道（Amsterdam Avenue）一同享用早餐（主要是在Mama's，那里是比尔的最爱），在教授俱乐部共进午餐和晚餐，有谈不完的话题。我们也常常在百老汇散步，在116大街上进行漫长的饭后讨论，就在King's Crown旁，那是比尔来哥伦比亚大学时经常住宿的大楼。后来我离开哥伦比亚大学，在宾夕法尼亚大学沃顿商学院那4年，比尔会开车去费城，而我也经常到肯德尔（Kendal）探访他。"⊖（陈明哲）

4.2 老天，那是55年前的课啊！

企业管理学肇兴于20世纪初，发展至今，威廉·纽曼是这个领域当之无愧的重量级人物。

涉足管理学界之前，威廉·纽曼是一位才具出众的"职场精英"。"我想

⊖ Thomas, B.（Ed.）.（2016）. Management. *Columbia Business School: A Century of Ideas.*（pp. 55-80）, New York: Columbia University Press.

⊖ 请参见"Chen, Ming-Jer.（2002）. Remarks in Remembrance of William H. Newman Given in Pendle, Pennsylvania, June 23."。

大家都知道詹姆斯·麦肯锡[⊖]（James O. McKinsey），比尔 1932 年开始担任麦肯锡的执行助理，是他最得力的左臂右膀。"陈明哲说，"麦肯锡在生命的最后三年（1935～1937 年）接受了一项挑战，不再只是从'外部'提供管理咨询，而是进入'内部'直接参与企业的经营——他接受了客户马歇尔·菲尔德百货公司（Marshall Field & Company）董事会的聘请，出任总经理和董事长，而比尔，就是他带去的一员干将。麦肯锡还和比尔共同撰写了一本书。1937 年 48 岁的麦肯锡英年早逝后，比尔完成了该书的写作和出版。"

麦肯锡去世后，威廉·纽曼进入了学术界，逐渐成为当时管理学领域的"关键人物"之一。

陈明哲在文章中写道："比尔是在商业战略和管理领域最有影响力的思想家之一。哥伦比亚大学有一个重要的项目，50 年来，造就了数百位商界领袖，而比尔曾经多年担任这个项目的主席。1936 年比尔和其他伙伴一起创办了国际管理学会，直到今天，它依然是全球管理学者最重要的学术社群。"

陈明哲说："毫无疑问，比尔是学术领袖，但他一生充满了教学的热忱。这一点，我深受他的影响。

"1997 年，沃顿商学院在上海举办亚洲校友会，我见到了两位中国校友，他们是沃顿 1943 级的毕业生。当得知我此前在哥伦比亚大学商学院任

⊖ 詹姆斯·麦肯锡（James O. McKinsey）曾是芝加哥大学会计学教授，深受泰勒"科学管理"思想的影响。只是，泰勒的科学管理强调的是怎样管工人，而麦肯锡讲的是怎么管老板。1926 年，詹姆斯·麦肯锡创立了麦肯锡公司，第一次提出管理咨询的概念。他认为，应该用科学、理性来管理公司，在公司内部应该强调怎样做才是一个合格的老板。1929 年，美国出现经济危机，社会经济出现了大萧条，很多公司陷入困境，大批公司倒闭，因而需要会计师事务所去清账，进行资产登记；企业需要进行资产重组，需要有人指点迷津。这为麦肯锡公司带来了难得的发展机遇。麦肯锡公司从事大量的清产核资、资产重组、管理咨询工作，逐渐成为"精英荟萃"的"企业医生"。

教时，他们就问我是否认识纽曼教授，我说我跟他很熟悉，他们就马上谈起比尔在商学院管理科学课程第一天讲授的内容——老天，那是 55 年前的课啊！（纽曼于 1939～1949 年在沃顿商学院任教。）

"1993 年，我身为国际管理学会委员会的一员，需要选出一位'商业战略杰出教学奖'的获得者。当时，我收到一封推荐信，是哈佛大学行政教育学院前副院长杰伊·洛尔施（Jay Lorsch）写来的。我清楚地记得，当时我站在宾夕法尼亚车站的站台上阅读杰伊的来信。他写道，40 年前他在哥伦比亚大学读 MBA 时，是比尔鼓励他去哈佛大学攻读博士，并引领他开始了学术生涯，从而塑造了他的未来。想到比尔一生对年轻学者（包括我在内）的信任和引导，我不禁双眼湿润。

"还有一件'小事'。2002 年的一天，当我从伦敦回美国的时候，在希斯罗机场（Heathrow Airport），见到了一位来自中国香港的学者。他特地重新安排行程，只为能在伦敦机场与我见上一面，请我转达他对比尔的问候——多年前，他曾参加了比尔的中国之行，担任过比尔的教学助理。

"许多著名商学院邀请比尔担任院长，比如沃顿商学院、芝加哥大学商学院（他在芝加哥大学获得了博士学位），及著名的通用电气公司（GE）管理发展中心，但比尔谢绝了所有的邀请，继续履行他的教学承诺，直到人生的最后一个月。

"2002 年 4 月，比尔来到夏洛茨维尔（Charlottesville），在弗吉尼亚大学与我共度了 10 天。当时他身体不太好，但依然充满了对研究和教学的热情。他继续和我商讨一个写作计划，并与我一起在达顿商学院讲授了四堂 MBA 课程，与这些未来的商业人士分享了他的智慧，直到他生命的尽头。"⊖

⊖ 请参见"Chen, Ming-Jer. (2002). Remarks in Remembrance of William H. Newman Given in Pendle, Pennsylvania. June 23."。

4.3 "你千里迢迢到北极想要做什么？""全世界有 40% 的石油在那里，我想去看一看。"

陈明哲认识威廉·纽曼时，他已经是七十好几的耄耋老人了，但他依然充满了活力。陈明哲说：

"比尔 87 岁到印度尼西亚，88 岁到西藏，89 岁到丝路，90 岁上北极。为了到北极，他还特地办了好几个国家的签证。记得出发前我去拜访他，他正蹲在地上查看地图。'你千里迢迢到北极想要做什么？'我问比尔。他回答说：'全世界有 40% 的石油在那里，我想去看一看。'这样赤子天真的回答令人动容。

"除了这份单纯的探索精神，比尔更看出了北极非常重要的战略地位。全球气候变暖，造成极地融冰，更显示出北极的重要性。现在有八九个国家觊觎这块地方。举个例子，李显龙（现任新加坡总理）在他父亲李光耀先生过世的时候在脸书（facebook）上发文，只问了一个问题：'当北极开始融冰，从北欧到马六甲海峡的航程时间，从原本的 2 个月缩短成 3 周，新加坡应该如何因应？'

"远见卓识，是比尔最令人难忘的一个特质。他是我认识的人当中，唯一一位在 1990 年初就预见美国金融将会出大问题的人，他当时跟我提到了几次可预见的金融动荡，而 2008 年的金融危机证实了他的真知灼见。当时我们正准备撰写一本关于后金融危机时代企业战略管理的书。以我对比尔的了解，他应该会同意我这么说：比 2008 年更严重的一波危机还没有到来，因为人类还未真正吸取教训。"

在中国问题上，威廉·纽曼同样具有深远开阔的眼光。陈明哲继续说："比尔很早就关注中国，1978 年中国改革开放后，比尔是首批来中国的四位西方商学院教授之一（1984 年）。他预见到中国的逐步开放、逐步重回世界舞台，将会给中国和整个世界带来巨大的变化。"

华南理工大学的管理学者蓝海林曾写过一篇文章[⊖]，介绍了 20 世纪 90 年代中期威廉·纽曼关于中国企业发展的观点：中国需要世界级企业。

那是 1995 年夏天，威廉·纽曼在河北承德举办了一个"动态一体化战略讲习班"。当时蓝海林是讲习班的翻译和助教，由此结识了威廉·纽曼。

"纽曼教授在讲习班上第一次提出他的观点：中国需要'世界级企业'（the world-class Enterprise）。不过，当时我们并不是很重视这个概念。"蓝海林写道，"1996 年 9 月纽曼教授访问西藏，之后与我在顺德见面。他参观了广东华宝空调器厂之后说：'中国的大企业不少，小企业更多，缺少的就是轻工业中的大企业。'但在当时，广东刚刚开始发展大型企业集团，我对他的观点还无法真正地理解，以为这是他对发展大型企业集团工作的肯定。1998 年 6 月，纽曼教授在一篇文章中进一步明确提出：中国需要世界级企业。这时，我国发展大型企业集团的工作已经暴露出问题，我开始感到这个概念的重要性。"

据蓝林海回忆，威廉·纽曼来过中国 20 多次，中国人的两个文化特点给他留下了深刻的影响。一是容易产生信任，例如在没有多少中国人的地方，中国人之间可以迅速产生信任；而在中国人多的地方，这种信任的关系则可能迅速产生于同乡、同姓、同学和亲戚之间，而不再是在一般的中国人之间。二是擅长动态地调整各种人际关系。

威廉·纽曼认为，中国企业不可能再走"亚洲四小龙"当年所走的道路（即低成本加工并进入欧美市场发展壮大，然后与西方企业进行正面竞争），因为中国企业所处的环境不同了，中国企业不可能像它们那样轻易地进入欧美市场。最为重要的是中国市场太大，太具有吸引力了，国外的大企业一

⊖ 请参见：蓝海林，《中国需要"世界级企业"》，《广州企业家》，1998 年 4 月。

定会涌入中国市场。因此，相当长的一段时期内，中国还不可能出现"世界500强"那样的大企业，建立"世界级企业"是更加现实和可能的目标。

那究竟什么是"世界级企业"？

这个议题，陈明哲曾长期和威廉·纽曼共同探讨、研究，因此清楚地知道其内涵。扼要地说：世界级企业不应该是小企业，但是也不一定是规模最大的企业或者集团公司，它不强调规模，而是专注于建立并发展核心专长，拥有高水平的技术、产品和服务，有能力在国内或国际市场上竞争，并很难在短期内被模仿、学习和替代。同时，"世界级企业"跨国界、跨文化，能使用和融合各国人才、制度和文化，在管理和运作的各个方面接近世界通行的标准。

2001 年，"世界级企业"这一概念在中国的企业界和学术界开始流行，并广为接受。"这是对过去盲目追求规模，特别是进入'世界 500 强'的一种反思。"蓝海林写道。

现在看来，威廉·纽曼对中国企业发展路径的建言不无悖论之处。比如他认为，中国不应该在企业内部搞计划经济，而是应该凭借擅长动态调动人际关系的文化特点，实行外部一体化战略（包括战略联盟、战略性外购、合资和合作等），发展成为世界级企业。殊不知，"擅长调动人际关系"这一中国文化特点，往往是"反市场经济"的。

但从更高的层面看，时至今日，威廉·纽曼的"世界级企业"观念恰恰是越来越多中国企业发展的共识和挑战。

"比尔拥有超越当下、预见未来的能力。"陈明哲说，"他真正关心的不仅仅是眼前，更是下一个 50 年。"

4.4 比很多中国人更有中国智慧

一流大学位居金字塔顶端，意味着卓越，也意味着激烈的竞争。初到哥伦比亚大学几个月后，陈明哲看到了学校公布的一组数据。"（哥伦比亚大学）80% 的新教职员工在评终身教职之前就离开了，剩下的只有四分之一的人得到了终身教职。这些数字可以说明为什么老同事和新同事之间的隔阂如此明显。当有人问为什么有的人不愿意与他人交往的时候，有位老教授说：'我们为什么要与你们交往？反正你们过几年都会走掉。'"

"我常常怀念在马里兰大学的泰丁堂（Tydings Hall）走廊里跟大家聊体育赛事的日子。我到哥伦比亚大学 10 个月后才有人跟我第一次聊体育。那时候哥伦比亚大学的橄榄球队刚刚创了一个新纪录，在一个最弱的大学橄榄球赛区连续输掉了 38 场比赛。不过当时校长的一番评论引起了我的注意——他说只要哥伦比亚大学获得诺贝尔奖的人数多于橄榄球队输掉的场次，他就不会太担心。"⊖

正是在这样的氛围中，陈明哲真切地感受到了威廉·纽曼的不凡。"比尔一直在哥伦比亚大学任教，直到 1978 年退休。他拥有很高的学术地位，但他同时也非常谦虚和高尚，有种令人难以忘怀的亲切感。"陈明哲说，"比尔让我明白，在这个非常市场化的环境中，仍然有可能成为一位人文学者，做真正的自己。"

沃伦·柯比（Warren Kirby，威廉·纽曼的学生）讲过一个威廉·纽曼的故事。20 世纪 50 年代，他还是个硕士研究生，跟随威廉·纽曼做研究。其他学生都会直接称呼教授的名字，而沃伦·柯比则一直称他"纽曼教授"（Professor Newman）。一位同事问威廉·纽曼："你为什么不告诉柯比，可以更随便一些直接叫你比尔呢？"威廉·纽曼的回答很简单："当柯比觉得舒服，习惯了叫我比尔的时候，他自然会这么叫我的。"

威廉·纽曼有一个和陈明哲合作多年的计划——共同写一本书。陈明哲

⊖　Chen, Ming-Jer. (1996). Remarks for Alan N. Nash Memorial Award for Distinguished Doctoral Graduate at the University of Maryland. April 19.

在文章中回忆道："2002 年 4 月比尔访问达顿商学院，院长罗伯特·哈里斯（Robert S. Harris）问我们，'你们合写的是什么样的书？'比尔回答说，'一本将改变世界的书。'（该书想要贡献一个反其道而行之的概念，商界人士要从根本上改变利润最大化的心态。）当时我的大儿子安迪（Andy）13 岁，他对我说，'爸爸，没人会买你和纽曼爷爷正在写的书'。我回答说，'不，相反，会有很多人买我们的书，因为我们告诉他们，忘记赚钱才能够赚更多的钱，帮助更多的人'。"⊖

据陈明哲回忆，2002 年纽曼教授来达顿商学院时，知道自己时日无多，心中也很期盼能在有生之年看到这本书出版。尽管如此，当年在夏洛茨维尔的 10 天里，他依然一点都没有催促陈明哲"尽快"完成这本书。

"那就是比尔。他不催促，只言传身教，让事情自然发生。用柯比的话讲就是：威廉·纽曼从不主动要求（pushed），而是通过树立榜样影响他人（pulled）。"

《管理过程》是威廉·纽曼的代表作之一（与查尔斯·萨默（Charles E. Summer）合著），阐述了最佳领导风格的三个要素：进行领导活动的环境、被领导人，以及领导人自身的个人特性。书中提出了两类领导的概念。一类是非恒定的，比如运用参与、分享公司信息、遵守公司计划和传统。还有一类是恒定的——友善和信任。威廉·纽曼认为，领导风格应该是谨慎地顺应领导人，也顺应被领导者及环境。对非恒定的领导概念，其适应程度为不确定的变数。对恒定的领导概念，任何领导方式都必须坚持。

陈明哲在文章中写道："比尔不仅启迪我成为一名什么样的管理学者，更指引我如何做人。14 年中，我何其有幸，听闻比尔的睿智言语，有两项我特别铭记在心并持续践行。

⊖ 请参见"Chen, Ming-Jer. (2002). Remarks in Remembrance of William H. Newman Given in Pendle, Pennsylvania. June 23."。

"第一，比尔赋予我的是超越当下，看见别人所看不见的能力。它的实际意义是在逆境中看清对立面的能力。在中文里'危机'一词结合了危险和机遇两种意思，每一个危险都拥有机会的种子。比尔提醒我不要忘记自己身上所具有的中华文化底蕴。

"第二，我必须做我自己，保有最高标准的正直和尊严，同时不伤害别人、牺牲别人。当我身处混乱之中，或是面对严峻的专业和职责的挑战，这一价值观，能令我保持清醒。"⊖

2001 年，陈明哲把自己出版的第一本书（《透视华人企业：全球经理人指南》（*Inside Chinese Business: A Guide for Managers Worldwide*））献给威廉·纽曼。"比尔所留下来的是最深切的仁慈：一种对未来无法磨灭的希望，一种对所有人的善良与理性抱持坚定的信心和耐心的信念。他真正具备了中国的谦逊、中庸等美德，在很多方面比中国人更有中国智慧。比尔是东西文化双融的典范，与他并肩同行的 14 年，是我一生中的无价之宝。"

威廉·纽曼传略

威廉·纽曼，著名的战略管理大师，国际管理学会前主席，哥伦比亚大学管理学教授，美国管理过程学派代表人物之一，从 20 世纪 50 年代开始从事企业战略管理方面的研究，其著作有《经营管理原理》《创建公司的特点和基本目标》《管理过程：概念、行为和实践》（与查尔斯·萨默合著）等。

威廉·纽曼是富兰滋大学（Friends University）的文学士，并在芝加哥大学取得了博士学位。1942～1952 年在沃顿商学院任教，1951～1978 年担任哥伦比亚大学商学院萨缪尔·布朗夫曼（Samuel Bronfman）民主商业企业

⊖ 请参见 " Chen, Ming-Jer. (2002). Remarks in Remembrance of William H. Newman Given in Pendle, Pennsylvania. June 23."。

研究领域的教授，1954 年成为哥伦比亚大学商学院首位讲席教授（由时任哥伦比亚大学校长的艾森豪威尔总统授予该荣誉）。

1936 年，他作为联合创始人创建国际管理学会，并于 1951 年担任该学会主席；1999 年国际管理学会以他的名字设立最佳论文奖，该奖是博士论文的最高荣誉。

威廉·纽曼具有丰富的实业界经验。他曾在麦肯锡公司及马歇尔·菲尔德百货公司长期担任詹姆斯·麦肯锡的执行助理。他还曾在 H&H 集团（Handy & Harman）、Melecular Dialectics 和理查森公司（Richardson Scale Company）等企业从事管理咨询工作。此外，他还是 1984 年首批进入中国发展管理教育的四位西方管理学者之一。

第 5 章

学术奠基

马里兰就是我们在美国的家

马里兰大学杰出博士毕业生"艾伦·纳什纪念奖"获奖感言

原文出处 Chen, Ming-Jer. 1996. Remarks for Alan N. Nash Memorial Award for Distinguished Doctoral Graduate at the University of Maryland. April 19.

晚上好！今晚我与家人看到了诸多认识多年的朋友，也看到了一些希望将来能够认识的朋友，我们感到非常高兴。

我让我的儿子安迪（Andy）不要来，不过他想把他获得的第一个象棋奖杯跟我这个奖进行交换。安迪一定不知道这个奖对我和我的爱人默君（Moh-Jiun）而言有多么重要。对我这个华人而言，最重要的认可来自我们的家人。马里兰就是我们在美国的家。对我们来说，帕克分校一直是而且将来也会是一个最特别的地方。

虽然我跟安迪可能不会交换奖杯，但他来这里一定是个不错的主意。他的生活与我的职业生涯是密切相关的。1989年1月份，我们离开帕克分校到纽约，当时他才两周岁。也许在座的有些人还记得卡罗尔博士夫妇为我们举行的那次愉快的晚会，安迪就是在那次晚会后的第二天晚上出生的，我也在两天之后取得博士学位。

哥伦比亚大学和纽约

我在哥伦比亚大学的职业生涯之始，就像大多数哈佛案例的开篇一样——我坐在桌子前，一边望着窗外的乔治·华盛顿大桥还有远处的山峦，一边思索着自己将来要攀越的山峰。

从我读博士的第一天开始，我就要读很多学者的文章，很难相信，我现在与这些学者居然成了同事。我的两位研究战略的同事，唐·汉布里克（Don Hambrick）和凯西·哈里根（Kathy Harrigan）当时可是战略研究领域里写文章最多而且被引用次数也最多的两位学者。这两位都大名鼎鼎：一位是国际管理学会的主席，另一位则是国际管理学会商业政策与战略部的主席。我觉得自己真是个无名之辈，而周围到处都是"巨匠"。我也常常思索怎样才能与这些大师更好地共事。（我刚到哥伦比亚大学时，行李箱还没打开，唐就来到我的办公室问我要一份我的博士论文！过了一星期，我们相约一起吃早餐的时候，他就我的论文提出了自己的见解。）

我到哥伦比亚大学几个月后，学校公布的一些惊人的数据让我越发惶恐。据说在过去 30 年中，我们系只有 4 个人获得终身教职。而全学校的数据也不乐观：80% 的新教职员工在评终身教职之前就离开了。剩下来的只有 1/4 的人得到终身教职。这些数字可以说明为什么老同事和新同事之间的隔阂如此明显。当有人问为什么有的人不愿意与他人交往的时候，有位老教授说："我们为什么要与你们交往？反正你们过几年都会走掉。"

我很快发现，情况可能更糟糕！学校里权势最大的那个人不知道我是从哪个学校毕业的。有一次在教职工会议上，他说自己听说马里兰大学有很好的管理学科，他接着又说这是不可能的，因为马里兰大学是不可能有很好的管理学科的。

有位同事提到，她第一次在这里上课时，有个学生提的问题让她吓了一跳："你有什么资格可以教这门课？"（顺便提一句，商学院只有研究生课程。）

而我自己的经历似乎和她的相差无几。我还记得有一次一个学生在解释为什么会错过我的一堂课时说，他跟医生约好了去看病，不能取消，而且指出错过我的一堂课只花费他85美元，而错过跟医生的预约则会让他损失105美元。

我来到这里的第一个夏天，就被要求负责高级管理人员项目的战略实践模块。我真无法想象，他们怎么会让刚刚博士毕业而且没有任何商业实践经验的我来与高级管理人员合作。

我常常怀念在马里兰大学的泰丁堂（Tydings Hall）走廊里跟大家聊体育赛事的日子。我到哥伦比亚大学后第一次有人跟我聊体育是我来到这里十个月后的事情。那时候哥伦比亚大学的橄榄球队刚刚创了一个新纪录，在一个最弱的大学橄榄球赛区连续输掉了38场比赛。不过当时校长的一番评论引起了我的注意——他说只要哥伦比亚大学获得诺贝尔奖的人数多于橄榄球队输掉的场次，他就不会太担心。

我的个人职业生涯最困难的时候往往也是家庭生活最困难的时候。在纽约更是如此。沃尔德鲁夫妇说得很对，纽约绝对是个很残酷的地方。默君当时乘地铁的时候，一只手抱着安迪，另一只手拉着婴儿车，20次中至少有19次别人是不会给她让座的。在纽约，竞争无处不在，包括小学的入学申请。三四岁就开始测验、面试和排队等候，可以说，纽约甚至比台北或东京更糟糕。

现在从我办公室往窗外看，已经看不到乔治·华盛顿大桥了，我们的新工程大楼挡住了视线。安迪现在已经7岁了，很多东西都变了。安迪刚刚有了个弟弟，他给弟弟起了个名字，叫亚伯拉罕·林肯。安迪现在慢慢学着长大，他的爸爸也慢慢学着成为一位具有人文关怀的学者。

我研究的一直是与竞争有关的问题，这是一个为战略管理等许多领域的学者所感兴趣的话题。另外，企业间的合作也受到高度的关注。对于这种表面上看起来的冲突，我们该如何化解？

我渐渐认识到，作为个体，我们跟企业一样，往往比较短视而且没有安全感。我们常常依靠他人，在这里我指的更多的是竞争对手，来提醒我们自己是否做得足够好。虽然通过他人看到自己的情况很重要，但我们最终必须认识到一个事实，那就是我们只有一个竞争者，即我们自己。

从根本上说，竞争者只是"他人"的形式之一，而"自我"也会以不同的样子出现，包括我们在生活和工作中所扮演的各种角色。我们的困境就是如何充分理解自我和他人，并将两者完整地进行结合。

自我

我学会的第一件事情就是如何做自己。我们都有自己的山峰要攀登，每个人的山峰也各不相同。虽然我很敬仰我的世界级的同事们已经登上了某些大山的顶峰，但那是他们的成就，而我，还是要专注于自己的山峰，不管这座山峰有多小，都要一步一步地往上爬。当然，总会有人要来评一评你的外在成就，但重要的是自己的内心要有一块平静之地，能够让自己客观地衡量自己的成长。对于某人对马里兰项目的评价，尽管我将其视作赞扬，但是他的真正意图其实并不重要。关键在于，你自己才是最终的裁判。

人生最重要的不在于输赢，而在于尽自己所能。两年前我带安迪去看纽约尼克斯队与芝加哥公牛队的第七场篮球赛。安迪是公牛队的球迷，当然，像他这个年龄的孩子都不愿意输球。也许大家还记得，那场比赛公牛队没有乔丹，麦迪逊广场花园球场的主场优势也尽人皆知。公牛队输球是肯定的，这也是我要带安迪去看球的原因。我希望他开始理解输赢的本质，他确实做到了。对我们来说，公牛队并没有输掉比赛，因为所有队员都尽了全力。让我高兴的是，虽然周围都是狂热的尼克斯球迷，但安迪整场比赛始终将公牛队的那顶帽子戴在头上。

我和默君发现李·普雷斯顿博士有一个最重要的特质就是他内心有足够的安全感，这正是我们尽力想通过自己的爱传给孩子们的东西。如果你内心有足够的安全感，你将不会被外在压力和逆境影响，而能随时保持专注。

人们常常谈到核心能力，用到个人身上，就是说，我们需要将全部的注意力和精力聚焦在核心上，这个核心就是我们自己。要了解自己：你是谁，你想要什么，你怎样根据自己的长处和弱点做到最好。我们每天都很忙碌，都有很多承诺要去兑现。我们往往意识不到，我们工作和生活当中最需要兑现的其实就是我们对自己的承诺。

我的导师姜占魁（我决定到美国来读书，他起了最大的推动作用）在我来美国前曾告诉我两个词，我现在还记得很清楚：决心和坚持。我把这两个词牢牢地记在了心里。要下定决心，决定好自己在一天结束之时，或者月末、年底甚至5年或10年之后将到达何处。如果把这个办法用到公司层面，决心其实就是战略制定，坚持则是战略的执行。

要发挥内心的力量，我们就需要对自己始终有清醒的认识。

中国有句古话，意思是，自我就像一面镜子，每天都需要擦拭。要不然，原本清晰明亮的镜子很容易就会落满尘土，模糊不清。就个人而言，这就是指要经常反省；就公司而言，就是指要不断地进行组织更新。

他人

在关注自我的同时，我们也绝不能忘了他人的重要性。而他人也会呈现不同的形态。我的同事约翰·惠特尼（John Whitney）是企业重组方面的大师，也是哥伦比亚大学最受尊敬的教师之一。他一直非常支持我在竞争领域的研究。他也常常问我："在你的框架中顾客居于何位？"我的回答是，不管是竞争者、顾客还是投资者，他们都不过是"他人"的不同形式。只要你足够关注他人，努力了解他们，你完全可以把预测竞争者反应的方法用于预测顾客的反应。

我们知道，竞争者分析的实质是要从竞争者的角度来思考。我们常常听到某家公司会说，竞争对手现在的举动很不理性。我就会问，从谁的角度来看是不理性的？我们跟小孩子打过交道的话就会更清楚。我们常常说我们的孩子太"小题大做"。但是如果我们从他们的角度来思考，一步一步地跟着他们的逻辑，我们就会发现孩子们根本就没有小题大做。

安迪一直是学中英文两种语言长大的。他开始学计数的时候大概才一岁，默君先教他英文计数。教到十以上的时候，安迪弄不清 one 与 eleven，two 与 twelve，three 与 thirteen 等数字之间的关系（因为中文的一与十一、二与十二、三与十三之间的关系很清楚）。Seven 和 seventeen 比较简单，但安迪还是不明白为什么 seventeen 是以 seven 开头，而不是 teen 开头（英文的 seven 是"七"的意思，而 teen 表示"十"，但在汉语中 17 是"十"在前而"七"在后）。默君就想问题到底出在什么地方，后来意识到问题不在于概念，而在于语言结构：eleven 这个词很难与小孩子看到的 11 或他所理解的 10 加 1 相关联。于是默君换成用中文教他计数，中文则很好地将 11 标成十一，37 标成三十七，等等。要不是默君从安迪这个一岁孩子的角度来思考，她就不会发现孩子的困惑，也不会看到语言结构对于数学教育的广泛意义。

实际上，只要我们能够真正做到从自我中抽身，我们几乎就能从任何人、在任何地方、在任何时间得到启示。正如我们从友谊中得到的体会一样，他人真的可以帮助我们了解自己。

融合

我想说的是要将自我和他人融合起来。不过，两者的融合不仅仅意味着如何处理与他人的关系，也意味着要在两者之间找到平衡，不断发现两者之间的共同点和关系，并且在不同环境和不同层面中应用或者推广。

安迪四岁的时候开始对纽约的地铁系统着了迷。一个才四岁的孩子站在时代广场研究地铁地图，这个场景的确不常见。在他把整个地铁系统记住并画下来之后，他又开始探索更大更难的系统，包括史前生命形态、海洋生物、太阳系和宇宙。在我们看来，他能够从一个系统的研究轻易转到另一个系统的研究，是因为他对系统内的各种关系和系统间的各种关系有一种天然的整合能力。安迪发现的似乎是学习的过程，一种让我们可以从一个主题顺利转入另一个主题的过程。

在我看来，现代生活已经变得非常复杂，使我们忽视了人类生活的不同层面，以及个人生活和工作的不同方面之间所共享的真理。生活变得支离破碎，目标之间也没有了关联，而且常有冲突。我们已经失去了发现不同环境之间关系的根本能力，不能将在一种环境中学到的东西应用到另一种环境。这种生活的碎片化状况限制了我们的潜能，打破了我们生活的平衡。

我们要从整体来看待工作和生活。我们要在长期目标和短期目标之间寻找平衡，在体制需要和职业需要之间找到平衡。作为研究人员，我们要在自己的工作和学科领域的整体发展中找到平衡。

我很幸运能够将职业兴趣和个人兴趣结合起来，而且有机会将我的各种职业活动（研究、MBA 与高管的教学以及咨询）进行融合。两年前，我以自己的研究项目为基础，开始举办高级 MBA 研讨班，大部分学生现在都在为大咨询公司工作。几个月前，有个在博思艾伦咨询公司工作的学生打来电话，着实让我很高兴。他告诉我他怎样将我最近的一篇理论文章用于解决一个非常重要的咨询任务。在我们的高管项目中，我也一直用同样的框架进行授课，有人甚至发现这个框架可以用于华尔街。这种融会贯通反过来也让我相当受益。去年○，我给一家《财富》100 强的公司做咨询。这家公司希望通

○ 指 1995 年。

过多样化将公司规模翻一番。这次经历让我对于多元化企业间的竞争有了更深入的思索，由此开启了一个全新的研究方向。

今年[⊖]1 月，香港理工大学邀请我去他们的商学院为同行们举行为期一天的教学培训。我向他们提出的一个问题引起了很有趣的讨论：怎样才能成为好的老师、好的研究者和好的管理人员？他们有什么共同之处？他们的回答与我的感受很一致，都是围绕着几个特质，比如激情、坚持、问答的能力以及关怀。

融合也意味着要在表面的分歧之下找到共同点。当我刚刚来到哥伦比亚大学的时候，有人告诉我说 MBA 的学生很要强，很有竞争性，弄得其他学院的同学都不敢到他们楼来吃午饭。看起来情况或许真的如此。不过，如果你深入观察，像我一样努力去了解他们，你就会发现这些学生跟其他学生一样很有人情味儿。我热爱并尊重我的学生，也为他们骄傲。我知道他们对我也抱有同样的感受。我的教学排名一直非常高，虽然我对这种"市场"认可度非常重视，但我更重视我的学生为我所做的一切。

让我一直很高兴的是，我的很多学生毕业后一直跟我保持联系，让我知道他们还在思考我的课程，并且告诉我他们现在所从事的工作。有位学生写信告诉我说，克林顿总统的就职演说让她想起我们曾在课堂上讨论过的很多类似的观点，以至于她猜测总统的演讲稿是我写的。另一位同学将《商业周刊》上报道她的文章寄给我，上面将她形容为华尔街的"资产拆分公主"。这位我认为在学生时期被低估了的同学，如今已成为一位成熟的女性，她在来信中写道："在商界，只要你足够努力和幸运，一切都有可能发生！"

这些与学生相处的经历让我想起了我刚到帕克分校时的一些发现。尽管我经历过一些文化差异带来的冲击，但我还是发现两种文化之间有更多的相

⊖ 指 1996 年。

似之处。

我给大家讲一个我所经历的文化冲击的例子，讲讲我是如何认识到两种明显难以融合的文化其实是可能找到平衡点的。以前有人赞扬我的时候，我总是以沉默来回应，好几年都是这样。这让我感到很难堪也很困惑，想弄明白为什么我总是这样。有一天我终于意识到，在中国文化中，人们回应赞扬的时候一般是否认或归功于运气好。我知道这种回应在美国文化中是不合适的。认识到这种内在冲突之后，我就找到了合理回应赞扬的一个平衡点，我会说："您这样说实在是太好心了。"这样我就处于中国文化和美国文化的平衡点上。只要努力想，而且思维开阔，总有办法做到平衡与和谐。

今天我们都对全球化现象感兴趣。我们常听到的一个建议就是要理解和尊重其他文化和传统，显然这非常重要。但我还认为，要真正理解他人的文化传统，其关键在于对自我的透彻理解。若不能深刻理解自己的文化和传统，不管是 200 年还是 5000 年，我们都无法完全欣赏和尊重其他文化。

感恩

我离开帕克分校后，发生了很多变化，但至少有一样没有变：我对这个学校和这里所有人的热爱、尊敬和感激，是大家教导我并帮助我成长的。过去几年，我有机会了解了世界上很多大学的管理系，但是我们这个管理系的确独一无二，而且在很多方面都是出类拔萃的。我很骄傲，也很感激马里兰大学能成为我的母校。"母校"之"母"意指"育人之母"，生动地描绘出我在这里的经历。

我想告诉大家你们为我所做的一切。有个从中国台湾地区的一般学校毕业的人，学习成绩并不突出，甚至托福成绩也拿不出手，几乎被所申请过的所有博士项目回绝，而第一封回绝信便是来自他正在执教的这所学校。这个人却赶上了帕克分校的末班车，他唯一所有便是一颗单纯而执着的求知之心。在大家的精心培养下，这个人能够完成他小时的梦想，追寻着一百多年来他最敬仰的那些华人学者的踪迹，来到这个费正清认为对中国现代化贡献最大、使东西方得以相遇的学校求学。

我要借这个机会感谢马里兰大家庭中的几位成员。我很荣幸地与已故的艾伦·纳什（Alan Nash）教授和弗兰克·佩因（Frank T. Paine）教授共事，并且在他们生命的最后几个月里陪他们一起度过。这个奖是以纳什博士的名字命名的，大家也许不知道他在博士项目中担任过多年的主任职务。很多人还记得并怀念他对学生们长期的关怀。实际上，他甚至还组织了每星期与学生们进行的篮球赛。在那个特别的周五，我是唯一来参加篮球赛的学生。我们在美林厅后的停车场碰面，然后一起走到北体育馆。他再也没回来。

大家也许还记得那个周一早晨管理和组织系在系主任办公室举行的教职工会议。结果成了弗兰克·佩因博士参加的最后一次会议。正是弗兰克·佩因博士将我的博士论文导师肯·史密斯（Ken Smith）和我带入动态竞争这个研究领域的。他预见到这个领域将是未来战略研究领域的重点。1984 年 10 月 8 日，就在我们三人在费城提交初步研究成果的两天前，他去世了。虽然他永远都看不到这个研究领域结出的硕果，但是我想如果他知道动态竞争在最新的战略管理教材中的篇幅有完整的一章，他一定会非常高兴。在此，谨以我的博士论文和最初发表的两篇文章向他致敬！

佩因博士和纳什博士，你们虽然不在这里，但是我知道你们在精神上永远与我相伴。我很想念你们，真的很想念。

我也想感谢我的两位博士论文答辩主席，斯蒂芬·卡罗尔（Stephen Carroll）博士和肯·史密斯博士。

很多人不知道当初战略研究专业刚正式设立的时候，是卡罗尔博士建议并鼓励我从组织行为／组织理论专业转到战略研究专业的。卡罗尔博士，我有很多话，但是不知道该怎样向您说。您在很多领域的渊博知识、您对学术的投入以及您仁慈的胸怀，为人文学者树立了一个生动的典范。从中国人的角度来看，真正的老师就应该像您这样，既像一位老师又像一位父亲，不但传播知识，而且最重要的是关心和支持学生生活的方方面面。

史密斯博士，我能够在您获得杰出学者/教师奖之后获得这个奖项，真的非常荣幸。除了指导我的博士论文并与我一起合作发表研究文章外，您让我明白了在学术界生存下去的最好途径便是努力。很多在场的人不知道，佩因博士去世后，是您站出来，并且可以说是您拯救了战略研究系。当您自己还需要这方面的指导的时候，您就勇于在职业生涯的第二年就担当起这个领导角色，您展现出来的勇气令我很钦佩。作为战略研究专业的第一个学生，我希望自己能代表其他学生感谢您为此所付出的一切。我还需要感谢的是，在您还是一位年轻教授的时候我便可以与您合作，并目睹您所经历的一切，这些经历帮助我提早七年了解了我未来的生涯。

普雷斯顿博士，我非常感谢这么多年来您对我的指导、培养和启发。我当初非常担心自己能否具备管理研究所需要的英语语言能力，您提醒我说每个人都有自己的障碍，我们不应该让这些障碍改变我们为自己设定的目标，或者限制我们实现目标的能力。就在我深深怀疑自己之时，我看到了您在我学期论文上的那段评语，也听说您在十三年前的这个颁奖晚宴上向别人提到了这篇论文，您不知道这些对我是多么大的鼓励。您在一生的教学中获得了很多的快乐。我知道您今年年底就要退休了，希望这个奖也成为您教育生涯获得的快乐之一。

塞缪尔·科兹（Samuel Kotz）博士，很可惜他今晚没能来。他是个专心做学问的人，一直是我学习的榜样。自从我学了他的多变量分析课之后，他就一直是我钟爱的老师和楷模。很多个深夜，他曾通过电话就统计和科学哲学方面对我进行不厌其烦的指导。

我要感谢爱德温·洛克（Edwin A. Locke）博士教给我如何像弗雷德

里克·泰勒（Fredrick Taylor）那样高效和科学；感谢凯伊·巴托尔（Kay Bartol）博士在我读博士期间的各个阶段周到地给我安排助教和助研工作，从而让我最有效地利用我的学习时间；感谢苏珊·泰勒（Susan Taylor）博士和朱迪·奥利安（Judy Olian）博士告诉我作为社会科学家的苦与乐；感谢弗兰克·阿尔特（Frank Alt）博士能让我担任他的统计学助教，从而为我的教学生涯奠定了基础，也让我知道了生活中很少出现 100% 的概率，以及如何在两种统计误差中进行权衡；感谢阿尼尔·古普塔（Anil Gupta）教给我如何使战略性思考成为习惯，如何真正应用哈佛案例教学中的理念和方法，从而减少学生对自己在哥伦比亚大学上学却用的全是哈佛案例的抱怨；感谢瑞奇·柯拉尼（Rich Kolodny）教授我财务管理与战略，从而让我能告诉我的 MBA 学生们（他们 80% 是金融专业的），管理和战略与他们未来的职业生涯如何相关；感谢柯提斯·格里姆（Curtis Grimm）告诉我他对经济学充满智慧的看法，从而让我能够向我的同事们（他们当中有 50% 是经济学家）解释为什么竞争这个话题在他们研究了几百年后仍然有进一步探索的空间；感谢鲍勃·伍德（Bob Wood）为我第一年顺利转换专业所做的努力，包括辅导我参加洛克博士令人恐怖的学生学习进度评审会，鼓励我提高洛克博士最难的组织行为学课程的成绩，从而有时间飞回家与默君结婚，还有他在一个周五下午交通拥挤的时候快速地把我送到机场；最后要感谢马丁·甘农（Martin Gannon）给了我进入帕克分校的最后一班火车的火车票，也感谢他几年后到火车站送我去纽约加入他的母校。

我在这里的同学和朋友也给了我莫大的帮助，特别是玛丽莲·吉斯特（Marilyn Gist）、戴维·贝瑞（David Barry）和兰·提许勒（Len Tischler）。玛丽莲，我现在还保留着当初我找工作时你写给我的那封长达八页的信，还有你送我的那本书，上面写着鼓励我要做自己的赠言。戴维，我还记得我们在一起的美好时光，以及你给我的无私帮助，特别是在我准备综合测验的时候，我记得在某个美丽的春季下午你带我去溪边花园（Brookside Gardens），帮助我复习詹姆斯·汤普森（James Thompson）的书。

兰，感谢你今天下课后开六个小时车来这里参加这个颁奖晚宴。我会一直记得我们一起上的第一门课——保罗·布鲁姆（Paul Bloom）的营销课，记得我们一起学习的很多个深夜，还有我们在研究生宿舍前很多次没完没了地聊天，以至于劳伦（Lauren）很多次出来说爸爸该回家了。你最近获得了终身教职就如同我获得了这个职位一样。有个自己可以完全信任的挚友实在是太好了。

当然，我在哥伦比亚大学也有几位同事和朋友要感谢，特别是比尔·纽曼（Bill Newman）。他是已经成立了60年的国际管理学会唯一在世的创始人，他于20世纪40年代末在哥伦比亚大学创立了战略研究系。某种意义上，比尔就是我的曾师祖：我的导师肯·史密斯在80年代初是查尔斯·萨默的学生，而查尔斯·萨默在50年代初则是比尔·纽曼的学生。我到哥伦比亚大学的时候，比尔早就退休了，但他已经成了我的一位非常亲密而特别的老师和朋友。他的谦虚和高尚让我明白，在这个非常市场化的环境中，仍旧有可能坚持成为一位人文学者，坚持做真正的自己。要不是得益于他的人生智慧，我就不会在职业生涯最关键的时候，有勇气为了坚持自己的信念而放弃在一家顶尖的期刊上发表一篇文章。比尔，我爱你，我要感谢你。

现在我要感谢我的家人。沃尔德鲁夫妇，自从我们来到帕克分校后，你们就像父母一样关心我们。没有你们不断的关爱，我们在这个国家就不可能觉得像在自家一样。你们真正展现了西方基督教最善良的一面。

虽然我的父母今晚不能来这里，但我一直都很想念他们。除了对我多年的养育，他们还教给我两个重要的价值观：热爱教育和热爱他人。我也要感谢我的岳父岳母，感谢他们这么多年来对我们的无私帮助，感谢他们把珍爱的女儿交给我，使得我的人生更加丰富和完整。

　　默君，我都不知道该怎么感谢你，我知道，你也许不想让我感谢你。你总是在照顾别人，请你多为自己着想并照顾好自己。我希望我们都能保持健康，这样等安迪和亚伯拉罕长大之后，我们就可以去中央公园散散步，或者去百老汇看看我们一直没能去看的演出，或者乘火车去看看安迪——他好像已经决定要到查尔斯河（位于波士顿）岸边的那所大学读书，而不是哈德逊河（位于纽约）岸边的那一所。我们也可以像卡罗尔夫妇那样去参观博物馆，像普雷斯顿夫妇那样到世界各地转转，或者像沃尔德鲁夫妇那样打打高尔夫球。他们三对夫妇待我们如同自己的孩子一样，我们一直非常尊敬他们。

　　安迪，作为我终身学习的伙伴，我非常珍爱你。虽然你在很多方面都很有天赋（读书、写字、画画、科学、数学、钢琴、象棋、篮球和游泳），但是唯有一点是你能长期依靠的，那就是勤奋。现在你已经明白了什么是假设，也知道爸爸每天不断重复做的事情就是写一篇文章并不断修改，而不是你以前所认为的"造纸"。爸爸以前在一场篮球赛上曾得过 44 分，我知道这让你很羡慕。在一场球赛上能够得这么多分固然不错，但是如果在发挥不好的时候仍然能够继续努力并享受比赛那就更好了。能有机会上场比赛是很幸运的，所以当你比赛的时候要心存感激，要体会坐在板凳上的替补队员的心情，要友善地对待他们。在比赛中和在生活中，不论扮演什么角色，都要尽力，都要快乐。

　　借此机会，我要祝愿今晚所有在座的朋友能有一个美好的春天。不论你们在工作和生活中做什么，我都希望你们能够从中获得快乐。祝你们好运。我们爱你们，也感谢你们。

斯蒂芬·卡罗尔：洞察力和黄瓜三明治

原文出处　Chen, Ming-Jer. 2018. Remarks for Dr. Stephen Carroll. February 26.

"明哲，我认为你应该去做战略管理研究，而不是组织行为研究。"（斯蒂芬·卡罗尔）

"明哲，你知道，你是一个能写好学术文章的人。"（斯蒂芬·卡罗尔）

好的老师有敏锐的洞察力。

很多时候，他比其他人、比你自己更能看清你。

20世纪80年代初期，我和妻子默君来到了马里兰大学帕克分校，这里是我们在美国的第一个家。

我师从斯蒂芬·卡罗尔教授时，我还不知道，他会对我之后的事业和生活带来如此深远的影响。

回想起和卡罗尔教授的初次见面，记忆犹新。最难忘的画面，是他的办公室——我从未见过这么"拥挤"的办公室！从地板到天花板，房间里到处都是书、资料、档案，人很难在里面自由走动。书架上有一块小小的装饰板，写着前副总统休伯特·汉弗莱（Hubert Humphrey）的一句格言，大意是："如果某人东西整理得很干净，那他的头脑会不清晰；但如果他头脑清晰，那他的办公室就会一团糟。"卡罗尔教授正是这条格言鲜明的写照！辛西娅·李（Cynthia Lee），现在是美国东北大学商学院的教授，当时和我一样，也是卡罗尔教授的助教。她经常提起一桩逸事。某个周一早上，她来到卡罗尔教授的办公室，惊呆了。"斯蒂芬，你的办公室突然变大了！"她大声地说，"发生了什么事？"原来，卡罗尔教授罕见地违背了自己的习惯，利用周末的时间把办公室好好地清理了一回。

　　不久之后发生的一件事，对我未来的职业生涯产生了很大的影响。卡罗尔教授非常坦诚地说出了自己的想法，他认为我应该改变研究方向、改变专业。说真的，这是一件我从未想过的事。

　　当时，我的专业方向是组织行为学，这门学科研究人在组织中的行为和心理，以提高管理人员预测、引导和掌控人的行为的能力，实现组织既定的目标。在马里兰大学商学院，由赫赫有名的爱德温·洛克教授讲授这门课。我忐忑不安地去听洛克教授的课，结果期中考试排名倒数第五。对一个刚到美国的新生，期中考试与其说是专业科目的考试，倒不如说是英语能力的测试。最后在第一学年结束的时候，我迎头赶上，成功地挽回了颓势，得到了洛克博士和我的指导教授鲍勃·伍德博士的好评，他们都认为我度过了非常了不起的一年。

　　在卡罗尔教授的办公室里，经过一番长谈后，他对我说："明哲，考虑到你的兴趣及台湾地区今后的需求，我认为你应该去做战略管理（strategic management）研究，而不是组织行为研究。"

　　事实上，20 世纪 80 年代初在全美国的商学院，"战略管理研究"刚刚勃兴，还是一片荒地，极少有人走这条路。马里兰大学商学院还没有战略管理系，甚至连一个研究团队都没有（后来由弗兰克·佩因教授组建）。

　　"战略"（strategy）一词，源于希腊语 strategos，意为"将军指挥军队的艺术"。20 世纪 60 年代，战略思维开始应用于商业领域，"因为在这个躁动不安的年代，企业环境出现的最大变化是欧美国家从卖方市场转变为买方市场，美国经济面临石油危机，日本崛起，科技竞争愈演愈烈，产业界兴起兼并与收购的浪潮……1972 年欧佩克国家联合限制石油产量以提高原油价格，给商业领域带来极大的冲击。到 20 世纪 70 年代末，越来越多的公司意识到，竞争是全球性的。计算机的发展，令变革的脚步加快了。"⊖

　　⊖ 引自周三多、邹统钎著《战略思想管理史》（上海：复旦大学出版社，2003 年）。

于是，一些公司和学者"开始重点研究企业如何适应充满危机和动荡的环境，谋求生存与发展，并获得竞争优势"。

1965年，伊戈尔·安索夫的著作《公司战略》问世。20世纪70年代中期，他又出版了《从战略规划到战略管理》，令"战略管理"这个概念在企业界和学术界逐渐普及。安索夫在书中写道，"战略管理"的提出是受了彼得·德鲁克的影响。德鲁克认为，管理从根本上分为两大部分：第一是"确认公司在做正确的事"，第二是"确保正在正确地做正确的事"。

1982年，斯坦纳在《企业政策与战略》中阐述：企业战略管理是确定企业使命，根据企业外部环境和内部经营要素确定企业目标，保证目标的正确落实并使企业使命最终得以实现的一个动态过程。

卡罗尔教授是较早就了解东西方商业文化的学者，他在那时就已经为中国台湾地区一家电子公司提供了几年的咨询服务。在谈论我的未来时，卡罗尔教授充分显示了他的特质：敏锐的洞察力——他比其他人、比我自己更能"看见"我，更了解我的兴趣、特点和潜能。他的洞见，似乎让我的一切都变得清晰起来。的确，我的兴趣更多的是在宏观和战略领域，而不是在组织行为方面。谈话结束后，我毫不犹豫地做出了决定：改变专业方向，研究战略管理。

出国前，在跟姜占魁老师读书的那几年，我了解到自己的兴趣在哪里。研究组织里人的心理和行为固然不错，但企业如何与外界互动，环境对企业有什么影响，企业大政方针如何制定、如何落实，企业如何应对竞争，企业对社会的意义究竟是什么……这些课题更吸引我。当我从卡罗尔教授口中得知还有"战略管理"这个新兴领域，心里很兴奋，它更适合我。

怀着忐忑不安的心情，我回到了洛克博士和伍德博士那里，告诉他们我的决定。这完全出乎他们的意料，两人很震惊。其他人也大为不解。洛克教授是组织行为学领域的权威，他对我高度的肯定和欣赏如同一张通行证，有助于我顺利地踏上美国的学术之路，而我却放弃了这条捷径。

令我感激的是，洛克博士和伍德博士最终理解了我的选择，祝福我走上我真正想走的道路，"从此有了完全不同的人生"（罗伯特·弗罗斯特）。

在马里兰大学那几年，我真切体会到，语言是相当大的挑战。因此，实证研究不仅更容易进行，而且对非英语母语国家的学生来说，几乎是唯一的选择。然而，卡罗尔教授对我说："明哲，你知道，你是一个能写好学术文章的人。"当时，他是唯一一个对我这么说的人。

卡罗尔教授再次"看见"了我，让我有信心去创建自己的理论，形成自己的战略管理思想。

不久，我就在《管理学会评论》（*Academy of Management Review*）上连续发表了四篇文章，这是管理学界最有声望的期刊。为此，我深深感谢卡罗尔教授的远见和鼓励。

肯·史密斯博士是我的主要论文导师，当时他是一名助理教授，按照规定，不能单独指导我的论文。于是资深的卡罗尔教授担任了我的论文联合导师。他不仅指导我的研究，而且当出现大大小小的分歧时，总是能理解和支持我，并且让我了解其他人是怎么想的。就在去年⊖12 月，我从打电话给史密斯博士。谈到卡罗尔教授，我们非常怀念他。这么多年过去了，我们清楚地意识到，当时我们在马里兰大学的分歧源自我们的文化差异，而我们能超越这些差异，消除分歧，很大程度上得益于卡罗尔教授的低调和幕后的调解。多亏了他，我和史密斯博士维持着终生的友谊，这么多年来，我们始终能敞开心扉，开诚布公地探讨那些尖锐的文化差异。

卡罗尔教授乐于助人，有一种敏锐、智慧地消融冲突的能力，是一个大家都能信任的调停者，问题的解决者。尤其是对学生而言，他是教授、顾

⊖ 指 2017 年。

问、朋友，大家遇到困难时总是希望听听他的看法和建议。卡罗尔教授也总是会留意那些需要额外帮助的博士生，对那些被冷落或"迷失"的人给予支持。

对我的家庭来说，卡罗尔教授的帮助远远超出了学术的范围。

1988 年 12 月 20 日，他和卡罗尔夫人举行了家庭派对，热情招待了我和妻子默君、学校教员和博士生们，那是我们在马里兰最美好的回忆之一。这个日子我记得很清楚，因为两天后，我们的第一个孩子，安迪就出生了。两周后，我要离开帕克分校，携妻带子前往纽约哥伦比亚大学任教，卡罗尔夫妇又为我们一家三口张罗了新生儿派对，为我们人生的新旅程送上祝福。卡罗尔教授不仅为我们烧了中国菜，还准备了两道"爱尔兰传统"美食——黄瓜三明治和茶。现在我们家也继承了这个传统。

2010 年，我被选为国际管理学会主席。我相信，我的导师比我更高兴。从那一年起，我们总是一起出席学会晚宴。我看得出他是多么高兴和自豪，他会对其他人介绍说，我是他的"中国儿子"。

卡罗尔教授是一位拥抱生活的学者。他热爱电影（尤其是艺术电影），热爱艺术（经常和卡罗尔夫人一起去听音乐会），关心政治、商业、科技、环境……他还是 Terps（马里兰大学的运动队）的忠实粉丝！"父亲是一个寻求知识和理解，在艺术和自然世界中欣赏美的人。"卡罗尔教授的孩子们追忆父亲时说。这句话，很好地诠释了卡罗尔教授的气质：一位真正的绅士学者。

2018 年 1 月中旬，我寄给卡罗尔教授一份即将发表的论文文稿，我在文章中写道："这篇论文谨献给我的论文导师——斯蒂芬·卡罗尔教授，我一生的榜样，我的'美国父亲'。"

我非常想念您，卡罗尔教授，您给我们的爱，始终照耀着我们，眷顾着我们。

斯蒂芬·卡罗尔传略

斯蒂芬·卡罗尔出生于美国波士顿，曾经在美国海军服役六年。他在加利福尼亚大学洛杉矶分校（UCLA）获得学士学位，并在明尼苏达大学获得硕士学位和博士学位，1964 年到马里兰大学任教。斯蒂芬·卡罗尔曾经在史密斯商学院（Smith School of Business）管理组织系担任过数年系主任，且在学校中担任过重要的行政管理职务，并获得过许多教学奖项，包括 1980 年在马里兰大学被授予著名学者、教师的荣誉称号。2010 年，他获得了美国管理学"人力资源管理"专业终身学术研究奖。

斯蒂芬·卡罗尔担任过 30 多家美国企业和美国政府机构的顾问，比如百得集团公司（Black & Decker）、味好美香料公司（McCormick Spice Company）、美国国税局（IRS）和美国农业部（USDA），他还是日本、中国、澳大利亚、意大利、波兰、爱尔兰等国多所大学的访问学者。

斯蒂芬·卡罗尔于 2018 年 1 月 30 日去世，享年 87 岁。

塞缪尔·科兹：毕业十年后，我依然能获得他的指点

原文出处　Chen, Ming-Jer, 1997, "Sam Kotz——Teacher and Mentor," Advances in the Theory and Practice of Statistics: A Volume in Honor of Samuel Kotz, 23-25.

"这件事让我明白，不论是在哪种文化背景下，学生一旦能感受到老师对自己的真切关怀，就会对老师心生感激与尊重。"（陈明哲）

塞缪尔·科兹教授的学术成就斐然，但很少有人知道他也是一位致力教学、受人敬爱的师长。我何其有幸能成为科兹教授的学生之一，他的指导与引领让我获益匪浅。

科兹教授在马里兰大学商学院教授统计学。从一开始我便清楚，统计学不是我的强项——与我的同学相比，我的统计学的确是非常不熟练，但科兹教授非常认真。他不管你是不是喜欢统计学，是不是将来打算以此为生，只要上他的课，他就要求自己教授的东西能令学生理解，并且他会很认真地去琢磨，是什么让学生还不能理解。

自第一天起，无论是在课堂内还是课堂外，科兹教授都非常认真地教我。尽管我早就知道自己永远不会成为统计学家，甚至不认为自己是学统计学的学生，但科兹教授对我的付出，如同他对待自己的博士生一般。

我出生于中国台湾地区，在美国求学、任教多年，我特别感激科兹教授身为教师的态度。在中国文化中，激励学生积极学习与表现良好的，不仅是为了追求自我满足与个人成就，也是为了他们的家庭和老师，因此我们对教师非常尊重，我们希望能用良好的表现来回报他们的付出与奉献。当然，在美国的教育环境下，尤其是本科生中，这样的动机并不常见。但是，科兹教授的美国学生们不一样。我深深地记得，有一年，我协助监考科兹教授的本

科生统计学考试。考试时部分学生提出了与某个统计学概念有关的问题，对于这个问题科兹教授已经解释了好几次，但他们仍然无法完全理解，他们在答题时表露出明显的苦恼。我突然领悟到，他们之所以感到不安并不是害怕考试不及格，而是因为他们觉得让科兹教授失望了。学生的这种态度让我感到惊讶，并深深地打动了我。对我而言，那是一个特别的时刻，我在那个瞬间看到了另一种美国的师生关系，与以前所见颇为不同。这件事让我明白，不论是在哪种文化背景下，学生一旦能感受到老师对自己的真切关怀，就会对老师心生感激与尊重。

在中国，孔子被视为教育之"父"（台湾地区将孔子诞辰纪念日定为"教师节"）。他的教义之一——有教无类（教育学生无须考虑其背景、能力、种族或任何其他条件），也是科兹教授所坚持的理念。孔老夫子更认为"一日为师，终身为父"，科兹教授更是这种教育哲学的最佳实践者。他从来没有放弃身为教师的职责，继续担负着对曾教过的学生的教育责任。即使是现在，修完他的课程十年后，每当我需要他时，我仍可以获得他的指点。去年⊖我的一篇论文进入了审查阶段，他提供了一些统计和科学哲学方面的关键指导，随后这份论文即被一家主要期刊发表。对于科兹教授而言，他的字典里并没有"下班"这个词，我们常在晚间或周末进行讨论。这反映出在他超过 30 年的教学生涯中，奉献了大量的个人时间，他的奉献精神是如此坚定不移。

科兹博士，您对学生不求回报的付出，对我影响深远。

塞缪尔·科兹传略

塞缪尔·科兹出生于中国哈尔滨，1947 至 1949 年在哈尔滨工业大学学

⊖　指 1996 年。

习电气工程，1949年移民以色列，在那里服役两年后，进入耶路撒冷希伯来大学就读，1956年获数学荣誉硕士学位。之后在以色列气象局服务两年，又进入康奈尔大学就读，并于1960年取得数学博士学位。塞缪尔·科兹曾在北卡罗来纳大学教堂山分校及多伦多大学担任研究职位，之后于1964年在多伦多大学担任副教授。1967年任教于费城的坦普尔大学（Temple University），1979年任教于马里兰大学帕克分校的商业管理学院。1997年提前退休，退休后又加入乔治·华盛顿大学的运筹系。

塞缪尔·科兹是一位知名的统计学家，有许多开创性的著作，包括第一本统计科学百科全书。在他的职业生涯中，他编写（及合作编写）了3本俄/英语版的科学词典，在统计和质量控制领域贡献了超过36册书籍和专著，以及280多篇论文。因他卓越的贡献先后获得了哈尔滨工业大学（1988年）、雅典大学（1995年）、俄亥俄州博林格林州立大学（1997年）颁发的荣誉博士学位。1997年，一本收录了他的38篇文章的论著在他65岁生日的时候出版了。他在1998年被授予华盛顿科学学会会员资格。他是英国皇家统计学会会员、美国统计协会会员、数学统计研究所研究员，以及国际统计研究所成员。

李·普雷斯顿：价值的脚步

谢岚（上海广中学校教师）

"李·普雷斯顿教授身上有种特质，他内心有足够的安全感，这令他专注、正直，而且幽默。"（陈明哲）

2011 年快到年底的时候，陈明哲获悉：他的老师马里兰大学的李·普雷斯顿病重入院，或恐要走向生命的终点。

深夜，陈明哲写下一封长长的电子邮件发给李·普雷斯顿的妻子，请她在合适的时候念给教授听，以表达自己由衷的祈祷、爱与感激。

"自从我离开帕克分校（即马里兰大学商学院），我努力追随您的脚步，期待能推动这个世界产生有意义的变化。"陈明哲在电子邮件中写道。这是李·普雷斯顿在他生命中的印记。

对这个世界，李·普雷斯顿做过什么有意义的贡献？

"他专注于公司治理（corporate governance），促成了企业管理学的一个新领域的形成：企业社会责任（corporate social responsibility）。"李·普雷斯顿去世后，学界如此定论。

让我们先来重温一个故事，它曾在全世界掀起轩然大波，从中或可体味到何为公司治理、企业社会责任。

安然曾是美国一家能源巨无霸公司，很长时间里备受追捧：美国第七大企业、华尔街分析师推荐"买进"的投资标的、美国人最爱任职的百强企业、美国各州民众退休金投入的最佳选择……不曾想，2001 年 12 月，安然毫无预兆地宣布破产，轰然倾颓，两万多名员工骤然失业，美国股市一落千丈。

公司内部知情人的揭发、媒体和司法系统的深入调查令人瞠目结舌：从

20 世纪 90 年代开始（公司成立于 1985 年），安然就有意识、有系统地隐匿债务、做假账美化财务报表，使公司股价节节上涨欺诈投资人。同时，公司高层的政商关系错综复杂，输送了大量的政治献金，董事长肯尼斯·莱（Kenneth Lay）一度成为当时小布什政府能源部长的热门人选。

"安然事件"最恶劣之处在于"高层滥用资讯不对称，对外通过假账蒙骗公众，对内误导员工用退休金购买自家公司昂贵的股票（2000 年，安然股价攀升到 90 美元历史最高点）"。

2001 年 8 月，丑闻濒临爆发边缘，首席执行官杰弗里·斯基林（Jeffery Skilling）以"个人原因"请辞，董事长肯尼斯·莱出任首席执行官（CEO），他在电子邮件中信誓旦旦地安抚全体员工："我向各位保证，我对公司的前景再没有比现在更看好了……我们的绩效绝佳，经营模式无懈可击，最重要的是，我们公司员工都是最优秀的天才……"

然而真相是，过去 18 个月，肯尼斯·莱陆续抛售了价值 1 亿美元的安然股份，而他口中的两万多名"最优秀的天才员工"却在 4 个月后骤然失业，一辈子辛苦积累的退休基金化为乌有。

公司治理是伴随着西方企业形态的变化而出现的，确切地说，是伴随着股份有限公司逐渐成为主流、重要的企业类型而出现的。所有权和经营权的分离，令商业变得复杂。譬如，公司的主体究竟是谁，企业对谁负责，利益如何分配，股东和经营者的权责如何划分，董事会和专业经理人的关系如何界定，信息披露的透明度如何把握等，令企业不再是"出售产品和劳务的经济单位"这般简单。

一度，"股东至上"是主流观念，认为企业的责任就是追求利润最大化、股东利益最大化。然而随着时代的发展，人们意识到，现代企业的运行并不单纯依靠股东的投入，股东也无法承担企业经营的所有风险。企业的生存与发展，和管理者、员工、供应商、消费者以及社区、政府等这些利益相关者都有关联，因此，相应地，企业也应该为利益相关者承担社会责任。这就是利益相关者理论（Stakeholder Theory）。⊖

李·普雷斯顿教授和其他一些先行者敏锐地意识到了这一变化，并预见到它将带来的深远影响，遂专注于公司治理／企业社会责任研究，希冀为现代企业的运作提供制度框架、组织框架和道德准则。

譬如组织应该尊重股东的权利，通过有效沟通来帮助股东行使权利；董事会成员需要有专业能力，才能检视和挑战管理层的表现，承担职责；董事长和CEO（或总经理）不能由同一人担任，以在制度上避免利益冲突的可能；"执行董事"与"独立非执行董事"的人数要有适当的比例，以起到独立的监察作用；公司需要为董事及管理人员建立道德操守的标准，并鼓励做决策时要有道德勇气及责任感。

李·普雷斯顿认为，企业虽然是经济组织，但它的运行不能没有价值标准。

20世纪70年代，"公司治理""企业社会责任"这些议题在美国社会是有争议的，遭到了一些古典经济学家的反对，认为会动摇"自由市场"的根基。诺贝尔经济学奖得主米尔顿·弗里德曼（Milton Friedman）撰文质疑："如果管理者把股东的钱花在公共利益上，那么管理者就是在未经股东许可的情况下花钱。如果社会行为的成本通过提高产品的价格而转嫁到消费者身上，管理者就是在花消费者的钱，这种'没有代表权交税'的做法应该遭到拒绝。"

面对弗里德曼等学者的质疑，李·普雷斯顿和同行花了大量时间，研究1982～1992年美国大企业的社会绩效与财务绩效，结果发现：两者之间存在着积极的关系，也就是说，社会责任和盈利是可能双融的。⊖

⊖ 请参见：朱斌，《"自私"的慈善家——家族涉入与企业社会责任行为》，《社会学研究》，2015年第2期。

⊖ 请参见：《企业社会责任和企业效益研究综述》，百度文库。

商业世界的发展，也不断证明了公司治理／企业社会责任关注的权力制衡、公开透明、正直负责等问题，事关组织伦理和社会正义，无法回避。

20世纪90年代初期，英国BCCI、Guinness、Polly Peck和Maxwell Communications Group等一连串知名公司爆出了财务丑闻，英国财务报告委员会和伦敦证券交易所于1991年成立了财务方面的公司治理委员会，是英国公司治理的开端。

而2001年的安然丑闻则再次展示：假如企业抛弃了诚实这个基本价值观，内外部皆缺乏切实的监管机制，那么商业运作可以如此虚假和残酷。

2011年12月，就在李·普雷斯顿去世一个月后，陈明哲来到哈佛商学院，看到哈佛广场被"占领"，学院的门口也安排了警卫，戒备森严。原来2011年9月爆发的"占领华尔街运动"已从华尔街蔓延到大学。运动的口号——"我们是99%"——激起了民众对贫富差距悬殊、金钱操纵政治的愤怒，而以哈佛为代表的常春藤大学正是培养1%的政经精英的地方，自然成为被占领的目标。

陈明哲对哈佛的朋友们不客气地说："你们早该被占领了。一直以来，美国企业片面追求短期经济指标，各商学院在培养商业精英的时候忽视了伦理和人文精神的教育，更是问题的根源所在。"

如果，刚刚辞别尘世的李·普雷斯顿听到陈明哲，他过去的博士生的这番话，脸上会是什么样的神情？

陈明哲写给李·普雷斯顿教授的电子邮件

亲爱的普雷斯顿教授／我的老师：

亲爱的普雷斯顿女士，我知道，对您及家人来说，目前

必定是个艰难的时刻。若有任何默君和我可以帮得上忙的地方，请让我们知道。我们一直惦记你们并为你们祷告。

亲爱的普雷斯顿教授，自从卡罗尔教授告诉我您生病的事，我就一直惦记着您与您的家人。是您对我的栽培，使我成为学者、教育者，更重要的是您教导我如何做人。我多么希望现在能亲口向您表达我对您的那份爱与感激。

30 年前我初到美国时，与您相识成为您的学生，进而密切合作，这是我此生珍贵的财富。没有您的引导和栽培，我肯定无法成为今日的我。您鼓励我，为我设立了极高的目标。自从我离开帕克分校，我努力追随您的脚步，期待能推动这个世界产生有意义的变化。更重要的是，您教导我如何做自己且乐在其中。过去几年我们未能时常保持联系，但我告诉自己，那是因为我一直在努力帮助其他后进，一如您过往对我的培育，使我最终能够如您一般成为学会院士（Academy Fellow）中的一员。

我在 1996 年获得纳什博士毕业奖（Nash Doctoral Graduate Award）时，曾用以下的结论，表达对您的敬意与感激：

"默君与我在李·普雷斯顿教授身上看到一个非常重要的个人特质，那就是他内心有足够的安全感……如果你内心有足够的安全感，你将不会被外在压力和逆境影响，而能随时保持专注。"

普雷斯顿教授，当年我怀疑自己是否有能力满足博士学位对英语的要求时，是您提点我：每个人都有自己的困难与障碍，而我们不应该让这些困难与障碍改变自己所设定的目标；十三年前，当我处于对自己的能力产生莫大疑虑的时刻，您对我期末报告的评论，深深鼓励了我；您或许不知道，当我听到您在晚宴时对其他人提到我的文章时，那对我的意义有多大。

在美国求学初期，我完成了一篇关于企业与公共政策的论文，您的鼓励，让我第一次确信自己能够完成这篇论文。而当年您所提供的博士生奖学金，则支持我有时间专注于论文，并允许我将更多时间用来陪伴默君，当时（1988 年）安迪即将出生（安迪在 5 月份从沃顿商学院毕业，现在正准备参加法学院入学考试。在过去的两个暑假里，他在 Octagon 和 IMG 这两大运动经纪龙头公司上班）。

您也许还记得，当年我答辩完离开教室，等待您与其他委员评估我的论文时，不经意地将录音设备落在教室里。您发现后，还特别留了一段玩笑话给我。而当我要离开学校时，您给了我一本介绍马里兰大学的画册，令我永远记得"在马里兰的快乐时光"，以及您与其他曾教导过我的人所担负的那份责任。

之后您打电话给唐纳德·汉布里克○，开启了我在哥伦比亚大学任职的大门。在那里，我花了 8 年时间，学习如何平衡研究和教学，而这使我能够在多个前端领域有所贡献。我对您亏欠太多太多，不可细数。然而，您只期待我完成一件事，但我还未完成。相信我，我会努力完成。亲爱的老师，我不会让您失望。

我希望此时您能感受到祝福的力量与平静、安稳。希望

○ 即唐·汉布里克。

您知道，我时时想到您，并为您的家人与您祷告。

请允许我对您说一声：亲爱的普雷斯顿教授，给您我最诚挚的敬爱。

最深切的感谢。

您的学生

明哲（以及默君、安迪与亚伯拉罕）

2011 年 11 月 17 日

第6章

谦谦君子

联合国的"士大夫"王念祖

陈明哲 口述

谢 岚 采访/整理

"要真正理解他人的文化传统,关键在于对自我的透彻理解,若不能深刻理解自己的文化和传统,不管是200年还是5000年,我们都无法完全欣赏和尊重其他文化。"(陈明哲)

每每和学生谈起中国的士大夫、文化双融,陈明哲总会提到他在哥伦比亚大学任教时的老师王念祖(N. T. Wang):"他是在现代国际化社会中践行儒家思想的典范"。

当时,王念祖在哥伦比亚大学主持"中国与国际企业"项目,旨在促进中国和国际企业的相互了解,培养新一代人才。"1982年,作为项目的一部分,王教授发起了'中国–国际企业讲座'。他在20年里,组织了130多场交流。通常是在周三,SIPA大楼(School of International and Public Affairs)918室,纽约的学者、商界人士、中国访问者……济济一堂。大家一定还记得讲座后的晚餐——经常是在faculty house或附近的中国餐馆用餐,或者在918室吃中餐外卖,大家继续热烈讨论,王教授则为这些餐点自掏腰包。"陈明哲回忆道。

不过,这是王念祖退休后的事业。此前,他30多年的职业生涯主要是

"为官"：1949 年之前，他是国民党政府中的一名经济官员；自 1951 年开始到退休，他一直是联合国的国际文官。

有意思的是，不论在哪里做事为官，王念祖都说："士大夫风格是我为人处事的准绳。"

6.1 我对自己的操守充满自信，但必须正视腐败问题

王念祖出生于上海的大富之家（父亲是"金子大王"王伯元，现静安区少儿图书馆是他从小长大的家），且是长子。日军进攻上海时，父亲安排他于炮火中冒险登船，去国外留学，以图保住王家血脉。

1946 年，王念祖获得哈佛大学经济学博士学位，机会众多，而他胸有成竹，立志学而优则仕，追随张公权（张公权，名嘉璈，曾任国民党政府铁道部长、交通部长、中央银行总裁等职），为国出力。

"部长本人却也不是政府中的权力中心人物，虽然他曾任要职，但主要是凭他的能力，而不是人际关系。我对他的第一印象是他没有官气、没有傲气。我感到他原则性很强，也了解到他做官没有发财。

"1946 年太平洋航运一经复航，我们一家四口迫不及待地踏上小型货船返回久别的中国。不久，部长果然传来消息，要我尽快去沈阳和他一起工作。我立刻只身离家乘上第一架飞沈阳的飞机……内心万分激动，忘己忘家，尤其是我未曾参加抗日战争，为国家献身不容再迟了。"[○]

王念祖受张公权领导，任东北主席行辕的商务处副处长，可以说是一介中级技术官员。当时，他需要处理的一个重要问题是：东北的经济是否应立即和其他区域的经济整合。实地研究后，王念祖提出：整合应逐步进行。

当时实行贸易许可证制度，签发进出口许可证是一个大"肥缺"（大员收

○ 此处及以下引文皆出自王念祖自传《我的九条命》。

复失地时争权夺利、自肥腰包是战后蒋介石政府的声望急跌、失去民心的重要原因之一），而王念祖从不为其所动。"有人要给我一笔7位数的美元贿赂以换取巨额木材出口许可证，我当即拂袖而去。"

"我对自己的操守充满自信，但必须正视腐败问题。借鉴他国行之有效的措施，我决定使制度透明化。"王念祖遂将所有进出口管制的规章和程序公布于众，还经常邀请媒体采访，解答各种问题，例如按什么原则发许可证，为什么许可证发给某些人而不给另外一些人。不仅如此，所有核准的许可证副本均被一一张贴在办公室门外，昭示于众，一目了然。

"东北的经历使我积累了一些非常宝贵的经验。其一，一个初出茅庐的青年被赋予重任，承担部长级的任务，毫不自馁，体现出了传统儒家能屈能伸、不卑不亢的作风。其二，不受制衡的权力尽管是滋生腐败之源，但行之有效的反腐措施能增加权力机构的透明度。"

6.2　建议抗命，恕难执行

王念祖在东北为官未久，时局骤变。张公权调任中央银行任总裁，不久便邀王念祖到上海和他共事。

一天晚上，王念祖接到张公权的来电，即刻赴南京商量要事。"当我到了南京的旅馆，另外两位同事已经先到了。一位是舜萃，中央银行业务局副局长；另一位是吴大业，央行顾问。总裁开门见山说明召见我们的目的，是要我们三人分别对一项货币改革方案进行可行性评估，然后讨论。这份机密方案是蒋介石要求总裁（即张公权）实施的。"

"当我看到改革方案时非常气愤，（方案）如此粗制滥造，堂堂的政府最高层难道没有经济学家吗？我知道对外保密的基本财政金融的真实状况：政府大部分开支是靠发行纸币维持的，外汇赤字与日俱增。我很快得出结论：

所谓的改革注定要失败。"

王念祖清楚蒋介石的意思，但仍表达了自己的看法：建议张公权拒绝执行此方案，除非他同时有权进行彻底的财政改革。

"总裁告诉我们，他也得出同样的结论，但想同我们这些科班出身的经济学家核对一番。他说：既然蒋介石主意已定，如果向其提出既掌央行又主财政部，似乎有揽权之嫌，他决定辞去中央银行总裁之职，并建议我们留下，因为我们不是政务官。"

"一如所料，蒋介石对总裁的抗命深为不悦，立即批准了辞呈。不久通货膨胀达到了令人难以置信的程度，以至于纸币还不如废纸值钱。"

6.3　传统的士大夫风格仍是我的准绳

1949 年年初，王念祖举家赴美。1951 年，就职联合国秘书处，由此开始了长达 28 年的国际文官生涯，从中级官员稳健升迁到司长（这在华人和亚裔族群中不多见）。

"在实质性事务中，传统的士大夫风格仍是我的准绳。"

其一，有能、尽责。无论是为上司起草发言稿、撰写世界经济报告、从事跨国公司的专题研究，调研发展中国家状况，还是担任牙买加、东非一些国家的政策顾问，王念祖总是能出色完成任务。几乎所有合作过的上司都如此评价他："你办事我放心。"

其二，拥有和恪守自己的原则。

"联合国秘书处的组织等级森严，在办公室的规格上体现得很明显。低级、一般的办事员通常安排在无窗的房间或走廊里。文官以上的职员，按级别拥有大小不同（包括多少窗户）、布置各异（地毯及家具质量）的办公室。

我（当时）只是一介中级技术人员，循规蹈矩，唯命是从，但我并不惧怕那些身居高位者。很久以后我才意识到秘书长和高级官员对下属的权力有多大，如果不能同上司相处，便告诉无门，断送前程。"

20世纪50年代中期，联合国秘书处负责撰写世界经济报告的部门重组。原来这些经济学家分为两个阵营，一是倾向于新古典经济学派的，二是推崇凯恩斯的，双方各持己见。该部门重组后由凯恩斯派的莫萨克统揽全局。一些不愿妥协的成员，自动或被逼外调，需要新人补缺。拥有哈佛大学经济学博士学位、工作风评甚好的王念祖在此时调入该部门。

"有一次，我起草有关货币政策的报告，把上司莫萨克吸引到了我的办公室。他开门见山问我是否已经成为货币学派的了（凯恩斯派不重视货币的作用），我向他解释，我对凯恩斯并不陌生，也不是货币学派的，但许多政府的注意力转移到货币政策上了，这是事实，我必须报告。如果他不喜欢这样的报告，可以将其删除，但我的职责是反映事实。"

另一次，"顶头上司问我是否愿意和他一起向领导指责另一位高级同事的工作质量，我问他这是命令还是自愿，他便不勉强我了。尽管我保持了和为贵的风格，但我从未被任何派系认为是他们的心腹。"

"我秉承了中国士大夫的传统，'天下兴亡，匹夫有责'，对上司的讽谏，更是义不容辞。有些上司虚怀倾听，纵然言不顺耳或超出了我的职责范围，也总能曲谅。但是，如果我的上司刚愎自用，度量狭窄，我的处境便非常艰难了，甚至时时要准备挂冠而去。"

其三，分寸感。王念祖能干、有定见，如在重大原则上和上司有分歧，不会苟同。但同时，他对上司毕恭毕敬，尽忠襄助，竭力维持良好的关系。当上司遇到麻烦时，他总会在幕后解围。"有一次，上司在委员会发言时，一位代表敲水杯，打断了他，指他失言。他毫不知情，不知所措。我立即递给他一张纸条，解释说因为他公开支持'基本需求'的概念，意即落后国家只要满足温饱就够了，而这被一些发展中国家认为寓有贬义。"

1967 年，王念祖被联合国开发计划署任命为技术合作团团长（由亚裔人士担任此职，在当时的联合国绝无先例），先后为牙买加、东非等国家和地区拟订发展规划，亲自参与政策制定，而不是发表"书生评论"。

"我做政府顾问的经历，不无满足我中国士大夫为国为民的抱负，补偿我在祖国未竟之业。我在许多原来并不熟悉的国家担任顾问，在我尚未深切了解当地实际情况时，我非常虚心，不敢随便提议。"

并且，对于"由谁来提议"，王念祖也深思熟虑。历时近一年，完成东非国家共同市场的发展报告后，要召开一场正式的发布会，与会者为东非各国部长。王念祖很低调，让一位特别经济委员会的同事代言，因为他对部长们的立场和偏好较为熟悉。

20 世纪 70 年代尼克松访华后，中国的对外气氛似乎渐趋松动。"经过多次访华后，我方始逐渐在小型座谈会上介绍一些美国及世界经济动态。逐渐有人开始邀请我对不甚敏感的问题，如旅游业，提出我见。随着中国气氛的益加松弛，我也进一步放胆纵论时事。在我应贸促会之邀以国际文官身份再次访华期间，一位中国的外交官公开申言：'王对得起中国'，我深为感动。"

陈明哲回忆道："1999 年，我第一次遇到王教授时，他已经是了不起的名人了，而我，仅仅是一个新教员，商学院里的新手。随后，我有幸为王教授的'中国－国际企业讲座'项目提供了一点非常微小的帮助。他给我留下的最深刻的印象就是'谦谦君子'，令人想到孔子说的'士君子'。王教授长我 40 岁，给我写信的时候，却称我为'兄'，称他自己为'弟'。这种不同寻常的谦逊，不仅表现在正式场合，更体现在他日复一日的行为中。

"王念祖教授的一生，让我想起孔子说的'士志于道'和荀子说的'以仁厚知能尽官职'，以及荀子另一句非常重要的话：'士从道不从君。'士要跟随道的规范，而不是盲从君主的旨意，这也代表了士在某种程度上的独立性，难能可贵。

"王教授的一生也充分展示了真正的未受污染的儒家精神，既是传统的，也是现代的；既有对他人的尊重，更有对自己的尊重。这是普世的、可超越时代与国籍的。"

王念祖传略

王念祖（1917—2004），美籍华裔经济学家、联合国前官员、社会活动家，并曾担任世界银行顾问、天津财经大学客座教授及国际管理学院院士；曾获纽约州亚裔杰出人士奖，名列《美国名人录》。他兴趣广泛、喜欢交际，对于各种文化活动、外交往来也十分热衷；对于国际时事和政策问题经常发表一些独到的见解。其著作有《我的九条命》《一贯生诗存》《发展经济与跨国公司》等。

王念祖出生于老上海银行世家，其父王伯元为民国时期"金子大王"。王念祖早年从学于吴梅，学习中国古典文学名著。1937年，赴英国留学，就读于伦敦大学伦敦政治经济学院。1938年，转赴美国哥伦比亚大学就读，三年后获得经济学学士学位，并获授 Phi Beta Kappa 荣誉协会会员。1941年就读于哈佛大学，取得经济学硕士（MA）及哲学博士（PhD）学位。在哈佛大学求学期间，师从著名经济学家约瑟夫·熊彼特，和保罗·萨缪尔森是同学。

1945年，先后在国民党政府中央银行、经济部任职。1950年，转赴美国哥伦比亚大学任教，教授经济学。自1951年，于美国纽约联合国总部开启历时28年之久的职业生涯。这期间曾任联合国发展计划中心资金计划与政策部副主任、联合国跨国公司中心司长、联合国牙买加技术合作团团长、东非技术合作团团长等职务。之后又回到哥伦比亚大学，从事教学和学术研究，曾任哥伦比亚大学高级研究员和"中国与国际企业"项目部主任。当时正值中国改革开放，他为中国培养了一批企业高管，并和中国的高校有较多的合作。

参考文献

[1] 王念祖 . 我的九条命——王念祖回忆录 [M]. 北京：中国时政经济出版社，2002.

[2] 王念祖 . 中国企业如何走向国际市场 [M]. 合肥：安徽科学技术出版社，1995.

第 7 章

教师典范

莱斯·格雷森与达顿商学院的使命

编者按 莱斯·格雷森（Les Grayson）是一位卓越的管理学者。在他退休之后，弗吉尼亚大学达顿商学院设立了"莱斯·格雷森讲席教授"一职，以示对他的尊崇和传承之意。这是美国大学的一个传统。通常，"××讲席教授"的出任者，亦是这个领域的翘楚。陈明哲目前任教美国弗吉尼亚大学，是"莱斯·格雷森讲席教授"，这既是肯定，更是研究和教育精神的传承。本章是 2017 年莱斯·格雷森教授 90 高寿时陈明哲写的贺信，略有删改。

亲爱的莱斯：

在 11 月 18 日这个特殊的日子里，我要向您致以最诚挚的问候和最温馨的祝福！我非常敬重和爱戴您。相较您一生卓越的职业生涯，我几乎找不出更好的词汇献给您。在达顿商学院的近 30 年里，您感动了无数学子、同事与门生的心，影响了他们的人生轨迹。

然而，在您 90 岁生日的喜庆时刻，我想告诉您，担任格雷森讲席教授对我来说意味着什么。但首先，我要说的是，一直以来我都很幸运，也许我就应该获得这一荣誉，因为您和我有着相同的生日！而提到个人关系，您和我母亲及我已过世的父亲都出生于同一年。在我心中，您对我而言亦师亦父。

说到生日，我必须要感谢奥利维亚，而且也要向她致以生日的祝福，因为在中国传统文化中，当大家为一个人祝寿时，众人的祝贺是由寿星与其丈夫或妻子共同分享的。奥利维亚给予您的爱和不求回报的支持，让您能在一生中孜孜不倦地致力于高等教育和学术研究。

在我的人生中，我有幸受到了来自多方面的有益的影响。从学生的角度而言，导师通常在年龄和经验上拥有较丰富的生命历程。但对中国人来说，学生与"人生导师"的亲密关系被称为"忘年交"，即"忘记年龄差异的友谊关系"。在您离开三年后，我才来到达顿，因此错过了与您一起共事的机会，尽管如此，当我想到我们之间的关系时，我认为这种中国式"忘年交"的说法再合适不过了。

您给许多学者和学生留下了不可磨灭的、具有传奇色彩的印象，您对他们的影响力不仅仅局限于学校里、课堂上，在他们毕业以后，这种影响依然存在。

认识您和奥利维亚的人一定都知道，每逢节日学校不开放时，你们会诚挚邀请学生们到家中用晚餐，一起欢度节日。据达顿校友相传，许多校友都非常怀念您为他们上的第一堂课。在课堂上，您解人疑惑，"不墨守成规"，开创性地打破传统教学的模式。在这些课堂里学到的东西是不可磨灭的，而且可以实际运用到商业世界。然而，当我在台湾地区碰巧遇见两位非常有成就的高管时，我才见识到"格雷森效应"，并有了更深刻的认识。这两位高管在得知我与达顿的渊源后，立即向我问起您。他们是达顿 TEP 旗舰高管教育课程的校友，也是您的学生。他们激动地向我述说起您对他们职业生涯深远的影响。直到后来，我有幸和您一起参加了在上海举行的达顿顾问委员会的活动，才目睹了您和奥利维亚在达顿的国际校友活动中所受到的尊敬。有您陪伴我参加这样的聚会，我就像一个孩子被父母带着去参加活动一样。当您向大家介绍我为"莱斯·格雷森·陈明哲教授"时，我感到非常荣幸和亲切。

在我的职业生涯中，您的影响是非常深远的。2013 年我在国际管理学会主席演讲中提到的"迈向文化双融"就是一个例子。事实上，在我担任学会主席期间，无论是国际会议、研讨会，还是课程设置（包括录取条件非常严格的清华大学苏世民学者项目的课程设置，该项目仿照牛津大学罗兹学者模式），一直都是围绕着"西方与东方"这个主题开展的，其间与各种师生进行的交流，次数难以计数。这一切都深受您的影响。

最后这个故事更印证了受您影响的人范围之广。几年前，我的同事兼好朋友葛雷·费尔柴尔德（Greg Fairchild）提到他去纽约时，遇到乔治·塔亚（George Tahija），乔治是 1986 届达顿商学院 MBA 学生。那时乔治是印度尼西亚多年来享誉盛名的国际商业领袖，而且是达顿的忠诚赞助者。葛雷和乔治不算熟识，但他们同为达顿校友，葛雷问起乔治在纽约的计划。乔治告诉他，自己正要去拜访您和奥利维亚。这又是一个您与学生建立长久关系的见证。

直到现在，我始终秉持的信念是：在教书育人的过程中，我将继续继承您的优良传统，让世界融为一体。在我看来，这最能体现我的人生价值。担任莱斯·E. 格雷森讲席教授永远是我珍视的荣誉。感谢您一直以来的善良、真诚与慷慨，感谢您对世界上许多像我这样的人产生的深远影响。

在这个难忘的日子里，祝您寿比南山，福如东海！献上我永恒的爱，和最美好的祝福，给您和奥利维亚。

忠实于您的

陈明哲

2017 年 11 月 15 日

第 8 章

饮水思源

AOM 战略部门创始人威廉·古斯

编者按 威廉·古斯 [William (Bill) D. Guth] 是一位卓有成就的管理学者，2017 年荣获国际管理学会（AOM）终身成就奖。在 2017 年 8 月的庆祝聚会上，陈明哲受邀致辞，分享了古斯教授的学术人生对自己的启迪和影响。本章由该致辞整理而成。

如果你和我一样，是从 20 世纪 80 年代成长起来的年轻管理学者，比尔（相熟的人对威廉·古斯教授的称呼）一定也是一座指引你的灯塔。当时，比尔已经是商业学术界的一位杰出人物。1973 年《企业政策：文本与案例》（*Business Policy: Text and Cases*）出版，比尔与合著者埃德蒙·莱尔内（Edmund Learned）、罗兰·克里斯汀生（Roland Christensen）和肯尼斯·安德鲁斯（Kenneth Andrews）正式为"战略管理"领域奠定了基础（他们四人也很快就被合称为 LCAG⊖）。

很大程度上，比尔奠定了国际管理学会的商业政策和战略部门（Business Policy and Strategy Division）的基石。1973 年，他在芝加哥召集了一些志同道合的学者，成立了一个小组，可以说是这个部门的前身。2008 年唐·汉布里克和我一起访问了比尔，请他谈谈"战略管理"这个学术领域是

⊖ LCAG 为四个学者姓氏首字母的组合。

如何崛起的。比尔说，当时他看到了"用基础学科和知识衡量时，商业政策和功能性学科之间的差距越来越大"。

此外，他也听到了另外一个声音："企业政策具有宗教的所有特点，有很多信念，但没有经验性知识。"于是，商业政策和规划部门应运而生。虽然44年之后名称稍有变化，但目前商业政策和战略部门共有5057名成员，仅次于组织行为部门。

要深入了解比尔的成就，可能要花上一整夜。有太多例子可以说明比尔是如何影响我们的领域，以及在整个社会所激起的波浪和回响。在此我想简单讲几件事。

当我1989年在哥伦比亚大学任职时，比尔已经去了纽约大学史登商学院，我没有机会与他共事并得到他的直接教导。不过，当我1991年参加AOM的新进教授研讨会（Academy's new-faculty consortium）时，我曾有幸获得他的指导。我记得比尔是该活动的两位教师领导人之一。在我刚起步的职业生涯中，比尔引导我树立一种观念：以研究为基础，同等重视教学和实务。

当我在哥伦比亚大学任教时，比尔留下来的学术财富深深扎根于商学院中。我通过哥伦比亚大学几个"老前辈"，特别是凯西·哈里根和唐·汉布里克认识到，作为一名实证论者，除非有数据和证据，否则我不能确凿地坚持自己的观点。在哥伦比亚大学，"LCAG在管理学中增加了战略"，凯西告诉我，"比尔·古斯把它列为核心课程"。曾作为课程负责人的我也可以证明这一点！这种"战略的导入"改变了游戏规则。

"凭借比尔的领导才能，"凯西说，"核心战略课程从财务和金融学中获得了大量分析技术，而且由于企业必须满足外部支持者（例如利益相关者）的需求，因此案例背后的证据非常重要。比尔给哥伦比亚大学达顿商学院带来了严谨的知识，受人尊敬的管理学和领导力教授约翰·惠特尼非常钦佩他。约翰认为，分析的严谨是比尔的重大贡献。"我们许多人都记得，已故的约翰·惠特尼教授是商业实践和教学界的传奇人物，他在哥伦比亚大学的课程在注册开始后的五分钟内就已经额满！所以这个赞誉并非轻易得来。

比尔对战略管理的教学理念体现了其本质。管理既不是硬性的科学，也不是软性的科学，而是同时两者兼顾，需要决策者们努力把无限的事实考虑进去，其中包含了战略，但也需要会计、财务及其他工具。总之，比尔一直对商业科学中的人的因素感兴趣。

最重要的是，这座严谨地联通各科知识的桥梁吸引了我关注比尔和他的工作。有时候在企业管理中的每一个决策或努力看似自相矛盾，就如同人生一般，而我一生的工作就是致力于整合各种差异。我的 2013 年学会主席演讲和最近关于文化双融的工作皆遵循这个思路。

比尔职业生涯的范围既深入又广泛。正如唐·汉布里克所说："在他的职业生涯中，比尔一直活跃在高管教育和咨询领域，这是几代学者遵循的榜样。"

最后，国际管理学会今年○的主题是"桥接"（At the Interface），其关键词可定义为"系统、概念或人类之间的共同边界或相互联系"。比尔·古斯体现了"桥接"的概念。我们常说"站在巨人的肩膀上"，感谢那些有恩于我们的人，感谢他们在我们的生活中鼓舞我们，成为我们生命中坚实的基础。谢谢您，比尔，您的智慧、知识严谨性和仁慈，为我们的职业和生活做出了毕生贡献，使我们得以站在您这位巨人的肩膀上看得更远、更清楚。

○ 指 2017 年。

第 9 章

多面传奇

课后撕掉备课笔记的约翰·惠特尼

陈明哲 口述

谢 岚 采访 / 整理

> **"为权力而追求权力终将丢掉权力。"（陈明哲）**

陈明哲初入哥伦比亚大学时，约翰·惠特尼已是校园里的"传奇教授"。"他开的课是企业的 Turn Around，就是当企业陷入困境时如何突围、转型，如何转危为安，在台湾地区叫'元宝翻身'。"陈明哲说，"惠特尼教授的课程注册信息一出来，几分钟之内就会被抢注光了。用现在的网络语言来说，就是'秒杀'。"

惠特尼教授身上，有种"美国传统"：不畏困境的劲头和逮住机会出击的机敏。"他做过五家公司，都做得很好。然后他卖掉了公司，去哈佛当教授。"陈明哲说。

约翰·惠特尼在哈佛待了七年，教授创意营销，就是怎么把商品更多、更快地卖出去，赚取利润。到 1970 年，他已经当上了哈佛商学院的副院长。就在这时候，他"跳"走了，一头"跳"进了一个"大坑"：重回商业世界，出任首席运营官（COO），着手重整帕斯马克（Pathmark）。帕斯马克是美国著名的连锁超市，当时陷入了前所未有的危机。它曾是华尔街的宠儿，股价最高时每股 24 美元，但当时已经跌到每股不到 3 美元的价格。超市和百货部门都赔钱，债台高筑，而主要竞争对手又打起了价格战，迫使它们跟进。

上任不久，约翰·惠特尼就在一团乱麻中捕捉到一个机会：此前公司已经构思了一项革命性的方案：24 小时营业。但公司的创始人很担心，副总裁也反对。不过惠特尼看准了这个时机，极力坚持。心情恶劣的副总裁决定出国三个月，眼不见为净，"我受不了了，你们将会毁了公司！"但结果证明，惠特尼的直觉是对的：24 小时营业的新方案一推出就造成了轰动效应。实施一年后，帕斯马克的营业收入增加了 1.7 亿美元。

随后，约翰·惠特尼继续执行自己的战略：每隔三四个月就推出一项新活动，让整个组织随时处于高速运转的状态。约翰·惠特尼进入帕斯马克半年之后，公司就扭亏为盈，业绩增加，员工士气大振。更重要的是，消费者满意度大幅提高。接下来的两年里，形势依旧向好。

约翰·惠特尼以为自己肯定会升任首席执行官，毕竟对公司的重整功不可没。"事实上，我不但愚蠢，而且盲目。"到了第四年，惠特尼才意识到自己走入了死胡同：虽然没有被炒鱿鱼，但各方面压力不断，最后他主动提交了辞呈。"当时我是如此天真，一心想在帕斯马克创造奇迹，却没有考虑同事的立场——空降而来的人总是会被看成侵入有机组织的异物。"

帕斯马克的际遇并没有改变约翰·惠特尼的个性，他依然热爱挑战，去"扭转"陷入困境的公司。后来，他还曾担任 JW 天然气和石油公司等多家公司的领导者。惠特尼卓越的能力还引起了福特总统和卡特总统的注意，延请他就劳工问题及海军系统方面出谋划策。

20 世纪 80 年代中期，约翰·惠特尼除了继续在商业世界历练，再度回到了学术界，到哥伦比亚大学任教。1987 年，他的第一本书《掌控：转型和陷入困境的公司管理指南》（*Taking Charge: A Management Guide*

to Turnarounds and Troubled Companies）出版，被誉为企业脱困的
"圣经"。

除了这个课题，约翰·惠特尼还在哥伦比亚大学开了一门非常独特的课
程：莎士比亚和领导者。

"几乎没有一个主题是莎士比亚不曾探索过的，善与恶、爱与恨、正义
与宽恕、骄傲与谦虚、罪恶与纯真、战争与和平。"约翰·惠特尼写道，"然
而在许多主题当中，有一个是他百写不厌的：领导者。莎士比亚对领导这个
问题的探索远比他生前或死后的人都深入。"

约翰·惠特尼是在读大学时"认识"莎士比亚的，从那以后，他的背包
里就经常放着一本莎翁的剧本。和蒂娜·帕克（Tina Packer）——莎士比亚
剧团（Shakespeare & Company）的创办人和首席执行官——相识后，这两个
深受莎士比亚戏剧启迪的人，就在哥伦比亚大学合作开课。

"生意停滞，一蹶不振，如何提升士气？最近获得升迁，但同事却不服
从你的领导？你在职场上击败的对手可能会有什么反应？你刚刚走马上任，
如何面对满怀敌意的员工？为什么你会迟迟无法（或不能）做出决定，采取
行动？如何结盟壮大声势？如何奖赏忠贞、惩罚异己？如何推翻在上位者？
伟大的计划又如何功败垂成？这些都是必经的权力之路。"惠特尼深信，这
些每个领导者日日遭遇的问题，都可以在《亨利四世》《麦克白》《李尔
王》《哈姆雷特》这些莎士比亚创造的戏剧中得到领悟。"如果你想要了解权
力——如何得到权力、掌握权力，得到权力后怎么做，权力是如何失去的，
那么莎士比亚将是教导你这一切的最佳人选。"

"惠特尼教授准备一节课（1.5 小时）要花 18 个小时。但他每次上完课
之后都把备课笔记全部撕掉，明年再来一次。"陈明哲说，"他不是我'直接'
的老师，但他对于教学的执着，对学生的尽心，对课程的敬业，都深深地影
响了我。"

约翰·惠特尼传略

约翰·惠特尼于 1928 年 3 月 30 日出生于俄克拉何马州，热爱商业世界的挑战，是多家公司的创办人和领导者，也是哈佛大学、哥伦比亚大学等学府的知名教授和行政管理者，2013 年 12 月 9 日去世。

第 10 章

以文会友

群友的回馈与共勉[⊖]

有教无类：全球化和数字化时代的新思考

施黑妮（上海纽约大学管理实践教授）

常闻陈明哲教授谈及毓老师，于是对这位末代皇族教育大家的风范非常好奇。今天有幸仔细拜读《有教无类：恩师爱新觉罗·毓鋆教育理念的承传行践》，爱新觉罗·毓鋆先生的睿智和勤勉跃然纸上、栩栩如生，我深深感受到了明哲教授对师尊的虔诚和敬爱。在更广泛层面上，明哲教授把华夏文明教学理念和育人智慧传承诠释得生动清晰，并且升华到了一个更高的境界。

想必每位感恩之人都能列举出自己人生道路上的良师益友。明哲教授此文既令我倍加思念我相距甚远且久未聚首的恩师们，也使我反思自己的处世和工作。自从数年前我从联合国机构辞去一个相对舒适的专业岗位回归高

⊖ 此句原文是"曾子曰：君子以文会友，以友辅仁"（《论语·颜渊》）。在我发起的企业学生社群与学者社群中，大家相互之间除了是同学、同事之外，更是互相学习的朋友。在我的企（创）业家学生社群中，大家彼此都是以"学友"相称，本部分的内容大多由学友提供，其中既有评论我的著作的哲思妙语、"触景生情"的直抒胸臆，也有现身说法的他山之石。这些内容，在某种程度上，也是另一种形式的"读书报告""课后心得"与反思分享。对于众多学友来说，参与社群的最终目的是"共学适道"（"子曰：可与共学，不可与适道"——《论语·子罕》）。

等教育领域至今，常有人好奇地问我：为什么自愿放弃了一个世界顶级行政机构的"金饭碗"，甘愿将自己几乎所有的精力和时间都奉献给学生？其实长期以来，我一直相信教育事业具有崇高的精神力量，正是这种无形的力量像磁石一般吸引着我，呼唤着我。那些散布在世界四大洲、曾经影响我人生轨迹的师尊们都是一如既往、全心全意、专注认真地扶植我、陪伴我，所以我只是希望继承这个跨越时空、文化、语言差异的教育传统，像一位奔跑的火炬手那样，把这个传统传承下去。今日研读明哲教授的文章，感悟特别深刻：虽然我们的成长道路和生活环境不尽相同，然而在当下的教学育人、效法承传理念方面，"明哲"方法和心法与我的居然有许多融通之处！

言传身教不仅是教育者应具备的素养，也是各行业卓越领导者的重要品质之一。但是在高度全球化和数字化的今天，丰富而多元的知识和伪知识、资讯和假资讯充斥世界。时代格局已经给我们提出了新的挑战：知识的传授不再是单纯的面对面传授、讲解、分析，而是可能经常需要通过日新月异的科技工具和渠道去完成。办公和学习的场所和地理位置已失去了昔日的重要性，学习者的来源或背景也变得多姿多彩。事实证明，千禧一代（Generation Z）的认知过程和学习理念与他们的前辈们有着明显差异。多样、生动的"知识场景"正在越来越深刻地改变着传统课堂里的"谆谆教诲"。世界正处于一个特殊的飞跃变革的历史时代，在这样的环境中，爱新觉罗·毓鋆先生的"有教无类"理念和实践更显现出空前的应时性和能量，值得教育者以及社会各行业的领导者深思：该如何守身如玉，而且守"脑"如玉，保持清醒的分析能力和理智的判断。如明哲教授所言："惟精惟一，找到自己真正的价值。"这样才能更好地培养新生代的责任感和批判性思维。

师者，所以传道授业解惑也

于铁英（美国波士顿学院卡罗尔管理学院教授）

认识陈老师已经 18 年了。作为"有教无类"理念忠实的践行者，陈老师不仅领我走进了动态竞争的研究之门，也是我为人处世的导师。与陈老师相识是在 2000 年多伦多的全美管理年会上。看到这位常常在文献中"见到"的学者微笑着走向自己，我紧张得连话都说不出来了。陈老师和蔼地询问了我的研究方向后，温和地对我说："你如果今后在学术上有什么问题，可以随时联系我。"当时的我只是一个一年级的博士生，从来没想过自己的生活会和这样一位学术泰斗有什么交集。但很快，我原来的指导老师去了欧洲，新的指导老师阿尔伯特·坎内尔（Albert Cannell）给陈老师写了一封信，询问他是否愿意成为我的校外指导老师。阿尔伯特的邮件发出后，不到两小时就收到了陈老师肯定的答复。但是我和阿尔伯特当时都不知道陈老师的一位至亲刚被确诊为急性白血病，整个家庭正处在一个异常艰难的时刻，而我只是一个有过一面之缘的中国学生。

更令我难忘的是，当我博士四年级准备毕业在美国寻找教职的时候，美国次贷危机带来的经济寒冬使许多学校都冻结了新教师的招收指标。在万般焦虑之中，我拨通了陈老师的电话，询问陈老师为我撰写推荐信的情况。电话那头的陈老师还是一如既往的温和。他让我不要着急，说推荐信很快就写完了。不仅如此，陈老师还认真地跟我分享了他当年博士毕业时寻求教职的经历。他说，不要觉得所有人都在考查你，你应该把每一次面试都当作一次和未来同事交流的机会。听着陈老师的谆谆教诲，我慢慢重拾了自信，在通话即将结束的时候，我随口问了一句："陈老师，您这么晚还在办公室吗？"陈老师说："我正在陪家人在医院化疗，在化疗室门外给你写推荐信。"

师者，不是通过高谈阔论或者鸿篇巨制传道授业解惑，而是通过自己的一言一行，在学生的一生中烙下难以磨灭的印记。

我很幸运能得到陈老师的指点，终生受用不尽。

旁听得正道，无意解真经

问永刚（中广宽频网络有限公司，董事长兼总经理）

相见不恨晚，我与陈老师的缘分源于一次偶然的旁听。

我一位中学同学的企业做得不小。那年，他在清华大学经济管理学院上 EMBA，同时也在清华大学五道口金融学院上学。有一天我们见面，听他偶然说起刚听完清华大学经济管理学院的一门课，是陈明哲教授讲授的动态竞争课程，讲得非常精彩！陈老师接着又要在五道口开讲，他还要再听一遍。

我很惊讶，他那么忙，怎么能一下子挤出八天时间去上同一门课呢？我好奇地问他："我能去旁听吗？"

他说："可以。"

于是就有了我第一次旁听陈老师课程的珍贵经历。

不曾想，我在五道口只旁听了半天，就被我同学的班主任撵了出来。我的同学觉得很没面子，我倒是很坦然。因为在我旁听的经历中，这种事情早就见怪不怪了。

又过了一个学期，陈老师又到清华大学经济管理学院开课，他听说了我在五道口学院旁听的事，便特意邀请我去听他的课。那一年，我已从清华大学经济管理学院毕业两三年了，没想到，陈老师对我这个旁听生特别关切。再次旁听陈老师的课，确实仰取俯拾、稛载而归。

我常常感叹，一次偶然的乘兴旁听让我与陈老师结缘，与陈老师相识之于我犹如"鱼乘于水，鸟乘于风，草木乘于时"，可谓旁听得正道，无意解真经。

后来，陈老师当时的助教清华大学的邵红老师邀请我一起策划"精一学堂"。

之后，在深圳的"精一学堂"上，陈老师点评我在课堂上的互动很精彩，整个人的精神已进入了一种"自在"的状态。

后来，陈老师还专门从美国打电话过来，耐心指点我，一打就是一两个小时。

再后来，陈老师指定我在上海的"精一学堂"做一次专题演讲。没想到那次演讲竟然很成功，演讲结束后，陈老师又特意从美国打电话给我，希望我将上海演讲的稿件整理成一篇论文。但因我个人原因，至今都未完成老师布置的作业。之后见到陈老师，陈老师自责地说："当时应该逼逼你，把那篇论文写出来。"我说："我是随性讲的，讲完了，我自己就全忘了；再说，我自己感觉还远远没学通。"记得陈老师仍鼓励我："你已经不错了，一定要把自己的体悟记下来，论文是给懂行的人看的。"

这么多年，陈老师教育我的、陪伴我的、影响我的，对我究竟意味着什么？

"师者，所以传道授业解惑也。"

唐代韩愈所说的老师，是指真正的老师。

能传道，是因为他已明白真道，否则怎么能做到授业？又如何解开学生的疑惑呢？

明哲老师为我打开了一扇中国文化的大门，明哲老师把我带进这扇门后，我才真正领悟到中国文化的博大精深、历久弥新。拜读明哲老师的老师——爱新觉罗·毓鋆的口述书，我常常情不自禁地泪流满面。沿着这条路走下去，这些年，我循序渐进研习了毓老师、熊十力、马一浮、王船山、王阳明、朱熹、"二程"、孟子、曾子、颜回、孔子、舜、尧、伏羲的思想，真正的中国文化壮丽长卷在我面前徐徐展开。

明哲老师为我找到了一把学习的钥匙——反求诸己。向内修行，日渐光明。秉承修、齐、治、平的儒家思想，沿着止、定、静、安、虑、得的路径，慎独慎行，知行合一。不断治学修身，忧虑不见了，烦恼也少了，脚下也渐有实地。

"万物并育而不相害，道并行而不相悖。"明哲老师的文化双融理论，至深、至细、至微，使我深刻体会到该如何"知古"、该如何中西双融、又该如何学术与实务双融。双融就是用中，潜力无穷，具有很强的普适性，能将任何事情做到尽善尽美。

明哲老师是真师，给我传道、给我授业，也陪我走过了不惑之年。我们"心心相印"后，剩下的只有"经世致用"了！明哲老师虽然远在大洋彼岸，但我却时时感觉老师就在身边。

有教无类，把世界变得更小

徐梅华（纳微科技副董事长）

看了明哲老师的《有教无类：恩师爱新觉罗·毓鋆教育理念的承传行践》后，我受到的触动很大。明哲老师从圣人孔子和他的恩师爱新觉罗·毓鋆那里传承了"有教无类""因材施教"的教育理念，并且把"明己与觉人，有教无类，把世界变得更小"，作为他自己一生努力的目标，我被深深地触动和感动了！

"有教无类"的意义非常深刻，影响非常深远，正如孔子所说的"人无生而贵者""人人皆可为尧舜"，因此应该"人人平等"。在这种教育理念下，不知有多少生命受到激励而奋发，并绽放出生命的精彩。

明哲老师在教学中，传承了"有教无类""人人皆可为尧舜"的教育理念，课堂上从不以一般意义上的"老师"的身份来教学，而是扮演一个"伴读"者的角色，这一点我们每一位上过他课程的人都能深切地感受到。他的心里是真的将"有教无类，把世界变得更小"作为他追求的教学境界，他相信每一名学生都是可造之才，因此对每名学生都用心深细，始终如一，帮助每名学生了解自己的所长、所短，由此来激发每名学生的特质与潜能，也深深地触动了每名学生的心灵。

当今的现实世界中，人与人之间被无形地分成了不同的"类"，如对方的职业、企业规模、个人背景、资历、能力等的"类"，无形中分隔了这个社会。因此我们每个人都有义务从明哲老师那里接过这一棒，以"有教无类""人人皆可为尧舜"的智慧和胸怀，心怀仁爱之心，对所有的人一视同仁，去掉分别心。在企业管理中，平等地对待每一位员工，帮助每位员工了解自己的特质与才能，发挥他们最大的潜能。只有这样才能把这个被分隔的社会连接起来，拉近心与心之间的距离，才能"把世界变得更小"。让我们共同努力吧！

善歌者使人继其声，善教者使人继其志

吕世浩（北京大学考古学及博物馆学博士，台湾大学历史学博士）

咏梧桐诗——纪念恩师毓鋆先生

孤高岸立卓不群，

欲招凤凰发清吟。

曾经雷击胜焦尾，

好做雅琴传古音。

在中国历史上，每到文化发展的关键时期，必会出现为往圣继绝学的大哲，如东周之孔圣、隋朝之王通、北宋之胡瑗，有教无类，让中华文明得以绵延不绝。恩师爱新觉罗·毓鋆自六岁开始读经，历经家国巨变，46岁起教书育人，至106岁仙逝。在国史上，能如恩师一般终生坚持，读书一百年、教书一甲子者，实是绝无仅有，可谓不愧圣贤。

明哲先生是恩师早年的得意弟子，我在恩师晚年有幸拜入门下，常亲闻恩师对明哲先生的赞扬，对其可谓仰慕已久。恩师仙逝之后，有幸得识明哲先生，屡受亲炙并惠赐大作。拜读之后，受益良多。恩师在世时常以"不做梧桐树，哪得凤凰来"为志，明哲先生将当年所学发扬为"文化双融""动态竞争"等卓越管理学理论，可谓不愧恩师。

拜读《有教无类：恩师爱新觉罗·毓鋆教育理念的承传行践》一文，每每如同回到当年课堂，再闻恩师之谆谆教诲。而明哲先生对恩师"有教无类"精神体念之深，更是令同为弟子的我备受感动。《礼记·学记》云："善歌者使人继其声，善教者使人继其志"，如同明哲先生在文章最后所说，文化思想必须一棒接一棒承传下去。恩师与明哲先生，以其学其行展现了卓越典范，门人后辈岂敢懈怠？但愿更多同道彼此勉励，使我中华文明繁荣昌盛，生生不息！

人生三原色：感恩、责任、勤勉

刘兴华（中证金融研究院，首席经济学家）

　　孔子是中国历史上第一位民办学校校长。在他杏坛设教之前，教育机构只有官学，学生全是贵族子弟，教育的目的是维护封建贵族的世袭权力。孔子创办平民教育，收徒讲学，并不是为了赚钱，也不是为了扬名，更不是为了做官，而是为了匡救当时礼崩乐坏的社会，是为了道济天下。这在当时本身就是惊世骇俗之举。"万物相育而不相害，道并行而不相悖"，正是在这样的理念下，孔子坚持"有教无类"。孔子主张构建的是一个"天地位焉"、万物生生不息的社会。如果孔子对学生有贫富、贵贱、老少、聪愚的分别心，那就与自己主张的仁人之心背道而驰。正是对待学生有教无类，启迪学生自强不息、厚德载物，孔子及其弟子们的思想行为才犹如木铎金声，穿越两千多年历史风云，成为中华民族的精神标杆和智慧源泉。

　　由于种种历史原因，毓老师生前并不为更多的人所知。但是他就像历史上的许多士人一样，即使箪食瓢饮、孤灯残烛，也时刻以强烈的责任感主动承传华夏智慧，"虽九死其犹未悔"。在一部部中国史书上，记载着一个个闪光的名字，他们的一生经历过无数次冷暖交替、顺逆转换，但依然孜孜不倦地育人、著述、理政。他们并不是为了追逐物质财富和官职地位，而是为了弘扬士心、激扬士气，捍卫文脉、美利天下。正所谓"文起八代之衰，而道济天下之溺"。正是在这样的理念支配下，他们才能够走出小我、成就大我、实现无我，也才能够透过纷繁复杂的表象，发现事物的本质和规律。正如毓老师在《礼元录》中所言，"人生懂得为什么而活，就有一个境界"。我相信毓老师这句话是发自心底的。因为他还说过，儒家之大愿即"志"，"志"须身体力行。大格局成就大事业，正所谓"天下归仁"。

陈明哲老师在《有教无类：恩师爱新觉罗·毓鋆教育理念的承传践行》中深情而充满理性地描述了毓老师弘道育人的许多往事。从字里行间，我读出三个关键字："感恩、责任、勤勉"。一个人具备感恩之心，才能做到敬天爱人，才能做到尊师乐业。毓老师的学生很多，我相信毓老师对待自己的学生做到了有教无类。但是像陈明哲老师这样始终感念恩师、心志历久弥真的人并不多。正是因为感恩之心才产生强烈的责任感。陈明哲老师在授课中经常启发学生："你的'一'是什么？你找到自己的'一'了吗？"一个人找到了"一"，坚持"一"，才能成就一番真正的事业。儒家文化中，士人的责任就是修身齐家治国平天下。当然，处于不同的时代，具体到每个人，修齐治平的内容和方式虽各有不同，但肯定离不开一以贯之的责任感。具备了感恩之心和强烈的责任感，一个人才能对事业有旺盛的热情，才能时刻保持积极勤勉的精神状态。正如毓老师在《礼元录》中所说："精神一到，何事不成？"在纷繁复杂的尘世中，人们每天要面对许多难题和纠结，甚至在一生中还要经历不少困厄和苦痛，只有保持感恩之心和强烈的责任感，才不会轻言放弃，才不会半途而废，才能勤勉尽职、执经达变，如江河之自适，如山岳之不易。

孔子开了"有教无类"的先河，同时又是注重"因材施教"的典范。无数历史事实表明，不管什么"类"、何种"材"，只要懂得感恩、有责任感、勤勉尽力，就会心生智慧，自己造就自己。毓老师做到了这一点，历史上许多豪杰之士做到了这一点。华夏智慧和中华文化就是在代代承传中绵延至今的。我还认真读过陈明哲老师写的关于他先后在美国马里兰大学、哥伦比亚大学、宾夕法尼亚大学、弗吉尼亚大学读书和任教时的老师和同事的文章，也都能读出感恩、责任、勤勉这三个最重要的元素。其实，上升到"道"的层面，无论是东方还是西方，许多智慧和哲理都是相通的。陈明哲老师对自己的每一位老师都心怀感恩，对自己的每一位学生都真心相待，对自己选择的事业倾注无数热情。在这个浮躁的年代里，陈明哲老师像一股清流，感动和影响着许许多多认识他的人。在这个纷纷扰扰的星球上，如今又面临着新的危机和变革。"待文王而后兴者，凡民也。若夫豪杰之士，虽无文王犹兴。"我相信，华夏智慧会启迪更多的人齐心合力保证历史航船驶向正确方向。

　　我在北京数次听过陈明哲老师的课，也有幸得到陈明哲老师的多次指点，但我还是有些自知的，并不敢妄称自己是陈明哲老师的学生。以上文字有不妥之处，敬请读者、方家教正。

第二篇

教研育人

大学时代，"每周一三五打桥牌，二四六打篮球，周日则找黄牛票看球赛……"，如此跃然的一个人物，你会如何预设他的将来？结果出人意料：在后来的30年里，每周从周一到周日，他通常都是坐下来"造纸"（安迪儿时之语，见他的爸爸终日埋头于学术文章）。动与静，仿佛人类性格天然的两个极端，在陈明哲这里却成了一回事：静，可为学者；动，方可为学术创业者。他用时空之"静"去演绎思想之"动"，动态竞争理论的滥觞之地，也许正是当年的篮球场与桥牌桌。

"矛盾"贯穿他的人生：天德黉舍走出的大儒弟子，却在新大陆开辟了现代管理学的疆域；生于偏远地区的"边缘人"，却当选了全球最具影响力的管理学术组织的主席；深耕竞争的"专家"，行事却喜欢避让；理论极具原创性，遣词却"谨小慎微"……东与西、古与今、边与主、竞争与避让、保守与创新……凡此种种看似极端对立的矛盾，不过是一体两面——西方学界推崇的创新理论可否循迹于古老的东方智慧，比如动态竞争之于《孙子兵法》、文化双融之于《中庸》？边缘心态是否更为谦和包容？竞争何必对抗？创新何须鲁莽？……其实矛盾的两面性恰是平衡性，矛盾合一是构成更大格局的基本单元，唯其衡而能恒。他既讲精一，也讲双融，他正是在矛盾丛林中开辟了专门化解矛盾的文化双融理论。

西方学术系统犹如一条单行道，陈明哲却走成了立交桥：学术、实践、教学、社群等经典的分隔或对立，在这个系统里相通不悖，蔚然犹如生态系统。绝对数量的顶级期刊论文与奖项、最受学生欢迎的商学院课程、跨国公司的战略咨询与培训、首创性和持续性兼备的全球社群与论坛……很难想象一个人全部实现这些的概率有多高，而陈明哲做到了，这固然离不开其定力与苦功，却更在于深层的逻辑系统，亦即陈明哲所说的心法和方法。本篇便将详述理论与实践、研究与教学的双融与合一，它们并非相斥相抵，反而相辅相成。本篇也可谓明哲系统的一幅全景图，后面各篇的内容则如各局部特写。

最近的几次对话里，陈明哲讲他现在最关心的，是传承。他把教研育人称为一生的志业（而非职业或事业），其中最后的"育人"二字，可能是他倾注情感最多的那部分，除了他的"宝贝学生"，他也特别期待青年华人学者能够在全球管理学术和教育领域做出更多杰出建树。他说，对于中国学者而言，除了学习研究方法或科学哲学，也必须重新拾起人文哲学。

（文：武珩）

第 11 章

理论与实践的"合一"[⊖]

理论与实践的"合一"

英文原文出处　Chen, Ming-Jer, 2018, "Scholarship-Practice 'Oneness' of an Academic Career: The Entrepreneurial Pursuit of an Expansive View of Management Scholarship," *Asia Pacific Journal of Management*, 35（4）: 859-886.

简体版出处　陈明哲；陈天旭译，2018，理论与实践的"合一"：一个全方位管理学者的创业历程，《外国经济与管理》，第 41 卷第 3 期，页 3-24。

11.1　摘要

　　西方管理学者从事的工作通常分为两类：理论工作与实践工作。然而，在中国甚至整个东方，人们普遍认为理论与实践不可分割，历史上也从未有过分别。本文在全球化的背景下探求管理学的意义，以求缩小东西方之间观念的差距，这是了解当今管理学者学术生涯的意义，以及学者如何为管理研究工作及其专业做出贡献的核心问题。笔者从事管理学研究 30 年，开创了动态竞争、文化双融两个独特的研究领域，并为支持研究工作而创办了各种

⊖　谨将此文献给伊恩·麦克米伦（Ian C. MacMillan）博士。他是笔者的导师与合作伙伴，也是令人鼓舞的学术创业典范。承蒙麦克米伦博士的启迪、建议和支持，笔者在沃顿商学院（1997~2001 年）创办了自己的第一个创业项目——全球华人企业发展中心。另外，笔者也要感谢特蕾莎·赵（Theresa Cho）、李丹、约翰·米歇尔（John Michel）、丹尼·米勒（Danny Miller）、蔡文彬在我撰写此篇论文早期所提出的许多宝贵意见；感谢连婉茜、庞大龙在论文准备过程中所给予的大力支持和帮助；感谢查尔斯·塔克（Charles Tucker）为本文编辑所提供的心思缜密的帮助。最后，感谢弗吉尼亚大学达顿基金会的财务支持。

学术、商界社群。这些创业经历都基于具有包容性的"中国式管理理念"。

本文旨在分享笔者在"学术创业"中积累的个人经验和心得。对于寻求理论与实践相互结合及平衡发展职业生涯的学术工作者而言，笔者在整合理论与实践基础上的创业或许能提供借鉴。

关键词：学术生涯；管理学；研究、教学、实践的整合；学术创业；文化双融

11.2　引言

商学院学者的工作涉及的层面很广泛。学者们会在职业生涯的不同阶段从事基础学术研究、应用型研究，或两者兼而有之。他们的工作也包括教授本科生、MBA 学生、EMBA 学生、博士生，以及非学历项目的高管培训。此外，他们还参与很多学校、政府、社区的相关活动（Schuster and Finkelstein, 2006）。像大多数学者一样，管理学者选择从事什么类型的工作取决于个人认知与人生观，而这当中或多或少也隐含或者明确体现其"学术理念"。学者的偏好会随着时机和外部环境的改变而发生变化。如果学术生涯中出现某种职业机遇或是衍生出某些义务、责任，管理学者的选择也会发生相应改变。

工作的多样性使商学院学者面对各种工作需求，既要避免顾此失彼，更要有效分配时间，这也是他们一直面临的挑战（Bansal et al., 2012）。西方主流观点认为理论工作与实践工作彼此独立，它们应当或者说必须分头进行（Chen, 2018）。尽管"参与型学者"的理念——同时强调理论工作和实践工作的重要性并寻求二者的结合（Van de Ven, 2007）——在不断演进，秉持"学术研究与实践工作之间无重叠"的二分法观点在西方商学院仍然占据主导地位。

相比之下，受儒家文化影响的中国（在这里把它作为东方的代表）、韩国、日本、新加坡的学者更多地认为，实践与学术研究和写作密不可分并且共同构成学术活动的核心[⊖]。由于历史、哲学、社会传统等诸多因素的影响，东方学者对学术的看法通常比西方学者更多元、更包容。对于东方学者来讲，学者的内涵是通过教学、研究、各种社会实践，以及服务于各阶层的不同事务来定义的（Chen, 2014, 2018）。然而近来学术界在追求全球化标准（即西方特别是美国标准）的过程中逐渐背离这种历史演进所形成的范式和对学者的期望，而这一背离的影响十分深远。

例如，快速发展的亚洲国家中存在大量的新兴商业市场现象有待主流学者进行探索（Chen, 2018）。本来东方学者在研究这些商业现象方面具有优势，但如今他们却面临困境，不知道是应该继续坚持其东方传统还是反其道而行之。由于在西方学术期刊上发表论文成为一种必然的态势，中国学者也因此面临在自身文化、本国体制内运用西方同行的方法和理论来考察本土特有研究问题的压力（Li et al., 2012）。除了研究和出版，他们还要同时参与本土实践，且这方面的工作需求远远超过他们的西方同行。这种有别于甚至与西方相反的学术传统，常常使东方学者在陌生的文化环境中被误解甚至遭到排挤，即便是在他们非常熟悉的学术领域也不例外（Leung, 2012）。

虽然上述问题很重要，但是关于管理学者、管理学术以及全球背景下商学院学者职业生涯的相关文献还很少见。探索这些课题很有必要，因为它们关注一个根本问题，即当今管理学者应该成为什么样的学者？从战略和实践的观点来看，他们到底应该怎样开展学术活动？

在本文中，笔者试图用自己的经验对这些问题进行初步解读。笔者以自己在理论与实践工作方面付出的努力为基础，将动态竞争（Chen and Miller, 2012）和文化双融（Chen, 2014）发展成为独立的战略管理研究领域。笔者

⊖ 这里的实践包括在商界及公共领域的教学、服务和事务性工作。

的各种教学及实践创业，包括开发新课程、撰写教学材料、创办教育项目等，都运用并发展了动态竞争的核心理念，且与学术工作互补。理论工作与实践工作的结合也可以从教学实践领域开始，再拓展到学术领域，这一点从笔者创建文化双融理论的经历可见一斑。

本文的核心前提是，学术机构是学者进行学术和实践创业的沃土。学术创业的最高形式是创立新的研究领域，实践创业包括各种教学工作、专业服务、行政职责及咨询业务等。这两方面的工作不但互补而且相辅相成（De Silva, 2015），有着很强的协同作用。理论工作与实践工作及其各种组合反映了学者学术生涯的不同方面，故而同时考虑了学术创业和实践创业这两种创业模式。

本文有助于了解全球化背景下的管理学术及商学院职业生涯，并提供了一种更为包容的观点来看待商学院学者如何服务于不同利益相关者以及满足他们常常相互矛盾的需求。本文希望通过包容的"中国式"理念审视管理学者及其学术工作。笔者十分强调这种理念的优越性，并运用此理念阐述了一名学者如何发展一个以研究为中心、各方面平衡发展的职业生涯。相关文献已经讨论过学术领域兴起的过程（Hambrick and Chen, 2008），本文在此理论框架的基础上结合学术创业过程中的环境和个人因素提出一个综合模型，阐述学术领域是如何通过证明有益于相关的创新实践研究而最终被确立的。最后，本文提出理论与实践的协同作用，并探讨二者结合的可能，为研究微观个人层面的学术创业提供了见解。

值得注意的是，笔者的学术生涯可能是非典型的，不应视为学术与实践平衡发展的一般模式。尽管如此，若有学者与笔者一样愿意更包容地看待管理学者及其学术工作，追求平衡发展的职业生涯并更有效地开展学术实践方面的创业活动，本文就对其具有指导意义。⊖

⊖ 本文将使用第一人称叙事格式。

11.3　思想背景

笔者首先从有别于西方且更包容的中国管理学观点来讨论全球范围内的管理学及商学院职业生涯。这种观点基于东方学者古往今来的入世观，并努力将理论工作与实践工作合为一体。然后，笔者以商学院学术生涯为背景阐述学术创业。最后，笔者讨论了自己的两个核心学术研究领域，即动态竞争和文化双融。

11.3.1　管理学的"中国观"：学术研究和实践创业的融合

若要了解学者创业，那么我们通常可以看看这位学者与学界其他人的学术交流及学术成果，比如发表的文章、专著等（Schuster and Finkelstein, 2006），但这并不全面。首先，大多数学者都受聘于高校且有责任服务于这些机构的目标、使命并遵守相关的行为规范，其自主权有限（Smith et al., 2011）。这方面的局限也许还会随着问责制的实行、审计监督的健全、工作指标的量化、排名的需要以及学术工作的商业化管理而日趋普遍（Economist, 2018）。就本文而言尤为重要的是，每个教育机构所在的国家都拥有独特的历史、文化、传统，这些制度和文化方面的传统决定了人们关于最适当、最有意义、最有价值的学术活动及行为规范的认知。尽管存在这些局限，不同制度、不同文化环境下学者的专业取向与学术活动之间在范式、哲学层面的差异却很少引起研究人员的兴趣。

全球化背景下的管理学。在美国和西欧，学术工作者的职责是创造知识，即要在理论或实证方面创新并以此做出某方面的学术文献（Lee, 2009）。学术著作的读者数量众多，但主要读者是学者，更准确地说，主要是志同道合的研究学者。西方尤其是北美学界有一句著名的谚语："不发表，就

毁掉。"⊖

而在东方国家，尤其像中国这样有着深厚儒学底蕴的国家⊜，创造理论和实践知识仅是学者的部分职责。从历史上看，东方学者的首要职责是树立道德、伦理规范，"传承"祖制及先贤智慧，传播知识，弘扬文化（Chen，2018）。要履行这些责任，学者不会将自己关在象牙塔里，而是会走向社会，一方面教书育人，另一方面身体力行。他们不仅是学术机构的组织者，还参与诸如企业拓展、社会参与、政策咨询等活动，甚至担任政府职位。

东方学者拥有的这种千百年来根深蒂固的、理论与实践相结合的入世心态，对当代西方学者来说，在很大程度上是陌生的。然而，在过去的三四十年里这种理论与实践的融合已经变得不那么普遍了。在包括中国在内的东方社会，学者们越来越遵循西方学界的游戏规则并以此作为"全球化"的动力（Chen，2018）。在这种情况下，我们应该问一个关键问题：在以西方为中心的学术体系内，在诸如管理这样的学科中，学术对中国及印度等新兴经济体来讲到底意味着什么？

东方学者认为理论与实践相互融合、密不可分（Chen，2018），这种观点在儒学经典《论语》里已有表述。这种包容的学术理念从以下例子可见一斑。孔子被问及门徒中谁最成功时答道："有颜回者好学，不迁怒，不贰过。"（《论

⊖ 值得注意的是，"不发表，就毁掉"相对来说是近年来才出现的问题，据说是由经济学家罗伯特·戈登（Robert Aaron Gordon）和詹姆斯·埃德温·豪厄尔（James Edwin Howell）在 1959 年福特基金会题为"商业高等教育"的报告中提出的。当时美国的商学院经常被认为是"贸易学校"，学生可以在那里获得像记账这样的技能。正如戈登和豪厄尔所写的那样，"过去被认为典型的商学院职业培训现在看来是不充分的"。报告称，转变研究方向对于商学院来说是必要的，以满足"提升知识"而不是"传播现有知识"的要求。回顾过去的半个世纪，管理研究可以追溯到弗雷德里克·泰勒对劳动生产率和经济效率的研究，这表现出美国当时学术和实践的结合程度比现今还要高。

⊜ 根据笔者统计（Chen，2016），约有 46% 的全球外汇储备由太平洋地区和东南亚有儒家传统的国家所控制（Wiarda，2013）。

语·雍也》）这种思维方式不以知识程度高低来定义学识，而是看一个人在日常生活中如何身体力行地运用学识。中国历史上一直传承着这种 "知行合一" 的价值观。著名哲学家韩愈（768—824）指出教育的核心不仅仅是授业和解惑，还包括传道；陆九渊（1139—1193）明确表示学者最重要的事情是学会待人接物；而王阳明（1472—1529）则提倡 "知行合一"。中国古代学者并不是没有现代学者的时间限制、资源分配等挑战，但 "知行合一" 的理念能让他们在各种相互冲突的需求中找到平衡点。

同样重要的是，古代东方哲学中的 "中国" 一词代表的是一种思维方式而不是一个种族观念，它是一种普世的世界观。从这个意义上说，"中国" 表达的是哲学层面的平衡点（Chen, 2001）。以这种观念看待管理学，则意味着以研究为主导、平衡发展的学术生涯，以实现理论与实践的无缝结合。

11.3.2　商学院职业生涯

我们首先问一些关于管理学者职业生涯的基本问题。例如，谁是管理学者的主要利益相关者？管理学者的工作重心有哪些？在职业生涯的不同阶段，不同利益相关者和不同工作重心的相对重要性如何变化？管理学者的工作在不同文化中有何不同？在什么条件下理论工作与实践工作能够实现 "文化双融"（Chen, 2014, 2018），并相互强化、相辅相成？这些问题都很重要。本文尤其关注最后一个问题。西方学术界理论与实践的脱节为教育工作者及整个管理行业带来了挑战（Bansal et al., 2012）。这里仅仅提供两个例证——众所周知，学术严谨性与实践相关性之间一直在 "拉锯"（Bartunek and Rynes, 2014; Vermeulen, 2005），而商业研究和商学院教育则更滞后于商业实践（Pfeffer and Fong, 2002）。事实上，管理学研究因其缺乏对商业教育（Mintzberg, 2004）和商业实践的影响力而经常受到批评（Pfeffer and Fong, 2002），而学者为了争取在顶级期刊上发表文章所使用的花招更是常常为人诟病（De Silva, 2015）。

学者创业。严格来讲，所有学者都在职业生涯中以某种形式在学术界创业。最起码他们可以采取思想创新的形式，例如在已有文献的基础上发展理论或研究方法然后发表新的文章。在更广的范围内，他们也可以开设新课程或帮学校建立新的机构。创业研究中，"机会"是关注的焦点，尤其是如何发现、评估并运用机会（Shane and Venkataraman, 2000）。学者职业生涯中充满机会，包括未回答的研究问题、文献中的空白、课程设计中的学生需求，以及能解决实际商业问题的创新知识或工具。事实上大多数管理学者都生产"学术产品"并以此进入实践领域，比如撰写教学案例、商业出版物等。这些"学术产品"中，一部分有直接的商业效用[⊖]，而另一部分则主要关注知识的应用和传播（Siegel and Wright, 2015）。

商学院的学术创业还包括其他诸多方式。就笔者的经验而言，学术创业者既是专家也是杂家，这种合二为一的特性使之不但具备商业创业者的素质（Shane and Venkataraman, 2000），还具备强调社会使命的社会创业者（Dees, 2001）、利用并整合本土文化资源的文化创业者（Toole and Czarnitzki, 2009），以及专注于制度创新的制度创业者（DiMaggio, 1988）的素质。

本文认为学术创业在很大程度上是一种知识创造，通常以学术文章的形式出现在同行评议的期刊上。学术创业从探索新研究课题开始，其目标是在同行评议的学术期刊上发表有说服力的理论或提供令人信服的实证结果，并力图开辟新的研究领域。一般来说，学术创业的最高形式是在学界开创独特的研究领域，例如笔者开创的动态竞争学说和文化双融管理理论。学者以这种方式进行学术创业，在拓展现有研究领域的同时必须充当其创新思想的产品经理，并把他们的想法"推销"到市场，即相关学界。

⊖ 例如一位备受尊敬的商学院教师所写的案例研究已经售出了100多万份，同样，教科书的写作和出版也能带来经济上的回报。

实践创业则是另一种学术创业，指在学界及业界运用专业知识服务于业界。实践创业是对学术研究成果进行扩展并以各种形式传播和应用知识，包括在教学领域创立新课程、创建研究中心为机构服务、在业界为商业客户提供咨询、撰写应用文献等。

11.3.3 笔者的两个主要研究领域：通往理论与实践"合一"的不同路径

本文认为学术创业与实践创业之间存在协同效应，这是笔者通过审视动态竞争和文化双融这两个管理学子领域的产生及发展过程得出的结论。这两个子领域的研究课题截然不同却紧密相连，共同定义了笔者的学术工作并展示出通往理论与实践"合一"的不同路径，这将在笔者接下来的论述中谈到。笔者首先讲述这两个学术领域的思想基础，然后在本文的后半部分阐述理论与实践"合一"的精髓。

1. 动态竞争：从初创到确立

动态竞争的研究始于 20 世纪 80 年代，从最初以现象为出发点、以实践为导向的研究课题（MacMillan et al.，1985），到现在已发展为一个有成熟理论体系、相当活跃的战略管理研究领域（Chen and Miller, 2012）。动态竞争的发展从无到有、从初创到被广泛接受的过程，是学术创业中典型的发展过程。作为动态竞争的早期创立者$^\ominus$，动态竞争的演进过程在某种程度上阐释了笔者毕生致力于理论与实践"合一"的职业生涯。

动态竞争研究的根本问题是：何为竞争？动态竞争学者关注企业间一对一的竞争行动与响应，并深入探讨如何预测竞争响应（Chen, 1988），并定义

$\ominus$ 在笔者的论文发表 30 周年之际，加拿大安大略省皇后大学于 2018 年举行了一场关于动态竞争的特别研讨会。该研讨会是由一群杰出的战略学者组织的，他们认为笔者的这篇论文是动态竞争研究领域的基石。

了察觉、动机、能力这三个竞争行为的驱动要素（Chen, 1996）。长久以来，动态竞争因其差异化的研究领域与研究方向，引起管理学者的兴趣，因而使其在战略管理领域崛起。有两篇论文特别阐述了数十年来动态竞争的发展历程。史密斯（Smith）等人（2001）总结了动态竞争在形成期的整合，笔者和米勒（2012）则围绕一些关键主题，如战略组合（Miller and Chen, 1996）和竞争知觉（Tsai et al., 2011）等，对文献进行梳理并建立了指导未来研究的平台。

2. 文化双融的兴起

笔者基于2013年国际管理学会上的主席演讲撰文阐述文化双融的管理视角（Chen, 2014），为管理人员、企业组织和其他个人提供一种方法，让他们能够在博采众家之长的同时去除个体糟粕，并以此正式奠定这个新兴学术研究领域。文化双融基于两两结合而不是非此即彼的观点，承认对立事物间的相互依存（例如竞争与合作）(Chen, 2008)，以此促进东方与西方社会商业实践的结合、理论与实践的结合，以及任何可能的对立关系之间的结合。笔者在先前研究的基础上提出东西方文化双融的管理方法（Chen and Miller, 2010）以及关系视角的相关概念（Chen and Miller, 2011）。笔者最近对文化双融管理进行了更广泛的检验和应用，比如将文化双融与融合理论并列起来（Arndt and Ashkanasy, 2015），并将艺术和管理进行整合，特别是将小说视为"商业和管理研究的对象"（Michaelson, 2015）。

文化双融管理的核心在于回答这样一个问题："管理人员和企业如何在纷乱却又互联，甚至有些自相矛盾的全球化世界中应对商业的复杂性？"（Chen, 2018）这个重要课题还有待研究，特别是考虑到全球化和数字化给人们生活的方方面面带来了机遇与挑战。目前学术界已取得了一些进展。例如，通过追溯动态竞争的知识根源，笔者将这种典型的西方社会科学理论联结到中国古典哲学，从而开启了两种截然不同思维方式间的对话（Chen,

2016）。这种对话不仅有助于论述东方与西方的异同，还有助于论述诸如哲学与科学、传统与现代这样的二元概念。同样地，笔者在另一篇论文中以文化双融为基础创建的多维理论框架有助于重新思考企业间的竞争态势，并提出 "关系竞争" 概念，从而把动态竞争和文化双融这两个相互联系却并不相同的研究课题合二为一。

11.3.4　理论与实践 "合一" 的实际应用：创业生涯的探索

通往学术与实践创业的道路很多。动态竞争和文化双融在学术界的兴起，以及笔者为支持二者在学术界的发展而创办的各种服务性或专业性社群，可以作为一个案例。动态竞争和文化双融遵循完全不同的发展方向，却很好地实现了理论与实践的结合，并展示出如何通过这种结合达到 "精一" 的轨迹。动态竞争理论的发展所展现的是由学术研究开始转向业界工作的历程，而文化双融管理理论的发展则正好相反，其所展现的是笔者如何从 20 余年的教学、专业服务等出发，最终开创出一个全新的研究领域。我们首先需要考虑一些制度和个人因素，这些因素在动态竞争的崛起中起到了重要作用，并使之成为管理学界一个新的学术领域。笔者特别强调为推进研究工作而创办的创业项目，并在本节结尾处总结了笔者的学术创业成果，包括使文化双融成为一个可操作的研究课题。

图 11-1 展示了学术与实践创业在这两个研究领域里的整合。该图说明不同事务之间能相辅相成，并最终达到学术生涯的 "合一"。实践创业包括教学（例如本科、MBA、EMBA、博士 / DBA、EDP 及撰写教学材料）、服务（例如服务机构、专业服务）、专业实践（例如企业教学、企业咨询、商业出版）。图 11-1 列举了笔者创建的几个实践项目，包括在沃顿商学院创办的全球华人企业发展中心（服务机构）、动态竞争国际论坛（CDIC）、中国管理学者交流营（CMSW）（专业服务）、精一学堂（专业实践）等。

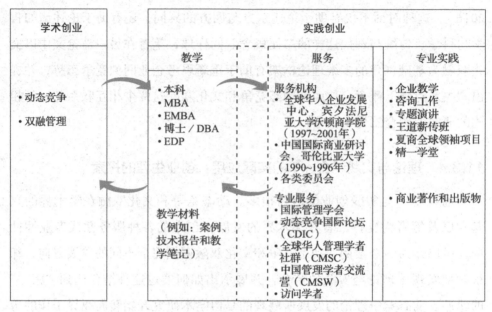

图 11-1　学术研究与教学、服务与专业实践的整合

　　笔者特别强调教学在联结理论与实践方面的关键作用。开设新课程通常有理论与实践双重目的，例如新课程的开设可以将一个独特的知识领域应用于教学，在满足广大学生需求的同时有助于达到 AACSB 认证的标准。近期的一份研究显示教学工作的确具备桥接的功能。Aguinis 等人（2019）的文章中用学生接受的知识而不是用传统的在期刊发表论文的数量来衡量学术影响力。他们的研究结果显示，把学生作为利益相关者能有效缩小理论与实践的差距，并以此为据敦促学者们重新审视他们所创造的知识类型与目的。就商学院学者的职业生涯来看，所开设的课程及撰写的教学材料均可以用于商业目的，因此教学工作能成为联结理论与实践的重要桥梁。

11.3.5　从理论到实践：动态竞争的案例

　　汉布里克和笔者（2008）在论文中把学术社群的兴起作为寻求认可的一

种社会运动（Davis and Thompson, 1994）。新研究课题的产生及其子领域的兴起通常取决于三方面因素：差异化、资源调动和合法性建构。图 11-2 以这些基本要素（及个人因素）为基准，解释了动态竞争如何崛起并最终成为独特的战略研究领域。

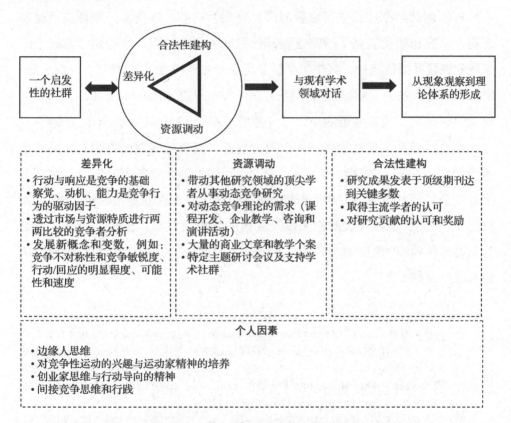

图 11-2　创建动态竞争研究领域的动力

注：图 11-2 修改自 "《学术创业：动态竞争从无到有的历程》（陈明哲），管理学季刊（中文），2016 年，1(3)：1-16" 一文中的图一，该文是根据 "New Academic Fields as Admittance-Seeking Social Movements: The Case of Strategic Management (Donald C. Hambrick and Ming-Jer Chen), *Academy of Management Review*, 2008, 33(1): 32-54" 一文发展而成的。

差异化。笔者通过文献中一系列理论以及实证的创新，创立了动态竞争这样一个独特的研究领域。笔者和米勒（2012）在论文中陈述了动态竞争如何有别于当时广为人们接受的主流学说，如波特的五力分析模型（1980）。我们将这两种理论进行全面比较，并指出它们在理论前提、理论起源、关注点、分析层次、竞争优势及企业相互关系定义等方面的差异。

资源调动。创建独立研究领域需要建立社群并汇集资源。笔者在开展动态竞争研究初始便联络了战略管理其他领域的顶尖学者，让他们参与这个新兴研究课题并提供支持，其中包括创业研究的先驱伊恩·麦克米伦（Chen and MacMillan, 1992）、高管理论的创始人唐·汉布里克（Hambrick et al., 1996），以及组织理论、战略变革的顶尖学者丹尼·米勒（Miller and Chen, 1994）。

合法性建构。要在学术圈内取得合法性，最直接有效的方法是在同行最推崇的学术期刊上发表大量文章。笔者自 1988 年完成毕业论文后，在接下来的十余年间共有 12 篇文章发表在顶级期刊上并 3 次获得最佳论文奖[一]。20世纪 90 年代，笔者发表的论文以及其他相关论文共同汇集成一股学术力量为动态竞争领域的创立奠定了坚实的基础[二]，使之成为一个切实可行的研究领域和教学课题。[三]

[一] 这些文章中，2 篇在 *Administrative Science Quarterly*（例如 Hambrick et al., 1996）发表，2 篇在 *Academy of Management Review*（例如 Chen, 1996）发表，2 篇在 *Strategic Management Journal*（例如 Chen and Miller, 1994）发表，4 篇在 *Academy of Management Journal* 发表（例如 Chen and MacMillan, 1992），1 篇在 *Management Science*（Chen et al., 1992）发表，1 篇在 *Social Forces*（Miller and Chen, 1996）发表。

[二] 笔者在 2018 年 6 月 CDIC 的主题演讲中指出，除了陈明哲和他的"外来侵入者"之外，20 世纪 90 年代有三股主要力量帮助形成了战略管理中的新兴研究次领域："Smith-Grimm 动态二人组和他们的马里兰帮"（例如：Smith et al., 1992；Ferrier et al., 1999）、"多点多市场进攻者"（例如：Baum and Korn, 1996；Gimeno and Woo, 1996）和"D'Aveni 的超级竞争"（例如：D'Aveni, 1994）。

[三] 笔者很荣幸地看到，在 Aguinis et al.（2019）的研究发现中，笔者由于学术研究方面的成就跻身于对战略管理教科书最具学术影响力的 100 名战略管理学家之列（共有 6000 名战略管理学家），这受益于笔者对学术与实践平衡发展的追求。

个人因素。笔者对动态竞争领域的贡献也应归结于包括个性在内的某些微观因素（见图11-2）。由于成长在一个偏远的地方并在那里一直生活到17岁，笔者将自己定位为"边缘人"或"局外人"。这种"边缘人"的思维（Chen, 2016）使笔者的性格具有这样的特点：一直倾向于寻求非正统的新奇观点、有求生的本能、有克服资源不足的能力、愿意接受并发展挑战主流的另类观点并以此改变现状。另外，笔者个性低调并尽量避免对抗，把世界看作相互融合的整体，并在思想层面接受过东西方不同的战略思维训练。这些特质使笔者在动态竞争的初创阶段能够避免冲突，并通过高质量、有影响力的工作争取学术圈的认可⊖。正是这一非传统过程最终让笔者把"竞争"这个课题从边缘引入主流。

11.3.6 跨领域创业：学术研究与教学、服务、专业实践的相辅相成

笔者参与的许多项目都运用并拓展了动态竞争和文化双融的研究工作。同时，这些项目也跨越了传统意义上研究、实践、服务工作的界限。当然这些领域之间也存在共性且相互补充。例如，图11-1将动态竞争国际论坛（CDIC）列为"专业服务"，这是基于对参会者的背景、会议主旨及未来走向等方面的考虑，但其实服务和学术都是这类国际论坛的重要组成部分。同样在教学领域，笔者的文化双融管理及动态竞争课程都反映了学术创业的教学要素。笔者在2018年的论文（Chen, 2018）中强调研究与教学应当结合并达到"精一"。笔者自1992年以来一直教授的动态竞争课程最显著的特点就是，课程的阅读材料主要来自顶级学术期刊的文章，如《管理学会杂志》

⊖ 在讨论"间接竞争"（McGrath et al., 1998）时，笔者没有将"竞争"和"动态"这两个词组合在一起，而是交替使用"互动""竞争""参与"或"企业间竞争"，直到 Baum and Korn（1996）里程碑式的工作。不采用"动态竞争"这一术语的决定是战略性的，部分归因于根深蒂固的经济学概念，即"动态"一词与时间因素有关。这一概念在战略领域的早期研究中很盛行。

（*Academy of Management Journal*）和《管理学会评论》。为了将理论联系到实际（即图 11-1 中的"专业实践"），笔者为《华盛顿邮报》撰写商业文章并在《哈佛商业评论》的中文版开设专栏。除此之外，笔者还有基于工作的访谈类文章在商业贸易期刊上发表。在过去 20 年里，笔者平均每年有 20 篇文章发表。

同样地，笔者在职业生涯的大部分时间里也积极从事企业教学和咨询工作，并且每年都在商界发表两到三次演讲。笔者参与的这些活动大大促进了笔者学术工作的发展和进步。○ 例如，在 2006 年的国际峰会上，来自拉丁美洲和欧洲的商界领袖就"中国威胁论"的话题向笔者发难；此后不久，笔者应邀与被称为"中国的拉里·金"的经济学家郎咸平博士共同在北京一个由中国国家开发银行主办的论坛上发表演讲，而郎咸平博士的演讲题目则是"外资企业对中国市场的掠夺"。东西方在全球商业领域这两种全然不同的视角极具启发性，既是"竞争不对称性"的典型案例（Chen, 1996），也反映了动态竞争和文化双融的核心概念。笔者在此基础上开创了将中国古代思想与动态竞争相联系的跨文化研究（Chen, 2016）。○

在专业实践方面，动态竞争国际论坛（CDIC）这个平台则是传播商业研究与应用的实例。动态竞争国际论坛于 2010 年在中国学者和商界领袖的支

○ 企业咨询客户包括劳斯莱斯、慕尼黑保险、摩根士丹利、默克、联合技术、台湾移动、清华控股和腾讯。笔者提到的商业研讨会包括世界经济论坛——中国，PBS 的总统论坛（包括提姆·凯恩（Tim Kaine）在内的专题小组成员，后来成为 2016 年美国民主党副总统候选人），以及在米兰和圣保罗举办的由 HSM 主办的项目（有杰克·韦尔奇（Jack Welch）和日本管理大师大前研一）。考虑到笔者以学术为中心的定位，笔者在决定从事学术以外的商业项目的时候非常谨慎，因为它们会分散笔者作为学者的主要注意力。

○ 2007 年的会议展示了竞争不对称的概念（Chen, 1996）：两个组织或实体以不同方式看待它们的竞争关系。从短期看，西方和中国商界领袖截然相反的观点为笔者提供了一个很好的文化学习机会。笔者请西方听众在考虑"中国威胁"时也同时考虑 ABC，而建议中国听众在得出西方跨国公司决意要"殖民"中国的结论时先思考一下 XYZ 等问题。

持下成立，每年都有二三百名商学院学者及企业高管在此论坛上共同研讨战略与竞争等前沿问题，并通过不同主题将动态竞争与当下的商业问题联系起来，如可持续发展、战略变革、企业转型、文化双融管理等。与学界和商界人士在该会议上的思想交流与讨论是笔者过去几年的学术工作最大的收获。

笔者所有的学术和实践创业都旨在增进 "精一"，并以此将研究、实践、服务工作归于一体。这样的创业实质上是一种文化双融，强调东西方（特别是中国和美国）的互动，以及学界与商界的互动。笔者毕生的兴趣之一就在于能够同时服务于学术界与业界，也希望能指导后辈并传承给下一代的学者和商界人士。笔者与创立的各种社群共同成长、共同学习，这是一个双方不断丰富的过程。由于拥有共同的哲学基础和学术使命，笔者开创的所有项目都实现了文化方面的双融，包括东西方的融合、全球与局部地区的融合、学术与实践的融合、创造知识与应用知识的融合等。

11.3.7 从实践到理论：文化双融及其他

从实践出发也能够反向创造理论，这从笔者文化双融方面的学术研究中可见一斑。图 11-3 展示了这样一个逆向过程。笔者曾在沃顿商学院负责创办 "全球华人企业发展中心"（GCBI）[⊖]，并于 1997 年开设了本科 / MBA 选修课 "全球华人企业研讨会"。正是因为这段经验，笔者才最终撰写了发表在

⊖ 在笔者担任这一职务的四年任期内，GCBI 为 MBA 和本科生提供新课程，资助访问学者，与中国的全国 MBA 教育指导委员会和香港中文大学等开展学术项目合作，还举办过 East-West.com 会议和系列讲座，包括邀请阿里巴巴的马云——他当时刚刚起步，公司只有 43 名员工和 80 万元人民币。笔者还写了一本书《透视华人企业：全球经理人指南》（*Inside Chinese Business: A Guide for Managers Worldwide*，哈佛商学院出版社，2001）。这些活动得到约 30 名沃顿商学院本科生的支持，他们被同事称为 "玩具士兵"，并且认同笔者的理念 "让世界变得更小"。

《管理学会评论》（2014）和《战略管理杂志》（*Strategic Management Journal*）
（2015）上的两篇文章。笔者在转到达顿商学院之后的几年里也对 MBA 课
程进行了"品牌重塑"，先是将其定义为"东方遇见西方：21 世纪管理的战
略意义"，之后更新为"战略思维：东方与西方的融合"。这些努力也促进
了笔者在文化双融方面的研究工作。不仅如此，文化双融方面的研究工作还
获益于笔者担任的国际管理学会主席的职务。"西方遇见东方"不仅是 2011
年该学会年会的主题，也是该学会旗下的期刊《管理学会杂志》一期专刊的
主题。

　　图 11-3 展示了笔者最近发表在《管理学会评论》及《战略管理杂志》上
的两篇文章如何受益于早期发表在《管理探究期刊》（*Journal of Management
Inquiry*）（2008）和《管理学会展望》（*Academy of Management Perspectives*）
（2010，2011）上的几篇文章⊖，而这些早期文章的发表又得益于笔者在更早
的时候写给全球管理人员的一本书（Chen, 2001）以及之前提到的各种创业
活动（例如企业教学咨询、专业演讲、商贸方面的出版物等）。笔者于 2016
年始在达顿商学院和清华大学的"苏世民学者项目"中开设的一门新课就叫
作"文化双融战略"，其中聚集了文化双融方方面面的研究成果，并展示了
从教学到研究，再从研究回归教学的演进过程。在笔者看来，这是一种达到
理论与实践"合一"的模式。

　　⊖ "研究"的定义是一个需要建立在一定背景下的问题。不同学校对研究的组成有自己的
概念。例如，笔者在哥伦比亚大学早期，只有在四家"一流"期刊上发表的文章被认为
是"研究"。本文对任何参考文献的研究都进行了更为平衡的考虑。笔者想强调的一点是，
在顶级期刊上发表文章可能对某些类型的研究来说是困难的，但是，从发表在不那么知名
的出版物到顶级期刊上，这是可以接受的，有时也是可取的。在一些机构，研究可能包括
案例写作和为实际的商业读者写作（在这里被认为是实践创业的一部分）。

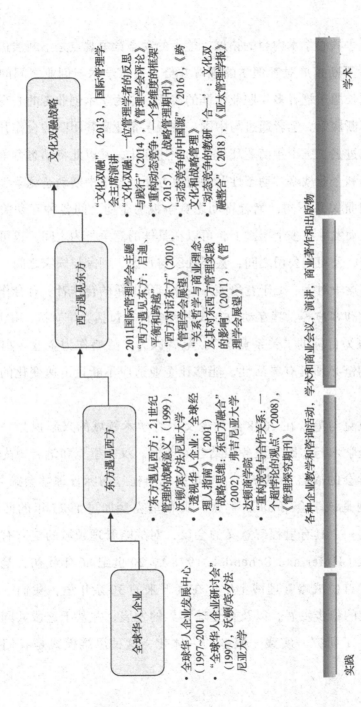

图 11-3 从实践到学术：以双融管理为例

动态竞争核心学术内容的拓展。笔者的动态竞争观点是不断演进的，这是因为笔者不断拓展对管理学的理解并努力揭示学术与创业之间的协同效应。这种成长源于笔者多年职业生涯的实践、作为学术创业者的心得，以及对学术的不断探索。笔者通过与中国一些知名企业高管团队的合作开始思考中国企业在过去二三十年商业环境下的快速变化，并以此将动态竞争的研究扩展到管理和企业战略"动态性"的研究方面。与早中期动态竞争学者所关注的竞争对抗关系不同，笔者将动态竞争视为企业之间各种互动关系的研究。这些互动发生在多个层次上，可以在具体的竞争行为之间，也可以在商业业务之间、公司与公司之间，甚至社区与社区、国家与国家之间。参与这种互动的有竞争对手、处于竞争关系或非竞争关系的合作者、有合作关系的上下游企业和客户等。其互动的方式多种多样，包括竞争对抗、相互合作，以及以共赢为目标的"关系竞争"。笔者以为，战略作为企业一以贯之的决策与行动链必须具有灵活性，能够让企业适应不断且迅速变化的行业和市场。

汉布里克与笔者在 2008 年的论文中将学术领域的兴起视为一种社会运动，这是学术与实践、服务相结合的范例。汉布里克和笔者曾先后负责国际管理学会的战略管理方向，汉布里克出任过国际管理学会第 48 届主席，笔者则是该学会第 68 届主席。汉布里克参加过 1977 年的匹兹堡会议——这是一个具有里程碑意义的会议，对战略管理领域的建立有着重要的指标意义（Hofer and Schendel, 1978）。20 世纪 80 年代初，笔者成为马里兰大学首位战略管理博士生。在接下来的 30 余年里，我们一起见证了战略研究的稳步发展，以及在全球学界的发展，并基于这段共同经历一起撰文阐述了研究—实践—服务的一体化，这种思维模式是我们共同认可的。

11.4 讨论

本文从职业发展的角度为想要更深入思考自己所从事职业的学术工作者提供了参考意见，帮助他们探索如何成为广泛意义上的学者或者某些专业领域内的专家，以及如何在全球化背景下开展学术研究。本文论述了这样一个过程，在这个过程中学术工作者通过学术与实践的结合建立以研究工作为中心、理论与实践平衡发展的学术生涯。

中国哲学思想中的 "知行合一" 将学术、实践、专业服务融为一体，这种思想不仅让笔者对管理学的理解更加宽泛（Chen, 2018），而且成为笔者创立动态竞争和文化双融管理两个独特学术领域的理论基石。笔者在这两个研究领域进行了长期的探索，将产生的知识不断运用于各个领域的创业并衍生出各项事业。笔者开创的一部分项目具有战略性、主动性和系统性，另外一些项目具有回馈性，还有一些正在发展中。笔者在职业生涯初期教授过学术性较强的动态竞争 MBA 课程，所创办的 "动态竞争国际论坛"，展现了加强学术与实践彼此间联结的战略，"精一学堂" 的创建则是笔者对过去高管学员的回馈；笔者创办的两个学术团体——"全球华人管理学者社群" 和 "中国管理学者交流营"，则体现了笔者 20 年来在北美及亚洲为此付出的努力。笔者从事的各项事业都在努力寻求学术研究与实践创业之间的协同与互补。无论是在哲学层面还是在应用层面，笔者一直努力达到学术与实践的精一并以此 "让世界变得更小"，这是笔者一以贯之的目标（Chen, 2014）。

笔者接下来将讨论本文对管理学、管理学者职业生涯、管理学创业等相关话题的启示，并总结自身创业的经验教训，这些经验教训源于自己一直以来以学术研究为中心、平衡发展的学术生涯。

11.4.1 管理学及职业生涯

本文通过回顾笔者在学术与实践方面的努力，展示了一个学术工作者对学术本身及学术生涯包容的认识。本文倡导的商学院学术生涯理念与主流观点形成鲜明对比，旨在说明学术工作者可以通过消融学术与实践工作的对立，促进其在不同领域、不同类别工作中的协调互补，从而提高整体效率并在管理学诸多领域取得多方面成就。

同时开展研究、教学、服务工作的学者也许了解，不同工作涉及的对象需求差异很大，故而需要完全不同的思维模式，其工作职责也大不相同。因此一个学者必须做好巧妙转换"文化符码"的准备（Molinsky, 2007；Chen, 2014），并确定其中存在的机会和障碍。学术与实践创业构成了学者职业生涯的主体，从这个意义上讲，研究学术与实践的结合及协同效应是研究人员所关心的课题。

然而，对包括管理学者在内的许多学术工作者来说，实现学术与实践的融合极具挑战性。这是因为如果一位学者既要保证学术的原创性又要积极参与实践、教学并贡献于社会，那么这位学者就需要一种高超的平衡能力并成为一个多面手，能驾驭不同甚至有些矛盾的技能。简言之，大多数学者并不具备成功创业者的禀性，如内控倾向、有冲劲、常躁动不安、具有冒险精神、愿意主动出击等（Miller, 2014；Baron et al., 2012；Miller and Sardais, 2015）[注]。相反，创业者倒是常常误入学术领域。尽管如此，如果说一部分学者（假设不是全部）不能将创业者与学术工作人员这两种角色以文化双融或"既/和"的方式进行融合（Chen, 2014），那么即便是从"非此即彼"的观点来看，他们仍然有机会突破现有的困境，或者至少变得没那么"边缘化"。例如，如果学者们只想专注于某个或某几个领域内的学术活动，他们可以考虑与学界的其他人进行合作，包括教学方面的专家、学校的行政人员、商界

[注] 世界各地许多有成就的退休企业高管和企业家加入商业管理博士项目。一些人发现，他们在商业上取得成功的原因反而成为其在学术界取得成功的障碍。在不同职业之间找到平衡是一个潜在的挑战，也是一个有益的学习机会。

人士或咨询顾问等，用间接的方式使学术与实践相结合。作为学者，如果说我们具有知识分子的洞察力并能将我们的发现用于指导实践，哪怕仅仅是通过著书立说，我们至少可以说服别人接手我们未完成的工作。简言之，我们不可能事必躬亲、面面俱到，这种期望是不切实际的。与其他人在学术、教学、实践等方面开展合作有助于突破管理学领域目前的局限，这种局限已为包括 Mintzberg（2004）、Pfeffer 和 Fong（2002），以及方德万（Van de Ven，2007）在内的多名知名学者所诟病。

当然，学术与实践的结合可以通过不同方式进行，学者会根据自身的关注点通过各种方法将学术与实践相结合。例如，迈克尔·希特（Michael Hitt）和古格里·德斯（Greg Dess）不仅在学术研究方面硕果累累、贡献杰出，他们还将其严谨的学术成果撰写成战略管理教科书并在商学院广为使用。学者如何进行学术研究并将成果在业界转化，这样的课题应该被放在学术研究的首要位置。另外有些学者在实践和教学中寻求学术与实践的结合，而对这些学者的工作进行调研也同样重要。这让笔者想起一些可敬的同事，包括达顿商学院的爱德华·赫斯（Edward Hess）和哥伦比亚大学的约翰·惠特尼，他们在进入学界之前都是非常成功的商人，进入学界后则撰写了有思想、有影响力的商业著作。从宏观制度层面来讲，当前的学术体系最适合或者说更有利于包括笔者在内的传统学者，他们追求以学术研究为中心、平衡发展的学术生涯，并以学术为中心寻求与实践的结合。鉴于美国乃至全球有越来越多的实践型教授和获得 DBA 学位的学者，开放目前的学术体系以容纳以教学和实践为主、寻求学术生涯平衡发展的学者也是必要和至关重要的。

11.4.2 学术背景下的创业

一些在学术和实践两方面都做出了杰出贡献的学术创业者堪称楷模。例如，何大一被《时代周刊》评为 1996 年"年度人物"，他在艾滋病毒疫苗研究方面的创新使他成为该学术领域的开拓者，他的研究成果更被应用于临床，包括生产出新的疫苗⊖。行业结构五力分析模型的创立者、哈佛大学教授迈克尔·波特（Porter, 1980）不但改变了学界的战略思维模式，还在哈佛大学创办"战略与竞争力研究所"并成立一间主要的商业顾问机构。克莱顿·克里斯坦森（Clayton Christensen）在"颠覆性技术"方面的工作（Bower and Christensen, 1995）不仅对商界和大众学识产生了巨大影响，还促进了金融领域投资技术的变革。还有一直以来支持笔者的导师伊恩·麦克米伦，许多同事亲切地称呼他为麦克（Mac），作为沃顿商学院备受尊敬的 Sol C. Snider 创业中心的创始人，他是管理学界最重要的创业精神代表人物之一。他创建的事业涵盖多个领域并跨越国界，意义深远，其中包括在南非种族隔离制度结束之前对非白人商业人士的指导。他是笔者一生灵感的泉源，也是笔者在东西方背景下创业的指路明灯。

对迈克尔·希特和古格里·德斯等学术创业楷模的创业模式进行深入研究非常有价值；学术创业者如何齐心协力创办诸如研究中心这样的机构，或创立独特的研究领域或思想流派，如 20 世纪 50 年代出现的卡内基 – 梅隆管理学派，也是很有前景的研究课题；而合作伙伴关系的形成以及每个人在项目中扮演的角色同样是值得探讨的课题。

目前对这些问题的研究主要集中在工程、医学、技术（Toole and Czarnitzki, 2009）等领域。与之前的研究不同，本文将学术创业的相关研究拓展到社会科学领域，并通过对管理学者学术创业的观察揭示不同背景下的学术创业机制及参考因素。本文从"行动研究"（Lewin, 1946; Bansal et al.,

---

⊖ 何大一是学术和实践创业者的典型例子。他说："我可能是一个睿智的学者、一个著名的商人、一个好父亲、一个好丈夫。当我真的扮演这些角色时，我还是没能成功。"（Chen, 2001）

2018）的角度探讨跨东西方文化背景下的学术创业，这是一个全新的课题，未来的研究可以在更广泛的文化制度环境内继续拓展。

11.4.3 经验教训及反思

笔者毕生致力于超越学术与实践的界限，谋求二者的结合，并获得了几点值得一提的领悟。笔者作为学术创业者，自创立动态竞争和文化双融初始便对学术工作持包容的态度。笔者首先领悟到的是，调动并合理利用创业所需资源有三大要素：保持开阔的心胸、从不同角度考虑问题、谋求多方共赢且海纳百川。

其次，笔者在更早的一篇文章（Chen, 2018）中讨论到扩充管理学术理念并将其与教学科研相结合的心得，而本文则将其中一些关键问题提炼出来，包括时间管理、全方位学习，以及如何将"一"分解形成小的"一"以便于执行。本文也在哲学和方法论层面进一步探讨了如何平衡学术工作的不同层面。未来的研究可以吸取其他学术工作者的经验并继续探讨这两篇文章提出的课题。

学术与实践相结合面临的困难。2011 年，笔者有幸与 Unicon 的顾问委员进行了几个小时的会晤。Unicon 由世界各地大学（例如欧洲工商管理学院、清华大学等）一百多个高管教育项目组成。在这次会议上，来自芝加哥大学、麻省理工学院、哥伦比亚大学、加利福尼亚大学洛杉矶分校等顶级商学院的院长们问了这样一个问题："为什么专职学者不愿意在高管课程中授课?"委员会发现，尽管高管教学报酬丰厚，Unicon 旗下项目教师的平均参与率仅为 8%，可谓惨淡。我们接下来的谈话主要围绕着"学术与实践脱节"这个话题，这场对话颇引人入胜且富有成效。对话过程中，笔者对一位委员说："贵校有我们这个时代最伟大的战略思想家和研究人员，但似乎你们并不知道怎么用他。"院长有点吃惊但随即答道："您说得对，他甚至连我的电话都不回！"笔者一反平常的温和态度直言不讳地问道："他为什么要回您的电话呢？他那样做的动机是什么？"笔者是想以此引发一场激烈的辩论，讨论学术为什么与实践脱节以及其中的影响因素。但残酷的现实是，学界对此问题的看法仍然存在严重分歧。

事实上，学不致用已经开始让管理学者的身份受到质疑。笔者经常引用经济学、社会学、心理学等领域的同事们的观点，他们中的许多人认为管理学太过实用；而与之相反，商界人士又认为学术工作太过于理论化。经理人员、企业高管，甚至还有一部分学生和持怀疑态度的同事都质疑管理学研究工作的相关性和适用性。我们会听到这样的评价，"我们为什么要关心你的学术工作""除了小部分学者之外，没有人会读它""管理者或企业家能将研究成果转化为实践吗""你的学术研究对商业人士有任何市场价值吗"，等等。

相反，身处"象牙塔"之内的学者们则持这样的观点："理论研究是学术使命的核心""我们只需要在课堂上做最低限度的工作并为学校提供服务""我的薪酬和晋升与在顶级学术期刊上发表的论文相关""那些搞应用的同事们在商界教书、咨询是为了钱"〇。鉴于这种分歧和围绕它的紧张关系的存在，我们不妨问以下几个问题：与医学、法律等专业的同事相比，管理学家有什么实际价值、能解决现实世界的什么问题？解决这些问题是我们的工作吗？对于我们的受众来说，其中包括学生、企业招聘人员、企业高管等，他们对我们的期望是什么？而我们对他们的责任又是什么？战略管理自创立以来（Hofer and Schendel, 1978）在解决"严谨与实用"的问题上到底取得了多大的进展？

理论与实践的脱节、严谨与实用的冲突是我们需要解决的问题。解决这

〇　这些是笔者在职业生涯中经常遇到的问题。最近一个的案例"我为什么要在乎？"（UVA-S-301）也提到了这些问题。笔者用它来总结动态竞争的 MBA 选修课。

些问题的方法之一是，当我们注意到某种值得研究的商业现象或者问题时，要锁定目标并付出长时间的努力，首先开展严谨的学术研究，然后再将成果扩展到应用领域。这也许就是笔者从事动态竞争 30 余年学术研究工作学到的经验（Chen, 2009, 2010）。在宏观制度层面，许多学者正努力解决学术与实践的矛盾。尤其值得一提的是，徐淑英（Anne Tsui）与几位国际管理学会的前主席共同提出"开展负责任的研究工作"的倡议。然而，笔者认为当前体制所需的变革远远超出人们的预期。我们需要的是一场重大变革，包括范式的转换及根本思想甚至"灵魂"的转变。例如，从更大的格局来看，对教学和商业实践毫无兴趣的学者不应被视为真正的"学者"——当然，如何定义"学者"本身也是值得探讨的。迈向体系变革的第一步或许是通过榜样来发现"什么是可能的"——笔者常常用这句话来结束 MBA / EMBA 课程。同时，我们应该想想，如何能让我们的研究工作更广泛地吸引除了志同道合的其他学者之外的利益相关者。

文化 - 战略 - 执行三环链。学术生涯是学者职业发展过程中一系列战略抉择的产物（Child, 1972）。在企业教学和咨询中涉及的关于企业在全球范围内持续发展的话题，笔者总是用到这样一个决策框架：文化 - 战略 - 执行三环链。这个决策框架也适用于思考个人层面的学术生涯规划。下面我们来思考这个决策框架的三个方面。首先，在文化或哲学层面，作为学者，我们要努力成为什么样的人？是应该主要或仅仅思考对学界的贡献，还是应该主要考虑如何在 A 级期刊上发表文章以满足某些学校对此重视的需要，不论这种重视仅仅是一种感觉还是实际存在的？另外，我们的兴趣是在于沿着一个广为接受的但已经有些停滞的研究方向走下去，还是另辟蹊径探索新的研究方向？

其次，在战略层面，我们常常用来问学生和业界人士的问题也应该用来问问学术工作者：我们开展研究工作、制订职业规划时有战略考虑吗？这是必需的吗？如果有战略方面的考虑，那我们的战略是什么？从根本上来讲，在学界如何定义战略？学术活动及研究工作的重心在哪里？我们如何有别于学界的其他人？就学术和实践创业而言，我们有什么独特的能力，做出了哪些独特贡献？

再者，从执行层面来讲，我们需要从哪些方面入手并在日常工作中做些什么？哪些工作是需要日复一日长期坚持的？我们应该如何分配时间和精力？当我们开展学术工作的同时介入其他事务时，协调文化、战略、执行这三个方面的力度是解决这些问题并从中获益的关键。

笔者在学术和实践创业选择合作伙伴时就运用了这种方法并颇有心得。笔者拥有许多中国传统的价值观，并认为其中最重要的是信任，包括个人层面和职业层面的信任。笔者与战略学界其他知名学者通过其他课题发展起来的工作和私人友谊以及长期合作关系，对动态竞争理论在 20 世纪 90 年代的迅速崛起至关重要。合作学者中最值得一提的学者是丹尼·米勒和唐·汉布里克。秉承中国古代的"精一"思维（Chen, 2014, 2018），笔者首先要找到的是无论在个人层面还是从职业角度都可以完全信任的人，然后再与之共同创立项目。例如，2013 年协助笔者创办了中国管理学者交流营（CMSW）的教授，曾参加过笔者于 1997 年应国家教委全国 MBA 教育委员会之邀在清华大学举办的案例教学培训，那次活动为期 11 天，有 54 位 MBA 项目的管理学教授参与。这位教授是一位颇有成就的学者，目前任职于香港一所顶尖商学院，最近刚刚辞去该校管理系系主任的职务并就任一个重要学术期刊的副主编。这种以信任为基础的合作也促成了全球华人管理学者社群、动态竞争国际论坛及精一学堂的创立。

以研究为中心、平衡发展的学术生涯之路。笔者以为，商学院学者的利益相关者不仅包括学者、研究人员、学生，还包括经理、商业专业人士和普通大众。笔者自从业之初就在年度绩效评估中关注每一个利益相关群体并坚持至今。笔者愿意为所有利益相关者提供服务，为了表达这种决心和责任感，笔者每年甚至每半年都会以公司年度报告的形式写信给各个社群，包括全球华人管理学者社群、中国管理学者交流营、参与学习的高管学员以及曾经共事的同事。笔者的学术生涯始自哥伦比亚大学，在那里笔者开始形成了科研 – 教学 – 服务一体化的想法。笔者尤其感谢威廉·纽曼、凯西·哈里根、唐·汉布里克、吉姆·弗雷德里克森（Jim Frederickson）[⊖]等前辈同事，正是在他们的帮助下，笔者的这个想法才日趋成熟。

　　笔者一直把学术与实践当作同一件事情的两个方面。从过程来讲，笔者一直推崇这样一种观念，即把二者显而易见的对立处以文化双融的方式进行整合，有益于构建一个充满希望的平台，在这个平台上学者们可以创造自己丰富的学术生涯。笔者的根本信念是，学术工作者个人奋斗与职业发展的要旨就是教书育人，而 "教育" 绝不仅是课堂教学那么简单。事实上，这种 "过程导向" 的观点引领了笔者的整个事业甚至人生，笔者仅以下面的事例加以说明。笔者在 2013 年国际管理学会主席演讲时所用的题目为 " Being Ambicultural"；而笔者在翌年发表在《管理学会评论》的文章中将题目改成了 " Becoming Ambicultural"，这一字之差体现了 "过程" 的视角。笔者以此表明自己把学术生涯甚至人生当作一个持续不断的过程，并将这种观点贯穿于所有的学术创业工作中且矢志不渝地执行。从这个意义来说，事业的成功与人生的成就其实是并肩而行的，这个过程本身就是无价之宝。

　　笔者在教过的每一门课上都至少会有一次与 MBA 学生、企业高管、商界人士分享自己的信条："全心投入到过程中，这个过程自然会引领你向前。"

⊖　笔者完成这篇文章的时候非常难过地收到了吉姆·弗雷德里克森去世的消息。在哥伦比亚大学短暂的时间里，吉姆在如何处理审稿和修订过程方面的指导在笔者作为学者和研究人员的成长中起到了重要作用。吉姆除了对战略决策研究具有开创性学术贡献外，还长期在得克萨斯大学奥斯汀分校担任管理部门的负责人。

如果我们的奋斗将我们带至人生的巅峰，使势不两立的对抗转为和谐，或是让我们发现未开垦的沃土，那将会是更加意想不到的惊喜。

11.5 结语

出于对东西方教育事业的热爱，笔者将学术、研究、教学、实践、服务等方方面面的工作归于"精一"。为了有效地帮助那些追求全面、平衡发展的学者，笔者特地撰写本文及其姊妹篇，即 2018 年 6 月发表在《亚太管理学报》上的《动态竞争的教研"合一"：文化双融整合》。另外，目前的体制过度依赖在顶级期刊上发表文章，并让一部分学者感到不满和忧虑，笔者希望通过本文为这些学者提供一些参考意见。这两篇文章讲述了笔者在 30 余年的职业生涯里，结合学术与实践工作及结合中国传统思想与当代西方学术实践的另类的大格局学术观所付出的不懈努力。显而易见，笔者是当前体制的受益者，也正是这种体制塑造了笔者对学术与人类文明的看法。然而，为了未来的可持续发展，笔者认为我们需要一个全新的、完全不同的机制来平等地对待学界所有人的贡献：研究人员、教学人员或教育工作者、管理人员，以及从企业高管到记者在内的各类业界人士。我们最起码应当希望学界的各类工作人员能尊重且欣赏彼此工作的丰富内涵。笔者真心期待这两篇发表在《亚太管理学报》上的文章能为实现这种范式层面的根本转变播下希望的种子。

西方有句谚语"事实胜于雄辩"，而中国的传统观念则认为不躬身实践的学者不是真正的学者，笔者正是后一种理念的坚定支持者和执行者。如前一篇文章所示，这种开放的心态把明显对立的事物视为相互依存的整体，这些对立统一体包括实践与学术、研究与教学、东方与西方、中国与美国、传统与现代、竞争与合作等（Chen, 2008）。笔者在学术生涯中从事不同类别

的工作并运用不同的思维方式，且从中获得了巨大的快乐。平衡方方面面的
需求是令人紧张而具有挑战性的工作，笔者对自己在这方面付出的努力感到
满意。不仅如此，这种平衡能力、在不同工作之间的跳转能力能激发正能量
并促进各方面的整体协调，有益于塑造全面发展的职业生涯、生活并带来成
就感。

参考文献

[1] AGUINIS H, RAMANI R S, ALABDULJADER N, et al. A pluralist conceptuali-zation of scholarly impact in management education: Students as stakeholders[J/OL]. Academy of Management Learning and Education, 2019, 18(1): 11-42.

[2] ARNDT F F, ASHKANASY N. Integrating ambiculturalism and fusion theory: A world with open doors[J]. Academy of Management Review, 2015, 40(1): 144-147.

[3] BANSAL P. BERTELS S, EWART T, et al. Bridging the research-practice gap[J]. Academy of Management Perspectives, 2012, 26(1): 73-92.

[4] BANSAL P, SMITH W, VAARA E. From the editors: New ways of seeing through qualitative research[J]. Academy of Management Journal, 2018, 61(4): 1189-1195.

[5] BARON R, HMIELESKI K, HENRY R. Entrepreneurs' dispositional positive affect: The potential benefits – and potential costs – of being "up" [J]. Journal of Business Venturing, 2012, 27(3): 310-324.

[6] BARTUNEK J M, RYNES S L. Academics and practitioners are alike and unlike: the paradoxes of academic practitioner relationships[J]. Journal of Management, 2014, 40(5): 1181-1201.

[7] BAUM J A, KORN H J. Competitive dynamics of interfirm rivalry[J]. Academy of Management Journal, 1996, 39(2): 255.

[8] BOWER J L, CHRISTENSEN C M. Disruptive technologies: Catching the wave[J]. Harvard Business Review, 1995, 73(1): 43-53.

[9] CHEN M J. Competitive strategic interaction: A study of competitive actions and

responses[D]. University of Maryland, USA, 1988.

[10] CHEN M J. Competitor analysis and interfirm rivalry: Toward a theoretical integration[J]. Academy of Management Review, 1996, 21(1): 100-134.

[11] CHEN M J. Inside Chinese Business: A Guide for Managers Worldwide[M]. Boston: Harvard Business School Press, 2001.

[12] CHEN M J. Reconceptualizing the competition-cooperation relationship: A transparadox perspective[J]. Journal of Management Inquiry, 2008, 17(4): 288-304.

[13] CHEN M J. Competitive dynamics research: An insider's odyssey[J]. Asia Pacific Journal of Management, 2009, 26(1): 5-26.

[14] CHEN M J. Reflecting on the process: building competitive dynamics research[J]. Asia Pacific Journal of Management, 2010, 27(1): 9-24.

[15] CHEN M J. Becoming ambicultural: A personal quest—and aspiration for organizations[J]. Academy of Management Review, 2014, 39(2): 119-137.

[16] CHEN M J. Competitive dynamics: Eastern roots, western growth[J]. Cross Cultural and Strategic Management, 2016, 23(4): 510-530.

[17] CHEN M J. The research-teaching "oneness" of competitive dynamics: Toward an ambicultural integration[J]. Asia Pacific Journal of Management, 2018, 35(2): 1-27.

[18] CHEN M J, MACMILLAN I C. Nonresponse and delayed response to competitive moves: The roles of competitor dependence and action irreversibility[J]. Academy of Management Journal, 1992, 35(3): 359-370.

[19] CHEN M J, MILLER D. Competitive attack, retaliation and performance: An expectancy-valence framework[J]. Strategic Management Journal, 1994, 15(2): 85-102.

[20] CHEN M J, MILLER D. West meets East: towards an ambicultural approach to management[J]. Academy of Management Perspectives, 2010, 24(4): 17-24.

[21] CHEN M J, MILLER D. The relational perspective as a business mindset:

managerial implications for East and West[J]. Academy of Management Perspectives, 2011, 25(3): 6-18.

[22] CHEN M J, MILLER D. Competitive dynamics: Themes, trends, and a prospective research platform[J]. Academy of Management Annals, 2012, 6(1): 135-210.

[23] CHEN M J, MILLER D. Reconceptualizing competitive dynamics: A multidimensional framework[J]. Strategic Management Journal, 2016, 36(5): 758-775.

[24] CHEN M J, SMITH K G, Grimm C. Action characteristics as predictors of competitive response[J]. Management Science, 1992, 38(3): 439-455.

[25] CHILD J. Organizational structure, environment and performance: The role of strategic choice[J]. Sociology, 1972, 6(1): 1-22.

[26] DAVIS G F, Thompson T A. A social movement perspective on corporate control[J]. Administrative Science Quarterly, 1994, 39(1): 141-173.

[27] D'AVENI R A. Hypercompetition: Managing the dynamics of strategic maneuvering[M]. New York: Free Press, 1994.

[28] DEES J G. The meaning of social entrepreneurship[P]. Stanford, CA: Stanford Graduate Business School ,2001.

[29] DIMAGGIO P J. Interest and agency in institutional theory.[M]// Zucker L. Institutional patterns and organizations. Cambridge, MA: Ballinger Publishing,1988: 3-22.

[30] Economist. How global university rankings are changing higher education[EB/OL]. [2018-05-19]. https://www.economist.com/international/2018/05/19/how-global-university-rankings-are-changing-higher-education, Accessed May 19, 2018.

[31] FERRIER W J, SMITH K G, GRIMM C M. The role of competitive action in market share erosion and industry dethronement: A study of industry leaders and Challengers[J]. Academy of Management Journal, 1999, 42(4): 372-388.

[32] GIMENO J, WOO C. Hypercompetition in a multimarket environment: The role of strategic similarity and multimarket contact in competitive de-escalation[J]. Organization Science, 1996, 7(3): 322-340.

[33] GORDON R A, HOWELL J E. Higher education for business[M]. New York: Columbia University Press, 1959.

[34] HAMBRICK D C, CHEN M J. New academic fields as admittance-seeking social movement[J]s: The case of strategic management[J]. Academy of Management Review, 2008, 33(1): 32-54.

[35] HAMBRICK D C, CHO T S, CHEN M J. The influence of top management team heterogeneity on firms' competitive moves[J]. Administrative Science Quarterly, 1996, 41(4): 659-684.

[36] HOFER C W, SCHENDEL D E. Strategy formulation: Analytical concepts[M]. St. Paul: West Educational Publishing, 1978.

[37] LEE T W. The management professor[J]. Academy of Management Review, 2009, 34(2): 196-199.

[38] LEUNG K. Indigenous Chinese management research: Like it or not, we need it[J]. Management and Organization Review, 2012, 8(1): 1-5.

[39] LEWIN K. Action research and minority problems[J]. Journal of Social Issues, 1946, 2(4): 34-46.

[40] LI P, LEUNG K, CHEN C, et al. Indigenous research on Chinese management: What and How[J]. Management and Organization Review, 2012, 8(1): 7-24.

[41] MACMILLAN I C, MCCAFFERY M L, VAN WIJK G. Competitor's responses to easily imitated new products: Exploring commercial banking product introductions[J]. Strategic Management Journal, 1985, 6(1): 75-86.

[42] MCGRATH R G, CHEN M J, MACMILLAN I C. Multimarket maneuvering in uncertain spheres of influence: Resource diversion strategies[J]. Academy of Management Review, 1998, 23(4): 724-740.

[43] MICHAELSON C. How reading novels can help management scholars cultivate

ambiculturalism[J]. Academy of Management Review, 2015, 40(1): 147-149.

[44] MILLER D. A downside to the entrepreneurial personality?[J] Entrepreneurship: Theory and Practice, 2014, 39(1): 1-8.

[45] MILLER D, CHEN M J. Sources and consequences of competitive inertia: A study of the U.S. airline industry[J]. Administrative Science Quarterly, 1994, 39(1): 1-23.

[46] MILLER D, CHEN M J. Nonconformity in competitive repertoires: A sociological view of Markets[J]. Social Forces, 1996, 74(4): 1209-1234.

[47] MILLER D, MILLER I. Publishing and its discontents: A path-goal expectancy view of alienation among management scholars[Z]. 2018.

[48] MILLER D, SARDAIS C. Bifurcating time: How entrepreneurs reconcile the paradoxical demands of the job[J]. Entrepreneurship: Theory and Practice, 2015, 39(3): 489-512.

[49] MINTZBERG H. Managers not MBAs: A hard look at the soft practice of managing and management development[M]. San Francisco: Berrett-Koehler, 2004.

[50] MOLINSKY A. Cross-cultural code switching: The psychological challenges of adapting behavior in foreign cultural interactions[J]. Academy of Management Review, 2007, 32(2): 622-640.

[51] PFEFFER J, FONG C T. The end of business schools? Less success than meets the eye[J]. Academy of Management Learning and Education, 2002, 1(1): 78-95.

[52] PORTER M E. Competitive strategy techniques for analyzing industries and competitors[M]. New York: Free Press, 1980.

[53] SCHUSTER J H, FINKELSTEIN M J. American faculty: The restructuring of academic work and careers[M]. Baltimore, MD: Johns Hopkins University Press, 2006.

[54] SHANE S, VENKATARAMAN S. The promise of entrepreneurship as a field of research[J]. Academy of Management Review, 2000, 25(1): 217-226.

[55] SIEGEL D, WRIGHT M. Academic entrepreneurship: Time for a rethink?[J] British Journal of Management, 2015, 26(4): 582-595.

[56] PESILVA M. Academic entrepreneurship and traditional academic duties: Synergy or rivalry?[J] Studies in Higher Education, 2015, 41(12): 2169-2183.

[57] SMITH K G, FERRIER W J, NDOFOR H. Competitive dynamics research: Critique and future directions[M]. Hitt M, Freeman, RE, Harrison J Handbook of strategic management. London: Blackwell Publishers, 2001: 315~361.

[58] SMITH K G, GRIMM C M, GANNON M J. Dynamics of competitive strategy[M]. Newsbury Park: CA: Sage Publications, 1992.

[59] SMITH S, WARDA V, HOUSE A. "Impact" in the proposals for the UK's research excellence framework: Shifting the boundaries of academic autonomy[J]. Research Policy, 2011, 40(10): 1369-1379.

[60] TOOLE A A, CZARNITZKI D. Exploring the relationship between scientist human capital and firm performance: The case of biomedical academic entrepreneurs in the SBIR program[J]. Management Science, 2009, 55(1): 101-114.

[61] TSAI W, SU K, CHEN M J. Seeing through the eyes of a rival: Competitor acumen based on rival-centric perceptions[J]. Academy of Management Journal, 2011, 54(4): 761-778.

[62] TSUI A S. The spirit of science and socially responsible scholarship[J]. Management and Organization Review, 2013, 9(3): 375-394.

[63] VAN DE VEN A H. Engaged scholarship: A guide for organizational and social research[M]. Oxford: Oxford University Press, 2007.

[64] VERMEULEN F. On rigor and relevance: Fostering dialectic progress in management research[J]. Academy of Management Journal, 2005, 48(6): 978-982.

[65] WIARDA H J. Culture and Foreign Policy: The Neglected Factor in International Relations[M]. Burlington: Ashgate Publishing, Ltd, 2013.

| 第 12 章 |

研究与教学的"合一"[⊖]

英文原文出处 Chen, Ming-Jer, 2017, " The Research-Teaching Oneness of Competitive Dynamics: Toward an Ambicultural Integration," *Asia Pacific Journal of Management*, 35（2）: 285–311.

中文原文出处 陈明哲；谭畅，牛琬婕译，2018，动态竞争的教研"合一"：文化双融整合，《外国经济与管理》，第 40 卷第 12 期，页 3-27。

12.1 摘要

如何整合教学与研究是学界的一个关键课题，但目前却鲜有学者探讨。在西方，教学与理论研究往往是同床异梦；而在东方，学者依循教学和研究"合一"的传统哲学理念。尊崇儒家传统的中国学者不仅投身于西方同僚所关注的教学和研究 – 发表工作，而且他们的第一要务在于秉持有教无类、关

⊖ 本文最初刊登于 2018 年 6 月《亚太管理学报》，经其授权翻译。谨将这篇文章献给斯蒂芬·卡罗尔教授，他是我的博士论文指导教授之一，是我终身学习的榜样，于我"如师如父"。同时，我衷心感谢唐·汉布里克，他不仅是我的前同事、鼓励我的良师和论文合作者，更在我的职业生涯中引导我整合教学、研究与实务。他的论文" Teaching as Leading"（1997）深深地影响了我，使我成为一名管理教育者，同时也为本文埋下了种子。此外，衷心感谢韩巍、林豪杰、刘林青、蔡文彬和张志学对本文初稿提供的宝贵意见，同时感谢连婉茜、牛琬婕和谭畅为本文的写作提供帮助。本文也得益于 Arie Lewin 和约翰·米歇尔的深刻见解。此处特别感谢查尔斯·塔克的情谊和细致的排版帮助。最后，感谢弗吉尼亚大学达顿基金会提供财务支持。

怀社稷的精神，成为一名受人敬重的教师。本文以形成于西方的动态竞争理论为例，说明教学与研究如何平衡与整合，实现传统东方教育理念中的"合一"。本文希望在教学与研究之间搭建桥梁，为试图将理论引进课堂的学者，或是意欲拓展研究范畴的研究者提供指导。本文提出一个本质性的问题：在现代中国和全球的环境下，"学术"在管理学等应用学科领域中有何意义？

关键词：教研整合；文化双融；动态竞争；学术生涯；华人管理研究

12.2　引言

我曾经对安迪·方德万（Andy Van de Ven）说，他的大作《入世的学术》（*Engaged Scholarship*）一书，书名中的"Engaged"一词在传统中国的情境下是多余的。在东方，学者需要深切关心实践和社会事务，以孔子在《论语》中的话来说，就是"学而不厌，诲人不倦"。安迪以他绅士和学者的风度问我，可否提供给他这种观点的文献出处。我告诉他，这是一项无法完成的任务，因为对中国学者而言，在过去几千年里，这一观点早已根深蒂固。

"学术严谨性"与"实践相关性"是管理学界一直以来所争论的议题（Daft and Lewin, 2008；Mintzberg, 2004）。因为学者们需要（或者渴望）同时服务于学术社群和企业社群（Hambrick, 1994），从而投身于很多专业活动（Schuster and Finkelstein, 2006），包括研究（基础研究与应用研究）、教学（本科生、MBA、EMBA 和非学位项目）以及各种专业性的、制度性的、与社群相关的服务（Boyer, 1990）。内容广泛的工作之间往往衍生出竞争性甚至是冲突性的需求。研究与教学的权衡取舍是"学术严谨性"与"实践相关性"之间紧张关系的一种反映（Gulati, 2007）。这种紧张关系在不同学科和不同国家之间存在差异（Healey, 2005）。然而，中国（和其他亚洲转型经济体）的学者面临着独特的、矛盾的挑战。从传统哲学意义而言，研究与教学

息息相关，但若要取得两者的平衡，东方学者比西方学者面临着更大的压力
（Brew and Boud, 1995），主要原因如下。

第一，制度的压力要求东方学者参与全球学术社群，因此他们必须在西
方主流期刊发表学术论文。然而，语言能力和不兼容的学术基础架构等往往
会构成对他们不利的条件。因此，东方学者发现自己在发表上时常处于"追
赶"的状态。在平衡和整合研究与教学上，这一后进者的状态使他们面临着
西方学者不曾有过的挑战。[⊖]

第二，由于多数管理理论援引自西方，东方学者的学术研究（或学术知
识）经常被认为缺少本土相关性（Han, 2009）。本土企业界和学术社群（尤
其在其他科学学科中）认为，管理学者的研究所产生的"知识"经常与他们
所面临的问题不相关或者不适用。与中国其他社会学科（例如经济学或社会
学）相比，这种研究与实践的落差导致这样一个疑问：管理学者应该以及能
够在社会中扮演什么角色（Han, 2009），甚至对以科学为基础的管理研究的
正当性也提出了挑战（Tsai, 2016）。

第三，可能是最重要的一点，从中国历史和哲学的观点来看，教学不仅
是学术研究的核心，更定义了学者这一职业（Chen, 2016b）。在西方学术环
境中，知识的创造即构成了学术的宗旨和结果，而在中国历史中，知识的产
生却只是学者工作的维度之一。从中国传统思想来看，一位学者也被期望执
行基本的职能，比如设定道德和伦理标准，以及传承传统与祖先的智慧。从
历史观点来说，教学或以身作则是达成此期望的最佳方式（Chen, 2016b）。
然而，从实际而言，学术工作者的各种专业工作之间存在着紧张关系，要处
理完不同方面的所有工作内容，恐怕一天 24 小时、一周 7 天的不间断工作

⊖ "东方"与"西方"不是分立或同质的概念。然而，在代表两类国家的差异和比较组织、
文化、管理和社会实务上的不同时，二分法是能发挥作用的。由于简化和简约的需要，中
国或中国企业及美国或美国企业经常被用来代表东方跟西方的典范（Chen, 2014）。本文
也采用此前提。

也不够用。其中，最大的矛盾和最直接的取舍来自研究和教学，除非能够在两者之间搭建起桥梁或者进行更好的整合。

结合上述的东西隔阂，研究与教学之间的紧张关系更能引发学者们对于中国管理研究过去 40 年的贡献以及未来应遵循的方向和范式的质疑（Chen，2010; Tsai, 2016）。部分学者提倡，中国未来的学术研究应该以德鲁克式（Drucker-type）应用导向研究作为标准路径（Tsai, 2016）。他们认为此种方式能够最有效地响应推动本土研究的需要（Leung, 2012）和 / 或中国管理研究情境化的需求（Tsui, 2006）。然而，至今学者仍未针对构建中国管理理论的多种可能路径进行公开且具建设性的讨论（Barney and Zhang, 2009）。中国的管理研究正处于十字路口，其与教学两者的关系应属重要议题。此议题对于中国和亚洲的管理学学者至关重要，然而无论是《组织管理评论》（*Management and Organization Review*，MOR）还是《亚太管理学报》，这两个为促进东方管理学术发展而创立的期刊，均未探讨该议题。调查显示，2007 年到 2016 年间的 33 期《组织管理评论》和 41 期《亚太管理学报》都未将焦点从学术探究延伸至研究与教学的整合上。○

在此情境下，追求研究与教学并重、全球与本土平衡的中国与国际管理学者可从动态竞争理论的演进过程中获得相当程度的启发。30 年来，动态竞争理论已从结合中国传统哲学和西方社会科学的特定文化现象的研究主题（Chen, 2009）蜕变成一个成熟的理论视角和战略管理研究领域中活跃的研究方向（Chen and Miller, 2012），○ 如今更俨然成为跨情境研究领域的重要

○ 我在《亚太管理学报》上发表的两篇姊妹篇文章（Chen, 2009, 2010）提到过研究与教学整合的议题。本文与新进学者和博士生分享我在发展动态竞争理论过程中的学习经验，例如时间管理和培养整合思维。

○ 动态竞争理论的兴起是许多学者共同努力的结果（Chen and Miller, 2012）。本文以动态竞争理论的发展说明教研合一，其中很多方面反映了我的个人体会和职业经验。我的工作和生活相辅相成，因此，我从个体和专业的角度撰写本文，并插入一些逸事。我希望本文的叙述将有助于读者理解研究和教学领域，以及追求工作与生活平衡的 "人性学术"。

根基（Chen, 2016b）。随着动态竞争研究的不断发展，学者在教学和教学法上也不断进步。较为明显的是 Hitt、Ireland 和 Hoskisson（2015）等学者在其合著的知名战略管理教科书中，以一整章的篇幅介绍了动态竞争理论。而 McGrath（2013）则运用动态竞争的核心观点和见解，阐述了 "暂时性竞争优势"（transient advantage）概念的内涵。

本文基于文化双融的视角（Chen, 2014），将全球与本土、职业生涯与个人生活等独立侧面联结起来，期望至少做出三点贡献。首先，本文将展示动态竞争理论如何整合西方社会科学和东方思维各自的优势，特别是如何融合根植于中国传统哲学中的学术实践思想（Chen, 2016b）。本文将通过我在将动态竞争发展成为一个独特的研究领域，同时向 MBA / EMBA 教授该主题（包括课程设计、教学方法开发，以及为不同目的和不同读者撰写文章）的过程中的个人经验，说明这种学术探究路径如何适用于加强实践相关性。我用在《管理学会杂志》和《管理学会评论》等期刊上发表的文章，向商学院学生和专业人士教授动态竞争的理论观点和研究发现，这种方式可以为教研合一的实现提供原则和指导。同时，本文也展示如何在教学过程中开发针对商业人士的教学材料和文章，以及如何将从教学中汲取的想法和见解应用于研究中。

其次，本文也说明如何将动态竞争理论的核心观点和发现（例如竞争不对称性和竞争者换位思维）用以强化教学效果。

最后，也是最重要的，本文对目前中国或其他转型经济体的管理学者具有重要的指导意义。他们正致力于在西方主流期刊发表文章，同时需要平衡教学与研究以满足职业要求和社会期望。本文也将展示在印度和中国这样的新兴经济体中涌现的大量现象级议题如何得以发展，以拓展全球或主流的西方管理学的研究范围。在这一过程中，一个根本性的问题不容忽视：在当今中国乃至全球大环境下，"学术" 在管理学等应用性学科领域中有何意义？

需要指出的是，我的经验多少有些特殊，而且我并不试图为这一主题或学术生涯提出一个普适模型。然而，我的经验可以提供一种可能，其他学者可以参考如何遵循自己的兴趣，采取独特的方式来应对研究与教学的紧张关系。本文认为学术研究或课堂教学都是管理学者广义的"实践"的一部分。解决研究与教学间的紧张关系可以改善教学效果，也是通往平衡的管理学术生涯的决定性第一步。

12.3　研究背景

若从中国传统"学术"的概念来看，东西方在研究与教学（和 / 或实践）之间的分歧较大。东方强调知识与实践的整合或"合一"，把教学和教育视为学术的关键要素（Chen, 2014, 2016b）。本节将探讨中国传统的学术概念，突出一些中国传统哲学的核心原则，包括"精一"和"中道"。[⊖]接着以动态竞争理论作为案例说明教研合一的理念，并聚焦动态竞争理论中的重要框架和概念，例如察觉 – 动机 – 能力（awareness-motivation-capability，AMC）框架和竞争不对称性等，对这个研究领域的发展进行回顾。

12.3.1　中国传统哲学与学术

中国历史上的学术：知行"合一"。传统的儒家文化强调学行合一和知行合一，这一观点源于儒家经典《论语》一书。著名中国哲学家王阳明（1472—1529）普及了"知行合一"的观念，使之不仅遍及中国，也影响了

⊖ 在离开台湾之前，我有幸能投身于爱新觉罗·毓鋆老师门下学习中国经典。在他的指导下，我阅读了中国古代最杰出的哲学家的作品（前 772—前 221）。在我的学习过程中，我沉浸在孙子的著作和对他著作的各种解读中，这深深影响了我对动态竞争的研究。

日本和韩国（Chen, 2016b）。"知行合一"要求学者或教育工作者不仅联结研究与教学，还要融合学术研究和社会实践。知识如果无法用于解决实际问题，就是无用的。这种观点有助于持续追求学以致用以及专业精神与人文关怀的合一。

中国传统的"学术"概念与西方现行的"学术"概念有着本质区别。相较于西方学术犹如"象牙塔"的概念（此观点近年来已逐渐式微），依循儒家传统的中国学者需要超越纯学术研究的界限，教育学生并关怀大众是同等重要的责任（Chen, 2016b）。根据东方的学术传统，学者不仅致力于教育学生和门徒，还能影响整个社会，以此将理论和理念应用于实践。⊖当然，东方传统和西方传统之间并没有明显的界限，"东方"的教育学观念也不完全是东方的。实际上，东西方教学的鼻祖，孔子和苏格拉底，更相似而非不同。⊜

一直以来，中国始终信奉更广泛的学术观念。因此，根据唐代（618—907）儒学大家韩愈（768—824）所言，为人师者有三大要务：传道⊜、授业、解惑。时至今日，东方学者仍尊崇此思想传统，与西方盛行的"不发表，就毁掉"（publish or perish）的规则并不一致。过去 40 年来，这样的思维差异让中国学者在"全球化"（或全球美国化）的趋势中面临着独特的挑战。

精一。"一"的核心思想的源头可追溯到记载孔子主要思想的《论语》中，孔子曾说："参乎！吾道一以贯之。"（《论语·里仁四》）他的一名弟子

⊖ 这种学术的概念并非只存在于东方或者中国。方德万（2007）引用 Boyer（1990）的文章提到，许多西方学者也在实践"更广泛和更具延展性"的学术理念：学术工作也意味着从研究中跳出来，寻找联结点以建立理论与实践的桥梁。

⊜ 感谢匿名评审对这一点的强调，后文有与之对应的部分。

⊜ 道是所有中国百家（包括孔子、老子和孙子）的核心。道在中国思想中是一种最简单但也最复杂的思维：它表达的是一种"生活方式"、一个"自然规律"、一个标准或模式，或者说是一个根本性的道德准则。在实际意义上，"道"表示一种方法，一条小径或道路，或者一种手段。

（曾子）认为这种丰富且复杂的思想体系可精练为一种思维，就是忠恕。事实上，孔子终生之志便是追求"一"，也就是"1+1=1"，将万事万物合而为一。正是这个理念深深影响中国后世的学者和学术研究（Hsu, 2012）。根据这个哲学观点，看似"相反"的两个事物（例如白天与黑夜）可构成二元性（或整体性），这种概念的整合也呈现在汉语特定字词的矛盾结构，例如"矛盾"一词，就是由"矛"与"盾"所组成。在这样的思想体系下，研究与教学就好比是一枚硬币的正反面，应该合而为一、齐头并进，以确保通过应用来实现知识的发展以及对实践和社会的影响。理论和实践并非背道而驰，而是一个整体中两个相互依存和相互补充的部分（Chen, 2008a, 2008b）。

中道，人 – 我 – 合。在传统儒家思想中，"中"是儒家理想的"中庸之道"的精髓，指保持均衡地位并将各方期望纳入考虑。因此，"中国"（或者"中间之国"）表示保持整体性的世界观和平衡的生活（Hsu, 2012）；换言之，居于中间位置。《中庸》一书（和《论语》一样是记载儒家核心教育思想的"四书"中的一本）呼吁认同"中"的思维并付诸实践。追求兼容并蓄的整合需要灵活性、扩展性、创造力和（似乎矛盾的）简约性（或简单的"一"）。正如毓老师所言，无论这个世界多么繁杂，万物终归"你"（他人）和"我"（自身）（Hsu, 2012）。"人 – 我 – 合"的思想贯穿于中国古代的哲学思想中：相互依存的对立事物可以形成一个整体（Chen, 2002）或者"均衡状态"，包括研究与教学。

12.3.2 动态竞争：从被探讨的商业现象演变成一个研究领域

在动态竞争理论形成的初期，学者们主要探讨与竞争相关的现实议题和商业现象。从麦克米伦、麦加费利（McCaffery）和 Van Wijk（1985）探讨银行经理对新产品引进的响应，到我（1988）针对美国航空公司之间竞争性行动和响应的互动关系进行研究（1979～1986 年）[⊖]，均是从现实世界的商业和管理问题出发。动态竞争理论认为，企业竞争是动态且相对的，是交替不断的行动和对抗（Smith et al.，2001）；竞争优势只是暂时的；焦点企业与竞争对手的成对比较可以为竞争者分析提供一个清晰的视角。当追溯动态竞争的知识根源至中国哲学时，这些观点能够得到更为深入的理解（Chen，2016b），其对于动态竞争过程的相对性和情境性本质的概念（Chen，1996）更是不可或缺的。

市场共同性（MC）和资源相似性（RS）。竞争者分析采用对偶法，对两家公司从市场和资源两个维度进行比较（Chen，1996）。市场共同性和资源相似性勾勒出"多点竞争"（multimarket competition）（Gimeno and Woo，1996）和资源基础观（resource-based view）（Barney，1991）这两个著名的战略框架之间的互补性。相对性是中国哲学的一个核心概念（Chen，2016b），可为竞争者换位思维（Tsai et al.，2011）和关系型竞争（Chen and Miller，2015）等理论概念提供支持。

察觉 – 动机 – 能力（AMC）。AMC 的观点不仅得到了广泛的研究和实践应用（Chen et al.，2007），更成为综合各种动态竞争研究的核心框架（Chen and Miller，2012）。AMC 观点强调驱动竞争响应（和一般的战略行为）的三个要素：除非竞争对手察觉该公司的行动（和意图），有响应的动机，并且有能力做出响应，否则竞争对手就不会响应。企业的战略性任务，就是要从对手的角度来思考，也就是竞争者换位思维（competitor acumen）（Tsai et al.，2011），尽可能减少对手的行动或反应的察觉、动机和能力。

竞争不对称性。我（1996）采用 Tversky（1977）所提出的"相似性"（similarity）的概念，指出无论从市场共同性还是资源相似性的角度来看，企

⊖ 在我 1988 年完成博士论文整整 30 年后，一群杰出的战略学者于 2018 年 6 月在加拿大皇后大学举办了一场特别研讨会，以此庆祝动态竞争研究 30 年来的发展。对此，我深感荣幸。

业之间的竞争关系极少是对称的，即两个企业对彼此的竞争关系存在认知差异。DeSarbo、Grewal 和 Wind（2006）通过实证研究证明了竞争不对称性的存在。这种不对称性可以说明企业竞争和信息交流的感知差异和行为差异（Tsai et al.，2011），正如星巴克与麦当劳的例子（Adamy, 2008）。

竞争与合作。尽管动态竞争理论侧重于敌对竞争分析，但近年来学者们在拓展（或超越）核心概念上将合作也纳入了研究领域（Chen, 2008b）。我和米勒（2015）通过研究全球化和利益相关者的权力和多样化等问题，将传统竞争扩展到竞争与合作，以及"超悖论"（transparadoxical）（Chen, 2008a, 2008b）和关系型竞争（Chen and Miller，2015）等看似对立的视角上。从关系型视角来看，MC-RS 和 AMC 的两大核心框架均可用于合作关系的分析和应用。这个多维的框架扩展了企业间对抗的知识边界。除此之外，我（2016b）从中国传统哲学的角度追溯了动态竞争（一种看似典型的西方社会科学）的知识根源，直接将两种不同的思维范式联系起来，并展示了通过文化双融进行学术整合的前景（例如东方 – 西方、全球 – 本土、传统 – 现代、哲学 – 科学）。

在东方，对动态竞争应用的兴趣一直在稳步增长。例如，《哈佛商业评论》（全球繁体中文版）的一个专栏将动态竞争介绍为"后波特时代的企业优势"（Chen, 2008a, 2008b），很多商业媒体更加广泛地报道了这一研究主题。

12.4 应用：研究 – 教学与教学 – 研究

学术研究应用于教学可以采取多种方式，在课堂教学和商业实践中会产生不同的影响。从我的角度来看，动态竞争理论的发展过程为联系理论与实践、揭示教研合一提供了一个示范性案例。本文提出一些最有效地建立研究平台的方式，以此为基础可以建立教学项目、开发课程教材（例如教学案例），以及撰写针对商业人士的相关文章。这一过程也可以反过来促进研究，因此本文也将探讨教学如何影响研究。总之，本文将展示我一直奉行的职业准则，即以研究为中心的平衡发展，如何能最佳应用于包括教学在内的多种形式的实践。

12.4.1 课程开发与教学方法

动态竞争这一研究领域是随着我对 MBA 和 EMBA 学生教授这一主题的过程逐渐发展起来的，也是其他研究者共同努力的成果。1992 年在哥伦比亚大学，我在动态竞争研究初期开设了一门 MBA 的选修课程，简单命名为 "动态竞争研讨"。不像当时（至今也是）的其他 MBA 课程，该课程有个突出特点，即指定的阅读材料包含了刊登在《管理学会杂志》和《管理学会评论》等顶尖学术期刊上的论文。学生可运用这些论文中的概念和见解去解决他们感兴趣的商业和实践问题。学生们还会阅读未正式发表的工作论文，在课程开发的前几年，动态竞争尚未在管理学研究中站稳脚跟时尤其如此⊖。

随着我对这一主题的持续研究，课程素材也愈发丰富，学生得以接触到各种有助于了解企业在市场中如何 "互动" 的综合框架、前沿概念以及分析工具。该课程综合最新的动态竞争见解，跳出竞争与合作非此即彼的传统思维模式，认为两者是相互依存的关系（Chen and Miller, 2015）。因此，竞争和竞争者分析的相关概念、模型和工具也可用于理解企业间合作。附录 12A 和 12B 是 2018 年春季我在达顿商学院为 MBA 和 EMBA 开设的动态竞争课

⊖ 我清楚地记得在 1996 年的某个周六早上，我接到一位哥伦比亚大学 MBA 校友的来电。他特地打电话来表示感谢，因为之前在动态竞争研讨课程中有机会接触我（1996）写的这篇文章，让他得以在他当时的公司博思艾伦汉密尔顿控股公司（Booz Allen）中成功完成他个人的第一个大项目。当时这篇文章还只是草稿，获悉这篇文章的应用价值与持续性，我感到十分高兴（这篇文章后来获得了《管理学会评论》及 Academy's Business Policy and Strategy division 的最佳论文奖）。

程的教学大纲。

简单介绍一下这两门课。尽管 MBA 课程名中不再如在哥伦比亚大学时包含"研讨"一词，但是保留了阅读 6～12 篇《管理学会杂志》《管理学会评论》等期刊发表的学术论文的传统。从教学大纲可见，最近的一个学年，MBA 课程指定了 5 篇学术文章，没有任何教学案例（这点很不寻常，因为案例教学是达顿商学院的教学特色和专长）。[⊖]为了突出学术–实践整合的重要性，我在最后一堂课提出了一个包含两部分内容的问题："我们为何应当关心学术研究？作为管理者，我们能从中学到什么？"关于此问题的讨论有助于引起对系统思考的严谨性与实践相关性的重视，以及加强将前沿学术成果应用于商业实践的管理技能的培养。对于 EMBA 课程，我指定的阅读内容是两个案例，没有学术期刊的文章，不过在这里我们也安排时间进行至少一次有关联系实践和研究的深入讨论。

为了拓展 MBA 的阅读范围，我也指定几篇《哈佛商业评论》的相关文章和我所撰写的技术笔记，让学生能够接触从理论研究到商务实践的一系列读物。为了让学生更全面地理解动态竞争的应用，我用两次课设置了一个"整合与应用工作坊"（The Integration and Application Workshop）。此外，我还会邀请修过该课程的校友，回校分享他们如何将课堂所学应用于实际工作的经验（即教学大纲中命名为"从学术到实践"的五次课）。[⊜]而在 EMBA

⊖ 我任教过的几所学校之间也存在着一些研究与教学的有趣对比，哥伦比亚大学和宾夕法尼亚大学沃顿商学院只重视在少数几个学术期刊上发表文章；而在弗吉尼亚大学达顿商学院，教学处于首位，案例和书籍也被认定为研究成果。达顿商学院是教学导向型的学校，教授的大门随时都向学生敞开，并不像多数学校那样规定上班时间，学生有权利随时找教授讨论。

⊜ 我的一位 MBA 学生在 2003 年修了我的动态竞争研讨课程，他当时写了一篇题为"间接竞争"的技术笔记，在他毕业后，我邀请他每年回到学校用一次课分享经验。他第一次接触 AMC 框架时就为之着迷，一直将这个框架的思想和工具应用于工作中。他从计算机服务行业跨国公司的初级顾问一路升迁到该公司的一家国际合资企业的总经理和合伙人，目前在一家虚拟电子商务平台零售商任副总裁。在他每年回来分享时，能够了解他在心智和专业上的进步，本身就是一种无价的经验。

课程上，学生通过运用动态竞争理论前沿研究中的思想和见解，重点解决自己企业的问题或称 "燃眉之急"（教学大纲用词），并以此作为学期的研究项目来完成。课程作业则大部分围绕我针对这一主题所撰写的案例和技术笔记组成。

动态竞争课程的这两种不同的教学方式，得益于我与劳斯莱斯、慕尼黑保险、摩根士丹利、默克、HSM、腾讯以及中国国务院国有资产监督管理委员会等企业或机构的教学、咨询和交流经历。整合的思维方式，以及Mintzberg（2004）所说的 "培养管理者，而非企业管理硕士生" 的理念，从我在哥伦比亚大学得到第一份教职起就一直深深刻在我的心里。在那里，甚至在我开始讲授第一堂 MBA 课程之前，我就在该校著名的 Arden House 高管教育楼教授高级管理人员（或者准确地说，作为一名刚毕业的博士生 "与之共事"）。

为了促进教学 – 实践的协同作用，我经常与台湾地区一家领先的电信公司的高管团队进行 "提问 – 对话"（questioning-conversation）模式的交流（这也是我对所有公司教学和咨询工作的典型模式）。在我与该公司的第一次接触中，我从一个非常简单的问题开始：你们有多少竞争者？高管们确定了两个主要竞争对手，我让他们对这两个竞争对手进行排名。60% 的人认为 A 公司是最大的竞争对手，而另外 40% 的人则认为是 B 公司。这个简单的统计数据引发了一场围绕 "谁应该是我们的竞争对手" 的讨论，因为具有不同职能和背景的管理者对 "竞争对手" 的定义各不相同。由此，"我们该如何定义 '竞争对手' ？" 引出了对市场共同性和资源相似性、竞争不对称和竞争者换位思维等动态竞争核心概念的深刻见解。

实践经验和见解肯定有助于回答这些问题，但那些没有实践背景的人仍然可以在教学时运用这种对话方式。例如，你可以问："我们如何运用竞争者分析框架去分析诸如亚马逊、苹果、Facebook、微软和 Alphabet（Google）

等科技'五巨头'公司（可能还包括全球竞争对手阿里巴巴或三星）之间的竞争？"同样，缺乏实践经验的学者也可以每天用 30 分钟阅读《金融时报》《彭博商业周刊》《华尔街日报》和《经济学人》等媒体出版物来增加实践知识。

12.4.2　全方位教学法：整合研究、教学和写作，裨益学生、教师和实践者

表 12-1 展示了引导我进行非学术性文章写作的研究与教学的整合架构。此架构展示了我如何以研究为基础，在预测竞争响应、竞争与合作、间接竞争和文化双融等主题上，开发教学内容和教学方法（例如教学案例、教学笔记和技术笔记）以及撰写商业文章。达顿商学院非常重视教学，自我在这里任教以来，我的 MBA 选修课已经成为课程本身和其他 MBA / EMBA 核心战略课程商业案例与技术笔记的孵化器，同时也是我从事学术写作以及在《华盛顿邮报》和中文版《哈佛商业评论》等发表商业文章的思想源泉。

本文列举几个"以研究为中心"的平衡观点的应用实例。表 12-2 展示了我已经发表的一些以中英文撰写的教学案例、技术笔记和商业文章。我对动态竞争的早期研究（Chen and Miller，1994）形成了一些教学案例和技术笔记（例如 UVA-S-0116 和 UVA-S-0109），这一类成果主要是对动态竞争的概念介绍，如"行动与响应：竞争分析的基石"（UVA-S-0123）、"为优势而竞争：从产业分析法到动态竞争分析法"（UVA-S-0168）；以及基于直击、佯攻、诱敌等资源转置战略的"间接竞争：战略性考虑"（UVA-S-0102），其中，资源转置战略主题的学术文章也发表在《管理学会评论》上（McGrath et al.，1998）。另外，还有一篇关于中国公司如何进行间接竞争（UVA-S-0101）的教学案例。所有的教学材料都被纳入了我的 MBA 和企业教学中，这也转而为我的学术工作提供了思路和机会。其中不少材料是我跟我的 MBA 学生共同撰写的，这本身就是一个非常有益的过程。

表 12-1 研究与教学的整合：一个组织性架构

主题	预测竞争响应	竞争—合作	间接竞争	关系形式的竞争	精一	文化双融
案例	捷蓝航空与美国航空	新加坡港务局（PSA）与马来西亚丹绒柏乐巴斯港（PTP）	海南航空			文化双融：寻求多元文化的"中"
技术笔记	• 动态竞争：竞争行动和竞争反应 • 从行业分析法到动态竞争分析		• 间接竞争：弥散性考虑 • 间接竞争：资源转向		• 精一的力量 • 精一的力量：战略钻石模型	• 文化双融：给管理者和企业的一份指南
商业文章	《哈佛商业评论》繁体中文版专栏	《哈佛商业评论》繁体中文版专栏 • 竞争与合作：超越对立视角（CMM）	• 同接竞争（HBR-TC） • ICB Ch. 6		• 商业实践中的"精一"力量（TWP） • 精一管理：企业永续经营的生生之道（TBR）	• 文化双融：两种价值体系的和合（TWP） • 文化双融激活动态竞争（HBR-SC）
学术研究	MS 1992; SMJ 1994; AMJ 1995; AMA 2012	AMR 1996; AMJ 2007; JMI 2008; SMJ 2015	AMR 1998	AMP 2010, 2011; SMJ 2015	APJM 2009, 2010; CCSM 2016	APJM 2002; AMR 2014; AMP 2010

注：

AMA	《管理学会年鉴》(The Academy of Management Annals)	AMJ	《管理学会杂志》(Academy of Management Journal)
AMP	《管理学会观点》(Academy of Management Perspectives)	AMR	《管理学会评论》(Academy of Management Review)
APJM	《亚太管理期刊》(Asia Pacific Journal of Management)	CCSM	《跨文化与战略管理》(Cross Cultural & Strategic Management)
JMI	《管理探究杂志》(Journal of Management Inquiry)	MS	《管理科学》(Management Science)
QJM	《管理学季刊》(Quarterly Journal of Management)(in Chinese)	SMJ	《战略管理学报》(Strategic Management Journal)
HBR-TC	《哈佛商业评论》(Harvard Business Review-simplified Chinese)	HBR-SC	《哈佛商业评论》(Harvard Business Review-traditional Chinese)(繁体中文版)
CMM	《管理学案》(China Management Magazine)	TWP	《华盛顿邮报》(The Washington Post)
TBR	《清华管理评论》(Tsinghua Business Review)	ICB	《透视华人企业：全球经理人指南》(Inside Chinese Business)

表 12-2 动态竞争理论教学材料与商业文章清单

案例与教学笔记：

海南航空公司：迈向直接竞争之路？(UVA-S-0101) 与教学笔记 (UVA-S-0101TN)

亚洲转运枢纽之战：新加坡港务局 (PSA) 与马来西亚丹绒柏乐巴斯港 (PTP)(A)(B)(C)(UVA-S-0109, -0110, -0111) 与教学笔记 (UVA-S-0108TN)

罗根机场争霸战：美国航空与捷蓝航空 (UVA-S-0116, -0117, -0118) 与教学笔记 (UVA-S-0116TN)

技术笔记：

精一的力量：战略钻石模型 (UVA-S-0237)

精一的力量 (UVA-S-204)

为优势而竞争：竞争行动和竞争反应 (UVA-S-0123)

动态竞争：从行业分析到动态竞争分析 (UVA-S-0168)

间接竞争：资源转向 (UVA-S-0103)

间接竞争：战略性考虑 (UVA-S-0102)

商业文章：

《精一管理：企业永续经营的生生之道》《清华经管评论》，2016 年 12 月）

《扫把生埃》《长江商学院》，2016 年 12 月）

《文化双融：两种价值体系的和合》《华盛顿邮报》，2016 年 7 月 30 日）

《战略已成过去式！》《中欧商业评论》，2014 年 9 月）

《"市场共同性 - 资源相似性" 架构的应用》《哈佛商业评论》繁体中文版，2013 年 5 月）

《商业生态系统：超越产业疆界的竞争》《哈佛商业评论》繁体中文版，2013 年 3 月）

《商业实践中的 "精一" 力量》《华盛顿邮报》，2012 年 7 月 8 日）

对于商业人士，我在定期专栏和偶尔发表的文章（包括在繁体中文版《哈佛商业评论》上发表的文章）中介绍并阐述我的学术研究的主要观点和发现。自 2010 年以来，我进一步将研究与教学的整合延伸到实践领域，在中国针对学者和商业人士举办动态竞争国际论坛年度会议。^一这个会议已经连续举办了 8 次，一直致力于分享前沿的学术研究和实践性的商业问题。其中许多与会者是我在中国顶尖商学院教过的 EMBA 和 DBA 学生。他们借此会议交流对动态竞争核心概念的应用，以动态竞争作为共同语言进行分享增进了大家对这一主题的认识。除此之外，这样的会议也不断推动着研究与教学的整合。

从教学到研究。从研究到教学的方向也可以反过来。例如，市场共同性和资源相似性（Chen, 1996）、资源转置和间接竞争（McGrath et al., 1998）的最初想法就是来源于我的几个教学案例，例如，在案例"宠物食品业的激烈竞争"（HBS-9-391-189）中，罗森普瑞纳、玛氏和雀巢等行业领先的公司必须在多产品、多市场的环境中，决定攻击和防御的市场区域。

我的另一项研究主题"文化双融管理"（此研究源于动态竞争研究，虽然是独立的，但是与之相关）采取截然不同的路径，例证了将教学应用到研究中的方法。1997 年，我在沃顿商学院为 MBA 和本科四年级的学生开设了一门名为"全球华人管理研讨"的课程（对应英文名为 Global Chinese Business Seminar，后来演化成"东方遇见西方：21 世纪管理的战略意义"，对应英文名是"East Meets West: Strategic Implications for Managing in the 21st Century"），这是我作为该校"全球华人企业发展中心"（Global Chinese Business Initiative）创始人的一项职责。^二正如教学大纲（附录 12C

---

^一 该会议由中国著名的大学主办，包括台湾成功大学（2010 年）、台湾政治大学（2011 年和 2014 年）、复旦大学（2012 年）、清华大学经济管理学院（2013 年）和北京大学光华管理学院（2015 年）。自 2016 年以来，由我所教的中国高管和 EMBA / DBA 主持这一活动。

^二 以"西方遇见东方"作为 2011 年国际管理学会年会主题（也是 2015 年《管理学会杂志》特刊的核心主题），是我身为国际管理学会主席的要务之一。

和 12D）所示，所有指定的阅读内容都出自商业文章和媒体报道。这门课促使我完成了著作《透视华人企业：全球经理人指南》。从那时起，我围绕这一主题撰写过多篇学术论文（包括前文提及的 2014 年发表于《管理学会评论》的论文）。此主题的研究成果和著作促成了一门新课程"文化双融战略管理"（或称"文化双融战略"），2016 年我在达顿商学院和北京的清华大学苏世民项目中开设了这门课。这门新课程的开设，反映出从"全球华人企业"到"东方遇见西方"，再到"西方遇见东方"以及"文化双融战略"这 20 多年来的研究进程。

12.4.3　提升教学成效

动态竞争的几个核心概念，例如行动 – 响应、竞争者换位思维等，皆有助于提升教学效果。我一直运用这些观点和分析工具来加强教学定位和能力。其实，课堂动态本身就是以行动 – 响应的互动为中心，在互动中通过教师的提问激发学生的思想碰撞和对话。当然，具备某些特定特质的行动有助于引发学生的响应。同样，其他概念和观点，例如 AMC、响应障碍和竞争不对称性等，在课堂上与在研究或商业情境中同样重要。我会投入很多时间准备问题，以激发学生之间的思想交流和讨论。在这个过程中，我对如何在写作中提出重要的研究问题有了新的见解。另外，时机是动态竞争研究中一个相当重要的概念（Chen, 2016b），在教学中同样重要，我已经掌握如何适时提问，以激发学生的热烈讨论。

同样，作为教师，我们要记住竞争者换位思维的精髓，即让自己站在竞争对手的立场上，可以延伸应用于各种形式的"对手"。正如实践中这种观点可应用于客户和经销商，在课堂上我们需要从每名学生的角度来观察学习体验。因此，我通常会在上课前先收集每名学生的基本信息，例如教育背景和工作经历、个人和专业兴趣以及职业生涯抱负等。从学生的视角出发，他们对哪些话题感兴趣？他们最关心的议题是什么？我要如何利用他们的专业知识和兴趣来提升课堂内对话的质量和互动性？其实，这种以"对方"为中心的方法和 AMC 视角的应用，与苏格拉底 – 孔子的教育方法是一致的。

同样，运用竞争不对称性的观点，教师应该尽可能拉近与学生之间的（知识的和心理的）距离。此外，研究表明动机可能是（竞争）响应三大驱动因子 AMC 中最重要的预测指标（Tsai et al., 2011），教师可以采用各种方式将重点放在每名学生的动机上，包括一般性学习和针对课程中不同主题的学习、课堂参与以及个人作业等。

12.5 对研究、教学和学术生涯的意义

本文通过结合"精一"和"文化双融"等中国哲学思想，从以下三个层面提供启示：动态竞争、中国和 / 或国际化管理、整体的学术工作。此外，本文也针对跨文化背景中管理学教育和学术研究的基本概念提出几个问题，并从学术和实践的角度提出个人见解，期望能够对确立教学（和研究）的新方向有所裨益。最后，希望我的学习和研究经验的分享能为其他学者在教研合一（这也是学术生涯中的关键要务）上带来一些启发。

12.5.1 对教学与研究的意义

动态竞争。过去 30 多年来，动态竞争理论的发展丰富了战略管理的学术研究。相较于过去的研究，本文扩展了探索实践问题的研究范畴，特别是在教学和教育方面。本文以我的经验为基础，展示了几个向 MBA 和 EMBA 讲授这一主题及其核心理论见解的方法。同时，本文通过持续拓展动态竞争理论的知识边界，将研究重点从知识创造转向知识吸收和实践应用（Pacheco and Dean, 2015），扩展了近期的学术研究（Chen and Miller, 2015）。这一发

展非常重要，原因如下：首先，管理学本身就是一门应用学科（Hambrick，1994）；其次，学术严谨性与实践相关性的紧张关系（和两者可能的整合和均衡状态）是研究的首要议题（Daft and Lewin, 2008; Gulati, 2007）；最后，探讨市场中企业之间互动现象以及市场参与者彼此竞争（合作）关系的理论化，这些研究随着这一主题的发展而逐渐增多。

文化双融。我（2014）探讨"文化双融"（融合全球和本土、宏观和微观等二分议题的过程）如何协助个人、团体、组织和社会整合看似互不兼容的对立双方的最佳特质。文化双融的概念现已应用于竞争–合作（Chen，2008a, 2008b）、东方–西方（Chen and Miller, 2010）以及哲学–科学（Chen，2016b）等各种研究中。本文将文化双融的概念应用于研究–教学议题，以及在一定程度上应用于东方–西方情境下学术研究与教育的整合。正如柏拉图所揭示的，苏格拉底式教学法（西方哲学和教育方法的基础）至今仍被认为是一种"西方"的启蒙主义形式。然而在孔子的《论语》中，我们发现其与苏格拉底的辩证方法有惊人的相似之处。这两种思想在许多方面交汇，揭示了一种我们认为是"苏格拉底–孔子"的文化双融的整合思维形式。而在东西方文化双融的背景下，则可能会引发一些疑问，诸如：我们该如何将学术研究成果转化为实践管理和教学工具？在不同文化和历史情境下，研究和学术意味着什么？更具体一点，强调平衡、整合与精一的中国哲学对于研究工作、学术生涯和个人生活有哪些意义？

学术研究。如前文所述，学者的研究工作涵盖许多层面，包括各种各样的活动。然而，从哲学（或规范）和实践（或描述）的观点来看，很少有人关注学者的专业取向和活动在不同制度与文化背景下的典型差异。本文针对当今全球情境中的管理学研究和教育的本质提出相关问题。此反思议题的提出是基于我作为一名"文化双融"学者，同时涉足西方社会科学和中国哲学与文化的30年学术工作。此双边主义支持本文的核心观点：从广义来看，包含合作维度的动态竞争，是一个非常适合探讨教学和商业实践等人类活动的研究课题。下面列举几个有意思的研究主题：哪些条件可促成研究和教学双融的整合，而且能使两者相辅相成、相得益彰？管理学者的主要利益相关者是谁，以及管理学者的主要活动应该是什么？每个利益相关者和活动的相对重要性，在管理学者不同的职业生涯阶段有何不同，又有哪些文化差异？

在中国和国际学术界，一个关键的考虑是：学者该如何从本土相关的观点来定义自己的角色和安排各种专业活动的优先顺序（Han, 2009）？鉴于中国的历史和文化遗产，作为一位承担 "社会使命"（Tsui, 2013）或 "入世" 的学者（Van de Ven, 2007），首要之务是做一名关注教学、授课表现突出、关心学生的教育工作者。对于中国学者而言，除了学习研究方法或科学哲学，也必须重新拾起人文哲学，包括中国传统哲学。通过接触中国历史和哲学，学者应当能找到众多重要且有趣的研究课题。动态竞争理论的出现和兴起为我们提供了一个具有启发性的参考范例：如何将一个以现象为基础的特定文化主题发展成为一个跨情境、以理论为基础的研究领域，并获得主流学术界的认可。同样，中国和国际学者应保有热情，专注于某个重要的中国的或特定文化的商业现象，以兴趣为切入点，然后致力于研究此学术主题。言及此，我不禁想起迈克尔·希特，他在我的学术生涯刚起步时担任《管理学会学报》的编辑，他当时锲而不舍地问我："你的理论是什么？" 大多数情况下，我不得不从其他研究领域援引各种观点和见解。其实，动态竞争最初是从波特（Porter, 1980）著名的产业与竞争者分析发展而来，同时也与20 世纪 80 年代早期研究企业竞争的其他理论息息相关（Chen and Miller, 2012）。

教学与教育。本文提出了教学与教育发展的许多现实议题。虽然动态竞争这独树一帜的学术领域看似与教学不太相关，但是其中的理论见解和发现（如 AMC 和 MC-RS）能够形成实践观点和工具，以提高课堂教学的质量。

这种对研究 – 教学应用有效性的深入探讨，不仅对动态竞争理论，也对企业资源基础观（Barney, 1991）等一般性主题和仿制等特定情境主题都具有重要的意义。

与投入到帮助博士生提升研究能力上的时间和努力相比，我们在培养新学者和发展他们的教学方面的投入可以说是微不足道。当然，前提是这些年轻学者已经很了解该研究主题，且能够从"教学过程"中学习。我们也常听到以下说法："别担心，就算你教学搞砸了也没关系，毕竟教学只占绩效考核和晋升的一小部分权重。"对于某些注重严谨性的研究型学者而言，教学只不过是一件不想做但是必须得做的事。为了尽可能减少这种脱节的状况，有时会由一群学者进行研究，而由另一群学者主导教学（特别是 MBA / EMBA 课程）。在中国，这种做法反而扩大了两者之间的鸿沟，招致外界对实践中管理的相关性问题产生怀疑（Chen, 2010），以及对管理学者在社会中扮演的角色产生更大的担忧（Han, 2009）。

12.5.2 研究局限和未来发展

首先，本文并未深入考察教学与研究两者的差异（感知的或者实际存在的）的根本原因，仅就中国而言提出源于历史的不同观点和学术期望。期盼未来的研究者能在今日的环境中通过探究不同制度要求和规定等关键因素来开展研究和教学工作，正面解决这一问题。依循这一脉络，本文将学术（课堂）教学看作管理学者广泛定义的"实践"的一部分，可能包括企业教学、咨询、经济和国家政策制定。学术 – 实践平衡值得研究，但这是一个超出本文范围的课题。本文提出的一些问题，可能最好从制度和 / 或学术政策层面，而非个人层面来加以解决。例如，自成立以来，亚洲管理学会（Asia Academy of Management）经历了令人瞩目的成长。它的期刊《亚太管理学报》是否应该包括关于教学与研究整合的部分，或者拆分出一个关于这个主题的独立期刊，可以学习国际管理学会的做法，针对不同目的和受众提供一系列的期刊。其次，尽管我已结合我在研究与教学整合（或精一）的个人经验，但本文并未考虑到学者在职业生涯各个阶段会有不同需求，会采取不同方法应对整合的挑战。

本文所传达的"一"的信息，即在我们的专业追求中把研究和教学作为整体的一部分，是非常必要的。本文仅给出了我在个人的职业生涯中所获得的一些经验和见解，例如"从研究到教学和从教学到研究"。其他学者应当根据自己在职业和生活中的"一"来探索一些方法，将他们的个人兴趣和专业兴趣、长处和短处考虑进来，在他们的学术环境中寻找到合适的平衡（Chen, 2016a）。这种追求正与《中庸》里面一句非常经典的话相一致："率性之谓道"（遵循本性，并发挥到极致，是通往道或生活之路的不二法门）。

最后，中国学术向来表现出以行为、行动导向为主的趋势，与当代西方主流的思想和实践形成对比，因此会出现几个问题：中国学者该如何界定学术研究，以便同时满足传统中国和当今全球的期望？能否实现文化双融或者在个人和制度层面形成一种"合一"的思维模式和实践？如果不能，学者们又该如何在个人层面尽可能减少这个期望的不平衡状态所带来的压力？最后一点，对西方管理学术界而言，广义的中国学术观点能带来哪些启发？

12.5.3　教研合一所面临的挑战：借鉴与反思

迈向以研究为中心、平衡的学术生涯。对于管理学者来说，研究通常是主要的关注点，但我们也可以在教学、服务和写作之间找到平衡。从职业生涯的角度来看，这种和谐应该被看作是一种日常的、终生的追求。无论是在专业层面还是在个人层面，"合一"这个思维都让我从中获益。"合一"这个概念看似简单，但执行起来却颇具挑战性。它需要将一个大的"一"分解成许多小的"一"，并将它们重新整合成一个更大的整体。这一过程需要严格的时间管理、自律和持续的"战略－执行、执行－战略"的"合而为一"的努力。

对儒家学者来说，教学和学术写作是"一体两面"；只是受众和形式不同罢了（即使二者的时间要求相同）。我一直被合一的理想所驱动，寻求机会去整合和跨越研究－教学的鸿沟，在更大的图景中，我不断致力于"让世界变得更小"这一目标（Chen, 2014）。在研究生涯中，我始终专注于一个核心的研究议题：何谓竞争（Chen, 2009）？这一追求要求我必须首先确保从管理实践现象发展而来的动态竞争，可以被主流管理学期刊接受（Chen, 2010）。而早期我所追求的"一"，就是持续尝试在 *AMJ* 和 *AMR* 等少数权威期刊上发表（Chen, 2016a）。

由于这种合一的概念与研究和服务之间的权衡（以及可能的协同作用）有关，在我们的实践观念中，我的方法是将其转化为学术项目，甚至包括教职人员招募、设立研究中心或履行学会主席职责等行政义务。所有这些只是构成整体的不同类型的学术工作。在我的职业生涯早期，我很幸运能在哥伦比亚大学与志同道合的导师和同事一起工作，尤其是唐·汉布里克、凯西·哈里根和吉姆·弗雷德里克森。这个战略小组的每一个成员共享一个整合的研究－教学／实践－服务的思维模式，同时渴望成为最好的研究者、教师和服务贡献者。凯西和唐主持了国际管理学会的商业政策和战略（现在是战略管理）部门，唐是国际管理学会第 48 届主席。我很荣幸能够追随他们的脚步。为了延续研究－教学－服务的传统，我作为一名学术创业者和导师，将火炬传递给下一代的学者和企业管理者：教授和实践我所主张的内容。在过去的几十年里，我创建了至少 8 个国际学术和企业教育项目，其中包括全球华人管理学者社群（CMSC），创办于 2006 年，当时有 26 名助理教授和博士生参加（现在有 600 多名成员）。我职业生涯中的乐事之一就是找到并邀请（通过沃顿商学院本科助理的帮助和几个月的研究）马云这"一"位企业家在纽约的一个商业论坛上发言，当时阿里巴巴只有 43 名员工和 80 万元资产（现在有超过 50 000 名员工和 5 000 亿美元的市值）。

时间管理。在我职业生涯的早期，为了集中精力做我的研究，我会试着将课程安排在下午，这样我就可以在早上完成我的写作（从凌晨 3 点开始）（Chen, 2010）。⊖严格遵守这个过程对于时间（和头脑）管理来说是必不可少的。就像所有刚开始的学者一样，我需要在课堂上树立声望，这需要每天投入大量的时间，不仅为了教学，还为了其他相关的活动，比如与学生见面，同时跟上企业实践的发展。正如任何一位跨界教学和研究的学者所知，这些不同的义务可能需要完全不同的思维模式，并且带来大量各种各样的任务，因为受众的需求和目的可能会有很大的差异，而且必须做好迅速转换"文化符号"（cultural code）的准备。在宏观层面上，我有幸在哥伦比亚大学商学院和沃顿商学院这两所研究型管理学院，以及将教学作为主要任务的达顿商学院任教。在每一所学校里，我都尝试把它的"对立面"文化双融地整合起来。

随时随地向他人学习。从一个典型管理学者的角度来看，教师可能讲授与自己的研究没有直接联系的本科生必修课，但仍然能够从讨论中找到例子用于论文初稿的意义或讨论部分，或作为新研究的初始想法。或者，可能一个研究课题非常特殊，以至于不能将其纳入课堂，但要求学生只花一节课的时间阅读教师的论文，就能从专业和个人的角度，让学生对老师（以及他或她的工作）产生令人惊讶的热情和欣赏。有些学生（如果不是大多数的话）会对教授的背景和兴趣产生真正的好奇心。

同样，老师可以给有动机的学生指定需阅读的文章，以达到"激活想法"的目的。在当今电子通信、社交媒体链接的大数据世界中，即使是在自

⊖ 早起工作（凌晨 3 点到 4 点），以及在下午晚些时候（下午 5 点到 6 点）打电话或进行其他交流活动的习惯一直持续到今天。为了保持"断开连接"，我在上午 10 点之前都不会打开我的笔记本电脑。在我做研究的最初几个小时里，我只会用钢笔和铅笔写作（包括这篇论文，它与我的 MBA 和 EMBA 教学以及其他任务之间是"间接竞争"的关系）。

己的领域里，发现作为"外行人"的学生具备一种近乎专业的学术水平也并不奇怪。我会永远记得，这些年来在无数来自学生的尖锐评价中，有一个比较特殊，因为它出自一位一所相对不知名商学院的 MBA 学生。在一个博士和教师的研讨会上，这位学生为我在 1996 年关于整合竞争者分析的研究（被《管理学会评论》接收并获得国际管理学会 Glueck 最佳论文奖）提供了深刻的观点和清晰的见解。那天我得到的教训是，一位"老师"可以向任何人学习，不仅仅是学术同事或博士生，还包括那些在某个主题上缺乏知识或专长的学生。

我认为，管理学者面临的最大挑战是，我们有太多人被灌输了这样一种观念，即研究和教学相互排斥，而不是互补；它们被锁定在一个非此即彼的关系中，而不是一个共存的"一"的关系。因此，优秀的研究者可能不会努力成为一位好老师，反之亦然。考虑到大学的双重目的和商学院的众多利益相关者，无论是在专业层面还是在个人层面，一个狭隘的、只专注于研究的思维模式和实践都是不幸的。在这方面，其他专业可能具有指导性。我与顶尖的外科医生进行过频繁的专业性和私人化的交流，他们也是医学领域的顶尖研究者／教授。这些学术实践者中有一些已经成为鼓舞人心的榜样，他们不断地让我思考自己的专业标准，以及学术和专业在医学、法律和管理等应用领域的意义。的确，管理学可能需要从其他领域学习很多东西。

提问：符合苏格拉底－孔子思想的方式。专注于在研究和教学中提出合适的问题，让我严格奉行"精一"的行为准则。在研究生涯早期，我深深体会到此举对于学术发表的重要性，因此我撰写论文时，在前两三页我必须有策略地安排核心的研究问题，这里所花费的时间大约会占写作时间的40%（Chen, 2010）。在教学方面，我会带一张标注少许问题的单页教学笔记到教室。至于如何提出合适的问题，我找到了很多资源，从像泰德·科佩尔（Ted Koppel）这样的擅长新闻提问的大师，到沉浸于苏格拉底－孔子思想的提问方式（Chen, 2014）。

作为一名战略教授，我在教授这门课程时的一个总体框架就是我所说的为获得持续的全球商业成功而构建的"战略 – 文化 – 执行三环链"。将这种观点应用于个人层面，文化就意味着价值观，或者使命和目的，以及我们如何定义我们在学术界的角色和我们对管理专业和学术的概念的理解。在过去的 20 多年里，在我所教授的所有课程中，我总是提出三个基本的核心问题：我们为什么来这里？我们为什么要关心此事？我们知道多少？在课程结束的时候，我问了两个新的问题，它们反映了我们学习的进展：我渴望成为什么样的人？我应该在哪里迈出第"一"步？

从职业生涯和人生的角度来看，我在教学中的第"一"步，就是立志成为一个全面整合教育和研究的实践者。当我获得 2014 年国际管理学会杰出教育家终身成就奖时，我获得了比个人荣誉更重要的东西：对自己致力于研究 – 教学合一的价值的肯定。

12.6 结语

让我以两个小逸事作为总结。几年前，我与路江涌教授通 Skype（路教授如今在北京大学光华管理学院的组织与战略管理系担任系主任）。当时，路教授的研究生涯才刚起步，还在东西方学术环境中努力寻找自身定位。正如所有年轻学者（任何刚开始学术生涯的学者），当晚他也是工作了很长时间，心情有些沮丧，言语中略带愤慨："为什么我们中国学者一定要比美国学者努力得多？"我只答道："因为中国的历史比美国更悠久！"中国学者除了要学习西方学术界最前沿的现代社会科学，也必须衔接中国数千年来积累的智慧结晶。连接这两种相互竞争的范式，需要投入时间、专注、承诺和毅力。

另外，最近我有机会与深圳大学的韩巍教授和北京师范大学的赵向阳教授交流，这两位教授都是声望很高的后起之秀。韩教授问："在当今学术环境中，做一名合格的教师就够了吗？"我回答："绰绰有余。"然后我问他们："管理学者是否可以称为中国当代的'士'？纵观中国历史，士一向是备受景仰的职业，在传承传统方面发挥着重要的社会作用。"他们马上回答："当然不是！"我回答道："如果是这样，那么现代中国的哪个职业或哪一群人应扮演这样的重要角色？"

由于中国数千年来积累的文化，中国社会已经对学者或教育者的地位和其在社会中应扮演的角色形成了一种不同的观念，并被寄予极高的期望。2500 年前的孔子被中国后世誉为"万世师表"。在中国历史中，教学（或"教育"）与研究、写作之间的关系确实密不可分。体会到这个基本差异，是迈向中国或本土管理学研究情境化（contextualization）的第一步。同样，中国管理学理论发展（或许称为独特的中国管理学理论更为恰当）可能只有在我们完全接受这一基本事实之后才能开始。

《中庸》是我每晚的睡前读物，此经典著作对我个人的东 - 西学术追求影响深远。有一点特别具有启发性。在顶尖学术刊物（或被一些领先研究机构视为研究宝库的"四大期刊"）和案例出版物或基于单一样本的现象研究之中，有众多选择可以引导我们成为自己期望成为的研究者。同样，在只教学和只研究这两种极端中间，也有各种选择可以决定我们要成为哪种类型的学者（如教学型的研究者或研究型的教师），正如在研究和教学两种极端中间存在着很多实现平衡或为两者合理分配时间（和头脑）的可能。在一个人的职业生涯中，这种平衡可能会因不同的阶段和时间而有所不同。正如西方谚语所言，"条条大路通罗马"，或者按传统儒家思想，"世界大同"是最高理想，"世间所有生物均和平共处，而不互相冲突"（万物并育而不相害，道并行而不相悖）。

　　在当今东 – 西方文化背景下要成为一名管理学者，意味着要实现文化双融的理想，成为一名专注的研究者和敬业的教师。实现这一平衡极富挑战性，但也很有趣。正如《礼记·学记》（另一部儒家著作）所述，"教和学相辅相成，互相促进、成长"（教学相长），我从整个生涯中遇到的所有作为"学习伙伴"的学生身上学到：倾听与被倾听、教与被教、引导与被引导，这些都是"同一件事"。

参考文献

[1]　ADAMY J. McDonald's takes on a weakened Starbucks[J/OL]. The Wall Street Journal, 2008, January 7.

[2]　BARNEY J. Firm resources and sustained competitive advantage[J]. Journal of Management, 1991, 17(1): 99-120.

[3]　BARNEY J B, Zhang S. The future of Chinese management research: A theory of Chinese management versus a Chinese theory of management[J]. Management and Organization Review, 2009, 5(1): 15-28.

[4]　BOYER E L. Scholarship reconsidered: Priorities of the professoriate[M]. Princeton, NJ: Carnegie Foundation, 1990.

[5]　BREW A, BOUD D. Teaching and research: Establishing the vital link with learning[J]. Higher Education, 1995, 29(3): 261-273.

[6]　BRUTON G D, PENG M W, AHLSTROM D,et al. State-owned enterprises around the world as hybrid organizations[J]. Academy of Management Perspectives, 2015, 29(1): 92-114.

[7]　CHEN C H. What management research do we need in China? (In Chinese)[J]. Chinese Journal of Management, 2010, 7(9): 1272-1276.

[8]　CHEN M J. Reflecting on the process: Building competitive dynamics research[J]. Asia Pacific Journal of Management, 2010, 27(1): 9-24.

[9]　CHEN H H. Competitive advantage in the Post-Porter era[J]. Harvard Business

Review(traditional Chinese),2008(9): 66-69.

[10] CHEN M J. Competitive strategic interaction: A study of competitive actions and responses[D]. Unpublished doctoral dissertation, University of Maryland, USA, 1988.

[11] CHEN M J. Competitor analysis and interfirm rivalry: Toward a theoretical integration[J]. Academy of Management Review, 1996, 21(1): 100-134.

[12] CHEN M J. Transcending paradox: The Chinese " middle way " perspective[J]. Asia Pacific Journal of Management, 2002, 19(2): 179-199.

[13] CHEN M J. Reconceptualizing the competition-cooperation relationship: A transparadox perspective[J]. Journal of Management Inquiry, 2008, 17(4): 288-304.

[14] CHEN M J. Competitive dynamics research: An insider's odyssey[J]. Asia Pacific Journal of Management, 2009, 26(1): 5-25.

[15] CHEN M J. Becoming ambicultural: A personal quest— and aspiration for organizations[J]. Academy of Management Review, 2014, 39(2): 119-137.

[16] CHEN M J. Academic entrepreneurship: The journey of competitive dynamics from zero to N[J]. Quarterly Journal of Management (in Chinese), 2016, 1(3): 1-16.

[17] CHEN M J. Competitive dynamics: Eastern roots, western growth[J]. Cross Cultural and Strategic Management, 2016, 23(4): 510-530.

[18] CHEN M J, MILLER D. Competitive attack, retaliation and performance: An expectancy-valence framework[J]. Strategic Management Journal, 1994, 15(2): 85-102.

[19] CHEN M J, MILLER D. West meets East: Towards an ambicultural approach to management[J]. Academy of Management Perspecitives, 2010, 24(4): 17-24.

[20] CHEN M J, MILLER D. Competitive dynamics: Themes, trends, and a prospective research platform[J]. Academy of Management Annals, 2012, 6(1): 135-210.

[21] CHEN M J, MILLER D. Reconceptualizing competitive dynamics: A multidimensional framework[J]. Strategic Management Journal, 2015, 36(5): 758-775.

[22] CHEN M J, SU K, TSAI W. Competitive tension: The awareness-motivation-capability perspective[J]. Academy of Management Journal, 2007, 50(1): 101-118.

[23] DAFT R L, LEWIN A Y. Perspective-Rigor and relevance in organization studies: Idea migration and academic journal evolution[J]. Organization Science, 2008, 19(1): 177-183.

[24] DESARBO W S, GREWAL R, WIND J. Who competes with whom? A demand-based perspective for identifying and representing asymmetric competition[J]. Strategic Management Journal, 2006, 27(2): 101-129.

[25] GIMENO J, WOO C Y. Hypercompetition in a multimarket environment: The role of strategic similarity and multimarket contact in competitive deescalation[J]. Organization Science, 1996, 7(3): 322-341.

[26] GULATI R. Tent poles, tribalism, and boundary spanning: The rigor-relevance debate in management research[J]. Academy of Management Journal, 2007, 50(4): 775-782.

[27] HAMBRICK D C. What if the Academy actually mattered?[J] Academy of Management Review, 1994, 19(1): 11-16.

[28] HAMBRICK D C. Teaching as leading[M]//Hambrick DC. Researchers hooked on teaching. London: Sage Publications, 1997: 242-254.

[29] HAMBRICK D C. The disintegration of strategic management: It's time to consolidate our gains[J]. Strategic Organization, 2004, 2(1): 91-98.

[30] HAN W. The mission of management scholars (in Chinese)[J]. China Management Magazine, 2009(4): 64-68.

[31] HEALEY M. Linking research and teaching exploring disciplinary spaces and the role of inquiry-based learning[M]//Barnett R. Reshaping the university: New

relationships between research, scholarship and teaching. McGraw Hill: Open University Press, 2005:67-68.

[32] HITT M A, IRELAND R A, HOSKISSON R E. Strategic management: Competitiveness and globalization[M]. 11th ed. Cincinnati: Cengage Learning, 2015.

[33] 许仁图．礼元录：毓老师说 [M]．高雄：河洛图书出版社，2012.

[34] HUANG J Y, CHOU T C, LEE G G. Imitative innovation strategies: Understanding resource management of competent followers[J]. Management Decision, 2010, 48(6): 952-975.

[35] LEUNG K. Indigenous Chinese management research: Like it or not, we need it[J]. Management and Organization Review, 2012, 8(1): 1-5.

[36] MACMILLAN I C, MCCAFFERY M L, VAN WIJK G. Competitor's responses to easily imitated new products: Exploring commercial banking product introductions[J]. Strategic Management Journal, 1985, 6(1): 75-86.

[37] MCCLOSKEY D N. Bourgeois equality: How ideas, not capital or institutions, enriched the world[M]. Chicago: University of Chicago Press, 2016.

[38] MCGRATH R G. The end of competitive advantage: How to keep your strategy moving as fast as your business[M]. Boston: Harvard Business Review Press, 2013.

[39] MCGRATH R G, CHEN M J, MACMILLAN I C. Multimarket maneuvering in uncertain spheres of influence: Resource diversion strategies[J]. Academy of Management Review, 1998, 23(4): 724-740.

[40] MINTZBERG H. Managers not MBAs: A hard look at the soft practice of managing and management development[M]. San Francisco: Berrett-Koehler Publishers, 2004.

[41] PACHECO D F, DEAN T J. Firm responses to social movement pressures: A competitive dynamics perspective[J]. Strategic Management Journal, 2015, 36(7): 1093-1104.

[42]   PORTER M E. Competitive strategy:Techniques for analyzing industries and competition[M]. New York: Free Press, 1980.

[43]   SCHUSTER J H, FINKELSTEIN M J. The American faculty: The restructuring of academic work and careers[M]. Baltimore: Johns Hopkins University Press, 2006.

[44]   SMITH K G, FERRIER W J, NDOFOR H. Competitive dynamics research: Critique and future directions[M]//HITT M, Freeman RF, Harrison J. Handbook of strategic management. London: Blackwell Publishers, 2001: 315-361.

[45]   TSAI W, SU K H, CHEN M J. Seeing through the eyes of a rival: Competitor acumen based on rival-centric perceptions[J]. Academy of Management Journal, 2011, 54(4): 761-778.

[46]   TSAI Y L. Internationalization and theoretical innovation of Chinese management research(In Chinese)[J]. Chinese Journal of Management, 2016, 13(8): 1135-1149.

[47]   TSUI A S. Contextualization in Chinese management research[J]. Management and Organization Review, 2006, 2(1): 1-13.

[48]   TSUI A S. The spirit of science and socially responsible scholarship[J]. Management and Organization Review, 2013, 9(3): 375-394.

[49]   TVERSKY A. Features of similarity[J]. Psychological Review, 1977, 84(4): 327-352.

[50]   VAN DE VEN A H, JING R. Indigenous management research in China from an engaged scholarship perspective[J]. Management and Organization Review, 2012, 8(1): 123-137.

[51]   WIARDA H J. Culture and foreign policy: The neglected factor in international relations[M]. Farnham: Ashgate, 2013.

附录 12A　2018 年 MBA 课程大纲：动态竞争（11:45—13:10）

课节	日期	题目	笔记
1	1 月 16 日（星期二）	成功一名文化双融的专业人士	"走向文化双融：个人追求以及组织诉求"
2	1 月 22 日（星期一）	综合竞争对手分析	阅读《竞争者分析与企业间竞争：面向理论整合》
3	1 月 23 日（星期二）	竞争行动与响应	阅读《速度、隐忍和选择性攻击：小企业的竞争行为如何与大企业区分》
4	1 月 29 日（星期一）	从学术到实践（I）	演讲人：Rodrigo Mendoza（高级副总裁，新产品开发／战略投资者计划，Capital One 银行；MBA07 级）
5	1 月 30 日（星期二）	间接竞争	阅读《在不确定影响范围内的多市场计策：资源转置战略》
6	2 月 5 日（星期一）	对手中心视角	阅读《透过对手的眼睛观察：基于对手中心视角的竞争者敏锐性》
7	2 月 6 日（星期二）	从学术到实践（II）	演讲人：Tadd Wilson(副总裁，ShopRunner；MBA03 级）
8	2 月 12 日（星期一）	从学术到实践（III）	演讲人：Benjamin Chen（创始人，Venductivity；MBA09 级 "竞合关系的概念重构：超悖论视角"）
9	2 月 13 日（星期二）	关系型的竞争	阅读《动态竞争的概念重构：一个多维的框架》注意学术文章阅读思考论文提交截止日期
10	2 月 19 日（星期一）	从学术到实践（IV）	演讲人：Saul Yeaton（首席运营官，Metis Machine；MBA08 级）注注期末论文进度报告提交截止日期
11	2 月 20 日（星期二）	整合与应用工作坊（I）	全班分成讨论小组
12	2 月 26 日（星期一）	整合与应用工作坊（II）	各小组在课上报告（书面或口头）他们的分析与发现
13	2 月 27 日（星期二）	从学术到实践（V）	演讲人：Jeff Tolonen（集团产品总监，DePuyMitek（一家强生旗下的公司）；MBA04 级）
14	3 月 5 日（星期一）	面向一个可持续发展的商业生涯	"反映在过程上：建立动态竞争研究"

附录 12B 2018 年 EMBA 课程大纲：动态竞争

课节	日期	题目	笔记
1	1 月 11 日 10:15—11:30	基础工作	"走向文化双融：给管理者及组织的一个指南"
2	1 月 11 日 11:45—13:00	动态竞争	案例："里根机场之争：美国航空 vs. 捷蓝（A）"
3	1 月 11 日 14:00—15:30	预测竞争性响应	"动态竞争：'行动-响应'式的竞争"
4	1 月 11 日 15:45—17:00	非直接竞争	"非直接竞争：战略考量"
5	1 月 17 日 19:00—20:30	学期论文进度报告（I）	在线课堂讨论
6	1 月 24 日 17:00	可递交：两篇进度报告的第一篇截止时间	可递交
7	1 月 24 日 19:00—20:30	学期论文进度报告（II）	在线课堂讨论
8	2 月 1 日 10:15—11:30	管理全球的竞争-合作	案例："亚洲转运中心之争：PSA vs. PTP（A）"
9	2 月 1 日 11:45—13:00	超越动态竞争	"竞合关系的概念重构：一个超悖论视角"
10	2 月 1 日 14:00—15:30	整合与应用工作坊	班级将分成讨论小组。每名参与者将同小组伙伴分享他们的学期报告的草稿，这会给予反馈并产生更深入的讨论
11	2 月 1 日 15:45—17:00	建设可持续发展的商业生涯	"反映在程序上：建立动态竞争研究"
12	2 月 7 日 17:00	可递交：两篇进度报告的第二篇截止时间	可递交
13 & 14	2 月 7 日 19:00—21:00	学期论文进度报告（III）	在线小组讨论

附录 12C　1999 年 MBA 课程大纲（东方遇见西方：21 世纪管理的战略意义）（星期四 15:00—18:00）

课节	日期	题目	笔记
1	1 月 12 日	介绍	《中国企业的全球网络》(1993,《哈佛商业评论》)
2	1 月 19 日	文化遗产：战略和竞争思维	《孙子的战略思维与当代商业》(1994,《商业地平线》)
3	1 月 26 日	文化遗产：社会和商业实践	《利用人脉获得竞争优势》(1996,《战略与商业》)
4	2 月 2 日	家族商业与中国商帮	《中国家族企业》(1996,《加州管理评论》)
5	2 月 9 日	传统中国商帮	《与 Taipan Li 面对面》(1997,《亚洲商业》)
6	2 月 16 日	中国企业转型的模式：新生代	《亚洲企业巨头的前路》(1993,《麦肯锡季刊》)
7	2 月 23 日	学期项目进站报告和演示	课堂演示 报告／概要（4～5 页）提交截止日期
8	3 月 2 日	21 世纪中国企业管理的启示	《迅速、全球化、创业精神：供应链管理与中国香港风格——采访 Victor Fung》(1998,《哈佛商业评论》)
9	3 月 16 日	中国大陆的跨国公司	《中国企业快照》(1998,《中国商业评论》)
10	3 月 23 日	中国大陆的华人企业	《和 Oei Hong Leong 一起在中国收购》(1995,《机构投资者》)
11	3 月 30 日	中国大陆企业的转型	《从机关车到摩托车》1995,《中国商业评论》)
	4 月 6 日	无课	期末论文草稿递交截止日期
12	4 月 13 日	红筹股：中国大陆新兴企业进入全球市场	《中国香港企业的变脸》(1997,《亚洲企业》)
13	4 月 20 日	评论	《桥接商业文化》(1998,《中国商业评论》)
	4 月 27 日	无课	期末论文截止日，为课堂上的其他小组各提供一份副本

附录 12D　2018 年 Schwarzman 学院课程大纲：文化双融的战略管理（13:30—14:45, 15:00—16:15）

课节	日期	题目	笔记
模块一：文化 – 战略 – 执行三环链			
1	4 月 2 日	文化双融战略：思维与实践	讨论："走向文化双融：给管理者组织的一个指南"
2	4 月 2 日	文化：东西方对比和整合	讨论："沟通的文化基础：关系构建的中国情境"
3	4 月 3 日	动态战略管理	案例："吉列上马传感器"
4	4 月 3 日	战略：东西方对比和整合	讨论：""一"的力量：战略管理的钻石模型"
5	4 月 4 日	执行：东西方对比和整合	案例："海尔：2011 年带着中国企业走向世界"
6-1	4 月 4 日	文化 – 战略 – 执行三环链	讨论："中道：时间与绩效的全面视角"
6-2	4 月 4 日	文化双融战略管理论坛 (I) 论坛时间将依实际情况调整	高管团：陆正心，执行总监，ICBC International-RT Capital；George Sun, 创始人及 CEO, Gorvest Capital; Baocheng Yang, 副总裁, 黄河科技学院
模块二：文化双融的领导力			
7	4 月 8 日	竞争在中国	案例："FedEx 在中国快递市场：直面紫禁城"
8	4 月 8 日	管理"悖论"	讨论："三星崛起的悖论"

（续）

课节	日期	题目	笔记
模块二：文化双融的领导力			
9	4月9日	管理竞争－合作	案例："亚洲转运中心之争：PSA vs. PTP(A)"
10	4月9日	超越动态竞争	讨论："战略敏感度：竞争者分析的核心"
11	4月10日	战略1-2-3	案例："文化双融：寻找多文化的中道"
12	4月10日	领先的文化双融企业	案例："林肯电气：海外冒险"
13	4月11日	建设全球领导力	讨论："建设跨文化领导力：采访 Carlos Ghosn"
14	4月11日	文化双融的领导力和组织工作坊（Ⅰ）	班级会分成讨论小组
15	4月12日	文化双融的领导力和组织工作坊（Ⅱ）	小组将在课上演示他们的分析和发现
16-1	4月12日	成为文化双融的领导者	讨论："反映在课过程上：建立文化双融研究"
16-2	4月12日	文化双融战略管理论坛（Ⅱ）论坛时间将依实际情况调整	高管演讲者：池宇峰，创始人和主席，完美世界集团

第 13 章

以文会友

群友的回馈与共勉

道术相融见真情，知行合一唯初心——读明哲老师文章有感

雷文勇（铁骑力士集团董事长）

陈明哲先生是我终生的明师。每读先生的文章，如亲见先生其人，儒者之风迎面而来，令人神清气爽。

明哲老师之文《理论与实践的"合一"：一个全方位管理学者的创业历程》，从思想根源上，为我们追溯了管理理论与实践的关系，并以特有的东方情怀，客观地评价理论与实践在东西方学术认知方面的差异，为学术研究者立下学术创业和实践创业的双重基石；进而明哲老师分享自己在动态竞争和文化双融两个领域的学术创业经验和心得，既是为寻求理论与实践相互结合及平衡发展职业生涯的学术工作者谏言，也是为我们这样处于动态环境中的企业实践者指路。如此倾囊相授，足见吾师真性情也。

明哲老师文中有言，"受传统文化的影响，中国的实践和学术研究历来密不可分"，他自己在"由理论到实践"和"由实践到学术"方面做到了知行合一、惟精惟一。我也要在我的企业里，实实在在地践行明哲老师的精一思想，让管理的深度、高度、广度和温度看得见、摸得着。同时，我们也要站在巨人的肩膀上，提升整个企业管理团队的学术研究水平，知行合一地去追寻我们的初心。

学贯中西，知行合一

张波（魏桥创业集团董事长）

前段时间，有幸拜读了陈明哲教授的《华夏智慧的知与行："明哲"方法与心法》一文，充分感受到了陈教授的"谦逊、尊重、平等、赤诚、开放、包容、博学、利他"等品质，真正地继承和发扬了华夏文明和智慧，其方法与心法不仅适于课堂，更适于企业管理和人生的各个层面。今又拜读陈明哲教授的《理论与实践的"合一"：一个全方位管理学者的创业历程》一文，最深的感受仍然是通篇贯穿着中国历史上一直传承的"知行合一"的价值观。山东是孔孟之乡、儒家文化发祥地，我生在山东，长在山东，工作在山东，对陈教授的"精一"有着更多的心灵共鸣。动态竞争阐述了竞争方式的多种多样，不仅包括竞争对抗，更重要的还有相互合作，互利共赢。文化双融通过推动东西方的融合、全球与局部地区的融合、学术与实践的融合、创造知识与应用知识的融合，中为洋用、洋为中用，实现了将学术研究、教学、实践、服务融为一体的"知行合一"，也使"让世界变得更小"的梦想越来越近。中国历来重视学以致用，只有通过"用"，才能使"学"更有意义、更有价值，反过来更好地促进"学"。陈教授的学术研究与教学、服务和专业实践的整合，就形成了这样一个完美的闭环。我们也期盼着管理学界在陈教授"精一"理论的推动下，正如医学界研发的新药应用于临床一样，做到在管理上药到病除，或止病于未发。陈明哲教授不仅是学贯中西的学术工作者，也是诲人不倦的教育家、全球著名的企业战略专家。于我而言，更是我的良师益友。因此，我衷心盼望关心企业发展的相关人士能够从陈教授的文中汲取养分，不断精进。

传承文化精髓，启迪今人智慧

田梅（中央电视台《经典咏流传》《朗读者》制片人、总导演）

能够听明哲教授讲课，和同学们一起踏上一次"启迪智慧"之旅，我感到十分荣幸。老师沉稳儒雅、虚怀若谷的风范给我留下了深刻的印象。每一次备课，他都会认真了解所有人的背景和故事，以至于我们在课堂上同他交流时，就像在与一位亲切的老朋友聊天，忍不住向他敞开心扉，分享一些肺腑之言。

明哲教授是一位完美的"伴读"者，同时也是一位积淀深厚、知行合一的教育者和创业者。他吸纳中华传统文化的精髓，将其运用到教育、管理、为人等各个方面，用古人的智慧启迪今人的智慧，这与我们当下所倡导的"传统文化的创造性转化和创新性发展"可谓高度契合。作为文化类节目的制片人和总导演，挖掘中华优秀传统文化的当下价值，向观众传递一种向上向善的正能量，这本身是一件艰难的事。有幸明哲教授提出的"文化双融""惟精惟一"等理念给了我极大的启发。先辈留下的无尽宝藏，对于当今的我们而言，有着极高的门槛。导演组在集体研讨的会议中，往往是以寻求简单的台本内容开始，以全体共同的精神润养结束。我也尝试着效仿明哲老师的"心法"，在集体思考讨论的活动中扮演一个"伴读"者。我发现，最终这档节目能够以比较顺利的状态录制完成并有不错的呈现，管理上的收获竟然大于业务上的收获——这真的令我感到惊喜。我们的导演在共同的讨论学习中，营造了一个知识富集的营养池，一种无形不可言状的工作方式给每个人带来了惊人的提升。启发、思考、众享等许多从明哲心法中粗略效仿的技巧让我深刻地领会到：明哲教授的这套方法与心法不仅能够引导管理者经营好企业，同时对于电视节目和文化传播领域也具有重要的借鉴意义。

　　中国传统文化博大精深，其中所蕴含的深刻哲理需要我们通过反复实践去领悟和掌握。明哲教授将多年学习华夏智慧结晶的心得，如"精一""执中"等传授与我们，他的付出和贡献怎能不令人敬佩！

教学相长，融贯东西

张鹏（中子星金融，创始人兼 CEO）

　　与明哲老师相识于十几年前，彼时我还是商学院的学生，机缘巧合，十几年后在清华的 EMBA 课堂再次见到老师。他的教学诠释了学术创业和实践创业相结合的知行合一精神，他了解每一个学生的商业背景、能力专长，又因材施教，互动交流，使理论渗透进每一个人的商业思辨和实践中，同时理论本身也得到更好的完善和发展。这种教学相长的精神在当下商业社会尤其难能可贵。中国古代士大夫阶层特别强调格物致知，学以致用；在现代社会，科研和学术体系基本以西方架构为基础，讲究实证研究。科学确实要求严谨和数据，但管理学是一门混沌和有序兼而有之的学科，纯粹的实证方法导致学者以固定范式及标准统计理论为工具发表论文，和企业实操脱节，并难以结合文化因素对管理理论进行创新，这也反映在近年来传统西方管理理论无法适应和指导中国新兴企业发展的现状上。主要原因是西方管理理论从泰勒的科学管理理论以来，要求确定性、可预测性的实证思想一直占主导地位，而互联网时代商业模式的不可测性、组织形式的灵活性对此形成了挑战。明哲老师提倡文化双融，就是尝试将东方文化的信、仁、以人为本的精髓融合到管理学中，从而更好地适应商界的需求，这既是学术创业，更是创新，我们都希望从老师数十年的东西方文化及理论研究中获取更多的养分。

观察，思考，表达

路江涌（北京大学光华管理学院组织与战略管理系教授、系主任）

重读明哲老师《理论与实践的"合一"：一个全方位管理学者的创业历程》一文，引发了我对认知世界的方法的思考。我认为，认识世界有三个步骤：观察、思考、表达。这三个步骤可以进一步分解成六个部分：观、察、思、考、表、达。

"观"对应的英文是 observation，是对事物的整体认知和宏观把握。"察"对应的英文是 investigation，是对事物细节的进一步微观探究。"观察"对于管理学者而言，就是要走近实践，近距离观察商业世界，既要对商业有宏观认知，了解管理的广度，也要对商业有微观体察，体会管理的深度。

"思"对应的英文是 construction，是对所观察到的现象进行框架性归纳。"考"对应的英文是 theorization，是对事物背后逻辑的理论性演绎。"思考"对于管理学者而言，就是要跳出实践，在近距离观察商业世界之后，对商业规律进行归纳和总结。

"表"对应的英文是 expression，是把观察和思考得出的成果表现出来。"达"对应的英文是 integration，是在观察和思考的基础上做到知行合一，做到理论和实践的整合。"表达"对于管理学者而言，一方面是要把观察和思考的成果发表出来，另一方面是要把成果应用到实践当中去。

明哲老师的学术生涯，是一个学者通过"观察、思考、表达"影响世界的典范。他在对企业间竞争和文化间融合所做的观察的基础上，进行了深入的思考，创建了动态竞争和文化双融两个理论体系，并通过在商业期刊和学术期刊上发表，以及影响商界精英，反哺商业实践，实现了学术理论和商业实践的"精一"。

春风化雨十余载

吴迅（美国密歇根大学罗斯商学院教授）

在仔细拜读《动态竞争的教研"合一"：文化双融整合》之前，我其实已经以各种方式受教于陈老师 10 多年，最大的感觉就是春风化雨。在这里，我想用几个小例子来尝试描绘一下这种感觉。我很内向，也不善言谈，但奇怪的是，在陈老师面前却始终感觉很自如，陈老师似乎会让你整个人放松下来。后来我把这个"诀窍"用在自己的授课、公开演讲，以及和业界交流合作等诸多情形之中。每当自己紧张之时，特别是交流时遇到英语或普通话不流利时，我就想象自己是在和陈老师一对一聊天，当成是在对话，自己的心态就会慢慢好起来了。在研究方面，我其实和陈老师使用的并不是同一种研究范式，但他的一些洞察慢慢地渗透、影响着我的研究，不知不觉启发了我在不同领域的研究灵感。比如，研究熊彼特创新过程中的竞争和学习动态；再比如，建模刻画中国企业全球产业链攀升竞争。陈老师潜移默化的影响，引领我取得了较为丰硕的研究成果。这些虽是我个人生活工作中的小事，但是我多年来感触至深，也是我个人对这篇文章的精髓（教研"合一"）的理解和应用。当教研互相滋润时，也能像春雨滋生自然万物一样带来很多更有趣的东西。谨以此作为阅读这篇文章的体会。

联结两种相互竞争的范式

焦捷（清华大学总会计师、教授）

我们所处的是一个梦想与挑战并存、思想与实践碰撞、西方与东方融汇的伟大时代。明哲先生无疑是当代战略管理研究领域集大成的学者和教育家。

他身体力行地从事着管理学知识创造者的工作，同时也孜孜不倦地充当着东西方知识传播者的角色。明哲先生对学术事业的追求令人敬佩，在学术事业上的成就令人赞叹。他能够将管理学界的经验与知识化繁为简，用他独特的智慧，将东西方文化融会贯通，创新性地提出文化双融的概念。与明哲先生的交流是与智者的对话。

惟精惟一，允执厥中。明哲先生不但时刻将此华夏文明的精髓体现在学术思想和研究中，而且深刻地贯彻在教学生涯当中，在为战略学科领域贡献知识的同时，不忘其传承和发展。明哲先生基于自己多年的教学研究经验和管理实践心得，提出了全方位教学法，整合研究、教学和写作，裨益学生、教师和实践者。这不但进一步体现出明哲先生对中国传统文化有着深厚的感情，而且事实上也对中国管理学者在把握教学与研究的关系上提出了更高的要求：中国学者除了要学习西方学术界最前沿的现代社会科学，也必须衔接中国几千年来积累的智慧结晶。联结这两种相互竞争的范式，需要投入时间、专注、承诺和毅力。明哲先生自身的奋斗经历就是这一要求的最佳体现。

明哲先生作为清华大学经济管理学院的杰出访问教授，他每年开设的文化双融课程深受学生们的欢迎。学贯古今、融合东西的深厚学识自不必说，先生对每一堂课充分的准备、对受教者生动的启发及真诚的互动，赢得了这些顶级商学院学生的尊重与认可。"教学相长""因材施教"被明哲先生发挥得淋漓尽致，无不充分体现了明哲先生所持续追求的"精一"信仰。

为学，传承开拓创新；为师，传道授业解惑。明哲先生的方法与心法，知与行，值得每位学者和同人的尊敬。

树立"专注、博学、关怀"的典范

吴思华（台湾政治大学前校长）

明哲兄是我硕士班的同学，40 年来一直保持联络，在互动过程中经常有机会向他学习。明哲兄长期在美国大学任教，专研学术，著作等身，说他是全球华人管理社群中教研合一学者的杰出典范，应无人置疑。

我长期在台湾地区任教，由于环境的殊异性，除了教研工作外，还需领导研究团队，持续探讨社会关注的新议题。团队中的伙伴们也有不错的学术表现，但由于关注的范围广，经常要研究新课题，所以不容易长期累积而自成一家之言。

个人有机会同时在学校和教育主管部门服务，承担较大的行政责任，亲身经历了许多重大决策的制定过程。虽在此过程中常有许多领悟，但自由时间零星破碎，不易将经验和体会转化成文字，系统地表达、论述。

今天细读明哲兄"教研合一"的论文深有所感，对他今日的成就更加佩服。我尝试对照自身的经验，提出三点看法，供年轻朋友们参考。

第一是专注。明哲兄以教研为他的志业，数十年如一日。从他的文章中可以知道，动态竞争理论最后能淬炼成简洁的架构和丰富的内涵，关键是他能够在 30 年教学研究的岁月中，对这个课题持续不断地钻研，不间断，不改变。

第二是博学。管理理论的地方适用性常是学界讨论的课题。明哲兄长期受西方管理理论的训练，但其发展的动态竞争理论在各地的应用均无违和感，我想关键在于其理论的纯粹性，以及他个人深厚的国学基础。动态竞争理论透过与传统儒家思想的直接对话，同时丰富了两者的内涵与意义，也打破了区域的局限性。

　　第三是关怀。理论的发展需要洞察力，而洞察力除了依赖深厚的学理基础外，还要能敏锐感知读者的回馈，这来自对使用者的真心关怀。

　　明哲兄在华人社群中关怀协助青年学者，一直受人称道。他经常将动态竞争理论放入课程和许多研讨活动中，我也参加过几次明哲兄主持的研讨。在讨论过程中，他认真聆听每位发言者的意见，并且记录、响应。明哲兄在文章中谦虚地说，许多学生的意见给了他很多启发。我想真正的关键还在于他真心关怀每个参与的同学，才能在互动中激发出新的灵感。

　　教学、研究与社会实践是现代管理学者无可逃避的基本责任，明哲兄这篇大作，确实值得每位新进管理教师认真研读，理解教研合一的实际做法。而他在学术旅途中，树立"专注、博学、关怀"的典范，更值得吾人学习。

教育之道无他，唯爱与榜样而已

方新舟（诚致教育基金会董事长）

明哲老师的《动态竞争的教研"合一"：文化双融整合》这篇文章，"以形成于西方的动态竞争理论为例，说明教学与研究如何平衡与整合，达到传统东方教育理念中的'合一'"。从表面上看，这是写给管理学者，特别是中国的管理学者看的。但往深一层去想，是写给每一位彼得·德鲁克所说的知识工作者的，因为知识工作者永远都在学习，都有时间压力，都在选择，都在执行。明哲老师用他的亲身经验来说明，一个有使命感的知识工作者，如果能管理好时间，坚持方法论，总能在艰苦奋斗后，在矛盾中找出上位思考的突破点。

2009 年我在台湾大学念 EMBA 时上了明哲老师的课。虽然我只上了短短的两天课程，却觉得被明哲老师的问题"电"了好几次。那时候，我在台湾创立的芯片公司即将上市，心里有一些成就感，也有一些困惑。明哲老师在课堂上的提问，看似简单，却促使我往更高层次思考。后来，我的公司被收购，我就顺势转换跑道，全职从事公益教育。这几年，我一直在学习教育的本质。明哲老师的身影常浮现在我脑海里。他很忙，可是只要他来台，一定抽空打电话问我的近况，给我打气。

我过去常以创业家自居。我认为创业家除了勇气外，更重要的本事是能无中生有，能把 1+1 变成 3。我几次创业都遵循这个思维模式，也都侥幸成功了。明哲老师也是创业家，他却采取了不一样的战略，他把 1+1 变成 1。从最早的动态竞争理论，到文化双融，到教研合一，他都身体力行地实践"合一"。

3 似乎比 1 大？其实不然。我的 3 像海滩上的沙粒，多不可数，少了 3 粒也没关系。明哲老师的 1 却是重如泰山，关系到文化、传承、使命感。

我是经过很多年后，才看出我和明哲老师的差别。谢谢明哲老师以身作则，让我看明白教育之道无他，唯爱与榜样而已。

成就背后是他的责任担当和自律精神

邵征（卢米埃影业创始人）

　　我在 20 世纪 90 年代初期进入哥伦比亚大学商学院学习，有幸成为陈明哲老师的学生。当时在北美商学院任教的华人教授寥寥无几，即便有，大多数也是研究金融工程或者计量经济学的，像陈老师这样专注于企业管理和发展战略的可谓凤毛麟角。几年前，一位姓周的同学告诉我陈老师在北京讲课，暌违近 20 年后重逢，陈老师依然那么亲切。这时我已经离开投资界，自己创业开了一家经营连锁电影院的公司。陈老师当年讲的企业发展战略和动态竞争等，正是我现在自己做企业时感到最缺乏的。另外让我瞠目结舌的是，在美国的时候，我只知道陈老师在西方经济管理科学方面的成就，并不了解他少年时代就跟随一代大儒爱新觉罗·毓鋆先生熟读国学经典，学贯中西。我在国外投资界工作多年，回到国内做企业，面对不同的经营环境、管理制度和人文文化，总觉得不接地气。陈老师非常宽容地让我重列门墙，邀我重听他的课，还送了我很多他的学术著作，让我在工作之余有机会沉下心来学习和思考。

　　在他送我的一本书上，陈老师写了如下的题词：Put yourself into the process, and the process will carry you through.（把你自己放在过程中，过程会带你渡过难关。）最好的比喻是直接跳到水里，流水会教你怎样游到彼岸。这句话最早是陈老师在哥伦比亚大学讲给我听的，每当我遇到新的挑战，不知所措的时候，就会想到这句话。陈老师讲的动态竞争和当下的时代非常贴合。技术的飞速发展正在颠覆很多传统行业，监管准入的变化也会带来新的竞争对手，以往范围有限的市场和封闭的竞争环境变成了开放、多元、随时变化的状态，客户的消费习惯也日新月异。对于经营者来说，唯一不变的就是变化本身，变化本身是常态。我们卢米埃影业已经成立 10 年了。10 年来我们的竞争对手和竞争方式不断在变化，除了不断从其他领域进入这个行业的同行，还有不断出现的新娱乐方式吸引年轻消费者的眼球，互联网等新技术也在改写和颠覆现有的产业结构和经营方式。如何适应这些变化，保持独特的优势，需要经营者随时随地学习、思考和创新。陈老师在他的研究、教学中一直也在求新求变，力图启发学生独立思考，适应不断变化的时代。

陈老师承袭毓老师的衣钵，主张知行合一，他本人就是儒家经世致用的典范。除了教学研究、著书立说，他还担任很多学术研究机构以及企业家机构的领导和组织工作，为华人企业的发展和华人企业管理学术研究倾注了很多心力，用他的智慧和经验直接影响和改变世界。每次我见到陈老师的时候，他都是精力充沛，记得每个学生的名字、工作经历和家庭状况，让我非常钦佩。而这样的成就并非凭空而来。在《动态竞争的教研"合一"：文化双融整合》这篇文章的最后，陈老师提到了时间管理，说他自己每天都是早上 3 点起来写作。这让我想起在哥伦比亚大学的时候，第一次去陈老师办公室请教，那是一个傍晚，我一进他的办公室就目瞪口呆了，书架上整整齐齐，书桌上空空荡荡，没有一本看了一半扣着的书，没有一张散落的废纸，没有一根横放的笔，整个办公室仿佛没有人用过的样板间一样。我印象中学者的书房里到处都是书籍，书桌上摆满各种图书、纸张、文具，包括我自己的书桌也是这样。陈老师笑着说，每天他工作完了都会收拾干净。陈老师的成就背后是他的责任担当和自律精神，除了他的学术思想之外，他本人的言行也给我们这些后学树立了榜样。我认识陈老师 20 多年，原本应该有更多的感悟，无奈资质愚钝且懒惰，终日纠缠于各种杂务，如入宝山而空回。真心希望未来自己能够努力学习陈老师更多的经验和思想，应用到经营实践中去，把企业做得更上一层楼。

第三篇

方法心法

在陈明哲的教学对象中，EMBA 等企业家或高管学员是一类重要构成。可以想见，沙场归来的这群人，往往是些"说了算"的人物。那么，一群"说了算"的人在一起，谁说了算？曾经有位学友开玩笑说，大陆的同学特别有意思，一坐在一起，就开始仔细地扫描，扫描对方的财产规模、企业实力、职位级别……太聪明了。这类学员的特质和心态使得企业高管课程一直是商学院教育中的难点，很多老师找不到应有的"权威感"。

志于教研育人，致力承传行践，陈明哲把这些商业领袖视为"明德新民"的传承者，是"社会教育家"，而自己是"伴读"者，从而解构了经典权威式的师生关系。一方面，他秉持"有教无类"。

有一次上课，助教特别提醒陈明哲，说有一位同学是福布斯富豪榜上的人物。老师并未多说什么。这位助教怕老师没听到，课间又提醒老师。老师回应说："那又怎么样呢？"在他眼中，学生都是平等的，并不能以财富来区分。另一方面，他践行"己立立人"。以学生为核心的"立人"是陈明哲课堂的根本，他自己则是那个发问、倾听、观察、引导甚至服务的"边缘人"，老师作为课堂的领导者，反倒要"无智名，无勇功"。学员发现自己预设的"权威"并非"高高在上"地指点江山，而是放下姿态、用心深细地关注每位资质各异的学员，营造出"人人皆可为尧舜""群龙无首"的氛围，这时，这些"久经沙场"的学员们更易生出信任甚至感动，师生之间、学生之间才可能打开内心，让学员都能展示自我、发挥潜能，充分交换思想并从彼此身上获得启发和触动。这样，一个基于高感触动的学员社群就形成了。这个社群往往更加弥久深刻，而有别于临时浅表的社交派对，这也正是陈明哲所期待的结课以后的情形，"人走群立"而非"人走茶凉"。有些企业家学员甚至由此领悟了与员工、客户、投资人以及合作伙伴的相处之道，亦即"敬人者，人恒敬之"。

本篇介绍"明哲"心法与方法，分为六个维度，分别附有真实案例。有些旁听过陈明哲课程的老师向他私下请教授课方法，他总是倾囊相授，恨不得他们将其发扬光大，本篇便是陈明哲全部的传承示范，强在习惯，贵在坚持。一并奉上的，还有陈明哲的长期助教连婉茜所观察、记述的比"方法论"还要细致的"操作手册"，细致到座位表、评分体系的逻辑和范式，希冀对执教者们提供切实可行的借鉴。"明哲"方法与心法虽然诞生于课堂，却适用于企业管理与人生的各个层面。"明哲"方法与心法的初衷，乃是希望帮助大家更快、更容易地彼此对接。中国人讲"为人师表"，"表"就是典范，因而树立标杆也是身为教育者的一个使命。从长远来看，陈明哲更希望每个人都能发展自己的方法与心法，一起努力来联结分隔的社会，借此"把世界变得更小"，这也是他一生努力的目标。

（文：武珩）

第 14 章

"明哲"方法与心法[⊖]

原文出处 陈明哲，2018，华夏智慧的知与行："明哲"方法与心法，《外国经济与管理》，第 40 卷第 1 期，页 141-152。

个人有幸得父母赐予"明哲"之名，自当深入了解这两个字的本意，且从知到行，将它们实际运用在言行举止与行事为人之中。本文就是从"明哲"二字入手，与大家分享我如何将这两个代表华夏智慧结晶的字，实际运用到日常的教学、演讲与生活、沟通等各个层面，期望透过古人的智慧来启发个人的智慧，帮助大家正本清源、明心见性，从修为到思维，再到行为，一以贯之。

明，等于日＋月，指薪火相传、生生不息。日起月落，月起日落，这是大易的"生生之道"，也是终始之道。明，也有"明德新民"之意。《大学》中提到的亲（新）民（大学之道，在明明德，在亲民，在止于至善），就是这个意思。

哲，指人生，拆解开来，表示思考折中、能用"中道"。思考折中就是执两用中。我所提出的"文化双融"（ambiculturalism）观点，就是在当今的

⊖ 谨以此文献给精一学堂的所有学友。感恩、惜福、惜缘，从课堂到学堂，从伴读到伴行，能够与学友相互学习、砥砺成长，是我一生的福气，我珍惜这份缘。在此也感谢林豪杰、蔡嘉麟、薛丹琦、丁诚协助整理、润稿。

全球化时代赋予"哲"以生命力。哲,也有"头脑缜密、内心清明如镜"之意。《尔雅·释言》提道:哲者,智也。

"明哲"所追求的是成为"明己与觉人的明智之人",尽己之性然后才能尽人之性,自觉而后才能觉人。"明哲"方法与心法,不仅是乐智、明智之人进德修业、为人处世的道与术,更是启发智慧、帮助他人的方法与心法。它的内容可以提炼为如图 14-1 所示的六个维度。这六个维度,以道御心,以术化人。

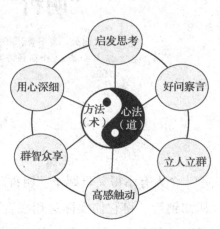

图 14-1 "明哲"方法与心法图

以下,我将阐述每一个维度的内涵。为了帮助大家更容易理解,在说明每一个维度时,我会先以个人在教学、咨询或演讲时的实际做法作为引子,然后再拆解、解读。

14.1 启发思考

每一次上课或演讲前,我都会提出并写下三个问题,让同学们思考:我们为什么来这里(Why are we here)?我们为什么要关心此事(Why should we care)?我们知道多少(How much do we know)?这三个问题看似简单,却不易回答,也是我自己每天反复内省的三个问题。

如何真正做到"启发思考"?

我对自己在课程中的角色定位,并不是一般意义上的"老师"(虽然一生从事教育,但是"老师"这两个字对我始终是很沉重的负担),而是"伴读"者。伴读的内涵,包含了知识传递、智慧启发与学员个人反思的整个过程。

简而言之，就是引发大家去思考问题与概念的本质，而非只关注字面上的意义。例如经常有学员问：到底什么是"精一"？⊖一般来说，我不会轻易对"精一"下定义。一方面，不同的人处于不同的人生阶段，有不同的生活经历与工作历练，因此，他们对同一个概念的理解可能有所不同。传统儒家所追求的最高教育理想"因材施教"（及其相关的"有教无类"），就是这个道理。例如孔子对于学生问"仁"，就给了至少七种不同的"定义"。其中，对帮孔子驾车、较为鲁钝的樊迟，孔子的回答是"爱人"；对资质聪颖、才德兼备的颜回，则答以"克己复礼为仁。一日克己复礼，天下归仁焉……"（《论语·颜渊》）。从本质来看，片面地解读一个概念，很可能落入拘泥于字面含义的陷阱（因词害意），产生一种对概念、知识的饱足感，放弃了对这个概念之本质深义的探寻，因此错失了思想创新的机会。

另一方面，即使是"精一"的推崇者，我也始终怀着谦卑之心，不断地体悟这个词汇背后的深层意趣，深入地思考这两个字所蕴含的智慧。不要急着下定义（或定论），先从问问题入手；这是我的期望，也是我对自己长期的要求，更是我把"知止"列为个人做事第一个原则的体现。"精"是什么？"一"是名词，还是动词？……我相信通过这些问题的引导，可以帮助每个人将一些"概念"提升为理念，并且与自己的生活经验及人生体悟相结合，创造出跨越时空的想象。这一点是我多年来学习华夏智慧结晶，如"精一""执中"等，最大的心得，也是对老祖宗所留下之无尽宝藏的最大尊重⊖。

作为一个"伴读"者，除了要放下本身的权威外，还要对学员有足够的信心与耐心。一方面，要相信他们有智慧、能力来彼此学习、相互促进；另

⊖ 请参见：陈明哲，《精一管理：企业永续经营的生生之道》，《清华管理评论》，2016年第12期，页90-96。

⊖ 请参见：韩冬，《惟精惟一，允执厥中——陈明哲先生侧记》，《复旦大学 EMBA》，2011年夏季刊，页77-79。

一方面，则要了解并尊重每一个人对一个现象不同程度和层次的理解，并且在适当的时候进行合宜的引导，进而在关键时刻与每一个人精准地对接。这个思维本身其实就是一个"唯变所适"（《易经·系辞下》）的动态过程。从更深的层面来说，这也是"爱人"与"无不爱"在教学上的体现。借由这个过程，大家将愿意放开心胸、打开心门，分享个人的思考与感悟。如果一开始就摆起架子或树立权威，学员将不再思考，只是一名"听众"，而非参与者、交流者或倾心交谈的朋友及家人了。

14.2　好问察言

有同学打趣地总结我上课的诀窍，说我总是喜欢问同学："×××，你在想什么？"这当然是一个笑话，不过，有的人真的从这句话体会到"术"的层面（抓住他人注意力），有的人则感受到"道"的内涵（"敬人者，人恒敬之"，见《孟子·离娄下》）。一位清华经管 EMBA 的学友甚至在上完课后，用这句简单的话提升了他与员工、客户、投资人及合作伙伴的沟通与交流。

因为我的好问，同学需要非常专注，有同学因此略带调侃地点评说，在我的课堂没有一丝机会"开小差"，更别提"睡觉"了，甚至三五好友结伴去聚叙喝酒的兴致也被课后的反思占据了。还有学员很真诚地告诉我，一开始听我问的问题，觉得挺容易的，甚至有点幼稚。但是进一步想想，却发现自己其实非常肤浅，是自己想得太单纯（蠢）、太"傲慢"了。

每一个人都有自己的精彩故事，更不用说来到我课堂上的诸多"成功者"了。但是，比起对他们经历的好奇，我更关注他们在我的课堂上学到了什么，以及从第一天到最后一天，他们状态的变化、气（器）质的变化，甚至行为的变化。我享受这种"润物细无声"的观察与"心对心""眼神对眼神"的真诚交流，心中更经常为这些学员愿意在课堂中打开自己的内心、推动自己的思考往前多走一步，甚至自省、"反求诸己"而喝彩。

如何真正做到"好问察言"？

"舜其大知也与！舜好问而好察迩（近）言"（《中庸》）。问好的问题，是一种功力，也是可以不断修炼的本领。问问题就像剥洋葱一样，连续追问五个为什么，可以直指核心、发现细节、寻到根本，将问题从表面一直梳理到根源。物有本末，事有终始，如何找到"本"，如何溯源（原、元）是一个不容易的过程。从不同的方向、来源深入地追问，可以辨识出问题的核心，本立而道生，解决方案自然就产生了。

"好问察言"背后的一个重要基础是，视问答的双方为平等的。一般来说，授课教师在课堂上会被视为相关领域的权威，领导者与被领导者的关系也是如此。但是，好问察言要求身处"上位""高位"的人（依传统儒家的说法，这些都是相对的观念，简单来说，每个人都有不同的"位"或扮演不同的"角色"，没有"上下""高低"之分），放下身段、忘掉自己所在的"上位"，不耻下问、不怕丢脸。唯有这样，才能让听者愿意说出自己真实的想法。有时候，个人认为不专业、太简单甚至愚蠢的问题，反而是获取信息或激励其他同学学习的好机会，可以借机顺水推舟，激发众人讨论。

"问"的基础是"听"，处在（相对）"上位"的人，需要放弃领导的"地位"，用心去聆听其他人的说法，并在倾听之后加以提炼、概括，给予适当的总结；这个过程有助于构建一种高质量的沟通环境，这也是"以贵下贱，大得民也"（《易经·屯卦》）的真义。（同样地，"贵"与"贱"也是因人的"位"而异，是相对的观念。）

学习"好问察言"需要避免预设对方的答案。预设的答案通常不是对方真正（或发自内心）的答案。过度的预设，会让问者自己有所"期待"；当"期待"不被满足时，便可能产生焦虑或过度反应。同样地，也要避免使学员抱着"找答案"的心态，如此，才能全心地投入到讨论与分享的过程，而非一味地追求结果。

14.3　立人立群

　　每次上课，我都会安排一个互动环节：彼此介绍。让学员两两成对，讨论三个问题，例如"到现在为止最得意的一件事""目前所面临最纠结/最有挑战性的一件事"，以及"彼此的一个共同点"，然后要求每一位学员把对方介绍给大家。我发现，这个环节经常带来意想不到的效果。例如，一些内敛的学员，很快就与另一位学员相处得很融洽；两个自以为相当熟悉的学员，却发现彼此的认识很不够。一个生机勃勃、彼此信任的社群氛围，甚至"家"或"家人"的感觉，就这样慢慢地凝聚起来了。事实上，我做这件事的初心，就是希望每一个班都不会因我的离去而"人走茶凉"，相反地，课程结束反而是"人走群立"的开始。无论这种期望能否完全实现，我发现，每一次都有相当多学员借由课堂建立了同学的友情，甚至同道、同门、同修的情谊。

　　如何真正做到"立人立群"？

　　"夫仁者，己欲立而立人，己欲达而达人"（《论语·雍也》），立人立群的根基在于将心比心。人同此心，心同此理，换位思考。处于核心位置的人，如授课老师、领导者，需要建立"己立立人"的信念，让处在群体中的每一个个体都能够"立"起来。第一步，就是建立信任的氛围。在课堂中，学员对老师与同学的信任会影响教学的成效。因此，授课老师除了本身要努力赢得学员的信任外，也要相信大家的思考、大家的能力，将同学的信任传递、扩散出去，让大家对老师的信任转化为对同学的信任，再提升为对这个班、这个群体的信任。

建立学员的信任是原点，关键在于先放下身段，然后忘却身段。其中，最难的是"发自内心"地放下与忘却，因为"人之视己，如见其肺肝然"（《大学》）。举例来说，在课堂中，当我一下子不知道怎么写某个字（因繁体字与简体字的区别）时，我会立即停下来，问问大家。我的反应是相当自然的。但是，有同学却告诉我，我的"不耻下问"，让他们觉得感动而亲近。真诚是融合交流的最大动力，赤子之心（或赤女之情）是共学立群的源头。

接着，还要将学员的信任放大。在一个群体中，一定有人比较有才华、气场，比较突出；但是，不要忘了，每一个人都有他的闪光点与智慧。因此，我会特意把一些机会留给低调、安静、内敛的学员。多年来，数不清的经验证明了我的想法：这些人的观察是有力的，视角是独特的，安静背后的力量是惊人的。一旦将机会、信任留给这些同学，整个班级的氛围就变得不同了。这是立群的根本。也就是说，关注每一个人，把发言机会公平、贴心地交给每个人，因为，每个人都渴望被尊重、受到平等对待。从这个角度来看，立人立群是如此的简单，真正难的只在于教师或领导者是否愿意"发心"为之，是否真正能做到"有教无类"，不"因人废言"。

14.4　高感触动

有一些学员好奇，为什么我问的问题总是能够"精确制导"（precise customization）。上课的时候，一个看似漫不经心的问题抛出去，却往往恰到好处，切合特定学员的问题或特质，让人产生一种怦怦然、妙不可言的感觉。这种看似漫不经心又精准如一的提问，是如何做到的？背后的"秘诀"，事实上就是"高感触动"[⊖]。

㊀　请参见：范松璐，《让不对称性最小化》，《中欧商业评论》，2013 年 2 月号，页 80-83。

每一次备课，我一定会做的一件事，就是阅读每个人的背景材料，了解每个人不同的"故事"，并把这些故事和课程联结。曾经有一位我在复旦的助教，花了很多时间将那一班的学员背景整理成非常标准化的格式。当她颇为得意地交给我时，我却回答：这不是我要的。她很纳闷，这么符合西方模块化标准的一页个人简历，为何不是我要的？我回答：事实上，我也不知道我要什么。每个人的情况不一样，因此，我阅读、观察的重点不一样，触动我的点也不一样，当然，我与每一个人的联结点也不一样。我享受这些不确定的触动与联结，并将其规整，尝试在错综复杂中理出头绪、找出规则性，发掘每一个人的"个性"与这一班的"群性"，全盘思考我对每一个人想（或可以）问的问题。这个过程本身就是我学习与追求的，也是我对"穷变通久"的体悟及"因材施教"的实践。

如何真正做到"高感触动"？

高感触动，立基于接收信号的灵敏度。这是一种素质和能力，可以长期培养。简而言之，高感触动就是自身频率的调整应变能力。由于经历、家庭、学业、事业等原因，每一个人在某一个时刻的心理和思维状态都不会相同。人与人相处，犹如频道对接。高感触动的人，能够精准地确定对方的频率，将自己的频率调整到和对方相近的地方。这种相近，不是基于功利的讨好，而是建立在自己的"初心"与"元"（或"一"），致力于维持自己与对方的契合度（即"中"），尽可能用对方能够理解或感同身受的语言来交流。

作为一名老师，要学习成为真正的"儒者"。"儒"字拆解开来，就是"人＋需"。儒者，心中怀儒，能够体察、倾听、理解他人的真实心声与需求。因此，高感触动的教师会找到自己与全班每一个学员的共同点。这种寻找，是一种修炼，随着不断精进，寻的效率会提高，越来越驾轻就熟。事实上，人性都是一样的，人与人本来就是平等的，只是因为一些"观念"或

"习惯"造成了"偏见",导致双方存在认知上的不对等。高感触动,要求沟通者消除彼此之间的"不对称性"[$d(a,b) \neq d(b,a)$],不把"我见"当成"人见",做到真正的"去我执"。

14.5 群智众享

在课堂上,我总是鼓励大家发言,让大家多说。曾经有学员在课程中婉转地暗示(当然,也有少数是直接明示),希望我多说一些、让同学少发一些言。这种想法完全可以理解。大家所费不赀,不辞辛劳甚至不远万里而来,就是想听所谓"知名"教授(对我来说,这都是虚名)的传道、授业、解惑。但是,在 30 多年的教学育人生涯中,我个人却一直坚持让大家多说。"三人行,必有我师焉"(《论语·述而》);俗谓"三个臭皮匠胜过一个诸葛亮",更遑论 EMBA 每一个学员都不是臭皮匠。事实上,更多同学在课后提道:"没想到同学都那么有才华""从同学那里学到很多,启发很大"。因此,在我的课堂上,我每半天就会问:"哪一位同学的发言,对我最有触动,对我个人的管理与人生最有启发?"我的目的很单纯,就是引导大家不断去聆听其他人的发言,借以"反求诸己"。

对我来说,即使是讲授非常熟悉的课题与案例,每一次仍然是一个独一无二的学习历程。因为,每次上课的学员不同,每个人在过程中的贡献也不同。更明确地说,每一个有经验、才华的学员,在完全真诚、敞开心扉、放下我执的动态过程中,很自然地碰撞出了无数火花,形成了众多成果,让作为教师的我,既是贡献者,也是受益者。

当下很多教师面临科研压力,对于课程教学不是避而远之就是裹足不前(尤其是在面对企业家学生时),其中很大一部分原因是教师没有或不知道如何充分地启发群体的智慧,只是自说自话、曲高和寡,最终把自己弄到油尽灯枯、疲惫不堪的境地。

如何真正做到"群智众享"?

企业家或经理人,尤其是功绩卓著的人,往往容易陷入喜欢说(不喜欢听)、自我感觉良好、说起话来滔滔不绝的情境。在这种状态下,他人的发言变得可有可无,最后导致"1+1< 2",整个组织氛围变得死气沉沉、毫无活力,更别提群智众享了。

如何启发群体的智慧?首先,授课老师必须清楚本身的定位。受成长背景的影响,我经常从"边缘人"的角度观察课堂上的互动与状态⊖。因此,我很容易发现课堂中谁的发言少了、谁还有保留,然后,我会尽可能地将机会留给这些"边缘人",借此避免一堂课变成少数几个人的独角戏,从而对其他人产生压抑。

其次,授课教师要将自己的声音与主见缩小,让大家感受到"人人可以为尧舜""群龙无首"的氛围。这其中,首先要做的就是找出关键联结点。一般来说,实务界人士,尤其是"成功"的企业家,在课程初期会比较"保守",他们对老师、同僚会有相当程度的观望。因此,"引龙出洞"是非常关键的一步。教师需要做完善的课前准备,了解每一名学员的背景,找出每一名学员的特质及自己与这些学员的联结性。具体方式可以参见上面的"高感触动"维度。

之后,还要不断地将身处(或心处)边缘的学员拉到中心,拉到群中,不断放大他们的声音,为他们提供展示的舞台,使每一个人都能融合到群里,达到"无入而不自得"(自得其乐、自得其志)(《中庸》)的状态。

课程时间有限,如何将舞台展示时间做有效分配是引导者(教师)最见功力的时刻。这其中牵涉到"度"的问题。更明确地说,教师需要考虑同学

⊖ 请参见:陈明哲,《学术创业:动态竞争理论从无到有的历程》,《管理学季刊》,2016 年第 1 卷第 3 期,页 1-16。

各抒己见的期望，也要激发群体的思想，还要让有见地的声音能够登场，使这三者达成适度的平衡。

14.6 用心深细

每次课后，同学们都会感慨、讶异：为什么我对每一个学员的背景能够了解得如此透彻？为什么我总是能发现不同同学的需要，细微地关照他们？很多同学觉得我有异于常人的天才，尤其在辨识人、记忆力方面。其实，这根本不需要特别的天才。一切都是基本功，一切都是长期养成的"习惯"，日用而不知，道与术浑然一体，也就是"道不可须臾离也，可离非道也"（《中庸》），其背后还是"用心深细"四个字（源于熊十力先生自评："余研古学，用心深细，不敢苟且"）[⊖]。某些老师旁听我的课程后深受启发，想尝试这样的方法，私底下请教我有何妙方。我每次都倾囊相授，恨不得他们将这种方法发扬光大。但是，几堂课下来，许多老师就打退堂鼓了。因此，其根源并不在方法或天赋，而在是否有"边缘人"的憨与"基本功"的坚持；这种坚持是一个循序渐进的过程，心有多诚，执行就有多细。

孔子对"士"的解释是推十（数之末）合一（数之始）（《说文解字》），就是"大小若一"，大事、小事都是一件事，大小事都要会做，也就是"图难于其易，为大于其细。天下难事必作于易，天下大事必作于细"（《老子·第63 章》）。为师者若能"大小若一""用心深细"，学生要不折服也难呀！

如何真正做到"用心深细"？

用心深细没有方法论或捷径，全凭一颗赤子之心，随时反思，观照"初心"，不断地深入、了解、探究与挖掘。在这背后，动机（motivation）比能

⊖ 请参见：苏勇，《世界上怕就怕"认真"二字——听陈明哲教授授课有感》，《复旦大学EMBA》，2011 年夏季刊，页 74-76。

力（capability）重要，过程大于结果。在现代功利社会中，结果导向是主流思潮；对企业家而言，没有结果的过程是无意义的。我不是不重视结果、不重视效率，但是，"过程导向"是铸造"用心深细"的重要前提，是根本，也是"元"。只有真正地沉浸下去，变成习惯，不在任何时刻抽离自己去考虑结果、计算成败，才有可能在过程中迸出"智慧"，激发出更好的方法。

同学们喜欢问我，这样的准备是否太枯燥？是否太浪费时间？"投资报酬率"是否太小？（有一次，我在清华大学五道口金融学院上课，一位同学问我："我们这一班60人，您要'打动'多少人才算不虚此行？"我的回答是："一个！"）他们常常估计我做这些准备工作起码要一周以上。实际上，大家低估了习惯的力量。我将做这门功课变成了日常生活的一部分，随时调整自己的频率来跟学员对接，这个过程是无时无刻、无所不在的，不必刻意为之。

对我而言，一个领导者有两件事特别重要。第一件是对尚未发生但已经初露端倪的事情（不论是挑战，还是机遇）进行预判，第二件是具备边缘人的思维。一个好的领导人总是能看到别人看不到、不想看或不屑看的事（也就是所谓藏在地毯下的"dirty work"），在问题发生前就解决掉（这就是所谓"道济"），正因为如此，一个好的将军会在"战争"还未发生前就能把它止于无形。这也是孙子的观点：一场战争在开场之前就已经结束了。所以，有远见的领导者不会追求表面的"战功"，他们真正的"成就"是在危险或问题尚未形成前就解决它，或是转"危"为"机"。这也是孙子所说的"无智名，无勇功"。

许多为企业家授课的老师，每次上课都如临大敌，生怕在课堂中遇到学生发难。老师与学生的紧张关系也无处不在。我从不担心这点。在准备工作完成后，我把每一堂课都当成是一个"祝福"（blessing），尽情享受和大家在一起的过程，也珍惜与大家相识的"缘"。人心相通，很多同学在几天课程即将结束、突然要离开这种氛围的时候，会觉得恋恋不舍，甚至落泪，这或许就是用心深细的结果。

14.7　结语：回到"明哲"方法与心法

上述六个"明哲"方法与心法的维度，事实上是从不同的侧面，反复谈同一件事情，也就是，如何处理人与人、人与事之间的关系。这种关系不仅限于课堂教学，也可以拓展到企业内的主管与员工、同事之间，或是夫妻、长辈、子女之间……这六个维度涵盖了道与术、体与用，彼此双融合一，背后的共同基础（"元"）则是：明己明人、己立立人的"有教无类"。

有教无类，出自《论语·卫灵公》。孔子认为，不论什么人，都要被一视同仁，都可以受到化育。这几年来，我一直致力传播"企业家是现代中国的士与实质的社会教育家"的理念[⊖]；我相信，如果企业家能把每一位员工都当作一块璞玉，以播种、海纳百川的心态，了解、雕琢他们，发挥他们的最大潜能，他们将会对企业带来最大的帮助。同时，有教无类也是"教育"（广义的）的自然结果。通过教育，让不同类的人能消除差别，让所有的学生与员工受到一样的尊重，享受一样的机会。对我来说，如何做到真正的"无类"，始终是一个终身学习与努力的目标。

"明哲"方法与心法的实践道场是课堂。在这个道场中，理论上所有学员是同一类的人。然而，实际呢？不尽如此。台面上大家和乐融融，私底下却谁也不服谁。因为，每个人在无形中都给自己设定了不同的"类"，这种分类无处不在，如：企业是上市公司还是非上市公司、资产规模是百亿还是几亿，职位是董事长还是总经理，甚至是创业家还是职业经理人等。课堂

⊖　请参见：《陈明哲 × 陆雄文：如何培养当代的士》，《FBK TALK 观复谭》，2014 年 3 月 29 日。

上如此，我所创建的几个社群（精一学堂、全球华人管理学者社群、中国管理学者交流营、动态竞争国际论坛、夏商全球领袖项目、王道薪传班）中也是如此。曾经有一位学堂的学友开玩笑说，大陆的同学特别有意思，一坐在一起，就开始仔细地扫描——扫描对方的财产规模、企业实力、职位级别……，太聪明了。有趣的是，"明哲"方法与心法却诞生、应用于这群看似同一类、实际上却严重分隔的人群中。然而，我坚信"性相近也，习相远也"（《论语·阳货》）。人人都可以是"尧舜"、人人都可以是"士君子"。用句白话说，天上那么多乌云，你怎么知道哪一朵会下雨？我倾向把舞台一视同仁地让给大家，让每个人展示自我、发挥潜能，充分交换思想，形成值得信任的社群。

"因材施教""有教无类"确实不易实现，但是，我仍然愿意去尝试，通过课堂来展现它的可能性。对于有心的学习者来说，一定要体会到，这两个儒家核心教育理念的背后，都需要有很强的"无我利他"之心，也就是"公"心（公平、公正、公开）。不管是启发思考、好问察言、立人立群，还是其他维度，都需要站在中心点的人（如领导者、教师）有"无我"之心，用爱心、"公"心育人，用更大的格局与境界衬托出他人，真正地"利（立）他"。这种领导力，比威权领导力更能深入人心，生生不息。

在结束之前，我要再次强调，"明哲"方法与心法虽然诞生于课堂，却适用于企业管理与人生的各个层面。今天，我提出"明哲"方法与心法，乃是希望帮助大家更快、更容易地彼此对接。从长远来看，我更希望每个人都能发展自己的方法与心法，一起努力来联结分隔的社会，借此"把世界变得更小"（这是我一生努力的目标）。

第 15 章

细谈"用心深细"

明哲老师助教的一线观察

连婉茜（陈明哲的助教，新罕布什尔大学）

　　是什么样的课程使得这些企业老板不放心把选课工作交由助理来做？

　　是什么样的课程驱动着企业家在上课时抢着回答问题？

　　是什么样的课程使得企业家同一门课听了四次？

　　是什么样的课程使得这些企业家在课堂上落泪？

　　　　　　　　　　　　　　　　　——《星期日新闻晨报》（2012）

　　在《"明哲"方法与心法》一文中，陈明哲老师以教室为实践的场域，详细阐述了"明哲"方法与心法的"启发思考、好问察言、立人立群、高感触动、群智众享、用心深细"六大核心维度。这六大核心维度环环相扣、缺一不可，是使陈老师的课程成为"传奇"的核心要点。然而，在按照这些维度践行"明哲"方法与心法时，最根本的基础（源）应该回到"用心深细"上来，唯有切实做到"用心深细"，才可能达到最佳的效果。因此，本文以"用心深细"这个维度为主轴，以教学为实战场域，系统整理、说明陈明哲老师在教学上各种"'用心深细'的课程准备"。为了深入详述其教学理念、教学战略与操作细节，本文以陈老师为EMBA学生教授的"竞争战略"课程作为主要范畴，进行案例说明，并辅以课堂中真实发生的逸事增加其情境考虑，希望为初执教棒的年轻学者或者将投入 EMBA 教学的教师，提供一个整合性的教学战略、技巧与方向。同时，本文更进一步分享个人在过去 9 年中担任 20 余次陈明哲老师的教学助理，在"用心深细"维度上"'过程导向'的学习反思"，以期与和我一般的华人博士生及年轻学者共勉。

15.1 "用心深细"的课程准备

"不战而屈人之兵"是打仗的最高原则，虽然把学生比喻为竞争对手并不完全贴切，但将教学工作比喻为一场自己与自己的战争则再贴切不过。孙子认为一个好的将军会在"战争"还未发生前就能够将它消弭于无形。教学也是同样的道理，在课程还没开始之前，准备的功夫已经决定了这堂课的成效，因为课程中所有可能发生的问题，或者说危机，在课前准备时都已经一一模拟、操演与化解。在这一节中，我将着重于陈老师在备课上"用心深细"的执行面，详细说明其中的"大事小事"，以及他是如何将基本功贯彻到极致的。我将按课前、课中、课后的顺序分别介绍课程大纲及座位表的预备、上课前的各种沙盘推演，课中如何专注于各种细节以营造出课堂氛围、如何掌握高度动态的课程节奏、如何通过课程总结引导学生自我反思，以及在课程结束之后如何为下一次课程做准备。更重要的是，如图 15-1 所示，"用心深细"的战略思维、文化精神与这些执行的细节环环相扣，更是驱动每一个细节操作的主要根源。下文将详述说明。

1. 体用合一的"双融"课程大纲

课程大纲因着不同的课程主题、授课对象、授课时间长度，需要设计不同的策略与元素。此处，我以陈老师为 EMBA 学生教授的"竞争战略"四天课程为案例，说明其设计理念及执行细节，目的在于提供课程大纲设计时的通用原则与技巧。

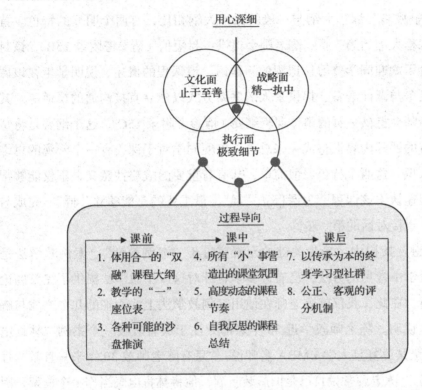

图 15-1　过程导向的"用心深细"课程执行图

"竞争战略"（四天课程）的大纲设计是以"双融"架构为基础进行的。"双融"架构是一个融合体–用、东–西、理论–实务各层面的整合性架构，为陈老师经多年教学积累后所开发，为设计各类 EMBA 课程的一个通用性架构。此架构包括四大元素：文化、系统化知识、经验与案例、应用性工具（请参考附录 15A）。陈老师在设计 EMBA 课程大纲时，以这个架构的四大元素为主轴，辅以考虑当次授课学生的特性与可能的需要，来构思每一天

（节）的主题、指定的案例、所对应的商业性文章以及应用工具⊖。以第一天课程为例，授课主题包括精一、战略思维、乔布斯、钻石模型即是对应"双融"架构中的四大元素。

"竞争战略"课程大纲与一般的课程大纲相比，有两个明显的特色。首先，在课程大纲的第一页，陈老师会提供一封短信（请参考附录15B），该封短信包含了欢迎同学修习该课程的问候语、该课程的概述、说明学生在该课程中的义务与课前准备、提供个人的联系方式以建立直接沟通的渠道等。其次，陈老师会提供一页的整体课程纲要（请参考附录15C），这个纲要是将每一天、节的课程内容汇整成一张总表，以便同学对于课程有一个宏观的思维框架与认识。这两个特色看似简单，却有着重要的战略性意义，不仅能够帮助学生快速认识该课程，为课程立"规"，最重要的是能够立"群"，完成与学生建立直接对话的第一步。

"双融"架构中，最为关键的元素莫过于"案例教学"。案例教学法是管理学教学中常见的方法，已有许多学者针对这一个教学法提供了完整的论述与介绍。在此，我仅就陈老师在使用案例教学法上，面临的几个挑战与解决方法做说明。陈老师教学近30年来都专注于或者教授一个案例"林肯电气"。甚至某位复旦大学EMBA名师说："只有陈老师敢30年来一直教林肯电气案例。"陈老师常说自己是旧瓶装新酒，他将林肯电气当作一个框架，因大环境的不断变动，在不同情境下赋予不同的意义。例如，林肯电气与区块链、林肯电气与华夏智慧，这几个议题都是因着精一于林肯电气案例而展开的。

然而，学生经常对于案例教材有着高度的期望或者要求，需要具备新颖性、知名度。为了让学生了解案例教学的目的，陈老师通常在课程介绍

⊖ 陈老师在设计课程大纲时，会带着我一同参与，借此训练我学习与掌握课程大纲的设计逻辑及技巧。我大量阅读陈老师的文章，不论是期刊文章、技术笔记、教学个案还是商业文章，借此增加自己对文章的熟悉程度，以便提升在每一个主题中布置案例、阅读材料时的适切度。

时，就会先与学生沟通案例教学的本质，包括：案例教学的目的并非让学生
了解最新的产业实务，而是借着案例内容训练分析与思考，而在这个过程中
自然会接触到各个产业的实际情况。同时，借由对事实和相关数据的了解与
认识，进一步分析其背后的道理，或思考这些实务做法的成败因素与适用情
况。除了说明案例教学的本质之外，针对年代久远的案例，提供公司的最新
发展状况，补充说明旧案例在现今的重要价值，以更完整地呈现该案例。以
林肯电气案例为例，我们会在该案例后面补充一份"林肯电气公司案例后续
发展"，简要说明该案例公司后续发展的基本情况及战略方向的改变等。

同时，鉴于EMBA学生并不一定会在课前阅读案例材料的特点，陈老
师通常采用两种做法。首先，提供两种版本的案例教材，一是案例原始版
本，二为摘要版，摘要版是将案例精练至两页的内容，以利于学生快速了解
案例内容。其次，为了确保案例讨论的质量，在上课之前，请助教或者班级
主管提醒学生案例是必读材料，如韩冬（2011）形容，这是一种课前的"下
马威"。同时，陈老师也会在课堂上直接与学生真诚地交流，他通常会使用
几个问题来了解学生对案例教材的了解程度，例如："我知道你们工作都相
当忙碌，很坦诚地说，我想知道有多少人已经看了这个案例？"在与学生沟
通后，视学生的准备情形，在分组讨论前，给学生提供能专心阅读并了解案
例的相应时间（一般以半小时为基准）。

在案例讨论之前，助教会协助确定分组名单（以学生各项背景资料的差
异性最大化作为分组原则），并委任一位较有使命感及责任感的学生担任组
长。组长名单通常是通过在课前与班级主管沟通，并且观察学生在课堂中
的表现来决定的。同时，在分组讨论开始之前，陈老师会先与这些组长们
单独沟通其职责，例如，带领同学讨论、将讨论的摘要写到大海报⊖上、挑

⊖ 使用大海报有着重要的意义，如同韩冬(2011)所提到的："这种不允许使用PPT的石器
时代的方式，直到最后一天，我们才发现其中的妙处……陈教授可以检验自己的教学成果
和学员的知识掌握程度，为下一次授课积累经验和设定校正的标准。"

选组员进行口头报告等。陈老师会将所有的海报贴在教室的墙壁上（这些海报尽可能一直保留到课程最后一天，以营造课堂讨论、分享的氛围），并邀请每一组进行分享，陈老师通常会问："你们这一组最重要的一个结论是什么？""你们这一组，哪一个结论是与其他组不一样的？"最后，再请某几位同学对每一组的讨论结果加以提炼、概括，做出适当的总结。

"双融"架构中的另外一个关键元素是应用性工具。"应用与评估"这个单元的目的是让学生动手实际操作，将所学的知识应用到企业管理中。这个单元中，陈老师会先介绍一个由理论发展出来的"工具"（例如钻石模型、察觉-动机-能力架构、市场共同性与资源相似性竞争者分析等）。请学生利用40~60分钟的时间，将这个工具应用到自身的企业实务中，且将具体的细节写出来。完成之后，陈老师会先请学生分享在使用这个工具时所遇到的困难，或者这个工具哪里可以改进等。最后，助教会协助挑选两位学生在隔天的课程中汇报成果。

如何挑选这两位做汇报的学生是相当关键的，因为这个汇报会在很大程度上影响当天课程的讨论氛围以及学习社群的塑造。对这两位学生的挑选也有一些基本原则与操作细节。首先，以学生个人课堂表现（课程参与的积极度、发言踊跃度与深度）、所在企业的背景（该企业所处的产业是否为学生所普遍熟悉的产业、与学生较相关的产业或者高度竞争的产业）等，将学生范围缩小至4~5位。其次，根据以下几个考虑来决定，例如：做汇报的学生若是企业创业者或CEO，能将企业战略表述得更清楚；若是多名学生来自同一家企业，邀请其中一名学生汇报，有助于其他学生从不同角度讨论企业内不同部门对于战略的理解与做法；或者若有多名学生来自同一产业（为上下游厂商的关系），邀请其中一名学生汇报，较能够展示产业全景。再者，还需要根据学员的基本情况进行，例如考虑学生的男女比率、产业差异、班级差异（若是选修课程，学生来自不同的班级或者组别，如A、B、C三个班级，或国际金融组、全球企业家组、生技医疗组）。然后，以这些为基础决定由哪两位学生进行汇报。最后，在确定汇报者名单后，还需进一步与这两位学生沟通，明确汇报要求（例如：简报方式、围绕工具本身进行重点性汇报、尽可能避免艰涩的专业用语等）。这些细节都是为了确保这个环节可以带动后续的讨论氛围。

更重要的是，对于陈老师个人而言，课程的终极目标不仅是知识的传授，而且要"立人立群"。基于这个理念，在原有课程设计中增加了两个环节："晨谈"与"传承"。

"晨谈"是一个倾心交流、抒怀人生的环节，鼓励学生畅所欲言，不论是孩子的教育问题、工作中所面临的困境、对于某本经典书籍的心得，还是人生困惑等，分享的内容不限定于任何主题与形式，学生可自由参加。

值得注意的是，为了营造轻松交流的氛围，这个环节的时间、地点、座位安排皆相当关键。这个环节设定在最后一次课程（通常是在课堂讨论氛围已建立后，或者学生之间已经有基本的信任关系后）开始前一个小时，地点选在一个距离教室不远处的空间中，而在安排座位时，则用椅子围一个大圆，让所有学生都可以看见彼此、听到彼此的分享。同时，也准备一些小茶点，以话家常的方式开始。

"传承"则不仅是一个进行非正式交流，让学生能卸下心防、真诚与他人交流心得的环节，更是一个为学生与校友建立交流平台的环节。这个环节的形式在过去十年来进行了多次的调整与变动。在 2010 年，陈老师从与同学餐叙开始，每次上课期间一定自费宴请同学。而后 1～2 年中，陈老师更邀请自己教过的校友一同回来餐叙，并与学生分享其课后实践心得与感悟⊖。

⊖ 因陈老师平时不在国内，每一次回国，学生们总盛情邀请老师一同餐叙。但是陈老师多年来坚持一个习惯，在上课过程中不接受任何餐叙邀约，要求自己心无旁骛，专心于课程中。

2015 年开始，将餐叙的形式改为小型茶叙讨论，主要目的是希望增加学生之间交流的深度。学生依照自己的兴趣进行分组，讨论的主题包括：①产业升级；②企业转型；③国际化 / 多元化；④竞争；⑤市场、资源、人才、技术等；⑥平台竞争与战略执行；⑦组织文化的创建与培养；⑧夏学与修心；⑨家庭、子女教育，企业与家庭的平衡。同时，也邀请校友加入每一组的讨论。2016 年开始，改由邀请校友回到课堂中分享学习心得，介绍自己如何将课程中所学应用于个人生活与工作中，以及个人的思考与感悟。自 2017 年起，更邀请上过课的校友回校旁听、担任助教，同时与学生交流分享。虽然多年来形式有所变化，但宗旨皆是建立一个"传承"的交流平台。

2. 教学的"一"：座位表

在课程大纲设计完以后，接下来最重要的工作就是深入了解参与这次课程的学生。教学最重要的"一"，莫过于"座位表"，因为陈老师对学生所下的功夫皆记录在这张纸上（请参考附录 15D）。以下我将逐步说明座位表的制作过程与细节。在开始制作座位表前，有几项准备工作是不容忽视的。首先，最重要的是给每一位学生一个固定的编号。这个编号将决定其他所有准备材料的编排方式以及所有沟通的基础。因此，当编号一旦固定之后，就不再做任何变动或者更换⊖。

接着，除了校方提供的基本信息之外，助教会在网络上搜集每一位学生的公开信息。搜集的内容包含：籍贯（或所在城市）、年龄、教育背景（曾就读过的院校及专业；若是 EMBA 学生，则需特别注意是否已经取得或者正在就读其他院校的 EMBA 学位）、在公开信息平台上发表过的言论（若是研究生、大学生，可以关注其曾在社交网络上发表的观点；若是 EMBA 学生，

⊖ 若是有退出的学生，则会保留此编号，不以其他人递补；若有加入的学生，则从最末号加入，以此类推。

则可关注其为公司发表的新闻稿或者采访稿)、参与的社团、平时的爱好
(例如：近期许多 EMBA 学生投入马拉松或者铁人三角运动)。若是 EMBA
学生还可以搜集他所任职公司的最新发展与公司战略，以及他的家庭成员
情况。

更具体一些，比如能够在网络上搜到这样的公开信息：某位学生有一对
双胞胎女儿、某位学生擅长拉小提琴、某位学生最近成功挑战半马、某位学
生在大学时期被称为"才子"、某位学生近期（曾经）获得某个重要奖项。或
者，某位学生说过的一段有意义的话，例如某位学生说"软的事情，硬着
做；硬的清楚，软的才有着落"，这种软硬兼施即是"文化双融"观念一种
相当重要的应用。又或者是，该学生所任职的公司近期有一个大动作，例如
某位学生所任职的企业即将上市，或者进入一个新市场、推出一款创新产
品。抑或是，某位学生接受媒体专访，叙述自己目前最大的困惑，例如某位
学生所任职的企业是产业的领航者，自己对下一步该往哪里走感到困惑。甚
至于，某些学生的经历与课程中的某个案情境相近，例如某位学生骑单车沿
着中国海岸考察 141 天，这与 1989 年三星的 30 多位高管到沃顿培训后，租
了 17 部车子开到旧金山，规定除非经过美国 15 个州才能报销旅费，以了解
第一手美国民情的情境相似。这些有意义的、与课程直接相关的重要信息，
没有一定的标准、规范，但是能在关键时刻帮助老师与每一位学生精准地对
接起来。

这些要搜集的信息没有一个制式的格式或者标准，因为就连陈老师自己
需要什么样的内容也是模糊的。陈老师经常提起一个例子，有一位助教花了
很多时间将学生背景整理成非常标准化的格式，当她颇为得意地交给陈老师
时，老师却回答："这不是我要的。"这位助教感到非常纳闷，这么标准的格
式化的个人简历，为什么不是老师要的？老师回答："事实上，我也不知道
我要的是什么。"因此，助教们尽可能将所有信息摘录下来。因为往往助教

觉得不重要的信息，可能对陈老师个人而言是相当有价值的，各种纷杂的资料皆有助于老师从中挖掘每一位学生与自己独特的联结点。

在学生背景资料搜集完成后，即可开始制作座位表。一般来说，教室大多是马蹄形的，或者可自由移动桌椅进行分组的教室。若是有条件选择教室的话，可以学生人数的多寡、教学内容的需要作为教室选择的标准。在EMBA课程中，陈老师多偏好使用分组教室，除了较利于学员之间的互动外，还可以节省学生到讨论教室讨论的时间。而制作座位表的基本原则是按"异质性最大化"进行安排。例如在马蹄形教室中，前后左右尽量是与该学生不同系所、性别、教育背景、产业背景的同学；而在分组教室则是以每一组内差异最大、组间差异最小为原则。

座位表的制作共有两种版本，一是简易版（公开版），一是详细版（内部使用版）。若是本科生或研究生的课程，简易版的座位表上标示姓名、系所、年级；若是EMBA学生，则标示姓名、公司与职务。然而，这也会因校风与文化不同而有些微差异。我们曾经到某个学校，他们考虑学生个人隐私且避免教室内产生比较企业大小、职务高低的问题，不将学生所任职的企业与职位名称标示在座位表和桌牌上。这种简易版的座位表，在课程第一天张贴于教室门口，以便学生查看自己的座位，避免在课程开始之前为了找座位而造成的混乱。同时，这种简易版座位表对于助教有许多用途，这将在后文中逐一说明。详细版本的座位表则是在简易版的基础上，加上每一位学生的照片、教育背景、籍贯等信息。此版本座位表印出后，再依据在网络上搜寻的个人公开信息，以手写的方式为每一位学生补充1～2项个性化信息。

同时，对学生的基本信息进行叙述性统计分析。例如年龄分布、籍贯分布、教育背景分布、任职公司产业分布、公司职位分布、年资分布。这些基本的分析除了有助于安排座位，更可了解整个班级概况（特点），来调整课程方向。例如近年来，EMBA学生逐年呈年轻化的趋势，平均年龄从50～55

岁,已下降到 40～45 岁。在人生的不同阶段,大家所关心的议题也有所不同,这些信息皆对课程设计有莫大的帮助。甚至,曾经有一个班级中同时有 30 岁的和 60 岁的学生,针对不同年代的学生,如何兼顾两个族群都是相当关键、需要考虑的因素。

在华人"关系型"导向的社会情境中,以既有关系来建立与学生之间的联结,是一个相当有成效的做法。因此,如果在搜集学生的教育背景资料时,得知某两位学生毕业于同一所大学甚至同一个科系,老师会私下介绍这两位学生彼此认识,告诉他们是师兄弟,为两位同学的交流打下基础。更进一步,我们会针对 EMBA 学生,整理出哪些学生的同事是老师过去曾经教过的学生,包括他们的名字、照片、座位及当时在课程中的精彩发言(此部分的操作细节将于后文予以说明)。借由这一层特别的关系来与学生开启共同的话题,诸如关心该位已毕业学生目前的状况、回顾该学生当时在课堂中提出的公司所面临的困境等,来建立"关系"。

这种"关系"文化的运用在陈老师的课堂中相当常见。例如得知某位学生所师承的导师或者一位对其影响甚大的前辈后,借由师生的故事来开启与这位学生的互动。陈老师经常分享木雕大师黄小明的例子。黄小明自 16 岁随中国工艺美术大师冯文土先生学习木雕技艺,因为陈老师知道这个背景,所以在上课时特意问黄小明:冯老师怎么教你的?黄小明有些惊讶,随后分享说:"我 16 岁拜冯老师做老师,到 21 岁为止,他别的什么事情都不教我,只教我怎么做人。教完做人以后,再教其他技术。"陈老师则顺着这个话题来说明"严师出高徒""领导力"等概念。

在课堂中问对问题,不仅可以缩小师生之间的距离,更可以增加学生的讨论活跃度与对话深度。以下几个例子是根据所搜集的学生背景资料而设计的"精确制导"(precise customization)问题。例如某位学生所任职的公司核心价值观是"融",则可标出询问该学生关于"文化双融"与他的企业的

"融"有什么差异、他们如何在公司内部推行"融"文化等问题。或者某位学生在同一家公司任职35年了，则标出可以询问该学生关于"精一"的问题。又或者某位学生所任职的公司正面临转型，则可以标出针对该学生询问"转型挑战"等相关问题。借由了解每一位学生的专业、特质或者当前所关心的议题，来设计一个可与课程内容或者与老师个人直接连接的个性化问题。

当然，即使在这个信息传播非常发达的时代，也并非能够在网络上搜集到所有学生的公开信息。因此，我们有几个做法来增进对学生的认识。一是请学生提供个人履历，这个方式特别适用于本科生或者研究生。二是制作一份在线简易问卷，这份问卷较适用于 EBMA 学生，问卷的内容通常包含个人基本信息（例如学历与经历）及几个小问题（例如：您目前最大的困惑是什么？您希望在此次课程中学到什么？您对此次课程最大的期待是什么？）等。需要注意的是，这份问卷是由班级主管以陈老师个人的名义发送给学生，且需特别注明仅为老师个人教学使用，不做其他用途，回收后也是直接交到老师个人手上，以作为与学生之间信任关系的基础。

最后，也是最重要的，陈老师会向其他授过课的老师或者班主任单独了解每一位学生的情况，以及整个班级的特点。谈论的内容包含每一位学生在其他课堂中的表现、学生的个性、学生个人近期是否有重大变动（例如结婚、生子、换到一家新公司）、该班的特点、哪些学生是意见领袖等。这些内容经常成为影响整个课程的关键。例如邀请意见领袖来带领讨论，将身处（或心处）边缘的学生拉到中心、拉到群中，达到有的放矢的目的。

3. 各种可能的沙盘推演

前文曾形容教学是一场与自己的战争，这个比喻再贴切不过了。在做完熟记课程大纲的基本功课之后，接下来就是各种形式的沙盘推演。在内容部分，陈老师会为每一次的课程准备一份"教学纲要"（teaching outline）（请参考附录 15E）。这份纲要是陈老师重新架构（re-frame）该次课程内容讲授逻辑的方式，以"天"为单位，一天一份教学纲要。他依据每一次上课内容，手写一份课程主题与时间分配表⊖。涵盖的内容包括：每一节课要有几个主题或活动？每一主题要进行多长时间？每一个主题要传递哪些概念？要问哪些问题？要问哪一位同学？两个环节之间如何衔接？

　　同时，在每一天课程的前一个晚上，陈老师也会整理一份"明哲笔记"给学生（请参考附录 15F）。除了以上准备，在课程开始的前一天下午，陈老师一定会亲自到教室了解教具的摆设状况、感受教室的氛围。在这个下午，除了与助教一同安排座位、硬设备的架设外，老师还有许多其他的任务。首先，需要与教学主管或者班主任再次沟通每一位学生的状况，并且记录在座位表中（可参考前文座位表部分的说明）。再者，陈老师在每一次课程前都会准备一本书或者一些文章送给学生，因此在这段时间里，老师会在这些书（或文章）上一一写上每一位学生的名字并且放到他们的座位上。然后，老师会找一块白板写上三个问题：我们为什么在这里（Why are we here）？我们为什么要关心此事（Why should we care）？我们知道多少（How much do we know）？这三个问题是贯穿整个课程的核心问题。同时，我们将课程纲要（请参考附录 15C）印成两份大海报，张贴到教室里，让学生对课程有一个宏观的概念，随时能够清楚已经进行到了哪一个环节。

　　在这些工作都完成后，老师会在教室中走一走，当他走到某个角落时，他就会问我：你能够听到我的声音吗？座位距离白板较远的学生是否能看得到白板？他也会用不同颜色的白板笔在白板上试着写大小不同的字，并让我到各个角落看多大的字体、哪一种白板笔的颜色能让学生看得最清楚、最舒

⊖　陈老师 30 年前赴美求学时，还没有进入信息化的时代。时至今日陈老师仍不会用中文打字，所有的中文内容皆由老师先撰写手稿，再请助理帮忙打字。

服，以及教室的灯光是否足够明亮。他也会问我：这个教室空调的温度是否可调？上课时是否需要穿毛背心？什么时候开始穿球鞋？陈老师沉浸在每一个小细节中，并将自己调整到最好的状态。

"明哲笔记"是老师以手写方式，将预计讲述的内容逐条整理及撰写的。在课程某一段落完成后，陈老师按此笔记再次复习授课的重点。值得注意的是，同样是战略课程，但针对不同的受众，每一次课程的内容皆有不同，至今已经累计约 80 份。吕世浩（2015）曾说要取得胜仗，从兵法的角度，莫过于让对手在我希望的时间、地点，以我想要的方式，和我进行一场我期望中的战争。最令我佩服的是，陈老师总能够引导学生，在他希望的时间与方式，由学生的口中自然地将这些概念讲述或者讨论总结出来，完美地取得一次次的胜利。更重要的是，这份笔记除了能够帮助学生再次回顾当天的授课内容，老师也借此整理上课的精华，并成为下次课程的简报内容。

4. 所有"小"事营造出的课堂氛围

课堂中的氛围是由所有"小"事营造出来的，所以每一件看似"小"的事都有其重要意义，不容忽视。陈老师在上课时有几个坚持多年的"小"细节。首先，在课程当天，陈老师与助教们务必提前一小时到教室做准备。这一个小时中，我们再次确认座位表的安排是否有错误、教室内各项布置是否完善、发放的讲义是否已经到位以及教具的准备是否有疏漏等。待学生陆续来到教室时，陈老师如同主人般一一问候招呼、交换名片。此时，助教们会协助引导学生按座位表就座，并且随时注意是否有学生自行调换座位。若出现这样的情况，便以委婉的方式与学生沟通座位安排的意义，并要求学生回到原来的座位。同时，助教也需要随时注意是否有临时旁听的学生，以协助安排座位、制作桌牌、了解该生的基本信息，将这些信息加到座位表中，并用纸条将信息传递给陈老师。

为了克服上课前心里的紧张，我观察到陈老师有一些个人习惯，例如每次上课前一定会去洗手间。陈老师曾经向我分享，每个人有不同的方式来处理紧张，上课前去洗手间，除了能够看看自己的状态，也可以给自己信心喊话，这是他教书30年来的习惯。每一堂课程开始，老师会以笑话作开场白。陈老师有系统性地搜集笑话，这些笑话各有不同的意义，有些与人生思考有关，有些与文化有关，有些与时事相关，有些则与文化双融有关。这些笑话除了能缓和教室的气氛之外，常常也引出许多有意义的讨论。他甚至常说：“我能用笑话讲四天的课程。”（通常一门EMBA课程需要讲四天）

除了以笑话作为开始课程的润滑剂，陈老师在进入课程内容之前，一定会询问三个核心问题：我们为什么在这里（Why are we here）？我们为什么要关心此事（Why should we care）？我们知道多少（How much do we know）？这三个问题看似简单，却不易回答，它能够让学生重新反思自己的学习目的与初心。然后，老师会安排学生两两配对认识，相互交流三个问题："到现在为止最得意的一件事""目前所面临最纠结／最有挑战的一件事"，以及“彼此的一个共同点”。这个配对与介绍会在每一节上课时，由两对自愿分享的学生来做分享，此分享贯穿整个课程，借此让学生收心、转换情绪进入课程，并且建立自由分享的社群，营造了“家”的氛围。

5. 高度动态的课程节奏

为了有效掌握学生的学习状况，陈老师也有一些做法，例如助教在简易版座位表上（助教通常准备相当多份的简易版座位表，以做不同用途），标出每一节课未发言或者发言次数较少的学生，并且提醒老师在这一堂课中是否有偏向于某几位学生发言，然后在每一节课下课时提供给老师，以便老师能够顾及每一位学生。此外，每一节课下课时，陈老师一定会先与助教走到距离教室稍远的地方，讨论这节课的上课状况，像讲授的内容、学生的反应、时间的控制、下一节课的内容该如何衔接等问题。最后，在下一节课开始时，老师会先询问学生对于上一节课的"一"个想法（"One"reflection），以了解学生对于授课内容的掌握程度。

在课程中，老师经常使用一些简单的问题来引导同学发言，或者鼓励相对较低调、安静、内敛的同学分享。例如："你在想什么？""如果你是我，你怎么响应这个问题？""你觉得我为什么要问这个问题？""你觉得我下一个问题是什么？""你觉得我为什么要使用这个案例？"等。每半天课程，老师会预留20～30分钟进行"群智众享"（comment on comment），请学生分享：除了我之外，哪一个同学的发言对你个人或者人生最有启发？通过这种方式，除了可以了解学生的学习状况，更希望学生放下己见、学习"倾听"别人的意见，以此鼓励学生多向同侪学习。

以上这种针对每一节课的及时的评估与修正，让课程变成一种"动态"。这个动态经常源自某些学生对于某一个概念不清楚、某位学生提出一个关键问题，或者这一堂课中还有几个关键的问题可以再延伸，抑或该班学生对某个概念特别感兴趣。在这些基础上，陈老师都会做相当程度的调整来因应学生的需要。例如某位学生在"应用与评估"中分享PChome在线购物与虾皮购物的竞争案例。因为这个案例当时正在台湾真实上演，该学生将动态竞争的所有核心概念完整地应用在这个案例中，且其他学生的响应与讨论相当热络，因此老师将这个讨论延长了一小时，将原定要讨论的案例做了相应的调整。再如陈老师通常会在最后一天与学生们分享"毓老追思纪念影片"，但因为某个班级的学生对"夏学""道"的议题特别感兴趣，老师则调整课程安排，在第一天播放这个影片，并提前带领大家讨论。

这些动态性的调整，虽然看似没有一个明确的标准，但我也观察到老师的几个决策准则：一是他的经验，这个经验是基于他对学生所讨论内容的掌握程度，以及该内容与课程重要概念的联结程度来决定的；二是陈老师一定会以各种方式与助教讨论，并征求助教因应的方式，甚至立即重新安排接下来每一个环节的内容与时间；三是顺势而为，顺应学生在讨论时的兴致，让课程自然发展。此种依照学生的学习状况随时调整的动态性，其核心精神就是"因材施教"。

6. 自我反思的课程总结

陈老师常在课堂上告诉他的学生："这一辈子，我们相处的时间可能就是这四天，但是你们的员工跟着你可能是 10 年、20 年，你们扮演的是比我重要的社会教育家的角色。"这句话不仅是鼓励，更是期望，期望学生能够将在课堂上学到的一切，在自己身上或者企业中进行实践。最后一天的课程总结即围绕这个目的，回顾整个课程、感谢学生在课堂上的贡献，以及让学生给自己写一封信等，皆是希望学生再次沉静下来思考课程的三个核心问题。

在课程回顾的环节，助教会播放"群智众享"课程回顾影片。这个课程回顾影片是由助教团队制作的，助教在上课的过程中为每一位学生、每一个组的上课情景拍照，记录每一位学生所说过的具有启发性的、有智慧或者令人印象深刻的一句话或者一段话。然后，再将这些学生发言依照上课的主题（战略、执行、文化、精一、双融、承传行践、人生感悟）进行分类，并且注明是哪一位学生的发言。最后，制作成一套配有音乐的课程回顾影片。为了确保每一位学生都有照片及经典发言，助教会利用座位表将未做过深刻发言的学生标出来，请老师再次邀请这些学生发言。而这个回顾影片让学生能够回顾整个课程的精彩片段，同时也作为学生的课堂学习纪念。

此外，陈老师也会在这个环节中再次感谢协助此次课程的所有团队，并一一准备小礼物。同时，也表扬在这次课程中由学生投票选出的其发言让自己最受启发、对自己触动最大的 3～5 位学生[⊖]，老师会在课前预备几本书，签名赠送给他们，以资鼓励。最后的环节：请学生撰写"给自己的一封信"。这封信的内容包含两个主题："您在未来如何将这次所学具体落实到企业经营与管理、个人生活与职业生涯中？""如果您这一生只有一件事要做，那是什么？"这封信是希望学生回归到自己身上，反思自己课堂所学，并在信中给自己一个承诺，助教会于三个月后寄出，让学生重新检视自己。在学生写信的同时，陈老师会走到每一位学生面前，一一送给他们一套文章作为纪念，老师在课前就已经在这套文章上亲笔题写了一句鼓励的话（例如" Put yourself into the process，and the process will carry you through"，或者"君子本立而道生"等）及每一位同学的名字[⊖]。

在课程正式结束后，陈老师再次与每一位学生握手、道别。

7. 以传承为本的终身学习型社群

课程的结束并非终点，除了各项数据的记录与归档，还有几项为下一次课程做准备的战略性工作。"人走群立"是陈老师一直以来追求的目标，在课程结束之后，陈老师会带头走第一步"建群"。他会撰写一封"课后信"给上该次课的学生，这封信除了重温课堂上的精彩内容，同时感谢校友特地回校参与及分享之外，更希望借由这封信建立一个"终身学习型社群"。

为了建立一个以"传承"为本的终身学习型社群，学生资料的汇总整理有其重要的意义。在课后，助教会协助陈老师从班上挑选五位较为活跃的学

⊖　在课程将要结束的前两节课上，老师会请学生用便条纸写出 3～5 位在这次课程中对自己触动最大的同学，再请助教回收进行统计。

⊖　助教需要事前确认文章的顺序是按照座位表的顺序摆放的，以确保老师能快速、准确地发放给学生。此外，发给提前离开或者请假的学生的文章，也务必请其他同学或者班级主管转交。

生,以作为未来邀请回校分享的候选人名单。挑选的标准包括战略思维、教学潜力、古文造诣、热心、忠诚等。助教会在这份名单中简短地说明理由,备注这些学生所具备的特质。

再者,陈老师的一名助理会将该班学生名单汇总到学生数据库中,这个学生数据库汇总了过去所有上过陈老师课程的学生名单及相关信息,主要做教学上的数据分析之用。例如搜集某一家企业中陈老师曾经教过哪些学生(如前文在说明座位表制作过程所提及的)、这些学生分别是在哪一个学校、哪一年上过老师的课或者参加过陈老师的培训课程,抑或参加过老师的某一场公开演讲。陈老师每半年会写一封年中信或者拜年信给所有学生,分享他这半年来在学术上、实务上的实践心得。这封信件就是根据这个数据库发送给所有学生的。此外,其他一些琐碎的信息也会记录在这个学生数据库中。例如某一位学生送给老师什么礼物,老师送了什么作为回礼;或者某一位学生做过一件什么事情,曾经说过哪些令人印象深刻的话。这些记录都是"死功夫",却能够切实地帮助老师"回忆"起他与每一位学生之间个别的互动。

此外,"传承"的工作,不仅限于课堂中的学生,"助教"更是陈老师传承任务中最重要的对象。他常说:"我现在要把时间多花在年轻人身上。"陈老师多数的助教都是在学的"博士生"(仅有2~3位是本科生和研究生)。陈老师期望这些助教借由扎实的基本功训练,为未来的教学之路做一个铺垫。因此,为了让新加入的助教熟悉这一套教学流程,我们要求每一位新加入的助教旁听1~2次课程,从旁观者的角度熟悉陈老师的授课风格、教学内容与流程。同时,我们提供一份长达12页的助教标准作业流程,将每一个操作的细节皆记录下来(该标准作业流程会依据每一次课程的实际状况进行调整与改进),让新加入的助教以此作为指引或者核对清单,随时检查自己是否遗漏了任何一件"小"事。最后,在助教的安排上,会由一位有经验的助教引导一位新加入的助教，将"传承"的理念贯彻于实践之中。

8. 公正、客观的评分机制

在课程结束之后，还有一项相当重要的工作：学生成绩评定。学生的成绩评定经常是最困扰教师的一项任务。陈老师曾与我提过："人"本身就是成绩评定最大的"误差"（bias）。他儿子曾经问他："爸爸，你在喝这杯茶之前跟喝完后来点评我的报告，分数会不会不一样？你在早上评我的成绩跟在晚上评会不会也不一样？"陈老师对于学生分数的评定，要求自己保持最高的公正性。因此，我们开发了一套以公正性、中立性、客观性、时限性为基础的评分方式。

在学生的课堂参与评分部分，陈老师要求自己在对课程记忆最清楚的状态下，给予学生最客观的评分，且避免自己因个人印象或者其他因素造成评分的误差。因此，要求助教在当天课程一结束，立即提供一份学生当天课程的参与分数。助教依据学生的上课态度、发言深度、发言引起其他学生讨论的程度、参与小组讨论的情况等给予评分，并记录于简易版座位表上。陈老师在评分后会参考助教所提供的分数，将分数相差较大的几位学生列出，并与助教讨论这几位学生在课堂上的表现，以厘清或者达成共识。

在学生的期末报告评分部分，陈老师与两位博士生组成一个团队，这两位博士生中至少有一位并非此次课程的助教，以免受到对上课学生的既有印象的影响。三人分别在一周内阅读完所有学生的期末报告，分别给出分数与评论。实际的流程如下，在第一阶段，两位博士生进行第一次的分数比较并且逐篇讨论其优劣，比较的标准包括该篇报告的概念、深度、应用性、完整性、结构性。我们使用六等第分数（分别是：3.75、4、4.25、4.5、4.75、5）来作为给分标准。也就是说，除非特例，所有的期末报告都会落在这六个等第中的某一个里。再以"两两比较法"讨论每一篇报告应该落在哪一个等第中，直到达成共识。两两比较法最大的目的是提供相对分数而非绝对分数。在第二阶段，将经两位博士生讨论所得出的共识，再与陈老师的分数进行比较，三人进行第二轮讨论。这次讨论仅针对分数落差较大的期末报告，同样也是使用两两比较法，以达成最后的共识。

期末报告除了评分之外，陈老师还会针对每一份报告撰写自己的评论，并提供一份回馈信件（feedback letter）给学生。除了参考两位博士生所提供的评论之外，陈老师设计了一套评论模板（grading template），该模板是根据课程的主题与评分标准设计的，有近 20 条制式化的回应评论。为了高效地提供对学生有价值的评论，陈老师会印出所有学生的评论模板（一位学生一页），每看完一篇期末报告后，先在这个评论模板上勾选出符合这个期末报告的评论，再以手写的方式提供一些个性化的评论内容。最后，再请博士生加以整理。

在所有的分数都预备好了之后，即可计算学期总成绩。大部分学校希望老师所提供的成绩并非实际的数字，而是等第分数。此时，大多以整体表现来衡量每一个等第的人数。但是，从哪一个学生开始划分成下一个等第则相当关键，特别是在学生的分数都非常接近的情况下。在这个阶段中，陈老师与两位博士生会再次以"两两比较法"来重新检视与调整。我们将处于临界点的学生与分数最接近的前后几位学生从以下几个方面进行比较：再次审阅期末报告是否有误差、学生所选出的 3～5 位对自己最有启发的票选分数、学习过程的成长程度、出席情况等，以决定最后的分数。在比较的过程中，我们也遇到过各种案例，比如某两位学生的总成绩是一样的，但是各项成绩的分布正好相反，其中一位是参与分数偏高、期末报告分数偏低，另一位学生则恰好相反。因此，在讨论的过程中，我们再次回想该学生的上课表现、成长程度、期末报告。在讨论过后，我们发现这位参与分数较低的学生，在第一天上课时发言次数过多，为了让其他同学有发言的机会，老师有意减少他在课堂中发言的次数，导致参与分数偏低。而助教也观察到这位学生在分组讨论时，不仅带领其他成员讨论，而且提供了相当多有深度的见解。两两比较之后的讨论结果让我们非常有效且客观地确定最后的成绩。

在本节中，我分别从课前、课中、课后来说明教学情境中的各种"用心深细"的展现。然而，此处的"用心深细"希望表达的是一种"过程导向"，是一种持续追求精进的行为，强调的是不断精益求精的过程，而非一种现存的理想状态。这些在教学情境中"用心深细"的执行面操作与落地，与"精一执中"的战略思维、"止于至善"的文化精神环环相扣。因为唯有秉持不分大事、小事的执中思维，心无旁骛地精一于每一件事，持续追求更好的境界，苟日新，日日新，又日新，才能真正做到"用心深细"。

15.2 "过程导向"的学习反思

1. "教学"也是"研究"，"研究"也是"教学"

对于陈老师而言，教学与研究就是同一件事。他以研究的精神来教学，以研究般高标准的严谨度、细致度来要求在教学上有同样的水平；或者是整合"研究"与"教学"以达到两者之间的综效（Chen, 2018）。前文介绍他如何深度认识学生，他将每一位学生当成一个故事（或者说一个样本、一块田野），深度了解每一块田野，找出彼此之间的关系（老师与学生之间的关系、学生与学生之间的关系、在校生与校友的关系），并且做出细致、结构性的分析。每一个学生就如同一张地图上的一个点，因不同的历史背景（经历）而被联结起来，这些点所集结而成的形态及所在的地点，再勾勒出属于这个班级的样貌。如此严谨与用心地对待教学，其更根本的精神是将教学视为与研究同等重要，甚至比研究更加重要。

2. 教育的根本："严师（身）出高徒""因材施教"

教育或者"传承"是从"言传身教"开始的，陈老师"严以律己"的标准无形中已为旁人树立了一个榜样。回顾过去九年，陈老师未曾有过一次那样要求我，相反地，他教导我"大小若一"，大事、小事都是一件事，大小事都要会做，且鼓励我放慢脚步、从"一"件事开始，训练我的基本功并带领我一步一步往前。我仍记得，陈老师给我的第一个任务，是检查某份文档的格式，在我完成后，他告诉我某一段落的行距不对，结果差了0.2 行。这是因为他要求自己"用心深细"处理每一件小事。我担任陈老师助教的过程中，他如同一个"伴读"者，陪伴我一起执行、一起修正、一起完成。

在这个陪伴的过程中，陈老师总是依据每一个人的兴趣、喜好、学习阶段、习惯或者能力安排不同的任务，且每一次的任务都会比上一次更有挑战。以我自己为例，在担任助教的学习过程中，老师给我的任务是依据我的能力逐步调整的。例如在课程大纲设计上，我一开始只能在旁边听老师讨论设计逻辑，帮助做文字排版、调整格式的工作；而后当我对于内容的熟悉度与掌握度提高了之后，老师开始让我尝试针对不同主题选择合适的阅读材料；在担任了几次助教之后，老师开始与我一起讨论课程架构，案例讨论题目的设计；再进一步，老师请我草拟某半天课程的时间表（flow）。在座位表的制作上，我从帮忙搜集基本资料开始，而后开始做一些基本信息的分析；接下来，我根据学生的背景挑选出其一两项独特的、能与课程主题或内容结合的特质；更进一步，我会从学生的角度出发，了解每一位学生感兴趣的话题是什么，他们最关心哪些议题，如何以他们的专业和兴趣为基础来设计问题，以提升课堂的对话质量与互动深度。

同样地，在应用与评估环节上，我一开始只能在旁边观察学生的反应；后来可以针对有需要协助的学生，解释如何应用这些工具；更进一步，陈老师安排我挑选两位关键的学生做报告，并且决定学生做报告的顺序等。在学生评分上更是如此，一开始我只能做基本成绩的计算；然后，陈老师带着我评估学生的参与分数；后来，我们组成小团队，针对每一篇期末报告进行内容的讨论与评分；最后，他带着我"两两比较"做成绩调整，以最客观、公平的方式来决定学生的学习分数。这些过程是渐进的，对我来说，我在担任助教的过程中不断学习，逐步增加学习的深度，在这些过程中逐步成长。对陈老师而言，"因材施教"是帮助助教逐步成长最好的方式，而且他相信"助教不仅是助教"，也是他的"学习伙伴"。

　　除了我个人的例子之外，以下这个例子或许更能够完整地阐述陈老师"因材施教"的理念，他如何依着每个人的"性"安排不同模式的学习方法和不同的任务。在本文中曾提及博士生是陈老师非常重要的传承对象之一，我们经常有幸可以遴选不同的助教或者访问学生（大多为博士生）。其中，这些将赴美的访问学生最常问我一个问题："我能够帮陈老师做什么？"我通常回答他们："陈老师会根据你个人的兴趣、能力来安排适合你的任务。"因为即使是助教工作，内容也可以再细分，不同"性"的人会执行不同阶段的任务或者内容。其中有一位来自西安交通大学的访问学生，他有一次带着疑惑问我，他说老师问他一个问题："你也知道我总骂你、总挑战你、逼迫你比逼迫任何人都严重。而其他人却觉得我特别'宠'另一位学生，你知道为什么吗？"虽然老师没有直接告诉我们答案，但是我们清楚这两位学生的"性"是截然不同的，因此，老师带领的切入点与方式也就有所不同。这就好比，对于我个人而言，老师用儒家"逐字逐句讲解"的方式来引导我；对于其他人，他用的则是道家"点化"的方式。

　　采用这种"因材施教"的思维，陈老师不仅依据学生的"心性、兴趣、学习阶段"进行指导，而且经常依据助教或者助理的"习惯"来调整自己。他会记得每一位助理的生活作息时间，来调整自己工作的时间与模式。老师记得我通常早上 8 点才开始做事，他会将需要请我帮忙的事项在早上 7 点多发电子邮件给我。他还常常提醒我，某一位助理傍晚会去运动，某一位学生晚上需要陪孩子睡觉，我们都需要尽量避开这些时间。从这些细节里可以看出，陈老师将教学中"因材施教"的理念转换为为人处世上的"换位思考"，无不展现出做人、做事、做学问都是一件事。

3."传承"是基于"有教无类"的理念

在课堂中，陈老师经常将自己定位成一位"伴读"者（陈明哲，2018），他始终感觉"老师"这两个字是很沉重的负担，所以自我期许成为学生的"伴读"者。"伴读"是一种知识传递、智能启发与参与学生个人反思的过程，伴读的思维使得他心中所谓"学生"的概念是相当广泛的，或者说在他心中没有"学生"的概念。对他而言，他将所有人都视为学生，并不仅是教授过的人才称之为学生；更甚者，"学生"不只是学生，每一位学生都是他的"学习伙伴"。所以，所有人都是自己的学习伙伴，所有人都是自己期望传承的对象。他冀望自己所做的事情或者在做这些事情的过程中，能够间接影响或直接帮助每一位"学习伙伴"成长。这种"无我利他"、关注每一个人的思维，究其根本，除了是"把世界变得更小"的毕生努力目标，更是心中根深蒂固的"有教无类"：不论什么人都可以受到化育。

本文分享了许多在课程中的执行细节，目的是能在课堂上客观地做到"有教无类"。诸如，每一节课记录哪一位学生尚未发言、鼓励较安静学生的发言。这种无类除了试图将边缘人带回中心、平等关注每一位学生，让不同类的人能消除差别，更根本的基础是"信"。在我的观察中，陈老师授课时，最核心的是建立与学生之间的信任关系，以及学生与学生之间的信任关系，以让大家融（立）成一个群。信任关系的建立不仅能够驱使学生发自内心、真诚、自在地在课堂中分享自己的观点，更直接影响着教学的成效。而陈老师"伴读""学习伙伴"的心态，首先消除自己与学生之间是不同类的差异，就是在那么有限的时间内建立"信"的关键原因。

"有教无类"的理念，陈老师不仅用于课堂上，更落实到每一件事情上。在每一次为 EMBA 授课时，除了在教室中"无类""平等"地对待所有学生，对助教团队、学校行政团队、校友甚至是每日协助清洁的人员，老师也都是一视同仁，让所有人受到一样的尊重。举几个小例子。每每上课老师一定会签字将自己的文章送给学生，他常告诉我不能只打印出给学生的份数，所有的助教、回来的校友、行政人员，他都需要一一签名赠送。每次课程要结束前，他一定特别代表学生感谢学校行政团队的支持，预先准备书籍或者小礼品送给负责的行政人员，或者购买点心、糕点送给清洁人员。

4."慎独"：习惯成坚持，坚持成习惯

复旦大学鲍勇剑老师曾说："陈明哲老师成为我只能敬仰、不敢模仿的传奇人物，不是因为他的学术成就，而是他恒若泰山的坚持。"（鲍勇剑，2012）我担任陈老师的助教九年时间以来，担任过 20 多次助教，他在教学上的准备没有一次不依照这个流程来执行，没有一次漏掉其中一个环节或者步骤，他甚至要求自己每一次都要比上一次更细致、更精进。他常告诉我："我每一次上课都像第一次。"很多学生都问过这样的坚持是怎么做到的，他轻描淡写地说："如果你将这门功课变成了日常生活的一部分，那么这个过程是无时无刻、无所不在的，不必刻意为之。"（陈明哲，2018）当你把它变成一种习惯，习惯的力量自然能够带领你坚持。而这种坚持是一个循序渐进的过程，就如同习惯是要一步一步养成的，欲速则不达。

对我来说，这种坚持与习惯的建立，其更深层意义是"慎独"境界的展

现。此种把对自己的要求变成一种习惯的方式,听起来很容易,但执行上是极具挑战性的,不仅需要高度的自律,更要严格要求自己才可能做到。虽然过去九年的学习历程里,陈老师没有直接告诉我为人、处事的道理,但他的"始终如一""反求诸己""换位思考"……每一个"言传身教"已经直接示范了何谓"为人之道"。

附录 15A　课程大纲"双融"架构

四元素	说明	举例			
		第一天	第二天	第三天	第四天
文化	中国拥有悠久的文化传统与深厚的人文积淀	精一	执（时）中	和合	生生
系统化知识	西方社会科学以其方法论与架构性见长	战略思维	动态竞争	文化-战略-执行三环链	企业的永续发展
经验与案例（案例教学）	华人注重实践、具有行动导向	乔布斯、任正非、宝洁	吉列剃须刀	林肯电气	腾讯与小米
应用性工具（应用与评估）	西方重视过程与做法的标准化与可量化	钻石模型	觉察-动机-能力、市场共同性-资源相似性	战略执行框架	融贯与反思

附录 15B　课前致学员的短信

各位学习伙伴：

　　首先，很高兴不久后将和大家一起在 "竞争战略" 课程中互相学习，能够与国内的精英齐聚一堂，我个人感恩、惜福、惜缘！

　　动态竞争是我个人在 20 多年前首创，在西方世界快速发展并引领风骚的一个前沿视角，被《哈佛商业评论》称为 "后波特时代的竞争优势"。这个视角根植于中国文化，并且整合西方的社会科学，一直以来，对寻求转型与可持续发展的华人企业与企业家，具有非常高的实用性。

　　本次课程的设计涵盖了哲学、架构、案例与工具四个层面，从上到下、一以贯之，期望学生同时学习最前沿的系统化知识与最实用的分析性工具。课程采用互动方式进行，目标是建立一个互信、分享的学习社群。

　　为了提高学习效能，请大家务必事先详读课程大纲中列示的 "核心案例" 及标注 * 的 "参考材料"。案例虽然是西方公司，但内容与中国企业的发展息息相关。至于其他 "参考材料" 中的文章，可依个人的兴趣与时间酌情选读。

　　最后，如果大家有任何问题，欢迎随时发邮件给我（chenm@darden.virginia.edu）。期待与各位在课堂中一起成长！

　　敬祝

　　阖府安康！事业顺遂！

陈明哲

敬上

附录15C　"竞争战略"课程纲要

课节	2018年12月13日	2018年12月14日	2018年12月15日	2018年12月16日
1 （9:00－10:30）	**动态战略思维** 主题： • 企业战略的制定与执行 • 战略分析：C3E战略框架 • 战略制定：钻石框架 • 战略评估：公司整体层次与业务层次	**动态竞争** 主题： • 预测竞争响应 • 辨识响应障碍 • 商业模式竞争	**"文化－战略－执行"三环链** 主题： • 战略与执行相结合 • 执行配套的整合 • 组织文化的融合	**战略1-2-3-9** 主题： • "哲学－理论－案例－工具"的融贯 • 生生不息，永续发展 • 整合与应用：以腾讯为例（丁诚）
课间休息 10:30-10:45				
2 （10:45－12:15）	**竞争与行业演变** 主题： • 战略与竞争 • 行业结构与演变 • 可持续发展的盈利模式	**竞争者分析** 主题： • 竞争不对称性 • 以对手为中心的分析视角 • 商业模式竞争	**中国企业的海外扩展** 主题： • 中国企业的海外并购 • 中国企业国际化的障碍与融合	**文化双融管理** 主题： • 精一与执中 • 体用合一
午餐 12:15-13:30				
3 （13:30－15:30）	**精一与钻石模型** 主题： • 钻石模型 • 集团战略 • 战略管理评估	**采取战略行动** 主题： • AMC架构："察觉－动机－能力" • 竞争者分析："市场共同性（MC）－资源相似性（RS）" 核心案例：吉列剃须刀	**企业成长与转型** 主题： • 战略转型 • 成长与转型 • 全球化与转型 核心案例：林肯电气公司	**华夏智慧与管理** 主题： • 企业"士" • 明哲方（心）法 • 薪火相传
课间休息 15:30-15:45				
4 （15:45－17:30）	**应用与评估（1）** 战略五要素	**应用与评估（2）：** AMC与MC-RS	林肯电气与区块链	传承：课程总结，反思与行动

注：每日 7:30-8:30 晨读。

附录 15D 座位表

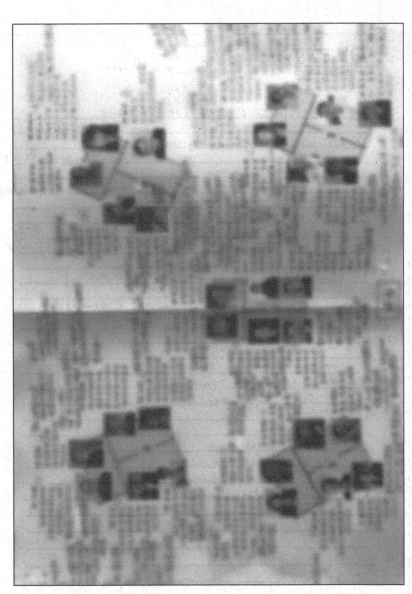

注：为保护学生的个人隐私，此座位表已模糊处理。

附录 15E 教学纲要

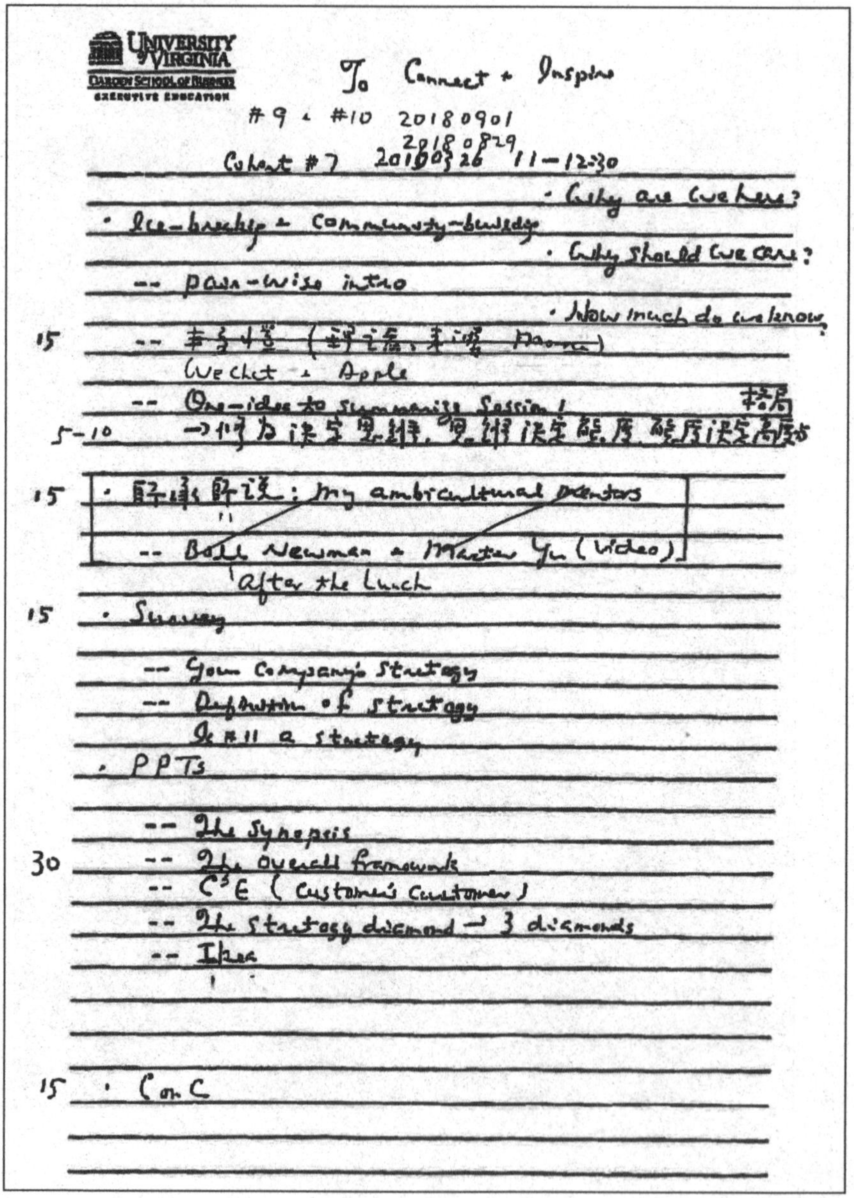

附录 15F　明哲笔记

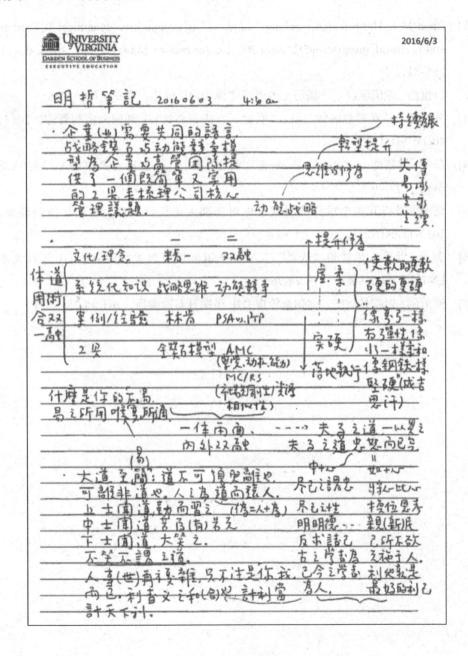

参考文献

[1] Chen M J. The research-teaching "oneness" of competitive dynamics: Toward an ambicultural integration[J]. Asia Pacific Journal of Management, 2018, 35(2): 285-311.

[2] 吕世浩. 帝国崛起：一场历史的思辨之旅 2[M]. 台北：平安文化，2015.

[3] 陈明哲. 华夏智慧的知与行："明哲"方法与心法 [J]. 外国经济与管理，2018，40(1): 141-152.

[4] 韩冬. 惟精惟一，允执厥中——陈明哲先生侧记 [J]. 复旦大学 EMBA，2011（夏季刊）：77-79.

[5] 谢岚. 当离开这个世界的时候，你想让别人记住什么 [N]. 星期日新闻晨报，2012-11-04(B2-7).

[6] 苏勇. 世界上怕就怕"认真"二字——听陈明哲教授授课有感 [J]. 复旦大学 EMBA，2011（夏季刊）：74-76.

[7] 鲍勇剑. 你就是制度，你创造传奇 [N]. 星期日新闻晨报，2012-5-18(A31).

第 16 章

以文会友

群友的回馈与共勉

打开"知行合一"之门的方法与心法

陈春花（北京大学王宽诚讲席教授、北京大学国家发展研究院 BiMBA 院长）

管理领域的"知行合一"对于每一个实践者和研究者都是一个明确的检验，而在能够不断以此推进自己的研究、走入实践、走入管理教育的学者中，明哲老师是佼佼者，他的《"明哲"方法与心法》介绍了他是如何借助华夏智慧展开"知与行"的教学的，这一套方法被命名为"明哲"方法与心法。

"明哲"方法与心法有六个维度：启发思考、好问察言、立人立群、高感触动、群智众享、用心深细。用明哲老师的话说："这六个维度，道术合一、体用双融。"最难能可贵的是，明哲老师不仅提出这六个维度，更是用他自己在教学、研究和咨询中的实际做法，逐一拆解和解读每一个维度的内涵和做法，这已经是"知行合一"的明示。

如何开展管理教育，对于人们学习和理解管理本身具有特殊的意义。很多时候，实践界无法真正理解管理的本意，这在很大程度上是因为管理教育者自己没有理解管理本身的意义。如果管理教育只是照本宣科，或者只是传递知识，没有把管理知识与管理实践有机地融合，结果就可想而知了。明哲老师为了做到"知行合一"，他给自己定位的角色不是一般意义上的老师，而是一位"伴读"者。伴读的内涵包含了知识传递、智慧启发与学员个人反思的整个过程。这样的陪伴，"可以让学员去思考问题与概念的本质，而非只关注字面上的意义"。其实，我们每一个人都要找到自己的方法与心法，由此方可打开"知行合一"之门。

知行合一，止于至善——读陈明哲先生文章有感

池宇峰（完美世界集团董事长）

陈明哲先生是我的老师。先生不仅是一位在课上课下传道、授业、解惑的教育者，他更愿意称自己为一位启发学生内在思考、帮助学生增进智慧的"伴读"者。先生笃信"因材施教""有教无类"，在课堂上对每一位同学都循循善诱，不以"老师"的姿态面对学生，而是关切学生的想法，启发学生的思考。在这种平等的启发式交流与探讨中，学生更容易被激发，敞开心扉，不带包袱地思考先生的问题，真诚地分享自己的感悟。

我曾惊讶于陈明哲先生总能够对每一位同学问出恰当的问题，直到我读了先生这篇《"明哲"方法与心法》，才明白原来先生每次备课时，都会仔细了解每一位同学的背景和故事，并与课程内容联系起来，全盘思考他对每一位同学想问和可以问的问题。先生说，这种方法"根本不需要特别的天才"，其根源在于"是否有边缘人的憨与基本功的坚持"。我认为，先生这种"边缘人的憨"就是他的"知行合一"，所谓"基本功的坚持"，就是他的"止于至善"。

陈明哲先生将"明哲"方法与心法提炼为六个维度。读罢，我对先生的理论理解得更透彻了。"明哲"方法与心法，追求的是成为"明己与觉人的明智之人"。尽己之性然后才能尽人之性，自觉而后才能觉人，自立而后才能立人。这也是源自孔子学说的"仁者，己欲立而立人，己欲达而达人"。"明哲"方法与心法发端于中华文明的智慧，期望透过古人的智慧来启发今人的智慧，帮助大家正本清源、明心见性，发展自己的方法和心法，找到彼此"和而不同"的地方，更容易在相对分隔的背景下达成共识。

陈明哲先生的"明哲心法"，我认为是当代管理教育实践集大成者对

"大学之道，在明明德，在亲民，在止于至善"的注释及延伸。今日，先生身体力行，从学术研究到教学实践，从教学心法到教育思想，将做人、做事、做学问的智慧，通过课堂内外和每一位学生放大、传播出去。

陈明哲先生实践"明哲"方法与心法的道场是课堂，而我作为他的学生，我的实践道场是企业。做一家有宗旨的企业，不仅要视员工为企业的资源和财富而非成本，更要在创业和发展的过程中为更多的人创造成功的机会，提供实现自我价值的平台，推动企业的革新和社会效率的提升，即回馈社会。做一家善良的、可持续发展的企业，归根结底是要在对人性的深刻理解的基础上联结更多的人共同协作，是要为了追求并实现人生的幸福和社会的进步而成长壮大。以先生的"知行合一，止于至善"为榜样，冀与先生在推动社会进步这一终极目标上遥相呼应。

生命提升的道与术

高纪凡（天合光能董事长兼CEO）

第一次见到陈明哲教授，就被他那亲切和蔼、平易近人而又富于哲理、学贯东西的教学风格深深打动。在课堂上，陈教授用他深厚的学识，用不断提问的形式，启发同学们深度思考，鼓励同学们分享、互动并进行总结提炼。让所有的同学，在跟随他学习的过程中获得的不仅是知识上的精进，更有视野的开拓和人生智慧的启迪。

"名者，命也"。就像陈教授在这篇文章（《"明哲"方法与心法》）里提到的，"明哲"是陈教授一生的追求，也是他努力践行的方向。无论是他的管理理论——动态竞争、文化双融、惟精惟一，还是他研究和教学的方式，背后都是同样的深层次的文化理念，那就是"互利共赢，创造价值，生生不息"。这些理念来自中华文化的精髓，在当今瞬息万变的社会中一样适用。

作为一位民营企业家，在过去20多年，我带领天合光能从创立、成长到今天成为全球最领先的光伏智慧能源公司，我们成长的背后，也得益于深层的文化理念的指导和引领。我们秉承"赞天地之化育，助生命之提升"的理念，在发展过程中一直坚持要成就客户，为客户创造价值；要与合作伙伴互利共赢；要为员工提供共同成长和发展的平台；同时，为社会与环境的可持续发展，为公司和社会的生生不息和繁荣昌盛做出贡献。

"有教无类是大爱，因材施教是智慧"，相信各位读者会从陈教授这篇介绍他的教学方法的文章中，体验到生命提升的道与术，并获得引导自身成长的智慧。

以心法和行动引领未来

李扣庆（上海国家会计学院院长）

上海国家会计学院多届 EMBA 学生曾有幸受教于陈明哲教授，聆听他讲授"战略管理"课程。因工作缘故，我也有幸得以数度领略明哲教授"有教无类"的教学理念和"无我利他"的大德风范。他的言传身教使学院的教师们受益良多，学生们更是将他传授的"精一"理念奉为圭臬。

我们生活在一个全球化高歌猛进的时代，东西方文化交融互动是这个时代的重要特征。东方智慧和西方智慧都曾在人类发展进程中的某些阶段独领风骚，显然，单纯依靠某一种智慧已无法应对当前和未来人类所面对的巨大挑战。能否通过文化交融寻找到人类所面对的很多难题的解决方案，其关键或许不在于交流的数量，而在于交流的质量，在于是否能够有真正学贯中西、对东西方文化都有深刻理解的人士作为交流的桥梁。万幸的是，纵然堪此大任的人极少，陈明哲教授在中国传统文化和西方管理学领域的高深学养与他在管理思想融合创新方面的重要贡献，让我们有理由对未来有更充分的信心。"明哲"方法与心法看上去像术，似乎重在教为师者如何"传道、授业、解惑"，但其核心价值实则在道，是为师之道，也是为人之道，仔细品味，适用于为人处世的方方面面。当今世界，懂术之人很多，知道之人也不少，但像明哲教授这样，以成为真正的儒者为己任，传授"人人皆可为尧舜"的理念，不仅以其言，更以其行，教化弟子、引领未来的良师益友委实太少了。

真正的文化自信

陆雄文（复旦大学管理学院院长）

虽然这是我第一次读《"明哲"方法与心法》，但却是对陈明哲教授所推崇的"华夏智慧的知与行"思想的温故而知新。

同明哲兄相识十多年来，他一以贯之、身体力行地传播他所理解的华夏智慧。我请他来复旦大学给 EMBA 学生讲授动态竞争战略近十年。他授课期间，只要我不出差，他都邀请我去他课堂对话。我深刻感受到，他不仅在传授竞争战略的道与术，更重要的是，他在试图向学生演绎引导他创立动态竞争思想背后的深刻的哲学思辨。而这个思辨，就是他自觉地将东西方文化的精髓交织在一起，也就是他后来总结提炼的"文化双融"的观点。

明哲兄作为一名学者，始终在持续不断地学习。首先是年少时他师从毓老师学习知识、思想、修行和思辨的方法。随后在几十年的求学、研究、教学生涯中不断地向同行学习、向实践学习，并逐渐创建和演绎了他自己的理论体系。他的善于学习，更体现在向他所教的学生学习。他认为自己对于学生的角色就是"伴读"，因为伴读可以让学生更近距离地体会他的思考和见解。因为伴读，学生也会解除对老师的戒惧，更充分地展示自己的思考与经验，从而有机会让明哲从这些学生身上萃取各自的点滴精华，涓涓细流汇成他智慧的大江大海。也因此，他对人平等、尊重、谦逊，这不仅是一种做学者的态度，在他身上更是一种修炼。所以，对于他的"好问察言"，绝不可简单地将其认为只是一种方法，其更已内化为他的一种信仰实践。

"明哲"心法与方法，不仅对商场上的企业家、职业经理人有直接的指导价值，对商科的同行来说，也同样有诸多教益，因为它提示我们如何与同行相处，如何与学生互动互学，并由此可以扩展应用到广泛的人际关系发展之中。

有位伟人讲过，要"古为今用，洋为中用"。明哲兄已把这一哲学思想进一步提升为了"古为今用，洋为中用，中为洋用，文化双融"。这才是一种真正的文化自信。

明哲老师的启蒙之道

罗小薇（欧洲工商管理学院教授）

读明哲老师的教学心得（即《"明哲"方法与心法》），深切感受到他的教学、研究和为人是高度一致的。在教学上，他充分相信管理实践者的潜能，鼓励他们突破已有的定式；在研究上，他致力于融合西方战略研究和中国传统文化，实现理论创新，他从不满足于现有的定义、概念；在为人上，他总是那么谦逊，用服侍人的心对待同事和学生。

我有幸听过几次明哲老师的课。中国传统的师道强调老师应该"传道、授业、解惑"和启蒙，前三点往往是大部分师者的重点，而"启蒙"这一点却做得很不够。明哲老师的课让我体会到他是如何帮助管理者开启他们更深层的思考力，从而在工作和人生中都能更上一层楼的。他的授课重点不是提供答案，因为他相信自己的学生有能力找到更好的答案，他要帮助同学们更多地认识自己、挑战自己。这就是为什么他总是在课前花很多时间去了解每一位学生，在课堂上自己放下身段引导学生思考、分享，在课后继续鼓励学生们彼此学习成长。他要带给学生的是成长型的思维（如斯坦福大学教育学家卡罗尔·德韦克（Carol Dweck）的描述），而不是仅仅记住一些结论和工具。

明哲老师此文非常宝贵，让我们看到他这样的教学是如何做到的：方法与心法并重。这样的教学是当今中国所需要的，感谢明哲老师的分享！

以心御道，以术化人

苏勇（复旦大学管理学院教授，复旦大学东方管理研究院院长）

　　陈明哲教授的课，我是认真听过的。其上课的认真和用心，得到学生的一致好评。如今，明哲教授自己将其授课心得方法总结为"道术合一，体用双融"的六个维度，进一步上升为一种教学理论，读来颇有启发。

　　在我看来，六个维度的精粹可以进一步概括为八个字，即"以心御道，以术化人"。

　　首先是用心，用心才能御道。互联网时代，知识传播的速度和方法具有诸多特点，因此对于老师授课的要求也大不相同。对此，陈教授清晰地把自己定位于"伴读"的角色，即包含了知识传递、智慧启发与学员个人反思的整个过程。注重引导学员去思考问题和概念的本质，而非只是关注字面意义。一方面要放下教授都容易有的权威身段，另一方面要保持足够的耐心和信心，循循善诱，从内心尊重学员的经验和创新观点。这对于陈明哲这样的权威教授尤其不易，对其他老师亦极有启发。只有不"居高临下"，才能建构起平等切磋的良好课堂氛围，做到"群智众享"。

　　其次是善术，善用高明之术才能取得良好的教学效果。陈教授在《"明哲"方法与心法》中介绍了很多尤其是以 EMBA 和企业家为对象的极其有用的授课技巧，值得商学院教师认真学习，当然对其他学科教师也不无益处。陈明哲教授对教学的投入有口皆碑。从课前对学员背景的用心了解，到课堂上的"好问察言"，以及如何将"边缘人"拉回到"舞台"中心并放大他们的声音，精心设计问题和相关环节以调动每一个学员的融入感，"高感触动"，成为其授课中的"利器"，广受学生欢迎。而这一切，都来自他常年对教学技巧的不断精进。

　　我曾经在复旦 EMBA 刊物上发表过一篇评价陈明哲教授教学的文章，题目引用了《毛主席语录》中的话，"世界上怕就怕'认真'二字"。我在那篇文章中将明哲教授的教学特点概括为三个方面：①极其认真的态度与投入；②谦虚平等的沟通与互动；③高超的内容掌控与调整。迄今我仍以为明哲教授之所以教学效果出众，关键之处就在于认真，而认真源于用心，只有用心"既深且细"，然后"谋定而后动"（《大学》），才能修得正果。而这一切，是我们要向陈明哲教授认真学习的。

中西贯通，教研结合

张志学（北京大学光华管理学院教授）

我从 2000 年进入北京大学光华管理学院担任教职至今，始终从事组织管理和社会心理学的一线教研工作。这 17 年，也是中国的管理学院蓬勃发展以及教学相长的 17 年。管理类教学的一大特点，是为资深管理人士提供再次走进校园的机会，我曾经将北京大学光华管理学院的工商管理课程称为企业高管学员们的禅房和加油站。这些资深管理者重新走进校园，反思，沉淀，升华，再出发，而教员们在这个过程中，既给予理论启发，又收获实践认知。这些年，管理学与心灵鸡汤一样热门。行色匆匆而又野心勃勃的人们在机场书店买各种成功秘籍，以为这就是管理学；各行各业、各种背景的人们也都就管理与领导侃侃而谈，仿佛只要做过企业，或者会讲故事、口才流利，就能讲管理学。所幸，大浪淘沙，真金终会出彩。真正能够超越常识，抑制躁动的骄傲心态，在课堂上淋漓尽致地启迪学员开放思考，同时又能够基于精深的研究将看似发散的课堂讨论归纳为系统的理论体系奉还给学员，让学员离开课堂后还能够久久回味，甚至用这些理论分析自己在工作中遇到的问题……这样的教授凤毛麟角。

陈明哲教授是极少数能够展现上述风范的学者之一。他是全球最高产的管理学者之一，1990~1999 年，在国际公认的顶级期刊上发表文章的学者中，他并列第九。他的所有作品都聚焦动态竞争战略，体现了他的专精。更为重要的是，他基于自己的研究开发出了具有原创性的课程。在他的课堂上，他将动态竞争战略与中国传统文化融为一体，引导学员真诚分享和全情参与，他通过教学创造了一个活跃的社区。他为中外管理教育的同行树立了一个专业、专注和真诚的榜样！

第四篇

精一执中

面对外部系统的复杂变化，企业的灵魂之问就是：如何转型。毕竟那些看似会永生的巨人也因转型失败或不当而轰然倾倒，不论是胶卷行业的柯达、零售行业的西尔斯，还是移动设备行业的诺基亚，等等。

陈明哲认为企业战略甚至个人哲学的圭臬就是：精一。字面意即精进、专一，撷自《尚书·大禹谟》的"惟精惟一，允执厥中"。精一，不是指只做一件事，而是在环境不断变动的过程中，持续真诚地与自己对话，思考和确立企业的"本"（core），一心一意专注地立足于企业的"本"行事，并且精益求精、一点一滴地领悟本身所在领域的永续经营之道。

中国标杆企业华为就是精一的典型，

从几十个人到十几万人，"华为只对准通信领域这个'城墙口'冲锋"。任正非说，华为"就是靠阿甘式的'傻'，聚焦战略机会，坚持创新"。华为并非没有转型需求，相反它一直在主动转型。从中国农村走到世界各地，从运营商设备扩展到个人消费电子，在全球化、移动互联网等新趋势里它是敏于进化的，现在又致力于提供物联网以及人工智能的基础设施。在 40 余年风起云涌的改革开放中，地产与金融曾吸引各类企业跃跃欲试，然而华为却一直没有偏离对通信技术这个"一"的坚持和"精"的演进，而且进一步明晰了企业所有经营活动所围绕的根本理想——构建万物互联的智能世界。打印设备行业的昔日翘楚施乐，曾试图让公司重振起来，但是如该公司的一位高层所说："我听到过资产出售，听到过再融资，但是从来没有听到有人明确地说，公司的未来应该是什么样的。"

精一的力量不仅能用于战略的制定与执行，也能用于企业的日常经营管理，让我们在紧急性和重要性之间达成一致，在长期目标和短期目标之间实现平衡。它作为"行动 GPS"，可以帮助我们在企业的远景和近景之间画出行动地图。它还是"决策定盘星"，可以帮助我们在艰难权衡间做出取舍，处理决策系统中的矛盾。精一不仅仅是宏大愿力的抽象概括，即使在个人生活中也可以具体应用。从学校到工作，精一是贯穿一生的简单而有力的思维和哲学。

(文：武珩)

第 17 章

商业实践中的"精一"力量

原文出处　Chen, Ming-Jer, 2012, "Case in Point: Using the Power of 'One' as a Business Practice," Washington Post, July 8.

　　我每天收到几十封电子邮件,如果只有时间回复一封,选哪封?

　　在商务会议中,如果只剩下几分钟了,我们该讨论哪件事?

　　如果我做一个报告或者演讲,我应该传递什么信息?也就是我希望听众能够得到什么收获?

　　如果我的一位家人罹患可能致命的疾病,我应该去哪找一位能够挽救他生命的医学专家?

　　如果在我的职业生涯或家庭生活中只能完成一件事,或者我一生只想完成一个梦想,请问这件事情或这个梦想是什么?

每个人都有一种内在的力量,促使我们在生活的各个方面追求最优效能。

"精一的力量"不仅仅是对内驱力的抽象概括。它可以实际应用到我们的日常生活中,从学校到工作,贯穿人生始终。

虽然很难对其进行精确定义，但其本质就是日常行为和决策中所反映的观念、素质甚至各种人际关系，应用广泛，推力强大。精一的力量可以让我们与自己对话，找到真正重要的东西，从而做出连贯的决策。它源于真我，代表着我们所捍卫的价值观，因而能让我们在各种抉择面前进行思考，做出甄别，而不至于沉湎在彷徨犹疑甚或迷失错乱之中。

如何从战略角度看待精一？

所谓战略，会衍生出选择矩阵，企业家在每个选择面前都要权衡利弊，做出取舍。如何做出选择，不仅涉及我们的核心价值观，也需要我们从宏观角度思索实现目标的路径以及所肩负的责任。战略需要一致和连贯。精一有助于从整体思考，确定企业所有经营管理活动所围绕的主题，一如它能让学者持续专注于自己独特的研究领域一样。

并且，精一的力量能让我们在紧急性和重要性之间达成一致，在长期目标和短期目标之间实现平衡。它作为"行动 GPS"，可以帮助我们在企业的远景和近景之间画出行动地图。它还可以作为"决策定盘星"，帮助我们在艰难权衡间做出取舍，解决决策系统中的矛盾。

商业领袖践行精一原则的实例有很多。或许最具代表性的就是沃伦·巴菲特始终坚持"价值投资"。60 多年来，这位"奥马哈的先知"一直坚定不移地专注于少数几种类型的股票，简单地说，就是他熟悉和喜欢的股票，并为自己带来了无可比拟的财务回报。星巴克的 CEO 霍华德·舒尔茨的精一原则就是让自己的公司成为顾客的"第三个地方"：家庭、公司和星巴克。这个原则在舒尔茨描述星巴克时也有所体现，他认为星巴克做的是"专门与人打交道的生意，只是恰巧卖咖啡而已"。迪士尼也信奉精一的力量。在迪士尼早期的大部分时间，公司的凝聚力是"以米老鼠为中心"，也就是把米老鼠这个动画角色作为其业务的核心品牌。后来，迪士尼开始以家庭娱乐为中心打造自己的"精一"品牌，并将其收购的各种业务线融入其中——精一战略的演进是连贯递推的，而不是随机跳跃的。再举一个也很有说服力的例子，我的一个朋友已经创立了四家成功的公司，并且在 15 年的时间里领导着一家上市公司，在这 15 年间又获得了 MBA 学位。他看似庞杂的事业体系，却围绕着简单的"3-4-5"原则：雇用 3 个人，支付 4 个人的薪水，并保证能有 5 个人的产出。

从表面看，精一这个原则似乎很幼稚，但其力量恰恰在于简单，恪守坚持，终致成功。这里所说的成功，就是本文开头那个假设中，一件毕生最想成就的事，当然，这件事要源于内在自我对事业本身的热忱，而非"做首富""当大官"这种外部标签。精一能否奏效，取决于几个很容易就能总结出来的信条：理念、专注、坚守、能够反复做同样事情的激情。另外，至少还有一条：当我们发现自己处于不利境地时还能保持沉着。

所以，接受"精一"思维方法吧！想想精一所能带来的力量，这不仅是为了今年，为了你的职业生涯，从更大的意义来说，也是为了你的整个人生。

第 18 章

精一管理

企业永续经营的生生之道

原文出处 陈明哲，2016，精一管理：企业永续经营的生生
之道，《清华经管评论》，12 月号，页 90-96。

进入互联网时代，产品迭代速度越来越快，产品生命周期越来越短，企业唯有正视经营"变"的本质，然后不断采取措施，响应竞争者的行动，才能拥有持续的竞争优势。在变动的环境中，企业更需聚焦、紧扣核心，追本溯源、理出头绪，才能"唯变所适"，在混沌中突围制胜。因此，"精一管理"显得更加重要，正合传统智慧中的"君子务本，本立而道生"。

18.1　精一，杰出企业家的共同特性

"精一"出自《尚书·大禹谟》："人心惟危，道心惟微，惟精惟一，允执厥中。"意思是人心是不安的、浮躁的，道德心是微弱的、隐暗的，只有用"精""一"的功夫，诚恳地秉持中道，因时制宜，顺应人性做事，才能解决人心和道心之间的矛盾。

"精一"是我对"惟精惟一，允执厥中"这八个字的撷取，也是我一生为学处世的圭臬，我将它译成"The Power of 'ONE'"，带进西方的企业管理当中。

精一虽然源自中国古老的智慧，却具有普世性，并且可以贯穿个人、家庭、事业等各个层面，企业管理只是精一的应用领域之一。

史蒂夫·乔布斯是精一的奉行者。他是一个高度聚焦于分众市场的代表，相信并践行自己的信念，专注提供友好而优雅的用户界面，在执行上近乎"无情"，最终反成为大众市场的领导者。1997 年 4 月，乔布斯重返苹果，第一件事就是画下一个 2×2 的矩阵：横轴是消费者或专业人士，纵轴是桌面计算机或便携设备。他要求员工专注在这四个象限，每一个象限只提供一款伟大产品，其他产品通通割舍。

沃伦·巴菲特是另一位精一的代表。他只投资自己熟悉、喜欢领域的股票，90% 的收益来自一生长期持有的十多家公司股份。他的次子、音乐家彼得·巴菲特曾这样形容父亲专注于工作时的状态："童年时，父亲大多数时候在家里工作。他会长时间待在书房里。我后来才知道，他一直在阅读《价值线》《穆迪投资》以及数以千计的公司和股票的统计分析报告等内容。这些看起来很枯燥的课题，他却可以轻松达到如僧人沉思禅经那样的境界。当父亲工作时，他像进入了另一个世界，简直是如痴如醉。他常常穿着卡其布裤子和一件破旧的毛衣从书房里走出来，身上带着几近圣洁的平静，这种平静能使一个人的自我意识和当前的工作合二为一。"

过去 20 多年来，我在哥伦比亚大学商学院、沃顿商学院（宾夕法尼亚大学）、达顿商学院（弗吉尼亚大学）三所美国一流管理学院教了几千名 MBA 或 EMBA 学生。我观察到，在企业界表现出色的校友，都具备一个共同的特性：精一的思维与能力。

18.2　精一，一招用到极致

精一，不是指只做一件事，只在一个领域发展，而是在环境不断变动的过程中，持续真诚地与自己对话，思考和确立企业的"本"（core），一心一意专注地立足于企业的"本"行事，并且精益求精、一点一滴地领悟本身所在领域的永续经营之道。

我们通过阐述宇宙万物变化规律的《易经》，也能理解为何精一可以帮助企业面对复杂的变化，扩大经营版图。

《易经》的"易"，有三层意思。第一层是"变易"，认识到万物是动态的、变化的；第二层是"简易"，化繁为简，复杂的事情简单做；第三层就是"不易"，寻求恒久不变的原则。

精一，能帮助企业在变动的竞争环境中化繁为简，坚守"不易"的本质，见招拆招，以不变应万变。

我们来看看那些庞大商业组织的"一"是什么。

星巴克董事长霍华德·舒尔茨的一个原则，是让公司成为顾客的"第三个地方"（The Third Place）：家、公司和星巴克。他曾说，星巴克做的是"专门与人打交道的生意，只是恰巧卖咖啡而已"。

迪士尼早期的"一"是"以米老鼠为中心"，让这个动画角色作为联结所有业务的核心。后来，迪士尼转型，开始以家庭娱乐为中心，递进打造自己的"一"。

为宝洁公司效力达41年之久的前董事长兼执行长埃德温·阿兹特（Edwin Artzt），在任时曾宣布："我们公司的业务已经涵盖40多个领域，包含沐浴产品、纸制品、医药保健、美容护理和食品饮料。"这一连串五花八门、南辕北辙的产品有"一"吗？有。所有产品都围绕甘油技术。

本田汽车也是如此。他们制造汽车、摩托车、游艇、铲雪机，以及家用除草机。他们的"一"，是引擎与动力技术。

至于中国企业，华为是一个标杆，用二十八年磨"一"剑。

2016年年初，华为总裁任正非接受媒体访问时说："这么多年来，华为只对准通信领域这个'城墙口'冲锋，坚持只做一件事，在一个方面做大。华为只有几十人的时候就对着一个'城墙口'进攻，几百人、几万人的时候也是对着这个'城墙口'进攻，现在十几万人还是对着这个'城墙口'冲锋。"

"华为如今的成功没有秘密，就是靠阿甘式的'傻'，聚焦战略机会，坚持创新，并选择不上市以避免资本市场的约束和绑架，令华为可以自主地加大技术、人才、管理体系和客户服务的'傻投入'……傻，就是不把钱看成中心。中心是理想，钱不是最重要的。"

把一招用到极致，就成绝招。当一个企业能够将所有"变易"的思维或做法，都围绕在本身的"一"发展时，就能一以贯之、到处通达。

18.3　精一，叩问企业的本质

对企业家来说，要找到自己的"一"，必须先自我对话，深思对自己重要的事有哪些，然后排列优先顺序，最后做出一致性的决定。在这个过程中，还要有专注、持续、反复为之的热忱，在不利处境中也能沉着应对。至于企业，每一家寻找"一"的过程是不同的。有些企业在创建初期就有清晰的"一"，全食超市（Whole Foods）就是一个明显例子。

全食超市在 1980 年创办于得克萨斯州奥斯汀，目前已是美国第八大有机食品和药妆连锁企业。它快速发展的关键因素之一是让消费者一进入全食门店，就有种愉悦感：食物陈列整齐美观，看上去健康新鲜，有许多美味的试吃产品；店堂不但干净，还富有文化气息。

全食超市的创办人兼执行长约翰·麦基（John Mackey）认为他的商业逻辑很简单：管理者照顾好员工，员工照顾好消费者，愉快的消费者就会给股东带来利益，这是一个良性循环。因此，公司的核心价值观是：使我们的消费者满足而高兴，使员工感到幸福而优秀。

在全食超市，员工不必穿千篇一律的工作服，公司为全职员工支付百分百的保险金。每个连锁店都有很大的发言权，比如地区经理可以根据当地的风格自己设计新店，而不必从总部寻找模板。"利润最大化的战略是什么？没有！股东的利益排在顾客和员工之后，利润不是最优先考虑的目标，而是善待人们的副产品。如果你不喜欢这种观点，就不要投资全食。"约翰·麦基这样说。

当然，执守"一"，并不意味着永远"一成不变"。很多人会问，柯达一直坚持它的本业，为何最后还是倒闭了？我用下面这个例子来回答。

我曾为美国一家很老的家族企业做高管团队培训。它是一家纺织公司，位于北卡罗来纳州，创立于南北战争时期。一百多年来，它和同行一样，经历了美国纺织业的繁荣和衰落。它一直专注于本业，但与时俱进，逐步转变到生产高附加价值的纺织品：1968年阿波罗号进入太空，太空服是他们做的；美国消防员的消防服，是他们做的；他们还生产与登山员性命攸关的帐篷。

真正执守"一"的企业不会舍本逐末，随波逐流，更不会沉溺于过去的成功，而是虑深通敏、慎思敏行、日新又新，从根本上不断地自我对话，不断地自我"侵蚀"，不断地挑战经营的本质，时时叩问公司的"一"是什么、本是什么。

更明确地说，要弄清楚企业的"一"是什么，至少要回答以下问题：公司到底为什么存在？要提供什么样的产品、服务？满足什么样的客户？创造什么样的价值？

这些问题的答案不仅是分析的结果，更要和企业家的个性、愿景、使命紧密联系。只要抓住了"本"，面对纷纭的环境就不会乱了阵脚。

18.4　精一，企业战略的"GPS"

企业家的挑战在于，必须具备坚定的信心和长远的眼光。企业家日理万机，如何才能知道，当下所做的决定，是比较好的决定？精一，可以有效淬炼企业家的战略思维，帮助企业制定有效的决策。

战略，需要专注和专一。它涉及一系列的选择，而每个选择都需要权衡利弊，做出取舍。如何做出有效的战略选择，不仅牵扯到核心价值观，也涉及如何从宏观角度来思索企业的目标和责任。

精一，有助于企业家从整体思考，在紧急性和重要性之间达成一致，在长期目标和短期目标之间实现平衡。它就像指南针指引我们的决策思路，协助我们在艰难权衡间做出取舍、解决矛盾。

因缺乏连贯战略而吃亏的企业案例很多。西尔斯公司曾是零售业的领先者，如今的影响力却大不如前。公司到底要以耐用消费品还是非耐用消费品为重？是要进入还是退出选错的行业？经过十年的犹豫不决，西尔斯仍然没有建立一套明确的盈利模式。

曾经强盛的施乐试图让公司重新振作起来，但缺乏统一的战略。有位高层就说："我听到过资产出售，听到过再融资，但是从来没有听到有人明确地说，公司的未来应该是什么样的。"

从精一的角度来看，企业经营者应该经常问自己几个基本的战略问题：

（1）公司现阶段发展最重要的一件事是什么？完成这件事最关键的一个人是谁？

（2）今年最重要的一个投资项目是什么？哪一个领域是我不应该进入的？

（3）公司最关键的一项核心技术是什么？

（4）公司最强的一环是什么？最弱的一环是什么？什么情况下，最强的一环会变成最弱的一环？

企业家常常要在紧急时刻做出关键选择，没有太多的思考余地和协商空间。精一思维可以帮助经营者在最短时间内问对问题，直指核心，深入思考，不断跟自己诚实对话，清楚自己取舍的原则与选择的标准。这是决策最重要的一个能力。

当然，精一无法保证企业总是能做出"对"的决定（实际上对与错的衡量，也是辩证甚至变化的）。但是，它可以让你在做决定时比较笃定，知道该承担哪些责任，在正确的方向上保持定力。对经营管理者来说，可持续的领导力，与其说是"英明"，不如说是"洞见与执着"。

18.5　由大至小，环环相扣，"一"以贯之

精一的独特之处在于它"一以贯之"，既是文化、哲学，也是思维、战略，更能落实到各个时点的各种行为上；既可以训练企业管理者思考公司的"本"、战略与转型等大问题，也可以把一个大"一"分解为数个环环相扣的小"一"，不断建设和优化公司的执行体系。精一与我们过去所熟悉、使用的各种管理模型、工具也可以互补，共同使用。

2012年，张瑞敏全力推动公司的"人单合一"营销体系，这是海尔往前推进的大"一"。"人人都是CEO"这个举措，在业界和学术界都引起了关注。但不能忽略的是，施行这项变革时，张瑞敏在许多与此相关的小"一"上，投入了很大的管理关注力，开展物流体系的优化布局就是其中的执行要项之一。迄今，海尔继续巩固了它在白色家电领域的优势地位，保持了可观的增长和盈利，更以全新的物流体系羡煞同行。

把"大一"分解为众多"小一"，设计出一套全面、环环相扣、精益求精的有机执行体系，是具体落实"一"的关键。从这方面来说，美国林肯电气值得所有企业潜心学习。

林肯电气的管理哲学是，只有让工人／管理者真正感到自己是公司重要的人，公司才能有效地运转起来。其创办人詹姆斯·林肯在1951年曾写道：

"工人得到的回报必须让他感到与他的贡献相匹配。如果工人得不到合理的回报，他就不会渴望自我发展或提高自己的技能。"

落实在管理层面，林肯电气推出了很多具体的措施，避免使管理者和工人之间产生隔阂，尽可能地平等相待。

20 世纪 70 年代的总裁乔治·威利斯（George Willis）曾这样描述："当我早上 7 点半来上班时，停车场已经停满了 3/4。我和其他人一样，要去找个车位停车，因为我没有专门的停车位。在餐厅也遵照同样的规则。公司没有为高管准备专门的用餐室，我们和其他所有人一起吃饭。"当时林肯电气的餐厅有很大的长方桌和圆桌。工人一般坐长方桌那边，但没有规定谁坐哪里，管理者常常和工人坐在一起。

环境是表象，背后的观念才是原动力。简朴、公平的工作环境，体现的是林肯电气的文化与 DNA：在合适的环境下，每个人都会成功。成功需要激励。也是基于这个管理思想，詹姆斯·林肯设计出一套薪酬制度。如工厂的大部分工作采用计件工资制；年终奖金可以等于或超过工人全年工资收入；所有工人都有终身聘用保障，不会被解雇。

除了这三个大原则，林肯更进一步设计出许多具体的"小一"，以确保薪酬制度有效地运作。首先，计件价格一旦设定，就不能因为"人"的因素去修改它。如果这个制度不能保证百分百执行，那么按件计酬只能沦为空谈。

在计件价格重新调整的过程中，如果员工觉得价格不合理，可以提出异议。负责定价的部门需要重新核定，设定新价格，感到不满意的员工也可以提出意见。相应地，如果某位工人生产了一个不合标准的部件，就不能得到这一件的工资。但是，如果他用"自己的时间"将这个部件修改得符合标准，仍然能够拿到钱。

林肯电气设计了"保证持续聘用计划"，作为考核和薪酬体系的有力支持。这个计划保证员工不被辞退，能够被持续雇用。等工人年纪比较大时，通常会被转到一些相对轻松的岗位。

在公司设计的整套制度中，薪酬体系只是其中一环，其他诸如设计制造、人事提拔、市场营销等也都自成一套体系，却又彼此紧密相扣、整体运转，这正是"推十合一，小大由之"精神的体现，也真正做到了《孙子兵法》中所倡导的"道者，令民与上同意也"的最高境界。

海尔的"人单合一"，以及后来推出的"每个人都是一个SBU（战略事业单位）""没有领导人的领导力"（leaderless leadership）"每个员工当家做主、做自己的老板"，其精神和林肯电气是一致的。这不仅证明了好的管理思维中外皆通，同时也是《易经》所说的"群龙无首"在现时的具体表现。

18.6 精一，"道"与"术"合一

"复杂的事情简单做，你就是专家；简单的事情重复做，你就是行家；重复的事情用心做，你就是赢家。"这是我常和企业家分享的三句话，也是"精一"的另一种诠释。企业需要在高度竞争、充满变化的环境中求生存、图发展，结果自然很重要。然而，精一为企业提供了另一个价值维度：过程导向。把"精一"两个字拆开来看，不管是"精"也好，"一"也罢，当作动词更有力道。它是一个与时俱进、不断淬炼的过程，是一个考验企业与企业家用心和发心的过程。正因如此，"精一"才会成为《尚书·大禹谟》所言的面对"人心惟危（不安）、道心惟微（微弱）"之大环境最好的解方、最佳的利器。

美国商学院教育多以结果为导向，习惯用大量的指标进行量化评比。因此培养出来的大量经理人拼的是业绩，看的是考评，认的是指标，致使他们对人生成功的评判标准也多以结果或外在目标为导向，定格在年薪多少，身

处何种阶层，占有多少资源。

这种把企业大小、职位高低、年薪多少的结果粗率地等同于人的价值的想法，绝少有人感到满意和踏实。因为大小、高低、多少，是相对的，是变动的，人的自我价值感也容易变得忽高忽低，受外在世界左右，产生混乱感。心变得不安、紧张，对他人升起防范和对抗之心，人与人之间只有零和的博弈，离"君子之争"的境界越来越远。

过程导向，全然不同。它倡导精与一，追求卓越，把事情做好，在过程中不断淬炼，不断精进这个"一"，成果自然会出现。别忘了，做事的终极意义在于治业，在于"为人"。在做事过程中不断了解自己、淬炼自己、成就自己，这就是所谓"古之学者为己，今之学者为人"的真义。

企业经营的结果，固有优劣胜败，然而从过程导向来看，一切的发生都是有意义、有价值、生生不息的。在做得好的部分，可以彰显自己的长处和潜能；做得不够好的部分，不等于"我不够好，我很失败"。相反，可以转换心态和思维模式，把它视为一个宝贵的学习和成长机会。在这种情况下，成败输赢，又是谁说了算呢？运用精一思维的企业，可以让人感受到金钱以外无形价值的力量，达到经营思维的"道"与战略体系的"术"合而为一的境界。

第 19 章

以文会友

群友的回馈与共勉

初心——从林肯电气到明哲老师

刘刚（国住人居工程顾问有限公司总监）

前言

林肯电气创建于 1895 年，是一家专注于弧焊产品设计、开发和制造的百年企业。因为独特的管理风格和模式，林肯电气成为哈佛商学院的经典案例，从 1946 年开始，哈佛商学院开始关注和研究林肯电气，迄今为止至少发表了 5 篇研究案例，最早的一篇见于 1947 年，最近的一篇发表于 2008 年，前后跨越 60 余年。其中，写于 1975 年的案例[⊖]，是迄今为止哈佛历史上卖得最好的案例。国际管理学会前主席，弗吉尼亚大学达顿商学院陈明哲教授说，如果只能讲一个案例，林肯电气案例就是他的"唯一"。林肯电气曾经备受瞩目。1947 年，詹姆斯·林肯，当时林肯电气的董事会主席，曾与通用电气、IBM 的领导人一起入选《福布斯》杂志商业领袖 50 人。1962 年，《约翰·林肯的美国世纪》（*The American Century of John C. Lincoln*），林肯电气创始人约翰·林肯（詹姆斯的兄长）的传记出版。传记的作者雷蒙德·莫利（Raymond Moley），是著名的记者、作家、哥伦比亚大学教授，曾

⊖ Lincoln Electric Company（HBS9-376-028）。

经担任富兰克林·罗斯福总统的经济顾问和副国务卿。这样一位重量级人物为约翰·林肯写传记，足见他在当时美国社会的地位和影响力。

然而，时光如梭，斗转星移间，信息革命、人工智能扑面而来，以传统制造业为主的林肯电气早已淡出公众的视野。陈明哲教授在多年的授课中，使用的始终是 1975 年版的林肯电气案例。有些同学曾经质疑，这么"老"的案例，还值得学习吗？不要说中国人，即使很多美国人也从未听说过林肯电气这家公司。

从 2009 年第一次到大陆给 EMBA 授课，到十年后的今天，陈明哲教授每一次上课一定有此案例。林肯电气为什么是陈明哲教授的"唯一"呢？在互联网思维的大潮下，在基因技术的风口中，在区块链概念风起云涌之时，一家在"铁锈地带"⊖的制造业企业何足挂齿？想必这是很多人的疑问。当学习完这个案例后，我的问题可能更"天真"：作为创始人，林肯兄弟的初心是什么？这个初心经过百年的变迁，是否面目全非，抑或一路走来，始终如一？我在哈佛的案例中没有找到满意的答案。顺着这个问题，我开始收集有关林肯电气的各种资料。很幸运，虽历经百年，很多珍贵的一手资料，包括林肯兄弟自己撰写的文章、出版的书籍依然可以找到。从百年前的老照片中，我看到一个更加鲜活和生生不息的林肯电气：一生创新创业的开拓者——约翰·林肯和明心见性的企业家——詹姆斯·林肯。这远远超出了最初阅读这个案例时的理解，这时，我才逐渐发现，我当初完全没有读懂这个

⊖ 铁锈地带（Rust Belt）最初指美国东北部五大湖附近传统工业衰退的地区，现可泛指工业衰退的地区。在 19 世纪后期到 20 世纪初期，美国中西部因为水运便利、矿产丰富，成为重工业中心。钢铁、玻璃、化工、伐木、采矿、铁路等行业纷纷兴起，匹兹堡、扬斯敦、密尔沃基、代顿、克利夫兰、芝加哥、哈里斯堡、伯利恒、布法罗、辛辛那提等工业城市也一度相当发达。然而自从美国的经济体系转变为以第三产业为主导之后，这些地区的重工业纷纷衰退。很多工厂被废弃，而工厂里的机器渐渐布满了铁锈，因此那里被称为"铁锈地带"，简称"锈带"。（引自百度百科）

案例，没有领悟林肯兄弟和明哲老师的初心。

林肯电气的"一"是什么

1. 精一理念⊖

明哲老师的"精一"理念出自《尚书·大禹谟》中的"人心惟危，道心惟微，惟精惟一，允执厥中"。意思是人心是不安的、浮躁的，道德心是微弱的，只有用"精""一"的功夫，诚恳地秉持中道，因时制宜，顺应人性做事，才是解决之道。"精一"是明哲老师对"惟精惟一，允执厥中"这八个字的撷取，并将它译成"The Power of 'ONE'"⊜（精一的力量），带进西方的管理理论当中，并且身体力行。他指出："'精一的力量'不仅是对我们行动动机的概括，它在日常生活中也可以得到实际应用，从学校到工作，贯穿个人生活的始终。"

什么是"一"？什么是"精一"？很难做出精确的定义。简单来说，每个人都有自己的本质、特质，都有一个内在力量，都有一个目标，都有一个方向，都有一个志（"士尚志"，志是心之所主），能促使我们在日常的各种活动中发挥最优的效能，这就是"一"的作用。将"一"淬炼到极致，或者说"一招用到极致，就成绝招"，就是"精一"最简明的意思。"精一"可以让我们与自己进行对话，发现自己真正的价值，进而在面对生活中的各种人、各种事物，以及随时变动的环境时，依此思考、甄别、取舍，做出连贯的决策。

精一虽然源自中国古老的智慧，却具有普世性，并且可以贯穿个人、家庭、事业等各个层面，企业管理只是精一的应用领域之一。精一，不是指只

⊖ 请参见：陈明哲，《精一管理：企业永续发展的生生之道》，《清华管理评论》，2016 年第 12 期，页 90-96。

⊜ The Power of One（UVA-S-0204）。

做一件事，只在一个领域发展，而是在环境不断变动的过程中，持续真诚地与自己对话，思考和确立企业的"本"（core），自己的"根"（root），一心一意专注地立足于企业的"根本"行事，并且精益求精，一点一滴领悟本身所在领域的永续经营之道。

2. 约翰·林肯其人[一]

探究林肯电气的"一"，我们要从了解其创始人开始。

约翰·林肯 1866 年出生于一个有很坚定的宗教信仰的家庭，父母都有良好的教育背景。父亲是牧师，母亲是教师，他从小就随父母辗转各地。林肯的家庭条件并不是特别好，所以多能鄙事[二]，他假期会在邻居家的牧场打零工补贴家用，还会捞鱼、捕兔作为家中食物的补充。在高中时，他就明确了自己一生的"志"：电机工程。1885 年，通过打工和借款，他进入俄亥俄州立大学。当时学校还没有专门的电机工程系，林肯选修了所有和工程相关的课程。在完成三年的学习后，学校里已经没有他感兴趣的课程了，他决定退学进入实业界一展身手。

1888 年，他加入了发明家查尔斯·布拉什（Charles F. Brush）的公司。布拉什发明了电弧和美国第一台能上路的电动汽车。在查尔斯的公司，林肯得到了很多历练，甚至在一次事故中差点丧命。1891 年，林肯申请了第一项专利，有轨电车的电动刹车装置。他后来以这项技术入股别人的公司，但公司并没有成功。

1895 年，约翰·林肯借款 150 美元，租用别人的厂房，带着两个人在俄亥俄州克利夫兰创立林肯电气，最初生产电动机和发电机。林肯自己设

⊖ 请参见"MOLEY R. The American Century of John. C. Lincoln [M]. New York: Duell, Sloan & Pearce, 1962."。

⊜ 大宰问于子贡曰："夫子圣者与？何其多能也？"子贡曰："固天纵之将圣，又多能也。"子闻之，曰："大宰知我乎！吾少也贱，故多能鄙事。君子多乎哉？不多也。"（《论语·子罕》）

计，并负责销售和运输，和两个帮手一起生产。开始并不顺利，不到一年，工厂就因遭遇火灾而回到原点。但林肯抓住了当时市场对电动机的需求，很快恢复生产并迅速发展起来。在公司经营有起色后，约翰·林肯把大量精力放到了他自己最感兴趣的发明创造上。他涉及的产品和领域非常广泛，他的专利中，有矿井门的启动装置、电钻机、电弧灯，甚至自己组装了现在都很时尚的电动汽车。而发明创造也贯穿了约翰·林肯的一生。他一共获得了55项专利，最后一项在1961年颁发，是他92岁去世前申请的。

3. 从小"一"到大"一"

约翰·林肯深受美国19世纪末期知名社会活动家和经济学家亨利·乔治思想的影响。亨利认为土地占有是不平等的主要根源，他提倡的征收单一地价税的主张，曾经在欧美一些国家盛行一时，颇有影响。他主张土地国有，征收地价税归公共所有，废除一切其他税收，使社会财富趋于平均。孙中山先生的民生主义也受到其思想的影响。

1889年，亨利·乔治到访克里夫兰并发表演讲，约翰·林肯参加了集会，并深受影响。亨利的著作《进步与贫穷》，他反复看了三遍。亨利·乔治的思想深深打动了约翰·林肯，并影响了他的一生。

1924年，约翰·林肯作为联邦土地党（以亨利·乔治思想为基础）的副总统候选人参加美国总统竞选。20世纪30年代，因为家庭原因，约翰·林肯举家搬到亚利桑那州的阳坡社区，后来捐助了医院、学校，并在此进行了房地产和矿产的投资。1946年，他建立了林肯基金会，致力于推广和落实亨利·乔治的思想。1947年，接任亨利·乔治社会学校的主席。

4. 初心——林肯兄弟的"一"

约翰·林肯成长在一个有强烈信仰的家庭，在家庭的影响下，他具有很坚定的信仰和信念。他在 23 岁时接触到的亨利·乔治的思想，与他从小接受的家庭教育相结合，影响了他一生的轨迹。发明创造之余，约翰·林肯一直都在追求把亨利·乔治的思想传播、推广甚至应用到社会层面。从这个意义而言，我理解约翰·林肯的初心是建立一个更加平等的社会。我们姑且不讨论他在社会层面的影响，仅就林肯电气而言，深深地打上了约翰·林肯思想的烙印——他的平等思想得到了彻底的认同和贯彻，并且通过弟弟詹姆斯·林肯及其继任者的百余年企业实践得到继承和发扬。

与哥哥后来的淡出不同，詹姆斯·林肯 1907 年离开大学加入林肯电气，从做销售员开始，他的一生就和林肯电气融为一体。詹姆斯·林肯比约翰·林肯小 17 岁，虽然是兄弟，但从传承的角度而言，可以认为是两代人了。他继承了家庭的传统，在哥哥的影响下，形成并发展了对人、对事独特的认识与体悟。在哥哥的资助下，詹姆斯·林肯同样进入了俄亥俄州立大学工程专业就读。但和哥哥不同，他在商业和管理上更有兴趣与天赋。

詹姆斯·林肯认为，[⊖]每个人都应该有机会，每个人都有各自的天赋，每个人都可以发展成为比现在更好的自己（All must have the opportunity. All have some to the marks of genius. All can develop very much further than they have）。工作的意义，在于激励每个人，给每个人提供自我发展的机会（The job that is facing the world to give the incentive and the opportunity for development to each and every person）。激励的基础是改变对人的看法，他们不是人手（hands）、一般人（common man），人有无限的潜能，只要条件适合，必能璀璨绽放（Man has limitless latent abilities which, under proper conditions, can be enormously developed）！领导的作用是引领而不是控制（The leader is not to dominate but to lead）。正是基于对人性和管理本质的认

⊖ 请参见 "James F. Lincoln's Incentive System, (New York: McGraw Hill; 1946). P30, 35, 38, 42."。

识，詹姆斯·林肯开始了他数十年的实践，摸索和建立了一套完全不同的管理制度和体系。

5. 百年林肯

詹姆斯·林肯认为，管理层与工人应该是一个团队。1914年，在接手公司后，他从各部门一线员工中直接挑选有能力表达工人心声的代表与他一起组成顾问委员会。顾问委员会每半个月召开一次会议，讨论并解决生产和管理中的各种具体问题。最开始，詹姆斯·林肯都是自己写会议纪要，并且张贴在工厂门口的布告栏中。[一]顾问委员会不仅解决日常问题，对日后的制度建设，如员工保险（1915年）、员工持股（1925年）、年终分红（1934年）、终身雇用制（1958年）等都起到了重要作用。

林肯电气最著名的计件制，也是在这个时期逐步建立起来的。与一般人理解的不同，林肯电气的计件制，初衷还是激励人，调动人的积极性。计件制本身是工具、手段，而不是目标。这与后来分享利润的年终奖制度、内部人提升、终身雇用制等一起，构成了林肯电气完整的激励体系。

在平等对待员工的同时，詹姆斯·林肯显然走得更远，精一做得更极致。在詹姆斯眼中，顾客、员工、股东都是平等的。所以，林肯电气几十年不变的战略就是：以越来越低的价格为顾客提供越来越好的产品。这也使公司有可能带给职工和股东越来越高的回报。他甚至认为，与其他参与方相比，不参与公司管理的股东的作用是最小的，所以股东的回报不应该超过7%（林肯电气的最主要股东就是林肯兄弟）。

激励并调动每个员工的潜力，林肯电气不仅说到，也真正做了这一点。在20世纪三四十年代，在人工成本和材料成本上升的情况下，通过工人自

㊀ 请参见 "Virginia P. Dawson, Lincoln Electric a history, (Cleveland: Lincoln Electric, 1999), P34-38."。

主的技术提升和管理革新，林肯电气保持了高工资、高就业、高劳动生产率、低价格的局面，成为当时弧焊设备领域首屈一指的领先制造商，并与行业内其他厂家分享其设计和制造技术。60 年代，即使在林肯兄弟相继去世后，公司依然保持了经营和管理的稳定。1974 年，公司制造的弧焊设备和辅料占领了超过 40% 的美国市场。

百年间，林肯电气经历了各种风雨：20 世纪 30 年代美国经济大萧条；40 年代因为年终奖制度支付工人工资过高被美国政府调查，甚至被威胁取消政府订单；80 年代初期，经济形势影响林肯电气业绩骤减；之后开始大规模开拓国际市场，但一度因为国际业务的拖累，导致林肯电气出现百年来的第一次亏损；2008 年美国金融风暴致使林肯电气业务下滑。但这些都没有阻挡住林肯电气发展的脚步。

很多看完案例的人都会问，林肯电气现在发展得如何？林肯电气依然坚持实行百年来建立的基本制度，目前，是全球最大的弧焊设计和制造厂商。林肯电气有员工 11 000 余人，分布在全球 19 个国家的 60 多个工厂，产品销往 160 多个国家，2018 年，全球销售额达 30 亿美元（见图 19-1）。

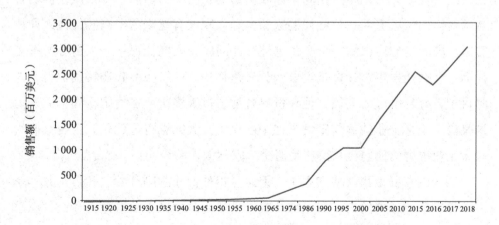

图 19-1　林肯电气 1915～2018 年的销售额

明哲老师的初心

1. 初识老师

遇到林肯电气，是因为与陈明哲教授的结缘。第一次见到明哲老师，是2012年5月12日在清华大学EMBA的动态竞争与企业转型的选修课上。与许许多多上过明哲老师课的同学一样，刚进教室，我们就被"电"到了：在每个人收到的资料扉页上，都有写着自己名字的老师亲笔留言（见图19-2）。当时是清华大学经济管理学院钱颖一院长第一次请明哲老师到经济管理学院来讲课，这也是清华EMBA开的第一门选修课。现在清华大学的杨斌副校长，当时是经济管理学院书记，也特地前来为明哲老师的课程做开场演讲，讲起他早在读博士时就与明哲老师在清华结缘的故事。120人的教室坐得满满当当。我后来才知道，明哲老师平时上EMBA的课程，听课学生一般都控制在50~60人。但即使学生的数量比平时多了一倍，上课时，他居然还能记得每一个人的名字，甚至知道你公司、个人的背景和现在的情况。在课程资料的介绍中写道，明哲老师不仅是动态竞争战略的创始人，还马上要接任国际管理学会的主席。在同学们眼中，他是典型的国际学术权威，但明哲老师对待同学却更像一个慈祥的家长，和大家没有丝毫的距离感，让人如沐春风。同时，他抛出的一个个"单纯"的问题，又能让每一个人的心灵备受拷问：什么是学生？什么是竞争？什么是你的"一"……我还特别记得，老师讲到，林肯电气的案例，他在世界各地讲过很多次。在美国，同学们认为这是资本主义企业的最佳案例。在中国这里，大家觉得这就是国企啊！而给犹太企业家讲，他们会觉得这绝对是一家犹太人的企业！

四天的课程很快就要结束了，但总觉得好像才刚刚开始。我自觉并不是一个很容易动感情的人，可是那一次，虽然当时也说不太清楚为什么，但总觉得应该向明哲老师表达一下发自内心的感动。我绞尽脑汁，却不知道要送什么。想来以明哲老师的身份和地位，阅人无数不说，什么场面、什么奇珍异宝没见过呢？但转念一想，我想表达的只是一份最真挚的感恩之心，也许最简单的，就是最真诚的。我最后选了一张自己去珠峰大本营时带回来的明信片，写下我最真切的体会和祝福送给了老师。出乎我的意料，明哲老师后来常提起这张明信片，还说，他有一些东西总会随时携带，这张明信片就是其中之一。这是后话。

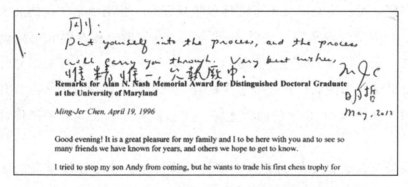

图 19-2　明哲老师第一次给我上课时的留言

这不是我一个人的感受。在我们的课程结束之前，大家都有些恋恋不舍。一位来自西部年过半百的"大叔"同学发言时，他感慨道："从来没有在一次课程快要结束时，心中会有一丝淡淡的忧伤。"相对而言，我们还算含蓄。很多年以后，我才知道，在另外一所知名学府，在明哲老师的 DBA 课堂上，当课程就要结束时，那些历经风雨，久经商场的"老油条们"竟然情不自禁地自发起立引吭高歌，唱起《感恩的心》，来表达对老师的敬意。

2. 师承中西

明哲老师上课时提到，他年轻时曾投身大儒门下。当时在我们课堂上，他谈得并不多。下课后，他分别送给了我们几位同学每人一套《子曰论语》。那是他的同门学长许仁图先生写论语的书。正是这本书，让我开始了解明哲老师的老师——爱新觉罗·毓鋆老师传奇而不平凡的一生。毓老师是清朝皇室出身，幼年进宫陪伴已逊位的末代皇帝溥仪读书学习，受业于陈宝琛、郑孝胥、罗振玉、王国维、康有为、梁启超等人，习经史子集之学，另有英国人庄士敦先生授西洋之学。少年时，留学日本、德国学习军事；青壮年时，任职于伪满洲国，直到日本战败。暗地里，实际上，他一直支持抗日。1947年，毓老师只身远赴台湾。因缘际会，当他在政治上曾经叱咤风云的前半生跌入谷底之时，恰是更加传奇的传承华夏智慧、弘扬中华文化的后半生的开始。毓老师开设私塾，讲学60余年，103岁时，还在奉元书院给学生们上课。就时间而言，他讲学比孔子还多了30余年。通过明哲老师，与毓老师结缘，为我们打开了一扇通往真正的中国古典智慧的大门。我们也才理解，在美国30余年的明哲老师，怎么能有那么深厚的中国传统文化根基。

在美国，明哲老师也受业于多位明师。包括国际管理学会的联合创始人、前主席，国际战略管理大师威廉·纽曼教授，他也是麦肯锡公司创始人老麦肯锡的得力助教与助手；初到美国时的学术导师，马里兰大学斯蒂芬·卡罗尔教授，影响了明哲老师学术方向的选择；对学生关心备至的李·普雷斯顿教授；忘年之交王念祖教授等。在明哲老师纪念这些老师的文章的字里行间，我读到了他们的睿智，作为教育家对待学生的无比热忱与谦逊，以及严于律己的作风。这些明师毫无疑问深深地影响了明哲老师。在大多数人强调东西方区别的时候，明哲老师却敏锐地发觉了二者的共同之处。他曾经形容纽曼教授比大多数中国人更中国。大道至简，在纷繁复杂的表象背后，其实，中西方的智慧之箭都指向了同样的靶心。

书有古今，智慧不分中外。毓老师常说，要用古人的智慧启发我们自己的智慧。明哲老师独特的机缘，使他能够融汇古今，学贯中西。在他创立的为国际管理学界广泛认可的动态竞争理论中，有很多关键概念就源于中国传统智慧，比如"资源转置"（resource diversion）就是"声东击西"，"不可逆转性"（irreversibility）就是"破釜沉舟"。而他在2013年国际管理学会的主席演讲："文化双融：一位管理学者的反思与行践"（Becoming Ambicultural：A Personal Quest and Aspiration for Organizations），以及后续提出的文化双融（ambiculturalism）理念，正是"执两用中"[⊖]的现代（英文）白话版。

3. 有教无类

让学生们最感动的，其实完全不是明哲老师在学术上的巨大成就，而恰恰是他对待每一个人的真诚与作为师者的关怀。无论是商业巨贾、学术领域的新星，还是初出茅庐的博士生，抑或乳臭未干的小朋友，明哲老师都会用平等的态度以诚相待。

明哲老师上课前，会做非常细致深入的准备工作。助教们要帮助他搜集学员方方面面的资料。有一次上课，助教特别提醒老师，说有一位同学是福布斯富豪榜的上榜人物。老师并未多说什么。这位助教后来怕老师没听到，课间的时候，又特地提醒老师。老师回应说："那又怎么样呢？"在他眼中，学生都是平等的，并不能以财富来区分。

2016年，国际动态竞争论坛在杭州西溪举行。开幕的前一天晚上，很多明哲学友带着家属一起相聚在西溪夜话。大家欢聚一堂，虽然来自不同的学校、地区，有些原来并不熟悉，但却没有丝毫的距离感，很快就融合到一起。学友的孩子们年龄跨度很大，从三四岁的小朋友，到刚上大学的"大朋友"，孩子们也非常欢乐地玩到了一起。摄影师为我们捕捉到了一个感动的瞬间：在3个小朋友发言的时候，明哲老师为了和最小的同学交流，双手拥着他的双臂，微笑着跪在了他的旁边，抬头仰视着听他发言（见图19-3）。

⊖ "执其两端，用其中于民，其斯以为舜乎？"（《礼记·中庸》）

图 19-3　2016 年杭州西溪夜话

　　明哲老师常说，他没有老师的概念。"老师"的称谓，对于他而言，是个沉重的负担。但无疑他是无数学生心中真正的师者。他从小生长在一个偏乡，虽然早已身处国际管理学界的巅峰，但总以边缘人自省，保持着不变的赤子之心。我们现在很流行"降维打击"，明哲老师的边缘视角，更像"升维思考"——跳出事情本身，从更高的视角，更全面地审视，"视其所以，观其所由，察其所安"。明哲老师以"让世界变得更小"作为自己的使命。其实，在科技如此发达、交通如此顺畅、信息传播如此迅速的当下，世界早已是地球村，但"人心惟危，道心惟微"却也是亘古不变的现实。让世界变得更小，其实就是让人心变得更近。不管同学是居庙堂之高还是远驻边塞，是家财万贯还是囊中羞涩，是春风得意还是波折坎坷，在明哲老师这里都能得到一种无形的力量。每个和老师接触过的人，都会不由自主地还想找机会回到老师身边，哪怕只是看看他，和他聊聊天。我们同学私下常说，大家都想回来，到老师这里充充电。"天无私覆，地无私载，日月无私照"，我想这正是明哲老师育人的初心吧。

心生万法

《礼记·中庸》开篇就讲，"天命之谓性"。天命就是性，性＝心＋生。毓老师常讲，在天曰命，在人曰性，在身曰心。天命，人性，身心，其实只不过是一体多面的表现而已。《礼记·大学》中的内圣外王，内圣也是从诚意、正心开始，进而才能修身。

叩问初心，林肯兄弟追求的是社会的平等，和每个人潜能的发挥。明哲老师的愿景是把世界变得更小。心生万法，在这种初心的指引下，林肯电气的计件制、年终奖制度、长期雇用制、员工顾问委员会等方法、制度逐步形成，林肯电气真正做到了充分调动每个人的积极性、主动性，为每个人创造舞台，让每个人在公平竞争的环境中充分绽放，把个人能力发挥到了极致，把团队的力量推到了极限。"见群龙无首，吉"[一]"人皆可以为尧舜"[二]，这些我们耳熟能详的华夏智慧，百年前的林肯电气已经开始踏踏实实地落在实处，并融入员工的血液中，变成林肯电气的文化基因，这才是它能历经百年而不衰并依旧绽放着活力的根本之所在。

明哲老师以育人为初心，以薪传为己任，用几十年的亲身践行，提出了"启发思考，好问察言，立人立群，高感触动，群智众享，用心深细"的"明哲"心法与方法，[三]点亮了众多学友的智慧之光。改变世界，从"心"开始。明哲老师用他的用心、诚心和公心，将心比心，让学生们为之深深心动。林肯电气之所以成为明哲老师的"唯一"，恰恰是因为他们的共通之处："率性之谓道"，顺着人性做事就是道，他们抓到了人心、人性！无论是荒蛮的远古还是数字化的当代，无论是身居华夏[④]还是异域，无论是天真烂漫的

[一] 引自《易经·乾卦》。

[二] 引自《孟子·告子下》。

[三] 请参见：陈明哲，《华夏智慧的知与行："明哲"方法与心法》，《外国经济与管理》，2018年第1期。

[④] 按照毓老师的阐释，中国并不是一个地理概念，而是文化概念。"入中国则中国之"，中国是中道之国。

孩童还是耄耋老者，无论肤色、背景、文化、地位等如何，人们都希望被真诚地对待，被尊重，被鼓励，并且有机会不断自我成长与进步，"诚者自成也""至诚如神"○。

结语

明哲老师在一次课中提到，现在很多领域都有"大佬"，但鲜有"典范"。有一次我在学校听课时，一位著名的社会学教授问大家：你觉得百年之后，后辈会如何评价我们现在的这一代人？大家沉默良久……明哲老师曾给我们留言："进德修业，育人立群。"林肯电气是百年长青的企业代表，明哲老师更是我们身边的典范，我想明哲老师殷切地希望我们每位学友都能明心见性，尽己之性，尽人之性，尽物之性，不断提升自我，做最好的自己，为家人、孩子，朋友、同事，及至企业、社会，甚至历史，做"典范"，并且薪火相传，生生不息！

后记

走入林肯电气之门，除了感恩明哲老师的指点与教导，我其实还特别要感谢俞彦诚学友。我们最初在杭州西溪动态竞争论坛因相邻而坐结缘，后来经常在明哲老师组织的活动中相逢。

2017 年年底，彦诚专门打电话给我，邀请我去他的公司给同事们分享明哲老师的精一理念。我当时特别惊诧，并没有马上答应。因为之前虽然一直在学习明哲老师的文章，但从未给其他人讲过。但盛情难却，彦诚说，总有第一次，就当尝试了。我也只好恭敬不如从命，赶鸭子上架般紧急准备了一周时间，中间明哲老师还特别指点和关心，让我备受感动。我把当时自己

○ 引自《礼记·中庸》。

能想到的内容都放到了 PPT 中，和彦诚的同事们分享了一个下午。临结束时，彦诚很兴奋地和我说，这次时间紧，没听够。这个模式不错，明年咱们接着讲吧！我和他开玩笑，这次基本上把肚子里的货都倒出来了，下次讲什么啊！

玩笑归玩笑，我后来仔细考虑，第一次讲的理念，后面应该有案例才好。讲精一的案例，自然明哲老师"唯一"的林肯电气案例是首选。可是我对林肯电气并不怎么熟悉。重新找来当时上课的那一份案例，却发现还有很多问题萦绕在心中。于是开始找和林肯电气相关的一系列案例，又在网上搜集资料。让我意想不到的是，居然找到了百年前林肯兄弟自己撰写的一系列文章！字里行间，兄弟二人的初心跃然纸上。根据这些文章，我又陆续找到了 6 本不同时期出版的和林肯电气有关的书，出版时间从 1946 年到 2011 年，跨越了大半个世纪。就这样，不知不觉间，我走进了林肯电气的世界。如果不是彦诚"步步紧逼"，恐怕就没有这份机缘了。所以，我特别感谢彦诚给我创造了这个契机。

当然，我很清楚自己仔细研读林肯电气的"初心"。毓老师说，一本书你读完，还不会用，就等于没读。我学习林肯电气，其实不是为了讲课，也不是为了写文章。我希望自己能把从林肯电气和明哲老师身上学到的智慧真正用出来。沧海桑田，我们面对百年未有之大变局，如何在新时代的中华大地上，创建出更多的百年典范企业？如何在 AI 时代中，让每个人璀璨绽放？让我们一起砥砺前行！

参考文献

[1] LINCOLN J F. Incentive System[M]. New York: McGraw Hill, 1946.

[2] LINCOLN J F. Incentive Management[M]. Cleveland: Lincoln Electric Company, 1951.

[3]　LINCOLN J F. A New Approach to Industrial Economics[M]. New York: Devin-Adair Company, 1961.

[4]　MOLEY R. The American century of John C. Lincoln[M]. New York: Duell, Sloan, and Pearce, 1962.

[5]　DAWSON V P. Lincoln Electric: A history[M]. Cleveland: Lincoln Electric, 1999.

[6]　KOLLER F. Spark: How Old-Fashioned Values Drive a Twenty-First-Century Corporation: Lessons from Lincoln Electric's Unique Guaranteed Employment Program[M]. New York: Public Affairs, 2011.

每个人的"精一"

李丹（美国印第安纳大学凯莱商学院教授）

　　虽然之前拜读过不少明哲老师的文章，初次见面却是在 2006 年"全球华人管理学者社群"成立之际，我亦有幸成为社群首届活动的参与者之一。更为有幸的是，我见证了明哲老师近十几年来在学术与实践"精一"上所付出的努力和所取得的成就。见证的同时，自己也逐渐领悟为什么明哲老师从不轻易对"精一"下定义，而是引导每个在不同职业阶段的人去寻找自己的"精一"。《理论与实践的"合一"：一个全方位管理学者的创业历程》一文对学术与实践"合一"的分享对各个阶段的学术创业者都会有所裨益。明哲老师提到很多同人是误打误撞进入管理学术界的，之前对这个行业了解甚少。我还依稀记得 2002 年第一次参加国际管理学会年会时，华人参会者很少，像明哲老师这样取得卓越学术成就的华人学者更是凤毛麟角。所以，对于年轻学者来说，能够在事业起始阶段通过明哲老师此文，对学术生涯有一个较为全面的认识，在以后的工作中取得更多更有价值的成果，并且少走弯路，着实有益。对于经验丰富的资深学者，明哲老师关于"精一"的分享也会为他们回顾以往及调整未来发展方向提供指导，以开启下一个更加充实有意义的职业阶段。初识明哲老师之时，老师就不吝分享"全心投入到过程中，这个过程自然会引领你向前"；学术与实践的"合一"则是为我们追求何种"过程"提供了宝贵的思考内容和成功经验。对于学术界和社会，明哲老师的文章强调了学者在为社会提供价值方面的发展方向。明哲老师年少时从毓老处所传承的传统文化智慧及社会责任感在其数十年对"精一"的不懈追求中得到充分体现。此文对于整个学术界的可持续发展提供了非常有价值的指导和参考。感谢明哲老师的分享！

"精一"：在繁杂的乱象中找到最适合的路径

陈国立（欧洲工商管理学院教授）

　　我 2003 年开始博士求学生涯，在博士生的第一年，我的导师唐·汉布里克常和我提起陈明哲老师。2006 年在亚特兰大参与陈老师举办的第一次全球华人管理学者社群工作坊，一共两天，第一天的内容是教学，第二天的内容才是研究。在北美学术圈中，基本只有一个声音，那就是研究才是王道。能像陈老师这样重视教学，并做到教研同体、知行合一的学者实在是凤毛麟角。在我之后的学术生涯中，陈老师的许多思想都影响了我。比如陈老师文中提到的"精一"，我的每篇文章、每堂课、每个报告、每个会议，甚至每一天，都可以问自己：如果只有"一个"目的要达成，"一条"信息要传递给听众，那是什么？"精一"原则帮助我在繁杂的乱象中找到最适合自己的路径。"精一"也让我调整研究与教学，逐步沿着教研同体、互生互补的道路前行，从"战略领导"（strategic leadership）和"公司治理"（corporate governance）的角度研究战略学者和经理人关心的问题，写学术文章，开发案例，并放在课堂上讨论。能给学生带来最大价值并影响他们思想的，最终来源于我们的研究；而学生讨论中的议题又反哺研究。作为应用科学的战略管理，从长远来看，其教研合体不是一个选择，而是必然。陈老师的文章分享了他自己对"动态竞争"的教研合一以及"文化双融"的整合历程，对读者有许多借鉴意义。如果说学者有"士"的话，陈老师就是"名士"！笃行于知行合一，倾心于价值传承。

第五篇

动态竞争

把你来我往、攻防交替的竞争概括为动态，听起来再自然不过吧？然而，"动态"一词从想出到提出，陈明哲等了足足7年。30年前，他初创动态竞争理论的时候，战略研究的显学侧重静态，而权威话语体系中的"动态"只跟时间有关。可以想象，这位青年华人学者面临着自身的战略问题：跟随主流，还是与之抗辩？然而他给出了另一种答案，融合主流并坚持独立，暂舍"动态"（dynamics）而用"互动"（interactions），从而避免甫一萌芽即遭拒斥。7年孜孜矻矻以后，他用绝对数量的"三顶"——顶级文章、顶级奖项、顶级学者背书——奠定了新理论的合法性，此时，动态竞争理论才从容报出了"真名"并从此恒立。这只是他学术创业路上的一个小典故，却反映了新生事物成长的"难"与"险"：往往会遭到既有领域的抗拒。

动态竞争的创业过程，本身就是这个理论的自我验证，是有趣的知行合一的案例。比如，它提出竞争性攻击或反击行动三要素是"察觉－动机－能力"——当初"动态"一词的谨慎使用便是实例：用韬光养晦战略弱化了既有领域对异见的察觉和"反击"的动机，使其尽管具备"反击"的能力却并未动用。这竟与社会创业道理相通。2011 年的 HTC（宏达电）曾以超过 15% 之全球市占率称霸 Android 操作系统市场，但它一开始只做代工，只跟微软合作，为欧洲电信运营商生产当时不被看好的智能手机，从而降低了诺基亚或摩托罗拉等巨头的察觉与反击动机；与此同时，增强自身实力与资源，因此当它推出自主品牌时，已再不担心巨头的攻击。这种一开始通过降低竞争者的察觉与反击动机，同时积累自身竞争力的做法，特别适合缺乏资源的小企业（甚至学术创业者）。如果从巨头的立场来看，应用动态竞争理论就不至于疏忽了 HTC 这个潜在竞争对手，洞察表面差异背后的"市场共同性和资源相似性"，这对于规模庞大而敏感度下降的大企业特别有战略预警价值，避免成为尾大不掉的"梁龙"。然而，时至 2019 年，在一季度智能手机出货量榜单上，上述几位昔日的对手有了同一个名字：其他。排名第二而上升迅速的是一家曾经专注为运营商提供通信设施的企业，名叫华为。仅仅几年间，逻辑完全相通，再次印证了哲学原理的普适性和预见性，唯有抽象思考才能看清自身和环境发展的本质和趋势。陈明哲是个入世者，也是学术和实践合一的倡导者，他的理论体系非常"实"，就像本章详述的动态竞争，学者视为旗帜，而企业用作"兵书"。

　　本篇还尽呈了陈明哲学术创业的思考和经历，那位"每周一三五打篮球，二四六日打桥牌"的大学生，一辈子研究他觉得无比"好玩"的竞争。他的心态也引人深思，多年来他坚持凌晨 3 点开始做学术研究，下午则给学生上课，同时兼顾企业实践、学会管理、社群建设……诚然这其中有时间管理的作用，但时间投入的绝对量也是相当惊人的。然而，其人其文总是透露出真诚的乐在其中。个中缘由，在本篇或可找到答案和线索。他将学术创业的巨细分享出来，最期望的仍是帮助那些立足于中国的传统智慧和企业实践，有志于对全球管理学术做出根本改变的华人学者。

（文：武珩）

| 第 20 章 |

学术创业

动态竞争理论从无到有的历程[⊖]

原文出处 陈明哲，2016，学术创业：动态竞争理论从无到有的历程，《管理学季刊》，第 3 期，页 1-16。

摘要：随着中国经济日益在全球扮演举足轻重的角色，中国企业在世界各地快速成长，中国学者如何通过"学术创业"引领管理领域的未来发展，成为一个重要课题。本文主要以动态竞争理论为范例，说明学术创业者如何立足于知行合一的哲学，一方面运用宏观三要素来形成"知"的思维基础，即差异化、资源调动与合法性建构，另一方面结合微观四因素来激发"行"的动力，即精一、边缘人思维、过程导向及兴趣与个性，将某个议题从一个

⊖ 谨以此文献给清华大学经济管理学院前院长赵纯均，与已过世的复旦大学管理学院前院长郑绍濂，感谢他们为中国管理教育的奠基与开创所做的贡献。饮水思源，今日中国管理教育能够如此蓬勃发展，两位前辈的携手合作厥功至伟，既留下风范，更传为美谈。在此，也向所有参加 1997 年由全国 MBA 教育指导委员会主办的 MBA 师资培训班（也是"中国管理学者交流营"的前身）的所有学员致谢与致敬；当年在清华园 11 天的修习与相处，不但让笔者对中国管理学界与实务有了第一手的了解，更影响了笔者过去近 20 年的学术生涯及所做的每一件事。本文源于 2014 年笔者在华中科技大学举办的第二届"中国管理学者交流营"年会的主题演讲，感谢中山大学岭南学院林道谧老师从最初的英文投影片开始，一路鼎力相助，玉成此文。本文的完成得力于北京大学光华管理学院路江涌教授与林道谧教授的翻译修改，台湾中山大学管理学院林豪杰教授的斧正，以及上海市广中学校谢岚老师与毓门弟子、北京大学法学博士颜铨颖先生的润饰。衷心感谢他们的投入与协助。

简单的现象研究变成一套系统性的理论体系，并在特定领域中立足生根，带动实践。文中也指出，文化双融是华人管理学者从事学术创业的基石。与一般论文不同，本文既提到了硬道理，也指出了软实力，更彰显了一个研究者对单一学术课题的洞见、执着与赤诚。借此，本文期望当代中国管理学者更明白学术创业的"道"与"术"，对华夏智慧与现代管理的接轨更有信心，重新"回归"中华文化的本质来"跨越"既有领域的框架，开创出更多立足于传统中国哲学与当今企业实践的理论与学说。

关键词：动态竞争理论；学术创业

20.1　引言

一个新学术领域的形成是否有迹可循、有"道"可依？这是所有学者感兴趣的议题，也是大家共同的挑战。以往有关学术创业（academic entrepreneurship）的讨论，多聚焦于学术界如何参与商业活动，所关注的多是学术成果的应用或学者创办企业等（Abreu and Grinevich, 2013；Pilegaard et al., 2010；Powers and McDougall, 2005）。然而，学术创业除了科研成果的商业化外，还包括在学术领域开创出一个崭新的"业"或研究领域：从既有的领域中区隔出一个独立的课题，然后进行深入的发展与延伸，而学者并不改变其自身性质去成为企业家或商业活动者。今天，学术创业对管理学者，尤其是中国管理学者，有重大的意义。

当前，全球正经历着经济增长方式、科技文明和社会文化的快速迭代，企业管理实践的创新也日新月异，这些都要求管理学者跳出既有框架，探索全新典范。对当代中国管理学者来说，中国经济的跨越式成长、社会的变迁转型及管理模式的瞬息演变，不仅提供了诸多有趣的研究素材，也提升了全球学者对中国现象的关注度。更重要的是，巨大的经济能量及深厚的华夏智慧提供了扎实的研究基础，让中国管理学者有机会做出更具根本性的贡献；而全球华人管理学者社区的日渐壮大和成熟，则让立足于中华历史文化与中国企业实践的管理理论在全球管理领域发声成为可能。

在这种情况下，当代中国管理学者需要回答的核心问题是：中国的管理学术如何才能与目前西方主流的管理学术对话，进而开创获得公认的独特领域？如何面对并适应现有的以西方思维和理论为主导的管理学体系与研究？如何在全球学术主流中占有独特的一席之地？如何文化双融，整合东西方智慧，找到二者之间的平衡点？更根本地，当代中国管理学者不应该像过去几十年那样，单纯地跟随西方的管理学，"沿着固定轨道匀速前进"，或只是以中国企业（家）为样本来检验西方的理论，而应该进一步采用学术创业的思维与战略，尝试发展独立的研究领域，尤其是根植于中国传统智慧和企业实践，融合东西方研究精华，形成对管理学科的发展甚至突破具有指导意义的理论。

和所有社会创业（social entrepreneurship）一样，学术创业是一种实存的创业形式。学术创业和学术创新不同，两者的思维模式以及工作的深度和广度都有很大区别。学术创新常有，而学术创业不常有。学术创新的主要工作随着研究成果或论文的诞生即告完成；但在学术创业的过程中，学者不仅是产品经理（对创新成果的质量负责），更是一个实实在在的创业家，要在众多不确定性和既有研究领域的抗拒中开疆拓土。一方面，创新是学术创业的"本"：顺着一个问题往下走，以期创造一些不错的有形成果，或是发表一些好的、有影响力的文章专著。但另一方面，一个全新理论的诞生仅仅依靠研究成果的积累远远不够，还要吸引其他同侪，建立整体平台，借助平台的力量取得学术社区的认可，从而吸引、调动和管理外部资源，共同聚力，为我所用。因此，学术创业不仅包括学术创新这个"本"，还需要有创建平台、改变游戏规则的"术"和构筑实质内容与理论体系的"道"。这就是"君子务本，本立而道生"⊖的真义。

　　参照社会创业研究和战略管理学科的形成过程，我们把学术创业定义为通过差异化（differentiation）、资源调动（mobilization）与合法性构建（legitimacy building），从原有学科中区隔出一个领域并发展出独特的研究议题、疆界和意义的过程（Hambrick and Chen，2008）。学术创业者通过调动和管理新资源、建立合法性，找到变革与融合的平衡点。传统创业者为市场提供新产品寻求改变市场格局，文化创业者寻求改变人们的态度、信条和价值观，制度创业者寻求改变既有的制度安排，学术创业者则寻求重构既有学术研究的边界。和所有的创业者一样，学术创业者在推动变革的过程中，都会面临既定成员或现有领域的抗拒，他们既挑战现有，却也基于现有，进而去寻求创新与突破。要做到这一点，既需要战略思维，也需要包容心态，更需要执着作为。更明确地说，学术创业追求可持续发展，其工作包含内容设计、架构、运营等相关战略议题，需要坚定不移、贯彻始终的执行力。

　　以下就以笔者首创的动态竞争理论为范例，说明学术创业者如何运用差异化、资源调动与合法性构建三大宏观要素，来形成"知"的思维基础，同时，整合精一、边缘人思维、过程导向及兴趣与个性这四个微观因素，来激发"行"的动力⊖。这种知行合一、学行双融的哲学，正是一个新研究领域创立与发展的基石。借由此一实际范例，本文希望能提供一个参考，帮助中国管理学者更深入地思考自身的研究课题及学术创新或创业的"道"与"术"，同时，对传统智慧与现代管理的接轨更有信心，重新"回归"中华文化的本源（元）来"跨越"既有领域的框架，以此开创出更多根植于中国哲

⊖　引自《论语·学而》。

⊖　笔者过去曾发文介绍过动态竞争理论发展的基本思维与原因（Chen，2009，2011）。但是，本文与这些文章不同，它更系统地从知行合一与文化双融的视角，来审视动态竞争理论从无到有的心路历程。

学思维与当今企业实务的理论与学说。

20.2 动态竞争：一个学术创业的范例

汉布里克和笔者（2008）分析了战略管理从最早的个案教学课程到独立学术领域的形成过程，并将其抽象化，然后运用社会运动（social movement）框架提出了一个预测某理论或学科最终能否开辟一个新学术领域的基本模型（见图 20-1）。该文认为，一个新研究领域的形成，必定会经历对既有领域提出挑战、形成差异化，再到资源调动与合法性构建等一系列过程，最终建立一个被接受的新学术领域。

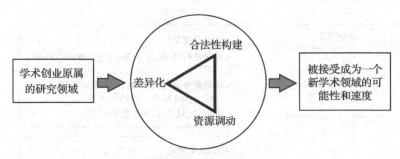

图 20-1　学术创业的理论架构

资料来源：Hambrick 和 Chen，2008。

动态竞争理论就经历了这样的过程，最终成为一个被学界接受的新学术领域。动态竞争始于一个简单却至关重要的问题：什么是竞争？过去研究竞争的文献可谓浩繁。如果把以往关于竞争的文献从宏观到微观进行总结，可将其划分为以下几个主要层次与领域：组织生态层次（population and community）、战略群组层次（strategic groups）、产业经济层次（industry economies）、企业层次（firm-level）。然而，这些研究发现与笔者在现实中观察到的现象有很大出入。根据笔者从小在运动场上竞争的实际经验来看，竞争的基本形式是你来我往，而不仅仅是某一方的长期竞争优势，所以动态竞争理论认为竞争的基本单元是行动和响应。从这个基本问题可以衍生出更多更细的问题，比如：什么是竞争行动？什么是竞争响应？竞争行动与响应之间的关系是什么？我们该如何预测竞争响应？所有动态竞争的研究都是从"什么是竞争"这个最基本问题开始的。而动态竞争视角所关注的是企业间一对一（dyad）的竞争行动与响应，也就是在这四个层次的间隙进行了创新——在产业层次和企业层次的竞争中加入了攻防互动的对偶分析（见图 20-2）。动态竞争理论的学术创业源于笔者对既有竞争研究的不同看法，既因袭了竞争研究的体系，同时又不失自己的新意，实现了差异化，这也就是《论语》所说的"因不失其亲（新）"。

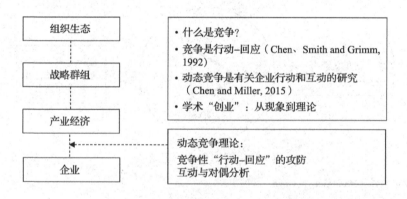

图 20-2　动态竞争研究的差异化：因不失其亲（新）

20.2.1　动态竞争的差异化

这些观点和波特的竞争分析有很大的差别。例如，波特的静态五力竞争分析运用的是宏观产业结构思维，强调追求持久的绝对竞争优势；而动态竞争重视在攻防互动中"行动－响应"的思维，更强调暂时的相对优势，而不关心长期的绝对性优势，因为持久优势只是暂时相对竞争优势的综合结果。

同时，波特的静态五力竞争分析注重外部产业结构分析，动态竞争的动态攻防分析则注重内部资源与外部环境的平衡考虑；波特的静态五力竞争分析假设同一产业内或战略群组内的企业是同质的，而动态竞争假设每一个企业都是不同的，每一对竞争关系都是独特的。有关动态竞争与波特静态五力竞争分析更详细的对照比较，详见表 20-1。

表 20-1　波特竞争观点与动态竞争理论的比较

维度	波特竞争观点	动态竞争理论
思维观点	静态五力分析（结构思维）	攻防互动分析（行动 – 响应思维）
分析重点	着重外部产业结构分析	强调内部资源与外部环境的平衡考虑
假设前提	同一产业内或战略群组内的企业是同质的	每一个企业都是不同的，每一对关系都是独特的
理论论述	从产业经济与管制观点演绎理论逻辑	观察企业的实际竞争行为，透过实证分析来归纳理论脉络
竞争优势	追求持久性的绝对竞争优势	企业只有短暂的相对优势，没有持久性的绝对竞争优势
企业关系	对称性	不对称性
分析思维	纯粹理性分析（经济取向）	除了理性，更贴近人性思维（社会 / 心理取向）
哲学概念	西方科学分析	中国哲学与西方科学的整合

通过突出差异化，动态竞争建立了学术创业的"本"与改变现有理论和思维的"元"（原、源）动力，在既有的理论和文献中进行了一系列的学术创新，找到了自己的独特性，由量变发展到质变。

20.2.2　动态竞争的资源调动

实现学术创业还需要在学术创新的基础上进行各种资源的调动。古人说"独乐乐不如众乐乐"，学术创业需要形成一个独立的学习社群，把资源调动、整合起来。学术创业和学习社群是一体两面，彼此相互依存。如果一个研究课题能够吸引一群有兴趣甚至有影响力的学者加入，学术创业的过程就会自然多了。

在动态竞争理论的发展过程中，笔者把战略管理其他领域的一些顶尖学者都"拉"到自己的"平台"上来，成为动态竞争研究的合作者或支持者。例如，伊恩·麦克米伦是研究创业的先驱学者，唐·汉布里克是高层管理团队理论（upper echelons）的创始人，笔者的导师肯·史密斯后来是《管理学会评论》杂志的主编，而丹尼·米勒则是研究组织理论和战略管理的顶尖学者。笔者和他们合作，一起从事动态竞争研究。笔者在自身的兴趣、关注点与他们个人的专长、关注点之间找交集、找联结，所以动态竞争从初始阶段就直接和当时的"显学"对话交流、互补长短。

动态竞争理论还有一些非常重要的外部支持者，包括当时担任《管理学会杂志》主编的迈克尔·希特以及资源基础论（Resource-based View，RBV）的创始人杰恩·巴尼。作为《管理学会杂志》的掌门人，迈克尔·希特对动态竞争一直保持高度开放与支持的态度，也容忍早期动态竞争理论性的不足和研究方法上的独特性。杰恩·巴尼则以友人和兄长的角色在精神上给予笔者支持与声援。

当这些其他领域的顶尖学者用实际行动来支持一个新的学术领域、为它背书（endorse）的时候，学术界对这个新兴的领域就很自然地接受和认可了。中国人讲"人和"，内部有合作者，外部有支持者，这对于一个学术领域的创建与形成非常重要。对一个学者来说，宽广的心胸、始终以双（多）赢的视角看待问题，并以谦卑的态度来处理各种事务，是能够调动资源、借力使力，让所有资源为我所用的关键。

20.2.3　动态竞争的合法性构建

发展一个新学术领域的第三个关键，就是建立合法性。任何一个新兴事物，都会受到现有领域的抗拒。笔者的做法是先避其锋芒、养精蓄锐，再以实力和成果逐步获取合法性。动态竞争理论在 1996 年之前并不提"动态"（dynamics），而是用"互动"（interaction）、"对抗"（rivalry）或"交手"（engagement）来替代。这是因为经济学家对"动态"有根深蒂固的看法，认为"动态"一定要跟时间（temporal）有关系。假如一开始就使用"动态"这个词，很可能在观念刚刚提出或形成雏形之前就被经济学家或当时深受经济学思维影响的管理学者排斥或拒绝了。笔者至今仍对一件事印象深刻。当笔者将博士论文改写投到《管理科学》时，当时的评审有两位，一位评审显然是管理学领域的，认为这是一项突破性研究，将竞争研究带到了崭新的境界；另外一位评审应该是位经济学家，只给了笔者一段评语，就拒绝了文章。幸运的是，杂志编辑给了笔者一个复审的机会（revise and resubmit）。这一次，这位经济学领域的评审给了笔者一整页的评语，这表示他有兴趣了。虽然最后他还是维持原来的决定，拒绝了这篇文章，但他留有余地：如果要编辑接受这篇文章的话，这篇文章要压缩篇幅。

从 1989 年的博士论文到 1998 年发表在《管理学会评论》上的文章，笔者始终没有使用"动态竞争"（competitive dynamics）的字眼。在此期间，笔者一共发表了 12 篇文章（其中，有 11 篇文章发表在顶级期刊上），其中，两篇发表于《管理科学季刊》（Hambrick et al., 1996；Miller and Chen, 1994），两篇发表于《管理学会评论》（Chen, 1996；McGrath、Chen and MacMillan, 1998），四篇发表于《管理学会杂刊》（Chen and Hambrick, 1995；Chen et al., 1993；Chen and MacMillan, 1992；Smith et al., 1991），两篇发表于《战略管理杂志》（Chen and Miller, 1994；Miller and Chen, 1996a），一篇发表于《管理科学》（Chen et al., 1992），另有一篇发表于《社会力量》（Miller and Chen, 1996b），详见表 20-2，并获得三次最佳论文奖。直到后来，生米煮成熟饭，水到渠成，针对竞争行动和响应的研究方法与理论建构都具备了合法性，笔者才逐步提出"动态竞争"这个名词，动态竞争理论也通过差异化、资源调动和合法性的建立，成为一个独立的研究领域，并且一路发展至今（见图 20-3）。

表 20-2 动态竞争研究的时间脉络（1989～2015 年）

	1990~1995 年	1996~2000 年	2001~2005 年	2006~2010 年	2011~2015 年
行动层次	《管理科学》《管理学会杂志》（1992）《战略管理杂志》（1994）				
企业层次	《管理学会杂志》（1991）《管理科学季刊》（1994）《管理学会杂志》（1995）《社会力量》《战略管理杂志》《管理科学季刊》（1996）				
集团层次		《管理学会评论》（1998）			
整合性竞争对手分析		《管理学会评论》（1996）			
竞争知觉				《管理学会杂志》（2007）《管理探究期刊》（2008）	《战略管理杂志》（2010）《管理学会杂志》（2011）《管理学会杂志》（2015）

（续）

	1990~1995 年	1996~2000 年	2001~2005 年	2006~2010 年	2011~2015 年
研究方法	《管理学会杂志》（1993）				《管理学会年鉴》（2012）《战略管理杂志》（2015）

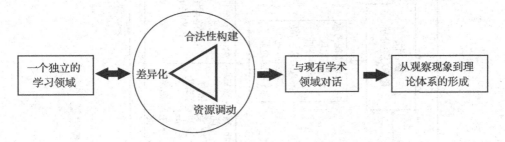

图 20-3　动态竞争研究领域形成过程

　　除了创业者自己的持续努力外，学术创业还要能吸引更多学者加入研究的行列，以持续增强新建领域的差异性，动员更多资源，并且巩固该领域的合法性。迄今，动态竞争领域的学者沿着笔者个人上述的轨迹至少提出了六大研究主题，为我们理解企业战略和动态竞争理论做出了显著的贡献。图 20-4 总结了动态竞争的研究体系，突出了每个主题的构成，并且展示了不同主题之间的联系（Chen and Miller, 2012）。

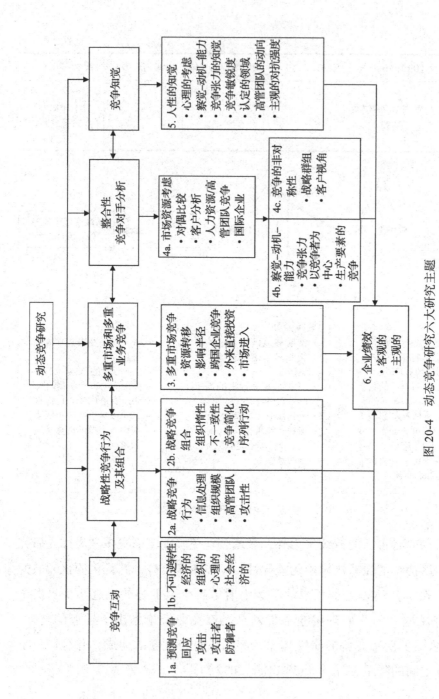

图 20-4 动态竞争研究六大研究主题

资料来源：Chen 和 Miller，2012。

20.2.4　动态竞争理论发展的个人因素

中西方对"学"的理解，有本质的差异。西方的学（术）以知识为主，重视论证与方法，中国传统则强调实践，学问应该是活的、用出来的，是实践智慧的结晶，待人处世的指南。不学无术，有学才有术。《论语》中记载，哀公问孔子："弟子孰为好学？"孔子的回答发人深省："有颜回者好学，不迁怒，不贰过……"⊖这句话道尽了中西方对学问的认知差异。对于一向由理论与实证主导的西方管理学界，一定很难理解"不迁怒，不贰过"与学问、学术有什么关系。然而，自古以来，知行合一、经世致用即是中国学者致力追求的目标。除了广为人知的王阳明外，孔门弟子中的子路更是此种思维的始祖，《论语》所载："子路无宿诺""子路有闻，未之能行，唯恐又闻"，都是描述他学行合一的例证。

"学术创业"这个词本身就是知与行、学与行的结合。前述的学术创业三要素，主要属于"知"的思维层面，动态竞争理论的发展确实考量了这些宏观、制度层面的要素，它源于一个非常简单却关键的问题：什么是竞争？这个问题是战略领域的核心问题，研究者不计其数，门派也多。波特的"五力分析"与产业经济研究，更是 20 世纪 80 年代的显学与主流。因此，要在这样的大环境、大氛围下走出一条路，开创出一个新的研究领域，还要加上一股傻劲、一份执着，尤其是"行"的坚持。

对于笔者来说，精一、边缘人的思维、过程导向，以及兴趣与个性这四个微观层面的因素，是"行"的原动力，是让"知"的思维具体落实的关键。笔者的国（夏）学启蒙恩师爱新觉罗·毓鋆曾说："知理不难，知所以用理之为难。"⊜笔者对这句话感受至深，在此特与大家分享笔者的实践之旅。

　　⊖　引自《论语·雍也第六》。
　　⊜　引自《礼元录》。此话出自辜鸿铭（1920），原文为"盖天下事非明理之为难，知所以用理之为难"。

1. 精一

笔者是忠实的"精一"执行者，"惟精惟一，允执厥中"[一]始终是笔者奉行的圭臬。做事如此，学术研究更是如此。

"什么是竞争"虽然是一个"简单"的问题，但要从"竞争的本质是行动与响应"的视角来钻研、开拓，在早期这个领域还是一片荒芜、一无所有的时候，可不是一件简单的事。抽丝剥茧、正本清源，笔者从预测竞争响应入手，首先从研究方法与实证中区分行动与响应。虽然这是研究上的一小步，但对于动态竞争长期的发展及笔者个人学术生涯而言，却是一大步。

"什么是竞争"这个简单的问题，笔者已经问了30年（将来还要继续问下去），一路走来，始终如一，全心专注于这一核心课题。"得一端而博达之"[二]，"天下同归而殊途，一致而百虑"[三]，笔者有刻骨铭心的深切体验。笔者常半开玩笑地说笔者是在乡下长大的"边缘人"（下详），只会那么一招半式就出来闯天下，但是这一招用到极致，也就成了绝招。换一个说法，一法通百法通，抓到了窍门，一招鲜吃遍天。这条学术道路，就是这样一步一步走出来的。"君子务本，本立而道生"，动态竞争是笔者研究的"一"，也是笔者的"本"，更是笔者学术的"元"（原、源）（元与一是同一个观念，简单来说，元是一的本质，一是元的体现，孔子最大的一个贡献就是改"一"为"元"）。

"精一"不仅用在研究问题的提出上，也能用在研究系统的其他方面。比如笔者研究的早期只使用一个数据库（这个数据库花了笔者一年多时间扎扎实实、辛苦地建构起来，后来也继续不断扩展），只在一类期刊（管理学界顶级的四家期刊）投稿与发表。事实上，管理学术界有一种说法，一个好

[一] 引自《尚书·大禹谟》。
[二] 引自《春秋繁露·楚庄王第一》。
[三] 引自《周易·系辞下》。

的数据库如果有 2～4 篇文章在顶级期刊上发表，就已经是很了不得了。笔者却不信邪，打破这个潜规则，至少 11 篇在顶级期刊发表的文章，都是用这个在写博士论文时建立的数据库。这是高难度的，因为大家都想看新的东西、新的数据，笔者却反其道而行之，孜孜矻矻，深耕细作，用旧的数据库、旧的资料，逼自己想出新的变数，不断创造新的观念与理论，二三十年如一日。"知止而后有定"[⊖]，笔者是真的做到了止于一、定于一，研究的正（"止"加"一"）道，也就自然走出来了。

精一，是很"实"的。研究早期，笔者选择美国航空业作为样本来建立自己的数据库。当时，笔者花了一年半的时间，成天泡在华盛顿美国国家航空航天局图书馆，锁定航空业的权威刊物《航空日报》（Aviation Daily）作为样本数据来源，按照年代先后顺序，查阅了从 1979 年 1 月 1 日到 1986 年 12 月 31 日这八年间《航空日报》上的所有报道，从中找寻、追踪、记录所有的竞争性行动（与响应），包括降价、促销活动、航线变更，乃至并购、战略联盟等。当时还没有电脑，更没有搜索引擎，只能一页一页地翻，一篇一篇地读，一笔一笔地手工记录。当时，笔者每周花 60～80 个小时搭建这个数据库。

就是因为笔者绝对的"精一"，完全的专注，才会一路问到底，问出其他学者不敢问或不屑问的问题。比如我们是否可以用竞争行动来预测响应（Chen et al.，1992）？是否可以使用攻击者（Chen and MacMillan，1992）或防卫者（Smith et al.，1991）的特质来预测对手如何响应？竞争是客观的事实，还是主观的判断？这两种看法在何时会有分歧（diverge），何时会一致（converge）（Chen et al.，2007）？竞争与合作的关系是什么（Chen，2008）？既然竞争与合作彼此相倚，是相互依属（interdependent）的关系，竞争合作

⊖ 引自《中庸》。

（competition-cooperation）及"以关系与多赢为考虑的竞争模式"（relational competition）是否也应该是动态竞争领域的一个课题（Chen and Miller, 2015）？动态竞争的一些主要观点与研究方法（如察觉－动机－能力、市场共同性与资源相似性以及竞争不对称性等），是否也同样适用于合作分析？跨越与回归，动态竞争的中国源是什么（Chen, 2016）？

　　动态竞争的研究领域与课题，在"精一"的过程中，不断地延伸、扩展，蔚然成势，与战略管理的其他重要领域不断地交流碰撞，它在主流管理学界的合法性与重要性也就自然建立了。

2. 边缘人的思维

　　笔者出生成长于台湾的台东，一直到 17 岁，才离开这个台湾最为落后偏远的地方。这段生活对于笔者的一生，尤其是学术研究，有着深远、巨大的影响。笔者始终把自己定位成"边缘人"，即便现在可以说是身居国际管理学界的主流，但还是保持着从小养成的边缘人思维与心态。

　　"边缘人思维"有几个特点，对于动态竞争从无到有的发展有很大帮助。首先，一方面，边缘地区资源匮乏，面对生存的挑战和生活的压力，每天思考的总是如何用最少的资源创造最大的价值，"穷则变，变则通，通则久"[⊖]成为一种很自然的求生法则。变无用为有用，化腐朽为神奇，可以说是一种本能。出人头地、力争上游、不努力就会被淘汰的担心与忧患意识，都是很强的驱动力。另一方面，边缘人因为机会较少、较易于满足，所以想法比较单纯，比较不会见异思迁、喜新厌旧、赶时髦，常常是一条路傻傻地走下去，自然也就比较专注。动态竞争就是在这种情况下，用"边缘"和"精一"的思维，一块一块砖、一篇一篇文章、一步一步钻研探究，才创建出来的。

　　⊖ 引自《周易·系辞下》。

　　其次，边缘人通常与主流有不一样的想法与做法，比较不受常规的束缚，不会在既定的框框中打转浮沉，不安于现状，也比较有想象力、爱"做梦"，冀望能突破现况、改变既有模式，自然也比较容易"和而不流"^㊀。一方面与主流合和，希望找到归属感，发挥影响力；另一方面却又保持自己的立场，不入流、不偶俗。笔者的研究从一开始就与主流不同，虽然笔者问的问题（什么是竞争）是一个主流的核心问题，一个已经被问了一两百年的问题，但笔者在想法、研究方法、分析对象和理论建构上走出了一条与主流完全不一样的路。笔者的梦很大（从另一个角度说又很小、很卑微），心很专、很纯，绕着一个核心问题，从各种角度来探究，像剥洋葱一样，一片一片地剥开，滴水涓涓、细水长流，最后的结果却能穿石，像滚雪球，也像大海中的浪，越来越大。

　　2014 年 8 月全球华人管理学者社群（Chinese Management Scholars Community, CMSC）^㊁在美国费城开会，笔者和中山大学岭南学院林道谧老师提早到会场，却发现忘记带收集名片的盒子及其他会议报到需要的用品。笔者说，那我们只好去"化缘"了。然后，我们就去附近的星巴克"化"了一个装咖啡的塑料杯子还有其他"废物"来利用。"化缘"的思维就是把别人觉得没有用的东西变成有用的。这个佛家实践的做法，对于一个边缘人来说，却是最务实、最管用的。

　　笔者手上总是戴着一个手环，上面写着"live strong"，意思是"坚强地活下去"。这个手环原先是提供给癌症患者和他们的家属的，作为精神支持的象征。笔者戴着它是提醒自己是边缘人，是应该被这个社会淘汰却侥幸存活下来的人，正因如此，自然有感恩的心与回报的责任，也要有不断努力存

㊀　引自《中庸》。

㊁　这个学术社群是笔者在 2006 年发起创建的，从最初的 26 位学者开始，10 年下来，如今已有近 700 位成员。

活的斗志与生命力。这种边缘人的思维，也让笔者在上课时特别关注每一个学生，尤其是一些安静的、"不起眼"的学生，转换角色，将心比心，去思考如果自己就处在学生这个位置，会想些什么，会有什么问题、什么困惑、什么挣扎，以此去理解和照顾每一个学生的需求，真正做到有教无类、因材施教。

3. 过程导向

动态竞争研究的发展，二三十年下来，本身就是一个漫长的过程。在此过程中，既要有创业家披荆斩棘、开疆辟土的精神，又要有工匠孜孜不倦的执着，更要有一种享受"过程"（process）的心态。笔者认为"过程"（而非"结果"）导向的心态是专业养成的一个重要的关键，也是在学术界安身立命、基业长青的不二法门，在其他行业应该也是如此。若从"结果"的视角来看，成者为王、败者为寇；但从"过程"的角度来讲，永远没有输家，胜负只是名次、标签的区别。

学术研究、企业经营乃至孩童读书，本都是"人在做事"。结果导向，却变成了"以事论人"，把行事的结果（如分数高低、企业大小、论文发表数量多少）粗率地等同于人的价值。企业大、职位高、成绩好、文章多，那你就是优秀的、成功的；如果企业规模中等、职位平平、成绩一般，那你就是"中不溜秋""芸芸众生""只能做分母"；如果在这样的排序中处于下游、末尾，那就很容易被贴上"普通""平庸""差劲""loser"这样"低价值"甚至"无价值"的标签。

核心的问题是，以结果为导向，绝少有人会感到满意和踏实。因为好坏、大小、高低是相对的，永远是变化的。今天你是第一，不代表明天也是第一；你在这里是"老大"，到了另一个环境，可能寂寂无闻；你拿了博士，做了助理教授还有副教授，然后还有正教授、讲席（座）教授……以结果为导向，人的自我价值感会变得混乱，心也会变得不安、紧张，对他人升起防卫和对抗之心；导致人与人之间只有竞争、零和博弈，而非"君子之争"；距离原（元）儒"君子无所争，必也射乎！揖让而升，下而饮，其争也君子" [一]的境界越来越远。

做自己（be yourself），才能活得强大（live strong）。做自己的一个关键，就是始终保持自我的高价值感。尽力而为、认真投入，不论事情做到几分，不论顺境逆境，不论外界如何看待你，都夺不走你对自己的信任——我是一个有价值的人，我可以把我的周遭、我所处的世界变得更好。而结果导向，则让人把自我价值与成就感的评判权，拱手交给外在世界，由他人来裁夺"我"的价值。此时，人就失去了最重要的自我，失去了"主心骨"。

过程导向，全然不同。它倡导精一，追求卓越，把事情做好，但"行事"的更大意义在于"为（wèi）己"——在做事过程中不断了解自己、提炼自己、成就自己，这就是所谓"古之学者为（wèi）己，今之学者为（wèi）人" [二]的真义。做事，有好坏成败。过程导向，把发生的一切都看作是有意义、有价值的。对于那些做得好的部分，我们可以借此去发现自己的长处和潜能；做得不够好的部分，不等于"我不够好，我很失败"，而是要转换心态和思维模式，把它视为一个宝贵的学习和成长的机会。

斯坦福大学教授卡罗尔·德韦克（1999，2006）的长期研究表明，发现和赞赏人们在积极投入的过程中所表现出来的专注、努力与进步，同时迫使自己走出舒适区，学习新知识，迎接新挑战，我们就会变得越来越聪明、自信和坚韧。

几年前笔者的小儿子写给笔者一张小卡片，里面有一句话让笔者深有感触："爸爸是一个永远的赢家，因为他无时无刻不在学习（Dad is a 'forever

---

　　㊀　引自《论语·八佾》。
　　㊁　引自《论语·宪问》。

winner' because he is always learning)。"大儿子小时候也有类似的说法，当他幼儿园的老师问他，你爸爸是做什么的，他回答说"我的爸爸是'造纸的'（making paper）"，因为我每天都在写，每天都在改同一篇文章。从过程的角度来看，即使投稿一再被退稿，我依然心怀喜悦和感恩，因为那意味着我又有新东西可以学习，又有新的困难要克服。只要今天知道了昨天不知道的事，我就在进步，我就在往前走。更重要的是，心胸也在不如意、挫败、打击中得到了试炼，变得更为开阔自在。《大学》有云："苟日新，日日新，又日新。"只要每一天都往前走一点，就没有所谓的输赢与成败，最终的结果只是过程的一个副产品。这种心态更是减压、抗压最好的良方。这是一种玩的心态，一种享受的境界。"玩"的古字是"翫"，翫 = 习 + 元，很有深义。一方面学习，一方面玩，学着找知识、学问、做人做事的元（一）。

2013 年笔者在国际管理学会做主题演讲，原本题目是"Being Ambicultural"，但当这篇演讲发表在 2014 年《管理学会评论》上时，我将标题改为"Becoming Ambicultural"。这一字之差恰恰体现了"过程"的视角。Being Ambicultural 是一种状态，一个结果；Becoming Ambicultural 则是一个过程，永无止境（Chen, 2014）。这是笔者在学术界多年，在动态竞争从无到有过程中的一个感悟，一个发自内心的原音。

4. 兴趣与个性

笔者从小喜欢竞争，各式各样的竞赛都想参加。大学时候，每周一、周三、周五打篮球，周二、周四、周六、周日打桥牌，学校桥牌一队的一些成员曾打到全世界第二（笔者是二队的），笔者一场篮球赛也曾经获得 44 分。

一个人能把个人的兴趣与专业的兴趣结合，是一大福气；笔者有幸、有福也有缘能做到这一点。动态竞争为什么能走出来，自成一局，恐怕说再多，也比不上一个根本原因：这个课题就是笔者的兴趣，笔者的挚爱。无论是从哪一个角度来看、从哪一个观点切入，它就是有趣，就是好玩，乐此不疲；过去如此，现在如此，未来也是如此。"什么是竞争"这个问题，笔者还可以再问 30 年。当年笔者从行动 - 响应的视角切入，就是因为当时竞争研究的是静态的，与笔者从小在球场上所观察到的现象完全不一样，笔者心里觉得不舒服（uncomfortable）。这种不舒服主要来自几方面：理论与现实的差距、研究操作上的困难、实务的适用性不足，以及中西文化和思维的距离与隔阂。我觉得这个活泼的课题受到了"不公正"（injustice）的处理，被"糟蹋"了。这是笔者的"初心"，这是笔者的"赤子之心"，没有被污染，很真，这是笔者的"元"，也是支持笔者一路走来始终如一的驱动力。

笔者虽然喜欢竞争，但笔者对竞争却有异于常人的看法。笔者个人对竞争的体会，就是学习如何避开竞争、对抗，如何做到不争之争，如何追求仁者无敌的境界。笔者从小就不喜欢与人争，只要别人想跟笔者争（球场比赛除外），笔者就退让。笔者没有去改变自己的个性，而是把《中庸》"率（音朔，顺的意思）性之谓道"的理念（想）发挥得淋漓尽致。笔者可以选择与当时的主流或显学对抗，但完全没有；笔者选择了"和而不流"，避实击虚，选择了"曲求"[⊖]，选择了鸭子划水、迂回前进。在这个过程中，笔者做（找）到了自己，顺性（势）而为，不硬攻、不强取，比实力、看成果。

动态竞争研究一开始和主流的想法不同，但笔者并不挑战主流，也不逃避、遗世独立，而是与它对话、融合。当顶级学刊在短短六七年间陆续刊出笔者 10 多篇文章，动态竞争自然建立了合法性，此时就水到渠成了（Chen and Miller, 2012）。动态竞争能够从对现象的观察，逐步发展成为一套理论体系，最重要的一点就是与现有理论互补而非对立，双融而非抗争。和现有的世界融合，却卓然独立、不归入其他流派；不排斥既有的想法，但同时又

⊖ 《孙子》有云："故经之以五事，校之以计，而索其情：一曰道，二曰天，三曰地，四曰将，五曰法。"

保持自己的独特性，这也是"中庸"（也就是"用中"）最大的智慧。《中庸》，或是以孔子为代表的原（元）始儒家，对什么叫"强"有一个极其高明的说法："和而不流，强哉矫。"这是一种"不争之争"的境界，真正有功力的高手是"因不失其亲（新）"，是和而不流。也就是说我跟你、跟大家是好朋友，但我却始终保持我的独特性。学术创业者一方面必须得到主流学者的认可，另一方面也必须形成一股卓然独立的风气。不管是从事研究、教学或企业咨询，还是做人、处世，笔者都顺势而为、和而不流、"群而不党"⊖。

20.3　结语

学术创业的核心理念跟老子"一生二，二生三，三生万物"的观念是一致的。第一，率性之谓道。和大部分好的理论一样，动态竞争理论是从一些看似天真、简单，却又实际且引人深思的问题开始的。从一开始，顺着你的个性（率性）和兴趣往下走，这就是"道"，性为智海，性生万法。第二，因不失其亲（新）。学术创业既要因袭承传，又要另辟天地，找到创新的切入点，在这个过程中，需要思考、谨慎处理与主流研究的关系，才能达到互补双融的境界。第三，立己立群。中国人的"三"即为众，也就是借力使力，与其他相关领域一起"水涨船高"。

对于有志从事学术创业的中国管理学者来说，动态竞争理论的发展过程是一个有参考意义的标杆。笔者并不是建议所有学者都要走一样的路，用一样的方法。笔者想表达的是，不管学术生涯或人生，都牵涉到一连串的战略选择，都是知与行长期互动的结果。更重要的是，笔者从西方象牙塔式的学

⊖　引自《论语·卫灵公》。

术殿堂中"跨越与回归"，真正认识到中国学问乃是"实学"的奥质。

这几年，笔者所提出的另一个新的"文化双融"理论，也是依循这个思路与轨迹而正在快速发展。"文化双融"就是中庸的现代白话版。当我们用纯中国化的理论和观念去跟西方直接对抗时，用力越重，反弹力越强。所以，要找到一个平衡点，这就是"文化双融"的精义，也是我们老祖宗所说的"执两用中"的内涵。事实上，笔者至今每天还在看《中庸》这本书，因为它对笔者有最大的触动，尤其是 30 年来与西方学术界和实务界长期互动的经验，更让笔者感受至深。它启迪笔者的思维，带来新意，并且帮助笔者思考：如果生活像掷飞镖一样，笔者所做的每一件事、所说的每一句话是否中的？笔者每天能不能做到"喜怒哀乐之未发（谓之中）""发而皆中节（谓之和）"？待人处世（事）的分寸拿捏是否达到"致中和，天地位焉，万物育焉"的境界？本文承传了华夏智慧最大的结晶，真正体现了毓老师教我的：用老祖宗的智慧来启发我们现代人的智慧与思维。如何在学术与实务、微观与宏观管理、竞争与合作、东方与西方，以及全球与本土等可能的矛盾之间找到一个平衡点，恰恰需要"叩其两端而竭焉"与"执两用中"的智慧。这就需要超越"非此即彼"，提升到"有此亦有彼"的境界，也是有志从事学术创业的华人管理学者需要具备的核心思维与修为。

"Put yourself into the process, and the process will carry you through"是笔者常说的一句话。学术创业，道阻且长，首先循着自己的兴趣与个性，投入并享受整个过程：一生二，二生三，三生万物，最终将能从无到有、理（梦）想成真。

参考文献

[1] ABREU M, GRINEVICH V. The nature of academic entrepreneurship in the UK: Widening the focus on entrepreneurial activities[J]. Research Policy, 2013, 42(2):

408-422.

[2] CHEN M J. Competitor analysis and interfirm rivalry: Toward a theoretical integration[J]. Academy of Management Review, 1996, 21: 100-134.

[3] CHEN M J. Reconceptualizing the competition-cooperation relationship: A transparadox perspective[J]. Journal of Management Inquiry, 2008, 17: 288-304.

[4] CHEN M J. Competitive dynamics research: An insider's odyssey[J]. Asia Pacific Journal of Management, 2009, 26: 5-26.

[5] CHEN M J. Presidential speech : "Becoming ambicultural: A personal quest— and aspiration for organizations"[J]. Academy of Management Review, 2014, 39: 119-137.

[6] CHEN M J. Competitive dynamics: Eastern roots, Western growth[J]. Cross Cultural & Strategic Management, 2016, 23(4): 510-530.

[7] CHEN M J, HAMBRICK D C. Speed, stealth, and selective attack: How small firms differ from large firms in competitive behavior[J]. Academy of Management Journal, 1995, 38: 453-482.

[8] CHEN M J, FARH J L, MACMILLAN I C. An exploration of the "Expertness" of outside informants[J]. Academy of Management Journal (Special Research Forum on Methodology), 1993, 36: 1614-1632.

[9] CHEN M J, LIN H C, MICHEL J. Navigating in a hypercompetitive environment: The roles of action aggressiveness and TMT integration[J]. Strategic Management Journal, 2010, 31: 1410-1430.

[10] CHEN M J, MACMILLAN I C. Nonresponse and delayed response to competitive moves: The roles of competitor dependence and action irreversibility[J]. Academy of Management Journal, 1992, 35: 359-370.

[11] CHEN M J, MILLER D. Competitive attack, retaliation and performance: An expectancy-valence framework[J]. Strategic Management Journal, 1994, 15: 85-102.

[12] CHEN M J, MILLER D. Competitive dynamics: Themes, trends, and a

prospective research platform[J]. Academy of Management Annals, 2012, 6: 135-210.

[13] CHEN M J, MILLER D. Reconceptualizing competitive dynamics: A multidimensional framework[J]. Strategic Management Journal, 2015, 36: 758-775.

[14] CHEN M J, SMITH K G, GRIMM C M. Action characteristics as predictors of competitive responses[J]. Management Science, 1992, 38: 439-455.

[15] CHEN M J, SU K H, TSAI W. Competitive tension: The awareness-motivation-capability perspective[J]. Academy of Management Journal, 2007, 50: 101-108.

[16] DWECK C S. Self-theories: Their role in motivation, personality and development[M]. Philadelphia: Taylor and Francis/Psychology Press, 1999.

[17] DWECK C S. Mindset[M]. New York: Random House, 2006.

[18] KU H M. The conduct of life, or, the universal order of Confucius[M]. London: John Murray, 1920.

[19] HAMBRICK D C, CHEN M J. New academic fields as admittance-seeking social movements: The case of strategic management[J]. Academy of Management Review, 2008, 33: 32-54.

[20] HAMBRICK D C, CHO T, CHEN M J. The influence of top management team heterogeneity on competitive moves[J]. Administrative Science Quarterly, 1996, 41: 659-684.

[21] HSIEH K Y, TSAI W, CHEN M J. If they can do it, why not us？ Competitors as reference points for justifying escalation of commitment[J]. Academy of Management Journal, 2015, 58: 38-58.

[22] MCGRATH R G, CHEN M J, MACMILLAN I C. Multimarket maneuvering in uncertain spheres of influence: Resource diversion strategies[J]. Academy of Management Review, 1998, 23: 724-740.

[23] MILLER D, CHEN M J. Sources and consequences of competitive inertia: A study of the U.S. airline industry[J]. Administrative Science Quarterly, 1994, 39: 1-23.

[24] MILLER D, CHEN M J. The simplicity of competitive repertoires: An empirical analysis[J]. Strategic Management Journal, 1996, 17: 419-439.

[25] MILLER D, CHEN M J. Nonconformity in competitive repertoires: A sociological view of Markets[J]. Social Forces, 1996, 74: 1209-1234.

[26] PILEGAARD M, MOROZ P W, NEERGAARD H. An auto-ethnographic perspective on academic entrepreneurship: Implications for research in the social sciences and humanities[J]. Academy of Management Perspectives, 2010, 24: 46-61.

[27] POWERS J B, MCDOUGALL P P. University start -up formation and technology licensing with firms that go public: A resource-based view of academic entrepreneurship[J]. Journal of Business Venturing, 2005, 20: 291-311.

[28] SMITH K G, GRIMM C M, GANNON M J, et al. Organizational information-processing, competitive responses and performance in the U.S. domestic airline industry[J]. Academy of Management Journal, 1991, 34: 60-85.

[29] TSAI W, SU K H, CHEN M J. Seeing through the eyes of a rival: Competitor acumen based on rival-centric perceptions[J]. Academy of Management Journal, 2011, 54: 761-778.

第 21 章

动态竞争的"四部曲"

原文出处 陈明哲，2012，"赢"在动态竞争中的"四部曲"，《清华管理评论》，第 2 期，页 74-80。

动态竞争理论，是过去 20 年间战略管理领域新出现的一个研究体系，是以行动为导向构建的一套有关企业间竞争与互动的系统化理论。

竞争，必然是你来我往，是在"一方攻击、另一方反击"的攻防交错中发生的，因而，所谓"动态竞争"，并非止于通常意义上随着时间的推移竞争关系有所变化，而更加强调竞争各方在"攻击 – 反击"的配对中相互对抗与制衡，动态竞争理论就是专门研究竞争者之间的对抗与互动如何发生并不断演进的理论。

虽然动态竞争理论是在西方学术界提出的，却源自东方的中国传统哲学，是东方哲学与西方管理科学融合的结晶，中国传统哲学思想在动态竞争理论中得到了充分的体现。竞争的对抗性和相对性、竞争者之间的攻防互动，乃是中国传统文化中"人 – 我"对偶关系的延伸。将中国传统文化中有关敌我攻防的哲学思维与观念，如知彼知己、声东击西、避实就虚、以小博大等，与西方管理科学的理论架构结合，以西方管理科学中工具化的方式表述出来，是动态竞争理论的核心。因此，动态竞争理论和中国企业家的思维模式更加契合，易于落实在中国企业的经营管理实务中。

在全球经济格局发生重大变化的今天，企业间的竞争愈演愈烈，竞争的动态性显得尤为突出。那么，中国企业该如何以动态竞争理论为指导参与全球化的竞争呢？

动态竞争理论认为，识别真正的竞争者，深刻了解竞争者，努力降低竞争者对抗性，打造每一次竞争的短暂优势以谋求企业的长久、可持续发展，是企业建立相对竞争优势、决定竞争成败的关键。唱好这"四部曲"，也是中国企业在激烈的全球化竞争中"赢"的关键。

21.1 第一部：识别竞争者

识别企业的竞争者，常常被看作一项简单的工作。但是，在全球化背景下，市场的复杂性和技术的快速发展，都使得企业准确识别竞争者变得越来越困难。例如在很长一段时间内，联邦快递（Fedex）最大的竞争对手是UPS 和 DHL，后来突然发现，他们当前最大的竞争对手其实是沃尔玛。为什么是沃尔玛？根据动态竞争理论中有关竞争者的定性分析，就能很好地理解这个问题。

分析竞争者的主要目的，在于了解与预测企业为寻求竞争地位，和对手之间展开的对抗与互动行为。然而，对如何审视企业在未开战前的竞争关系，并且利用这层关系来预测市场参与者之间竞争对抗程度等方面的研究，却是少之又少。也就是说，以往的竞争者分析并未充分将影响企业竞争活动的必要前提因素纳入探讨。比如，在波特的五力竞争分析中，竞争敌对强度仍局限于产业层次的一般概况性描述与分析；在分析产业中企业层次的竞争行为时，战略群组分析法往往忽略了竞争者实际交战所处的市场范围，也忽略了企业间彼此对抗的程度。

动态竞争理论将竞争者定义为在相同的市场中针对相似顾客群提供相似

产品的企业，或者虽在不同市场但采用相似的关键资源或能力开展竞争的企业。在这个基础上，动态竞争理论提出两个基本概念，即竞争者之间的市场共同性及资源相似性，通过对竞争企业的市场形态和企业资源进行比较和分析，来判断他们是否属于真正的竞争者。

市场共同性是指企业和竞争者的市场重叠程度，即双方产品的相似与替代程度，或者在多个市场同时展开竞争和对抗的情况。此处的市场广义地包含产品基础和顾客基础的概念，诸如地理市场、产品细分或品牌等。比如联想与戴尔、惠普在全球的多个区域市场就笔记本电脑展开竞争，中国移动、中国电信和中国联通在移动、固定、宽带用户等细分市场竞争，HTC、三星、诺基亚和苹果在全球智能手机市场激烈竞争，等等。

资源包括组织结构、组织文化、经营团队、管理流程等有形和无形方面的企业资源。资源相似性是指企业和竞争者具有相似的资源类型和数量。拥有相似资源组合的企业，可能在市场上具有相似的战略性能力与竞争优势及劣势。不同行业的企业也可能因为拥有或需要相似的关键资源而成为竞争者。上文中提到的联邦快递，它的核心资源之一是拥有众多全球供应链和全球信息化的高层管理人才。由于沃尔玛在全球信息化的建设上与联邦快递采取相似的战略，因此，挖走联邦快递的信息化高管人才乃是沃尔玛竞争战略的重要手段，从而使它成了联邦快递潜在的跨行业竞争对手。

图 21-1 提出了一个竞争者分析架构。

图 21-1 以图形的交集来呈现竞争者之间的关系，其中，图的形状代表资源相似性，图的重叠程度代表市场共同性。象限 I 显示，一个企业与另一个企业同时具有高度资源相似性与高度市场共同性，它代表双方是明显直接且相互认定的竞争者；反之，倘若企业间具有相似的资源，但仅在极少数的市场上竞争，则属于象限 IV。

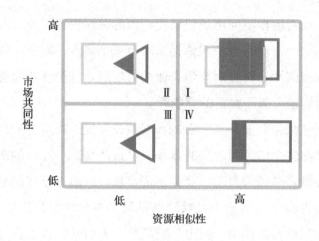

图 21-1　竞争者分析架构

注：阴影区域代表两个厂商的市场共同性程度，□代表资源禀赋 A，◁代表资源禀赋 B。

　　所以，在市场共同性和资源相似性两个层面上，每一家企业都会与竞争者存在不同程度的重叠。通过市场共同性和资源相似性的比较分析，可以更准确地识别出谁是自己的真正竞争者。

　　以中国的电信市场来说，中国移动、中国联通和中国电信是三大巨头，三家公司的资产、财务、技术、人才等资源虽有不同，但差异并不显著，可以说三者的资源相似性极高。但是，中国联通和中国电信在移动、固定电话和宽带三个细分市场的业务相当，而中国移动的业务则主要在移动市场，在固定电话和宽带市场与两家相比差了许多，因此，尽管三家公司均提供类似的产品，而就市场共同性来说，中国联通和中国电信的竞争程度会比较高。如此，对中国联通来说，中国电信可以说是更直接、需要紧盯的竞争对手，因为彼此在多个市场短兵相接且实力相当，对方在任一细分市场的攻防对另两个市场都会有重要的战略意义；至于中国移动，中国联通可以视它为固定和宽带市场的潜在竞争对手，因为中国移动的经营重点虽在移动市场，但因彼此资源相似性高，随时可以大举扩张它在另两个市场的影响力。

上述简化案例也说明了动态竞争理论的一项重要特质：分析公司间的竞争关系时，必须先确定谁是焦点企业，也就是说，从谁的角度出发来看事情，因为"我看你和你看我的角度未必相同"。更具体地说，动态竞争理论提出了"竞争不对称性"的概念，来解释企业与竞争者彼此认知的差异。以数学公式表示，就是 $d(a, b) \neq d(b, a)$，表示 a 到 b 的距离不等于 b 到 a 的距离；从竞争角度来看，则意味着：即使 a 把 b 当作主要竞争者，不表示 b 就会把 a 当作主要对手。对企业来说，善用"竞争不对称性"的战略思维，尽量让我们公司不被竞争者认定为主要对手，同时也避免忽略或低估任何潜在的竞争者，具有重要的经营意义。

从企业实践来看，因忽略竞争不对称性而付出惨痛代价的案例处处可见。例如当一家新的企业刚进入某个市场时，该市场中的现有企业很容易低估这个新企业的潜在影响力，未在第一时间加以防堵或痛击，导致该新企业有机会四处攻城略地。等到现有企业感受到威胁时，新企业已拥有难以取代的市场地位与经营实力，届时即使强力反击，却已时不我予。在手机产业，诺基亚 CEO 曾经在苹果智能手机卖得很好的时候说，苹果根本不是自己的对手，因为彼此的产品不同且智能手机市场不大，导致由当初的市场领先者沦落至现在苦苦追赶的困境。同样地，几个 PC 行业巨头对 iPad 的出现最初也不以为然，但现在 PC 市场却正被 iPad 大量侵蚀。按照动态竞争理论，这些既有的企业在识别竞争者方面犯了只从市场层面分析"直接竞争者"，而忽略了同时从资源与市场层面考虑"潜在竞争者"与"间接竞争者"的错误。对于正处于快速成长，同时面临四面八方竞争压力的中国企业来说，"竞争不对称性"的观念具有非常重要的战略与执行意义。

21.2 第二部：了解竞争者

了解竞争者包括对竞争者的市场定位、资源占有、市场力量和当前战略等要素进行评价。其目的是深刻了解竞争者的竞争优势和劣势，了解竞争者的战略目标，并且预测竞争者可能采取的竞争行动，从中找出自身的相对竞争优势，从而决定自己的竞争行动（攻击或反击），并通过弥补自身的弱项，不断增强竞争实力。动态竞争理论强调竞争者分析的最终目的是预测竞争对手的行动。因此，公司在攻击时，应该同时考虑对手可能的反击。在这种情况下，"设身处地"从竞争对手的角度来看问题甚至"看穿对手"，便成为了解竞争者的第一步。这是因为，"我"认为不合理、无效或无关痛痒的举动，可能是对手特别考虑的重要战略。实务上，长期观察、追踪对手的一举一动，分析对方决策者的决策风格或重要行动背后的假设和内涵，都有助于了解他们可能采取的竞争手法。此外，向上游供应商或下游客户等了解信息，也是可行的做法。

动态竞争有一个很重要的观点：一家企业再强也强不过它最弱的一环。就是说，市场中的每一个竞争者都有其自身最薄弱的环节。譬如，跨国公司与中国本土企业相比，他们最弱的一环可能是渠道；增长强劲的新兴企业与老牌企业相比，他们的弱势可能在于没有更成熟、更优良的管理团队和更健全的组织架构；多元化企业与专业性企业相比，他们的弱势可能是市场敏感度比较差，但专业化企业在整体资源调配环节，可能会比不上多元化企业；等等。作为竞争的一方，我们在了解竞争对手的过程中，一方面，需要充分了解自己的优势，从中挑出对手最弱的一环；另一方面，我们也需要反向思考自己哪一环最弱，因为对手可能在这一点攻击我。如果在竞争战略上能够做到取长补短、避实就虚，就能真正达到知彼知己、百战不殆的境界。

从更宏观的层面而言，所有成熟企业都会走到以管理水平高低论成败的阶段。更明确地说，中国企业已经到了赚取"管理财"与"智慧财"而非"机会财"的时代。然而，现阶段大多数中国企业在管理制度、管理思维、管理方法、管理水平等方面，都明显落后于跨国公司。在这种情况下，中国企业的优势在哪里？我认为，在文化。中国的企业和企业家必须将自己的企业管理与中国的悠久文化优势相结合。处于追赶状态的中国企业如果要达到与西方企业平起平坐甚至超越的目标，中国的企业和企业家就一定要进行跳跃式思考。要跳跃，需要的就是智慧。几千年源远流长的中华文化中的智慧，是其他任何国家的任何企业、任何人都不具备的。

当前，中国企业界已经开始在这方面进行尝试和努力。比如我们提倡的王道企业家精神，倡导的是企业在全面发展的时候，要以 "天下为公" 的思维，达成企业各利益相关者之间的平衡，做到利益相关者各取所需。王道企业家精神对中国企业的有序经营和造就竞争优势将会带来最直接的帮助。

将中国传统文化与西方科学管理方式相结合，是中国企业决胜西方企业的利器。打造这把利器的关键有三个。第一个关键是企业领导人的决心。一个企业的领导人或整个领导团队，是否对他所推崇的传统文化有充分的理解，是否有办法、有能力、有决心坚定不移地在自己的企业中传播这种文化。第二个关键，也是更重要的一点，就是战略思维。企业是否能将这种文化发展成一套战略思维，形成一套完善的组织文化，并将其内化成企业精神和管理方式，使其能够直接操作执行。第三个关键是行动与运作。"行重于言"，只有真正运作，才能最终发挥作用。在这个过程中，文化根基、战略思维与实际执行，环环相扣，三者缺一不可。

21.3 第三部：降低竞争者对抗性

通过了解竞争者，可以判断对手会采用何种竞争性行动（攻击或是反击），并预测其攻击与反击的对抗性有多大。企业在采取竞争性行动时，如果能有效降低对手的竞争对抗性，就能在竞争中取得有利地位。

　　针对如何降低竞争者的对抗性，我提出了"察觉－动机－能力"（Aw-areness-Motivation-Capability）的三因子分析架构，简称 AMC 分析法。即竞争对手如要决定对竞争行动做出反击，需要先察觉出你的攻击行动和意图，并且有反击的动机，同时还要有能力进行反击，否则他们进行竞争反击的概率会比较低。竞争者是否采取攻击或反击的竞争性行动，以及攻击或反击的强度有多大，与竞争者的市场共同性和资源相似性密切相关。一般而言，察觉被视为任何竞争性行为的必要前提，它会随着市场共同性与资源相似性的增加而提高。比如 HTC 对苹果或三星的任何风吹草动，一定会密切关注。动机是指企业采取行动和在竞争对手攻击时进行反击的意向。市场共同性将影响企业采取行动（或反击）的动机。在其他条件不变的情况下，当对抗企业双方具有比较高的市场共同性时，防御者对攻击者采取反击行动的可能性会比较高。比如 HTC、苹果、三星在世界各地通过专利权诉讼进行攻防的举动，已数不胜数。而资源相似性将影响企业采取行动（或反击）的能力。相似的资源意味着企业双方具有相似的攻击和反击能力。双方的资源相似性越大，为了避免两败俱伤，采取降价等掠夺性竞争行动的可能性就越低。比如中国移动、中国联通和中国电信三大巨头一般不会祭出降价割喉战，来抢夺对手的市场，否则竞争的结果肯定是一损俱损，得不偿失。

　　图 21-2 概要地呈现出竞争者分析与企业间竞争对抗的关系。从中我们可以看到，企业间的竞争对抗是动态且复杂的，企业所采取的竞争攻击（或反击）行为是获取市场优势竞争地位的基础。企业运用该模型可以理解如何更准确地预测竞争对手的竞争性反击，从而对本企业的市场地位及财务表现产生积极影响。比如 HTC 一开始只从事代工业务，而且只跟微软合作，为欧洲电信运营商生产当时不被看好的智能手机，借以降低大牌公司诺基亚或摩托罗拉等的察觉与反击动机；与此同时，它也积极地培养本身的能力，累积竞争实力。因此，当它开始推出自己的品牌时，已不担心其他大公司的攻

击。这种一开始降低竞争者的察觉与反击动机，同时在过程中累积竞争力的做法，特别适用于缺乏资源的小企业。全球零售龙头沃尔玛的发迹过程也是如此。

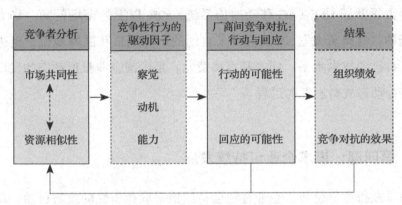

图 21-2 企业间对抗分析

从动态竞争理论的对抗分析及攻守观点来看，为了降低与竞争者的对抗性，中国企业在全球化竞争中首先一定要"固本"。所谓"固本"，是指中国企业在中国本土市场已经变成一个全球化市场的竞争环境下，在中国本土打造好自己的企业优势；包括市场和资源方面的综合优势，同时，利用与跨国公司交锋的机会，找出自己和跨国公司的差距，弥补自身弱项，保护好自己在中国的市场，提升日后走出去的综合竞争能力。所以，从某种程度而言，中国企业不一定要走出去才代表全球化。甚至可以这么说，中国企业现在走出去，也可能是为了回来更好地占领中国本土的市场。比如吉利汽车收购全球第二大自动变速器制造企业澳大利亚 DSI 公司，以及收购著名的沃尔沃汽车公司，都是为了吸收国际一流技术和品牌，达到更好地占领本土汽车市场的目的。

固本之后，中国企业要做的另一件事才是"直捣黄龙"。从动态竞争的角度来看，中国企业为了获得更好的发展，一是要保护好自己在中国的市场，二是在实力、环境允许的情况下，对跨国公司采取一些攻击性强的行为，比如在它的母国市场做一些投资和进行市场开拓。例如华为在中国建立了强大的基础之后，在欧洲市场与爱立信、诺西等公司展开直接竞争，目前，已占领欧洲 LTE（4G 移动通信系统）50% 以上的市场份额。华为在欧洲市场的"直捣黄龙"，不仅提升了自己的市场地位和品牌地位，也进一步提升了自己的技术水平。固本和直捣黄龙，是中国企业根据动态的发展需求不断进行动态战略思考的过程。

21.4　第四部：谋求企业可持续发展

为了获得竞争优势，企业往往会持续地采取竞争性的攻防行动。动态竞争理论认为，企业的任何一个优势都是暂时的。企业只有在竞争对抗中，尽可能地获得每一次竞争的优势，才能够实现企业长久的可持续发展。一般来说，企业竞争优势可保持的程度主要受两方面因素影响，一是企业的竞争优势会多快被模仿；二是模仿的成本有多大。为了提高竞争者的模仿难度和模仿成本，不断否定自己，不断超越对手来思考问题，是保持竞争优势的最佳做法。

否定自己，其中一种路径是由自己否定自己，这需要企业有非常强的危机意识。在这方面，英特尔是一个最好的例子。英特尔就是不断地否定自己，通过不断地推出新一代芯片，甚至推出 Intel Inside 的制造商品牌，而得以不断前进。第二种路径是由竞争对手来否定自己，这种情况会对企业自身造成非常大的生存和发展压力。柯达公司就是最好的例子，原本是相机龙头，却赶不上科技进步的速度，以至于市值蒸发掉 99%，并沦落到申请破产的地步。还有一种路径是企业在市场上捕捉到很好的发展机会，根据这个机会调整自己的发展战略。比如星巴克成为体现白领阶层生活方式的一个品牌，就是星巴克比对手早一步看到了这个机会，勇于挑战自己，打破对咖啡销售的传统看法，重新将自己打造成卖生活方式和生活经验的品牌，而不只是卖咖啡的品牌。

中国企业在参与全球化竞争的过程中，只有一直保持清醒的危机意识和不断自我否定的能力，步步为营，不断增强和巩固自己的竞争优势，才不至于在取得一些胜利之后故步自封、裹足不前。要知道，对抗性的竞争永远存在，生死存亡的危机也时刻存在。

| 第 22 章 |

以文会友

群友的回馈与共勉

从管理实践创新向管理学术创业跨越

何刚（《哈佛商业评论》（中文版）主编、《财经》杂志执行主编）

摘要：中国企业管理实践的经验与教训非常丰富，但相关研究不足，学术创新有限，基本没有跳出西方管理学范式。这既与中国市场经济仍处于初级发展阶段，学术研究面对的诱惑太多，无法集中精力做好研究的浮躁环境有关，亦与华人学者普遍缺乏进行学术创业的恰当方法有关。陈明哲教授的贡献在于，他以切身经历提醒华人学者们，现实的学术创业之路不仅必要，而且可行，其中一个关键，就是将华夏智慧与现代管理接轨，创造更多学术成果，从而与西方主流管理学术成果进行更平等、更多元的对话。

关健词：学术创新；管理实践；动态竞争

中国改革开放 40 多年，一大批中国企业在国内外市场竞争中的表现非常引人注目。联想、海尔、华为、腾讯等领先的中国企业，在具体管理实践中各有一套行之有效的方法，还有很多中国企业积累了大量失败的经营管理教训，对管理研究者来说，这些都是弥足珍贵的素材。但迄今为止，基于中国企业的管理实践，卓有建树的管理理论、模型等学术创新仍然屈指可数，能够独立进行学术创业的华人管理学者更是凤毛麟角。

诚然，管理实践与学术创新并不是一回事，很多成功的管理实践，不过是验证此前已有的管理理论或模型的有效性，并不具有新的研究价值，因此不能简单地认为，企业做得好，一定就会有新的管理理论或模型产生。同时，一些高水准的管理理论创新或学术创业，也可能并不直接来自管理实践。从中国的情况来看，目前学者们主要基于西方管理学的思想与模型，进行消化吸收和实践验证，虽有所补充或争鸣，但并没有跳出现有管理学的理论框架。

比如在中国各大商学院，无论教授水平高低，在教学中主要还是介绍西方管理学的既有体系，适度结合中国案例，难怪有人说，管理理论在西方，管理教学在中国。近 10 年，中国商学院教授们也进行了大量调研，以案例研究为主，也有理论创新，部分成果发表在国际顶级管理学期刊上，但总体来看，具有全新学术价值的研究成果并不多。

从实践来看，管理学比多数人文学科具有更强的跨文化适用性，比如战略、财务、营销、人力资源管理等，这些领域的重要问题，是不同文化背景的现代组织都必须面对的。因此也有人主张，既然管理学的主体框架基本构建完毕，或许并不必须创造所谓"中国式管理"的理论框架或实践模型，心怀学术梦想的华人管理学者，能够学好、用好现有管理学理论和框架就很不错了。一个可供佐证的例子是中国经济学理论研究，迄今为止，主要还是基于西方市场经济理论的主体框架，所谓经济发展的"中国模式"，在学术上尚待确认。

目前，大多数中国教授的管理研究成果，在国际学术界的认可度的确不高。在美国各大商学院，华人教授的数量虽有增加，但整体实力仍然偏弱。比如哈佛商学院，近 200 名教职人员中，印度裔教授、副教授、讲师超过 40 名，学院有 3 位主要负责人均是印度裔教授出身；但华裔教职人员不到 10 名，他们的研究成果数量和影响力，与印度裔教授相比尚有明显差距。

　　当然，确有一些华人教授，比如哥伦比亚大学的魏尚进、麻省理工学院斯隆管理学院的黄亚生、耶鲁大学管理学院的陈志武等，均在各自研究领域有一定学术建树，但他们作为一个群体，尚不够显眼。相对而言，在管理学最核心的战略研究领域，美国弗吉尼亚大学达顿商学院的陈明哲教授，可谓华人教授之翘楚。他于 20 世纪 90 年代开始阐述的"动态竞争战略"，已成为管理学界公认的经典战略理论之一。基于自身的研究经历和公认的学术地位，陈明哲教授 2016 年在《管理学季刊》发表的论文《学术创业：动态竞争理论从无到有的历程》，值得细读。在他看来，华人管理学者不应当自怨自艾，基于管理实践的学术创新与学术创业，正是大有作为之时。

　　在管理学界，陈明哲教授有资格谈论这个问题。他以几十年的学术生涯证明了：根植于中国文化的华人管理学者，结合生动的管理实践，也可以在西方管理学界开辟新的研究领域，通过学术创新赢得学界认可，进而可以通过学术创业，有机会成为管理学界一派宗师。

　　陈明哲教授定义的"学术创业"，与时下中国流行的"大众创业、万众创新"不同，也不是很多人曾研究的"学术组织如何参与商业相关活动"。虽然学术创业包括科研成果的商业化，但是陈明哲教授更强调的是，如何在学术研究中创造出一个崭新的"业"或研究领域，即"从既有的领域中区隔出一个独立的课题，然后进行深入的发展与延伸"。在分析管理研究领域的局限与机遇、中国文化的传统与优势之后，陈明哲教授提醒："今天，学术创业对管理学者，尤其是中国管理学者，有重大的意义。"⊖

　　他的看法与已故管理学家彼得·德鲁克颇为一致。德鲁克生前曾说，未来伟大的管理理念，很有可能来自中国⊜。他曾在给北京光华管理研修中心德鲁克研究会的贺词中写道："中国的管理者应该是自己培养的，他们深深扎

⊖　陈明哲，《学术创业：动态竞争理论从无到有的历程》，《管理学季刊》，2016 年第 3 期，页 2。
⊜　请参见：彼得·德鲁克，《德鲁克看中国与日本》(林克译，北京：东方出版社，2009 年)。

根于中国的文化，熟悉并了解自己的国家和人民。"

无论德鲁克说的是不是客气话，至少目前在管理学界，相对于日本管理学者已创造的研究成果，华人学者在管理理念上的学术创新明显更少。问题出在哪里？陈明哲教授认为，主要是华人学者对管理的"学术创新"和"学术创业"理解肤浅，不得其法，浪费了我们拥有的最具知行合一指导意义的深厚中国文化传统。这或许可以部分解释，为何华人学者不能在管理领域的学术创新上走得更远。与这些华人同行有所不同的是，在过去几十年的学术生涯中，陈明哲教授一直在努力推进"华夏智慧与现代管理的接轨"。比如他提出的"动态竞争"理论，既是对西方竞争战略主流理论和模型的优化与补充，又在过去十几年形成了相对独立的研究领域，更成为影响西方竞争战略研究的典型学术范式，华人学者有关管理的学术研究成果，终于可以与西方主流管理学术成果进行某种程度的平等对话。

由此，陈明哲教授提出有关学术创业的思维方法和可行路径：通过差异化、资源调动与合法性构建，从原有学科中区隔出一个独特研究领域，并发展出独特研究议题、疆界和意义，从而找到变革与融合的平衡点。具体包括三个步骤：首先是生产，即创造有创新性的学术研究成果；其次是推广，即通过调动内外资源，建立学术平台，借助平台力量取得学术社群的认可；最后要吸引更多资源为我所用，进而实现颠覆性的学术创新或创业。他认为这三步缺一不可，否则最多只能实现第一步，也就是有一定的学术创新，但离创业很远。

从学术创新到学术创业，一字之差，天地之别。在陈明哲教授看来，学术创业者是要"寻求创造或改变既有学术研究的边界"，他们在推动变革的过程中，会面临既定成员或现有领域的抗拒，他们要挑战现有思维模式和研究范式，寻求学术成就的创新和突破，"既需要战略思维，也需要一种心态，更需要一份执着"，即"学术创业追求可持续发展，其工作包含内容设计、

架构、运营等相关战略议题，需要坚定不移、贯彻始终的执行力"。⊖

　　至此不难理解，在中国企业发展数十年之后，面对中外企业间竞争，交流与合作成果俯拾即是，为什么大批华人管理学者在学术创新与学术创业等方面乏善可陈。曾仕强比较早就明确提出"中国式管理模式"，并做了大量调研与总结，通过商业管理培训以及图书、视频等，呈现多样化的案例。但曾仕强所总结的"中国式管理模式"，更像是管理经验的梳理，而非广受管理学界认可的学术成果⊜。

　　华人管理学者创新不足，除了上面提到的原因之外，还有其他一些原因。第一，他们太忙，他们掌握的西方管理学理论和知识框架，足以应付在中国大多数时候碰到的企业需求或咨询，大批企业需要这些管理学者指点迷津，为此很多中国企业不惜成本，重金延请有一定名气的管理学者开课或做顾问。第二，即使中国最知名的商学院，在研究资金上也并不充足，能切实支持进行的管理研究还是有限的。第三，企业家通常比同一领域的专家更敏感，中国企业家尤其如此，部分有思想和经验积累的中国企业家，甚至成为新商业理念的发明者和商业文明的倡导者，这也会让他们对于学院派的研究重视不足，投入不足。

　　一般意义上的管理经验和教训总结并不容易，更高层次的管理学术创业自然更难。在中国，知名商学院的管理学者，普遍有大量的发展机遇，对他们而言，似乎没有必要花更多时间进行学术研究所必需的苦坐、苦读、苦思、苦写。

　　以我所在的《哈佛商业评论》（中文版）为例，在内容构建上就碰到不少难题。为了把这个国际化的管理思想、知识与案例分析内容平台引入中国，我们在做英文内容翻译与传播的同时，还努力增加来自中国企业的管理实践

⊖　陈明哲，《学术创业：动态竞争理论从无到有的历程》，《管理学季刊》，2016 年第 3 期，页 3。
⊜　请参见：曾仕强，《中国式管理》（北京：中国社会科学出版社，2005 年）。

总结，既有成功经验，也有失败教训。但愿意且能够进行管理经验总结和思想提炼的商学院教授，其实极为有限。一些研究项目是他们在牵头推进，但往往挂名不动手，主要靠助理和学生来完成。因此，迄今《哈佛商业评论》（中文版）刊发的中国管理案例或研究成果并不多，不是不想刊发更多，而是好的研究太少。

所幸，在最近一两年开始出现一些积极的变化，一些知名度不那么高，但经过严格学术训练的年轻一代管理学教授，开始基于比较扎实的实地调研，认真研究那些具有代表性的中国企业，总结它们的管理体系、业务模式和竞争战略，寻找它们的差异性和共性，试图在管理思想与学术创新上有所作为。虽然他们的研究成果还不够多，但前景更可预期。

我们还和海外管理学者们合作，通过一些客观指标，筛选了一批具有代表性的行业和企业，请专家学者和撰稿团队协作，有选择地对这些重点企业进行调研分析，逐步形成阶段性研究成果，既为中国读者提供来自中国企业管理实践的经验成果，亦通过哈佛商学院，把有价值的中国企业案例、管理经验或商业思想传播出去。我们相信，有关中国企业实践或中国管理思想的研究，会越来越像陈明哲教授所说的那样，是东西方交融合作、相互促进的过程。

参考文献

[1] 陈明哲．学术创业：动态竞争理论从无到有的过程 [J]．管理学季刊，2016（3）：1-16.

[2] 曾仕强．中国式管理 [M]．北京：中国社会科学出版社，2005.

[3] 德鲁克，中内功．德鲁克看中国与日本 [M]．林克，译．北京：东方出版社，2009.

[4] Chen M J. Competitor analysis and interfirm rivalry: Toward a theoretical integration[J]. The Academy of Management Review, 1996, 21(1): 100-134.

[5] Chen M J. Reconceptualizing the compe-tition-cooperation relationship: A transparadox perspective[J]. Journal of Management Inquiry, 2008, 17(4): 288-304.

精读"学术创业"，浅谈"学术创新"

沈伟（亚利桑那州立大学教授）
季周（上海国家会计学院硕士生导师）

摘要：我们在这篇文章中把陈明哲教授（2016）关于学术创业的理论框架推广到对学术创新的讨论中。我们认为管理学者在把握学术创新原属领域研究的基础上，可以通过积极主动地通过差异化、资源利用和合法性构建三个相互影响的过程来提高自己的学术创新被顶级期刊接收发表的概率。另外，我们认为在这个过程中，一定要明确自己的目标受众，使用能够被他们所理解并接受的语言和方式（方法）把自己的创新（差异化）呈现给他们，并且积极争取原属领域的顶尖研究者作为合作者和支持者来帮助自己为创新构建合法性。

关键词：学术创新；目标受众；合法性构建

陈明哲教授在《管理学季刊》2016 年第 3 期上发表的《学术创业：动态竞争理论从无到有的历程》一文中，以自己所开拓的动态竞争理论为例，清晰地阐释了学术创业的过程和决定其成功与否的重要因素（陈明哲，2016）。这篇文章浓缩了他几十年积累的经验和思考，博大精深，对学术创业提出了精辟的见解，值得细细品读。然而，对于绝大多数学者来说，学术创业可能只是个遥远的目标或梦想，甚至遥不可及；毕竟像陈教授这样能够开辟出一个崭新的战略管理学研究领域而完成学术创业的，不仅在华人学者中鲜见，即使在西方学者中也是凤毛麟角。相对于学术创业，多数学者可能更关心如何能够更有效地进行学术创新，将自己的研究成果快速地发表在有影响的或者公认的顶级管理学期刊上。

陈教授在文章中不但对于我们大部分人更感兴趣的学术创新着墨甚少，

而且在文章一开始就特别指出，"学术创业和学术创新不同，两者的思维模式以及工作的深度和广度都有很大区别"。读到这里，有些学者可能会感觉所讲内容离自己太远或者根本就是遥不可及，于是就决定轻轻掠过或者只把文章当一个励志的故事来读。我们对此非常理解，毕竟大部分人，包括我们自己，都想充分利用有限的时间来最大限度地提高学术创新的成功率。

可是，如果你仔细读完文章，可能就会发现，陈教授虽然讲的是学术创业，但是和学术创新不但息息相关，而且对于提高学术创新的成功率有很大的启发，至少，这是我们读后的感受。首先，陈教授强调学术创新是学术创业之本。这就意味着没有学术创新，学术创业就无从谈起，现在努力进行学术创新是为以后的学术创业打基础。更为重要的是，陈教授提出的关于学术创业的理论框架，我们认为同样也适用于学术创新。下面我们就引用这个理论框架，结合自己的一些体会，来粗浅地谈谈如何进行学术创新。

这个关于学术创业的理论框架，最初是汉布里克和陈明哲（2008）在分析了战略管理从最早的个案教学课程到形成独立学术领域的过程之后，提出的一个预测某个领域或学科最终是否能成为一个新学术领域的基本模型。如果将模型的左右两端稍作改变而保持中间的核心部分不变，就可以把它变为一个用来预测某个学术创新最终是否会被顶级学术期刊接收的理论模型。我们将稍作调整后的理论框架复制在下面（见图 22-1），并用它来引导我们的探讨。

从这个理论框架可以看出，学术创新是在原属领域研究的基础之上，通过差异化、资源调动、合法性构建等一系列相互影响的过程，最终被顶级学术期刊所接收、发表。当然，和学术创业相比，学术创新要简单许多，因为创业毕竟需要在一系列系统创新的基础上才能进行；但是就其核心过程来说，我们认为两者是一致的：它们都是以对现有研究提出挑战、形成差异化为前提，然后通过差异化、资源调动、合法性构建三者之间的互动，最终使这个差异化在目标学术研究领域内获得认可。另外，我们提出差异化、资源调动和合法性构建三者之间的互动是以"目标受众"为中心而进行的。

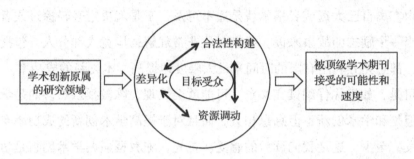

图 22-1　以汉布里克和陈明哲（2008）学术创业理论为基础的学术创新理论框架

1. 学术创新中的差异化

陈教授的动态竞争理论的创业是从一系列创新开始的。在文章中，陈教授详细解释了动态竞争理论与当时主流的战略管理理论（特别是波特的五力分析）的主要差异。关于这些差异，陈教授讲得很清楚，不需要重复。我们感兴趣的是这些差异的来源，或者说，陈教授是怎么决定要研究动态竞争的？"知其然而后可以知其所以然"，找到陈教授研究的起点和本源，或许能够为年轻的学术研究者带来更多启示。

我们觉得这里主要有两个因素：第一个是对现实现象的观察和思考，第二个是对理论文献的把握。组织之间在竞争中的攻防互动可以说是司空见惯、无处不在的，包括陈教授提到的自己从小在运动和球场上竞争的实际经验；然而当时的战略管理研究对于这些行为并没有给予任何关注和理论上的探讨。现在读陈教授的文章，可能会觉得当时这个理论与现实的鸿沟（gap）是显而易见的；可是，如果没有像陈教授那样对文献在整体上的精准把握以及对现实现象的用心观察和思考，我们是看不到这个鸿沟的。因此，陈教授的文章对学术创新的第一个启示是：任何有意义的学术创新，它的差异化都建立在把对现实现象的观察思考和对理论文献的精准把握相结合的基础上。

从这个角度来讲，管理学学者进行学术创新的第一步可以考虑挖掘现实中的"新"现象。所谓的"新"只是相对于现有文献而言，即这个现象尚未被现有研究所关注。因此，我们既可以跟踪调查实践中的管理变化（比如一种崭新的商业模式），也可以寻找那些存在已久但被现有文献忽略的现象（比如陈教授所讲的组织之间在竞争中的攻防互动）。还有一种相对来说弱一些的"新"，是指该现象已经被现有研究所关注，但是它的某些方面却被忽略。这里我们想以本文第一作者的一项早期研究作为一个例子。在他读博士时已经有许多关于 CEO 继任的研究，这些研究的一个共性是聚焦于 CEO，探讨哪些因素影响现任 CEO 的离任或者哪些因素影响新任 CEO 的特性；虽然有学者（Vancil, 1987）指出很多大公司在现任 CEO 预期退休的两三年之前会指定一名继任者，但是研究还没有聚焦于这些被指定的 CEO 继任者（heirs apparent to the CEOs），这大概是因为大家都觉得这些被指定的 CEO 继任者会毫无悬念地在现任 CEO 卸任时如期履新。然而他和他的导师阿尔伯特·坎内拉（Bert Cannella）发现，《华尔街日报》中经常报道某某公司指定的 CEO 继任者离开该公司，于是推测现实可能并不像人们通常所预期的那样。然后他们选取了几百家公司作为样本，对这些指定的 CEO 继任者的结局进行系统统计，发现大约有 1/3 没有按预期成为该公司的新 CEO。为什么有些指定的继任者如期成为新 CEO 而其他人没有呢？他们认为这是一个尚未被现有文献关注的而且很有趣的"新"现象，并决定对它进行系统研究，因为它可能会帮助人们更深刻地了解影响 CEO 继任的因素，以及公司顶层高级管理人员之间的互动。

当然，对于学术创新的差异化来说，仅仅关注"新"现象而没有"新"理论是不够的，毕竟在科学研究中成功的学术创新需要在理论上增强对现实现象的阐释。陈教授的动态竞争理论对战略管理的贡献是非凡的——它不仅从根本上清晰地阐述了对"竞争"这个基本概念的理解，也改变并提高了对"竞争优势"的理解（即任何竞争优势都是短暂的，迟早会被对手模仿或取代）。这种巨大贡献是系统地通过一系列的学术创新来实现的。然而，对于某个单独的学术创新项目来说，这种理论上的"新"又来自何处呢？虽然陈教授没有直说，但是却明确地表明是对所研究的"新"现象的深刻理解，而这种深刻理解又与自身的经历和知识结构相关。陈教授对组织之间攻防互动的理解可能不仅来自他自己在球场上的竞争经验，还来自他深厚的国学功底。陈教授的许多文章让我们联想到了中国历史上各个诸侯国之间相互争斗的场景，特别是那篇 McGrath 等（1998）发表在《管理学会评论》上的文章更是让我们清晰地看到了"三十六计"的影子。

上面提到的关于指定的 CEO 继任者的研究在发展"新"理论上也受到了中国历史的启发。为什么很大一部分指定继任者没有能够按预期那样成为他们公司的新 CEO？对于这个问题，当时主流研究领域一个最直接的理论解释就是他们在准备接班的过程中被发现不再能够胜任工作的挑战。从这个理论角度出发，影响指定的 CEO 继任者最终结局的主要因素应该是他们的能力。然而，本文第一作者从中国历史得到的启发是在权力交接的过程中通常充满了斗争，因为在位者不会轻易放弃自己的职位。当他把自己的想法和导师交流后，坎内拉非常兴奋，并且告诉他：这种在权力交接过程中出现的斗争在西方历史中也存在，如果能够通过实证分析证实权力斗争也可能存在于 CEO 和指定继任者之间，那么将会对关于 CEO 继任、公司治理以及高阶理论（upper echelon theory）的研究产生重要影响，因为当时实证研究中极少涉及高管之间的利益冲突。于是，他们决定将研究的理论角度从继任者的能力转移到 CEO、指定继任者以及董事会之间的利益与权力关系上来。这样，他们把这项研究的差异化建立在一个"新"现象和一个"新"理论视角的基础上。

2. 学术创新中的合法性构建

陈教授指出建立合法性是发展一个新学术领域的三个关键因素之一，因为任何一个新学术领域只有被学术圈里的大多数人认为是合理（法）的才会被广泛接受。在建立合法性的过程中常常会遇到两个挑战。第一个挑战，陈教授是用他将博士学位论文改写投到《管理科学》的例子来说明的："当时的评审有两位，一位评审显然是管理学领域的，认为这是一项突破性研究，将竞争研究带到了崭新的境界；另外一位评审应该是经济学家，只给了笔者一段评语，就拒绝了文章。"我们对这个挑战的理解是，对一个领域或一项研究"新"与"不新"的判断不但是非常主观的而且经常因人而异，克服这一挑战对学术创新和创业都至关重要，因为不管是学术创业还是学术创新，其合法性在很大程度上都是建立在对其差异化，尤其是在理论上的差异化，是否足够"新"的判断上。虽然汉布里克（2007）曾经明确指出顶级管理学期刊过度沉溺于强调理论重于事实（an excessive preoccupation with theory over facts）可能会让管理学的发展付出重大代价，但是直到今天，要想把一项研究成果发表在顶级的管理学期刊上依然是要被认为有足够"新"的理论贡献的。

然而，就像陈教授的例子所表明的，对于"新"的判断是非常主观的，而且做出这个判断进而决定一篇文章命运的只有几个人，通常是一个期刊编辑和两三个审稿人。事实上，学者们很早就认识到了在管理学和其他社会科学审稿过程中存在较大主观性的问题（Pfeffer, 2007）。例如，一项早期研究曾经把12篇已经发表的文章在改变作者信息后作为新的稿件投送回之前发表它们的期刊，结果其中8篇在评审过程中被拒绝发表（Ceci and Peters, 1982）。Starbuck（2003）发现，在他担任《管理科学季刊》主编期间，审稿人对同一稿件的审稿决定（如接受，修改或拒绝），相关性只有0.12。

第二个挑战是现有领域对新兴事物的抗拒。这个挑战虽然听上去可能和上面要求"新"的挑战相互矛盾，但确实也是存在的。有证据表明，并不是一项研究中提出的理论越新就越容易被接受；恰恰相反，在评审过程中审稿人更倾向于接收那些与主流观点一致的研究，而拒绝那些挑战传统观念的文章，即便这些文章有实证结果来支持它们的观点（Pfeffer, 2007）。

以上两个挑战对在学术创新中构建合法性提出了一个难题：既要让审稿人觉得"新"，又不能让他们觉得"太新"而无法接受。在建立动态竞争理论的学术创业过程中，陈教授的战略是"先避其锋芒，养精蓄锐，再以实力和成果逐步获取合法性"。具体做法是在创业初期，包括所有在 1998 年前发表在顶级管理学期刊上的 11 篇论文，从不使用"动态竞争"这个崭新的、容易受到排斥的概念，而是使用像"互动"（interaction）和"对抗"（rivalry）这种与当时文献紧密相关从而更容易被接受的概念。这一战略对学术创新也很有借鉴意义，即在构建合法性的过程中既要强调与现有文献的差异（新颖之处），也要强调与现有文献的联系（共通之处）。如何能够在学术创新的实践中更好地把握这个平衡呢？这就需要充分利用陈教授提出的另外一个关键因素：资源调动。

3. 学术创新中的资源调动

在动态竞争理论的发展过程中，陈教授积极寻求把战略管理领域的一些顶尖学者转化成他的合作者或支持者，包括伊恩·麦克米伦、唐·汉布里克、丹尼·米勒、迈克尔·希特、杰恩·巴尼。能够拥有这样一支超级豪华队伍作为自己的合作者或支持者，一方面说明了陈教授建立的平台的学术价值，另一方面也说明了陈教授乐于与他人分享自己研究课题的开放心态。虽然极少有人能够像陈教授一样拥有这样一支超级豪华队伍，但是每个人在学术创新中都应该像陈教授一样去积极利用所有能够对自己有价值的资源，这些资源包括合作者、学术报告会的听众、友好审稿人以及期刊审稿人。

对于任何一个人，特别是刚刚入门进行学术创新的年轻学者，能够拥有一个或几个有成功创新经验的优秀合作者是一件值得庆幸和珍惜的事情。第一，能够吸引这些合作者加入自己的研究中，本身就说明了自己的课题是有价值和潜力的。第二，这些合作者可以帮助自己在理论发展、研究设计、统计分析及稿件撰写过程中更好地开发和挖掘这项研究的价值。第三，他们可以帮助自己在投稿过程中尽量避免犯下致命错误，并且能够更有效地应对（回答）审稿人提出的问题。在一个成功的学术创新过程中有许多值得注意的问题，和拥有丰富成功经验的合作者一起进行学术创新的过程是一个难得的学习机会。

鉴于对学术创新的判断具有极大的主观性，所以在投稿之前要尽可能地创造机会来听取他人的意见，包括在各种学术活动中报告自己的研究以及寻找该领域有经验的专家作为友好审稿人（friendly reviewers）。在这个过程中，通过所获得的各种反馈，不断提高和完善自己的研究。如果担心学术报告会的听众和友好审稿人可能碍于面子而对研究的批评有所保留，可以在自己和合作者对文章感到满意后将它投给一个最难进的顶级期刊。不管这次投稿的结果如何，都会得到几个顶级期刊审稿人在匿名盲审中对文章质量给予的真实反馈。如果获得一个复审的机会，可喜可贺；如果被拒绝，也不应有太多遗憾，因为这些反馈很有可能会对文章的进一步发展给出极有价值的参考意见和方向，从而提高在把修改好的文章投给下一家顶级期刊的过程中获得下一家复审的可能性。

最后，当获得复审机会后，要尽可能地把每一个审稿人都当作帮助自己提高文章质量的良师挚友，一视同仁，不管他们的反馈是正面的还是负面的，或者你是否同意他们的看法；同时，要认真解答他们提出的每一个问题，不管问题是大是小。总之，要避免出现过于情绪化的反应。如果不能保证这一点，就先把评审意见在一边放一段时间，等自己的负面情绪慢慢减退后再把它重新拾起。只有这样，才能充分利用审稿人这一资源帮助自己的研究找到最终能够被这些审稿人所接受的差异化。

再以上面提到的关于指定 CEO 继任者的研究为例，本文第一作者很庆幸能够有坎内拉作为合作者及导师（mentor）。虽然这项研究的第一稿在投给《管理学会年会》(*Academy of Management Annual Meeting*) 时被拒，但坎内拉告诉他不必太在意这一结果，而应把注意力集中在审稿人的反馈上。经过一遍又一遍的修改，这项研究最终被《管理学会杂志》接收（Cannella and Shen, 2001）。在这个过程中，坎内拉不但自己全身心投入，并且后期利用他的资源找到了多个有经验的专家作为友好审稿人，包括唐·汉布里克、西德尼·芬克尔斯坦（Syd Finkelstein）、詹姆斯·威斯菲尔（Jim Westphal）和哈维尔·西梅诺（Javier Gimeno）。对于当时还在攻读博士学位的本文第一作者来说，他从坎内拉那里学到的不仅仅是在学术创新上的技术和技巧，更是对待学术创新的态度：学术创新是一个对研究不断提高和完善的过程，在这个过程中，不管审稿人提出什么意见，他们肯定有自己的道理（换句话说，在这个角度上，审稿人总是正确的（reviewers are always right））。

其实，关于态度对学术创新和创业中资源调动的重要性，陈教授在文章中讲得非常清楚："对一个学者来说，宽广的心胸、始终以双（多）赢的视角看待问题，并以谦卑的态度来处理各种事务，是能够调动资源、借力使力，让所有资源为我所用的关键。"

4. 学术创新中的目标受众

在陈教授关于学术创业的理论框架中，还有一个非常重要的因素——目标受众（target audience）。这个因素，陈教授没有直接讲，而是把它作为一个基本前提条件（presumption）来处理的，即所开拓的研究领域需要被"原属领域的研究者"接受并成为一个新学术领域之后才能称为学术创业成功。我们认为陈教授对于这个被"原属领域的研究者"接受的前提条件的清醒认识也是他创业成功的一个至关重要的因素，因为它直接影响到陈教授在创业过程中如何进行差异化、资源调动和合法性构建。陈教授国学功底深厚，博古通今，然而在学术创业过程中所发表的论文中却没有一处提到华夏文化对动态竞争理论发展的影响，虽然他的动态竞争理论可以让我们很容易就联想到中国历史上各个诸侯国之间相互争斗的你来我往。陈教授可能很早就意识到，要想使自己的学术创新（业）被"原属领域的研究者"这一目标受众接受，就一定要使用他们所能理解并接受的语言和方式（方法）把自己的创新（差异化）呈现给他们，并且积极争取原属领域的顶尖研究者作为合作者和支持者来为自己的创新（业）构建合法性。

其实，我们上面对学术创新的讨论也有这样一个类似的前提条件，即学术创新的成功是以在国际顶级管理学期刊发表为前提；在这个前提条件下，目标受众就是这些顶级期刊的看门人（gate keepers）——编辑和审稿人。如果读者接受我们这个关于学术创新的前提条件，那么对于很多中国管理学者来说，在从事学术创新的过程中经常遇到的一个问题是如何才能更好地让顶级期刊看门人（通常是西方学者）接受有关中国管理的研究⊖。陈教授的文章在这个问题上给我们的启示是一定要清醒地认识到什么样的学术创新对于这些顶级期刊看门人来说是可以接受的，而且要以他们最容易理解的方式来和

⊖　最近有很多关于中国管理研究发展方向的探讨，主要集中在是强调本土化研究还是普适性研究方面（陈春花，2010；徐淑英和吕力，2015；李海洋和张燕，2016）。虽然我们在本文中是以在国际顶级管理学期刊发表论文来界定学术创新的成功，但我们需要特别指出这并不是界定学术创新成功的唯一标准；每个中国管理学者都可以根据自身情况来决定自己的学术创新成功标准。我们的观点是在学术创新过程中，不管这个标准是什么，一定要努力使自己的学术创新被目标受众接受。

他们交流沟通。和陈教授的做法类似，在坎内拉和本文第一作者（2001）的那篇文章中，他们既没有提到中国历史也没有提到西方历史给他们在理论视角上的启发，而是用审稿人更易接受的现有理论和美国公司的例子来发展、阐释他们的观点。

就目前来看，在公认的顶级管理学期刊中，它们的看门人所看重的依然是具有普遍适用性的理论贡献，而不是只针对某个国家或文化的理论贡献。虽然现有的绝大多数管理理论是在西方国家发展起来的，但是这些理论的创建者们并没有表明他们的理论只适用于美国、英国或其他某个西方国家；相反，这些理论，包括资源依赖理论、交易成本理论、代理理论、社会网络理论以及陈教授的动态竞争理论，是被作为具有普适性的理论提出来的。从这个角度来说，中国管理学者在进行以国际顶级期刊为目标的学术创新中，在差异化和合法性的构建上需要聚焦于具有"普遍适用性的理论贡献"，而不是要突出在理论上的中国特色。实证样本可以是中国的，但在理论贡献上要有普适性。如果结果表明某个理论在中国情境下不适用，那么需要解释清楚为什么会这样以及这个结果对该理论本身的贡献（如论证清楚了该理论拥有一个重要的但被忽略的边界适用条件）。

总之，陈教授的文章和经历表明，学术创业（新）的过程是一个和目标受众沟通、交流的过程。在这个过程中，一定要以目标受众更能够理解的语言和方式把自己的创新呈现给他们并得到他们的认可和接受。

5. 结束语

每次读陈教授的文章都会对自己深有启发。这次也不例外。虽然陈教授是在讲学术创业，但我们觉得也是在讲学术创新。很荣幸能有这个机会把自己的感受写下来和《管理学季刊》的读者分享。絮絮叨叨讲了许多，心里甚是惴惴不安，总觉得上面所述对陈教授的文章而言不但有画蛇添足、狗尾续貌之嫌，而且还添加了许多我们自己的解读和想法，不当之处还请陈教授和读者海涵。

学术创新就是一个求知和探索的过程。他人的经验可以借鉴，但不可能被完全复制。所以，每一个致力于学术创新的学者都要把自己置于这个过程中。陈教授以一句饱含哲理的名言激励后生："Put yourself into the process, and the process will carry you on"。我们在此以曾子在《大学》中所说的"心诚求之，虽不中，不远矣"予以呼应，愿与各位读者共勉。

参考文献

[1] 陈春花. 当前中国需要什么样的管理研究 [J]. 管理学报，2010（9）.

[2] 陈明哲. 学术创业：动态竞争理论从无到有的过程 [J]. 管理学季刊, 2016（3）: 1-16.

[3] 徐淑英，吕力. 中国本土管理研究的理论与实践问题：对徐淑英的访谈 [J]. 管理学报，2015（3）.

[4] 李海洋，张燕. 情境化知识与普适化理论的有机结合——探索中国管理学研究的理论创新之道 [J]. 管理学季刊，2016（4）.

[5] CANNELLA A A, SHEN W. So close and yet so far: Promotion versus exit of CEO heirs apparent [J]. Academy of Management Journal, 2001, 44: 252-270.

[6] CECI S J, PETERS D. Peer review: A study of reliability[J]. Change: The Magazine of Higher Learning, 1982, 14(6): 44-48.

[7] HAMBRICK D C. The field of management's devotion to theory: Too much of a good thing?[J]. Academy of Management Journal, 2007, 50: 1346-1352.

[8] HAMBRICK D C, CHEN M J. New academic fields as admittance-seeking social movements: The case of strategic management[J]. Academy of Management Review, 2008, 33: 32-54.

[9] MCGRATH R G, CHEN M J, MACMILLAN I C. Multimarket maneuvering in uncertain spheres of influence: Resource diversion strategies[J]. Academy of Management Review, 1998, 23: 724-740.

[10]   PFEFFER J. A modest proposal: How we might change the process and product of managerial research[J]. Academy of Management Journal, 2007, 50: 1334-1345.

[11]   STARBUCK W H. Turning lemons into lemonade: Where is the value in peer reviews?[J]. Journal of Management Inquiry, 2003, 12: 344-351.

[12]   VANCIL R F. Passing the baton[M]. Boston: Harvard Business School Press, 1987.

为什么看不到陈明哲了？

贾良定（南京大学商学院工商管理系教授）

摘要：2011 年笔者读到了陈明哲老师 1996 年 AMR 的最佳论文的早期版本，早期版本虽短，但满篇"充满陈明哲"，1996 年最佳论文虽丰满，但"看不到陈明哲了"。本评论试图回答笔者多年的困惑——"为什么看不到陈明哲了？"陈老师的学术创业主要是"差异式"，换个视角，从"企业 – 企业"这一成对参照系来看竞争，竞争是"企业间一对一的竞争行动与响应"，得出与现有理论有很大差别的知识。学术创业是一个从个体学者到小范围学术团体，再到整个学术社区的对话过程。在这个过程中，创业主体通过唤醒他人的修辞，使团队直到社区产生对其理论的认同感。差异式创业可能更加需要完善修辞，以使对话过程顺利跃迁。所以，当初"看不到陈明哲了"是为了将来更好地看到。陈老师的学术创业历程对科学哲学也有深刻的启示。

关键词：学术创业；差异式；对话过程

2011 年笔者去圣安东尼奥参加国际管理学会（AOM）年会，会后第一次参加陈明哲老师创建的华人管理学者社群（Chinese Management Scholars Community, CMSC）。虽然多年前读过陈明哲老师 1996 年的《管理学会评论》最佳论文，但那次聚会是第一次读这篇论文的 19 页的早期版本。听陈老师说，这个早期版本投稿 1991 年 AOM 会议被拒。在一个小范围的会议讨论中，这篇文章不受欢迎，甚至受到了"刻薄的"批评，以至于陈老师花两小时开车去其他小镇上平复情绪（Chen, 2010）。经过数年修改，这篇论文在 1996 年的《管理学会评论》上发表，篇幅是原来的两倍甚至三倍。在这次社群聚会上，笔者问了一个问题，陈老师可能还记得。笔者说："在读这19 页纸时，我看到的全是陈明哲，而在读这 35 页《管理学会评论》论文时，我看不到陈明哲了。为什么看不到陈明哲了？"

陈老师似乎没有回答或者没有直接回答我的问题，也许回答了我没有记住。现在读陈老师的《学术创业：动态竞争理论从无到有的历程》一文，似乎有了答案。这个小小评论，就从"为什么看不到陈明哲了"这个困惑开始。

1. 差异式的学术创业

知识创造得从"新"字开始，所以惠顿把"what's new"作为科学研究的理论贡献评价之首（Whetten, 1989）。知识创造基本有三种方式，演进式（evolution）、差异式（differentiation）和拼图式（bricolage）（Boxenbaum and Rouleau, 2011）。演进式是被广泛接受的一种方式，通过试错，知识日益精确地揭示客观世界；差异式认为观察世界不存在一个统一的参照系，通过不同的参照系或视角看到的世界会不同，从而所得到的知识也不同；作为一种后现代的方法，拼图式逐渐盛行，通过整合可得的元素来表达客观世界，这些可得的因素可能来自不同学科、实践甚至社会情境。三种方式其"新"有所不同：演进式的"新"，指对既有知识来说，其更加精确；差异式的"新"，指换了观察世界的参照系或视角，得出不同的知识；拼图式的"新"，指就特定时间、特定地点、特定情境的现实，用现成元素组合成能够响应该现实的知识。

陈老师的学术创业主要是"差异式"，换个参照系来看"竞争"。如果说现有的理论从组织生态、产业经济、企业等参照系来看的话，那么陈老师从"企业－企业"这一成对（dyadic）参照系来看竞争，竞争是"企业间一对一（dyad）的竞争行动与响应"，是动态的和相对的。换个参照系，得出的知识和现有的理论有很大差别。陈老师详细比较了与波特的竞争分析之间在思维观点、假设前提、理论分析、企业关系、竞争优势等诸多方面的巨大差别。

2. 学术创业是一场多层次的对话

学术创业是一个从个体学者到小范围学术团体，再到整个学术社区的对话过程。在这个过程中，创业主体通过唤醒他人的修辞，使团队直到社区产生对其理论的认同感。理论，从最初的状态——个人"体验"，经过跨层面对话，成为整个学术社区公有化的最终状态——知识"规范"。如图22-2所示，个体、团体和社区层面分别有相应的对话体系，每个层面最后一个对话行为连接着两个不同层面的对话体系。

思索是学术创业的起点，是个体层面的对话。在这个阶段，新理论的思想逐渐成形但仍然停留在个体学者思辨阶段，是个体学者脑中的思想实验。具体包括体验、搜寻和表达三类个体层面的对话活动。

整合是团体层面的对话，个体将新理论表达后，将理论在多主体间讨论并融合多人观点的行为。与个体层面对话不同的是，整合是理论提出者通过对话活动，构建出认同新理论的小团体（学术团体通常由创业者的同事、学生和期刊评审等构成，陈明哲称之为"平台"），并通过唤醒性修辞达成团体成员对新理论的认同。具体包括讨论、说服和合理化等行为。

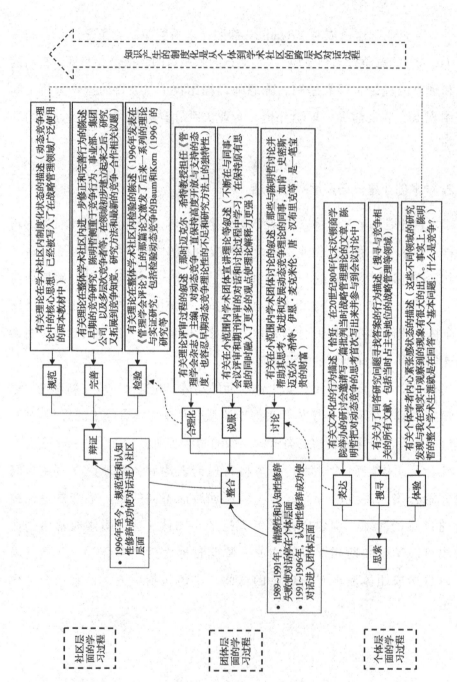

图 22-2 动态竞争理论产生及其制度化的对话过程（改自贾良定等，2015）

辩证是社区层面的对话行为，表现为相关学者对新理论的检验、完善，并最终使新理论成为学术社区的规范性知识。这一过程通常要经历漫长的岁月。经过学术社区内的长期对话，理论作为规范成为一定时空内的理论体系，主要表现是成为被学界公认的知识或被写入教材等。事实上，每位学者都在进行学术创业，发展自己的理论。但大多数停留在个体自我思考，或者小范围的交流，并没有得到更大范围甚至学术社区的认可。为什么？对话过程中的修辞非常重要。修辞是指在说服他人产生行为过程中所使用的一类工具及手段的总和，知识扩散过程实际上是不断唤起他人情感性修辞（pathos）、认知性修辞（logos）和规范性修辞（ethos）的结果（Green，2004）。能够唤起他人对自己理论的三类修辞越多，则其扩散的速度越快、范围越广、制度化程度越强；反之，扩散过程则停留在修辞唤起失败之中。情感性修辞指在说服过程中引起他人情绪上的共鸣，通过诉诸他人的兴趣、兴奋感等初始反应达成共识；认知性修辞指在说服过程中基于理性计算引起他人共鸣，通过诉诸基于逻辑、效用等理性判断达成共识；规范性修辞指在说服过程中基于社会规范和习俗等引起他人共鸣，将新理论与更大范围内的价值观联系在一起达成共识。

1989～1991 年，修辞失败使对话停在个体层面。情感性修辞唤醒失败如"理论得到的最初反馈意见太过刻薄了"（Chen，2009），认知性修辞唤醒失败如 1991 年投稿 AOM 会议后，被拒绝。1991～1996 年，修辞成功使对话进入团队层面，认知性修辞唤醒成功，如 1992 年投稿 AOM 会议后被接受，1993 年 5 月 18 日投稿《组织科学》期刊研讨会报告论文，1994 年 6 月 14 日被《组织科学》期刊专刊讨论会接受并受邀做报告。同时情感性修辞唤醒也很成功，陈老师"把战略管理其他领域的一些顶尖学者都拉到我的'平台'来，成为动态竞争研究的合作者或支持者"。"例如，伊恩·麦克米伦是研究创业的先驱学者，唐·汉布里克是高层管理团队理论的创始人，笔者的导师肯·史密斯后来是《管理学会评论》杂志的主编，而丹尼·米勒则是研究组织理论和战略管理的顶尖学者"。1996 年至今，规范性和认知性修辞唤醒成功，使对话进入社区层面，如 1997 年获得《管理学会评论》最佳论文奖，该理论在 1990 年到 1999 年间在所有的管理学者中排进了前五名（Chen, 2009），动态竞争理论的思想也被写进战略管理领域的两本代表性教材（Hitt et al., 2007；Peng, 2006）。

陈明哲老师的学术创业主要是"差异式"。与演进式和拼图式不同的是，差异式更换视角或参照系来观察世界，挑战已有理论的假设及其内涵，这很可能导致"不可通约"。所以，陈老师初期的情感性修辞唤醒和认知性修辞唤醒都失败了。后来陈老师改进了修辞方式。比如，动态竞争理论在 1996 年之前并不提"动态"，而是用"互动"（interaction）、"对抗"（rivalry）或"交手"（engagement）来替代。

从对话角度来看陈老师的学术创业，笔者有点理解"为什么看不到陈明哲了"，尤其是对"差异式"学术创业者来说，选择"曲求"，选择"鸭子划水、迂回前进"，并在此过程中，"做（找）到自己，顺性（势）而为，不硬攻、不强取，比实力、看成果"，可能事半功倍。"看不到陈明哲了"是暂时的，让大家"看不到"是为了让大家更好地"看到"。

3. 需要什么样的科学哲学

近几年笔者有一个困惑：我们要不要进行科学哲学的革命？我们需要什么样的科学哲学？笔者发现不少人也有这样的困惑。

不论是柏拉图的实在论（"人类赋予同一名称的同一类事物，都具有共同的'形式'，人类知觉的个别事物，不过是这些'形式'不完整的复制品而已"（黄光国，2013）），还是亚里士多德的经验论（"事物的'共相'是存在于事物之中，而不是以'形式'或'理念'的方式存在于事物之外；只有感官所感受到的经验才是实在的"（黄光国，2013））,以及后来康德的纯粹理性、维特根斯坦的"世界的事实"与"语言的命题"之间的镜像关系、波普尔的证伪思想、库恩的科学范式与解难题的常规科学、拉卡托斯的包含内核与保护层的科学纲领,这些科学主义都告诉我们:绝对、纯粹、理想,是科学的基础和前提;相对、权变、情境,产生不了真正的科学。

渐渐地,笔者发现这种科学哲学存在着霸权。如果世界存在一个永恒的理念（实在论）或共相（经验论）（康德、维特根斯坦、波普尔、库恩、拉卡托斯等都沿此传统而下）的话,那么后来者能够做出什么贡献? 大家也发现,我们的科学研究在追随西方,没有什么真正新的"理念"或"共相"的贡献（Tsui,2009;Jia,You and Du,2012）。这是自然的,这种科学哲学决定了结果必然是这样的。因为世间的差异不过是"理念"或"共相"的不同表现而已。我们如何才能走出一条新路呢? 需要一种新的科学哲学来指导吗? 在国内社会科学界,现在大家都很困惑。工商管理学群体还在不断地进行讨论。有学者甚至呐喊:"我不甘心这样活着!"这声呐喊,正是怀疑我们的存在。也许如果我们坚持既有的科学哲学,那么我们就像孙悟空,再怎么腾云驾雾,也翻不出如来佛的手掌心。

罗伊·巴斯卡（Roy Bhaskar）的批判实在论（critical realism）向前进了一步,他在"事实"（factuality）和"实在"（reality）之间加入一个"真实"（actuality）。这一增加使得"世界的事实与语言的命题"不再是镜像关系,这给不同情境增加了发现和构造"实在"的可能。我们观察和体验到的世界是"事实",但这并非全部,还有我们没有观察和体验到的,观察体验到的和没有观察体验到的一起形成世界的真实。"实在"是对"真实"的反映,而并非仅仅是对"事实"的反映。读陈明哲老师的学术创业历程,又有新得。事实上,"实在"也有已经存在的和还不存在的。

我们可以把"世界的事实"分为两部分,把"知识的实在"分为两部分，如图 22-3 所示，形成四个象限。在已被观察体验到的事实上得出已被认识到的知识，这是"纯复制性"研究。在已被观察体验到的事实上发展出未被认识到的知识，这一知识的解释和／或预测功效胜过现有的知识，这是"竞争性"研究。在未被观察体验到的事实上得出已被认识到的知识，这是"拓展性"研究。在未被观察体验到的事实上发展出未被认识到的知识，这是"差异性"研究。

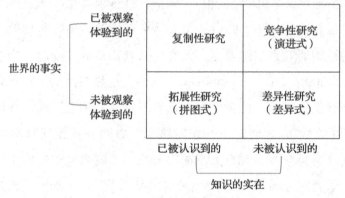

图 22-3　新科学哲学的构想

这种科学哲学构想使得后来者不一定在知识的创造上处于劣势，这要看后来者所面对的"世界的事实"的特征及其自身已有的"知识的实在"的特征，与在位者或领先者的差异性。如果两方面差异性都很大，那么，后来者在知识的创造上有优势，因为后来者更可能处于未被在位者观察体验到的"事实"之中，更有可能产生未被认识到的知识。这样的后来者更可能采取差异式的学术创业之路。这种创业之路要想成功，陈明哲老师的历程，值得认真学习和借鉴。

如今中国大地发生着前所未有的实践和变革，存在着大量在位者（西方）未曾观察体验到的事实，另外，中华文化对自己、他人和世界的理解与在位者（西方）的理解不同甚至迥异。这些可能不是包袱，而是灿烂的机遇。笔者坚信，不久的将来会涌现出多位陈明哲！我们"看到陈明哲了"！

参考文献

[1] 黄光国 . 社会科学的理路 [M]. 3 版 . 台北：心理出版社，2013.

[2] 贾良定，尤树洋，刘德鹏，等 . 构建中国管理学理论自信之路——从个体、团队到学术社区的跨层次对话过程理论 [J]. 管理世界，2015（1）：97-117.

[3] BOXENBAUM E, ROULEAU L. New knowledge products as bricolage: Metaphors and scripts in organizational theory[J]. Academy of Management Review, 2011, 36(2): 272-296.

[4] CHEN M J. Competitive dynamics research: An insider's odyssey[J]. Asia Pacific Journal of Management, 2009, 26(1): 5-25.

[5] CHEN M J. Reflecting on the process: Building competitive dynamics research[J]. Asia Pacific Journal of Management, 2010, 27(1): 9-24.

[6] CHEN M J. Competitor analysis and interfirm rivalry: Toward a theoretical integration[J]. Academy of Management Review, 1996, 21(1): 100-134.

[7] GREEN S E. A rhetorical theory of diffusion[J]. Academy of Management Review, 2004, 29(4): 653-669.

[8] HITT M A, IRELAND R D, HOSKISSON R E. Strategic management: Competitiveness and globalization[M]. 9th ed. Mason: Cengage Southwestern, 2011.

[9] JIA L D, YOU S Y, DU Y Z. Chinese context and theoretical contributions to management and organization research: A three-decade review[J]. Management and Organization Review, 2012, 8(1): 173-209.

[10] PENG M W. Global strategy[M]. Cincinnati: South-Western Thomson, 2006.

[11] TSUI A S. Autonomy of inquiry: Shaping the future of emerging scientific communities[J]. Management and Organization Review, 2009, 5(1): 1-14.

[12] WHETTEN D A. What constitutes a theoretical contribution?[J]. Academy of Management Review, 1989, 14 (4): 490-495.

用"心"研究不觉累

刘林青（武汉大学企业战略管理研究所教授）

摘要：在其文章里，陈明哲教授构建了一个"学术创业的理论框架"，并以自己创建动态竞争理论的亲身经历为例告诉中国学者，如何通过根植于中国传统智慧和企业管理实践，融合中西方研究精华，创立独特的学术领域。这实际上为中国学者指明了一条新的研究发展路径，突破了"中国管理的理论"与"管理的中国理论"的争论。在这条新路径上，坚持陈老师提出的文化双融是关键！对此，笔者主要有两点体会：在知的方面，文化双融可以综合东西方文化智慧，重新审视西方理论，通过差异化形成新的理论；在行的方面，文化双融可以帮助解决研究发展道路中遇到的一些两难困境，如精一专注与边缘创新等。

关键词：新的研究发展路径；文化双融；知行合一

6月，带着儿子在芝加哥旅游的途中，收到林道谧老师的邮件，邀请我为陈老师的新文章写篇评论。看了一下题目，《学术创业：动态竞争理论从无到有的历程》，眼前一亮：陈老师又要跨界了。动态竞争理论，我一直在学习和实践，学术创业也是笔者与老师兼同事夏清华教授共同研究过的话题。因此，连正文都没看，笔者就备感荣幸地应允下来。接下来的时间里，笔者要对这一草率决定付出代价了[○]。

学习陈老师的动态竞争理论会有一种由简至繁的体验。2006年夏天，我在中国人民大学参加第三届"战略管理"教学研讨会时，首次听陈老师讲

○　现在想来，林老师看了回信肯定在暗自笑笔者，这么快就答应了。她好心地回复：此事不赶时间，慢慢写。

解动态竞争理论。在引导性的讨论后，陈老师一针见血地指出：竞争不是传统战略所讲的单个企业的长期竞争战略或竞争优势，而是竞争对手之间的拳来脚往、攻守交织；竞争行动的有效性不仅取决于自身的努力，更要看竞争对手的响应。现实中的竞争正是这样！动态竞争理论就如此简单明了、直观地呈现在与会者面前，让大家为之一振。不过，接下来回家具体学习有关动态竞争理论的十几篇文章时，就发现陈老师将这么简单的东西做得如此复杂、精细和严谨，基于文本分析的研究方法在当时也是相当前沿。

有这样的心理准备，笔者带着好奇开始欣赏陈老师的这次跨界。陈老师开篇即讲"学术创业除了科研成果的商业化外，还包括在学术中创造出一个崭新的'业'或研究领域：从既有的领域中区隔出一个独立的课题，然后进行深入的发展与延伸。今天，学术创业对管理学者，尤其是中国管理学者，有重大的意义"⊖。跨界简单自然，钩子（hook）也设得巧妙（Grant and Pollock, 2011）。不过，继续读下去，发现还是着道了。这篇文章信息量太大，得花时间慢慢消化，以至于评论有些不知如何下手。几番易稿后，这里仅谈个人的两点粗浅认识。

1. 中国学者管理研究的新路径

这篇文章，陈老师以自己的亲身经历为例告诉中国学者，如何通过根植于中国传统智慧和企业管理实践，融合中西方研究精华，创立独特的学术领域。最近 20 年，随着国内与海外学者的频繁交流与互动，全球华人管理学者社群快速成长和成熟起来，单纯跟随西方管理理论，"拎着榔头找钉子"（谭劲松，2008）的研究状况已得到比较明显的改善，中国管理研究也在全球管理学术界获得了一定认可。接下来，中国的管理学术应该走什么样的道路，在国际舞台上更好地发展，赢得全球主流学术圈的合法地位？徐淑

⊖ 笔者发现，本文构建的"学术创业的理论框架"的确也是观察传统学术创业的好工具，准备由此开发教学案例。

英教授率先提出可以选择西方管理研究中的热门现象，并沿用西方管理学界业已成熟的方法和框架来诠释中国情境下的问题，进而验证和发展现有理论（Tsui, 2004）。徐教授具体阐述了中国管理研究情景化的方法与路径（Tsui, 2012），并通过中国管理研究国际学会（IACMR）在国内积极倡导和推行（张静、罗文豪、宋继文和黄丹英，2016），也引发了国内有关中国的管理学术发展路径的大讨论。Barney 和 Zhang（2009）将路径讨论抽象为"中国管理的理论"（A theory of Chinese management）与"管理的中国理论"（A Chinese theory of management）之争（见图 22-4）。"中国管理的理论"强调以北美已有的理论为基础，用演绎的、实证主义的方法论来研究和情景化中国问题，以此补充、拓展甚至替代已有理论，其最大的优点是能让中国研究非常方便地融入管理研究的国际无形学院，但缺点是不能研究中国经济和中国组织最独特的和有兴趣的方面。而"管理的中国理论"则强调通过发展独特的中国方法来研究中国现象，这种方法可能在解释中国现象方面是最有效的，但是只能被中国国内理解。关于这两种道路如何选择，徐淑英教授进而提出，中国管理研究正处在一个关键时刻，面临走康庄大道还是羊肠小道的重大选择（Tsui, 2009）。

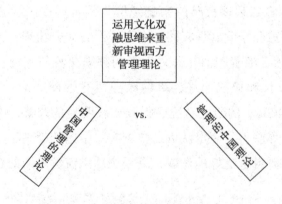

图 22-4　中国学者管理研究的三条路径

　　笔者认为 Barney 和 Zhang（2009）的这种抽象，隐含着东西方在制度、哲学和文化价值观方面存在明显的情境差异（Barkema et al., 2015），对这种差异也是按西方典型的逻辑思维来处理。陈老师的这篇文章实际上告诉我们中国的管理学发展存在新的发展路径，即运用文化双融思维，综合东西方文化智慧，重新审视西方理论，通过差异化形成新理论，创立独特的学术领域，引领管理领域的未来发展。动态竞争理论就是非常典型的例子，它挑战了传统战略理论对竞争的定义，蕴含着东方文化对竞争的固有看法。其实，我们的小孩在学围棋时，老师就一直在教导"用脑子下棋就是不仅要下一步想三步，还要想到对手怎么下"。这种研究路径通过差异化找到了理论创新的新突破口，从而避免了仅仅对已有理论缝缝补补的诟病，也因袭了现有理论体系，从而更易融入管理学术主流，充分体现了《论语》所说的"因不失其亲（新）"。

　　因此，按此路径建构的理论，也许不能像"guanxi"和"ying-yang"等那样留有东方文化的痕迹，却能深刻蕴含东方文化智慧，从而更好地为全球管理知识添砖加瓦。例如动态竞争理论中的不可逆转性（irreversibility）概念实际表达的是"破釜沉舟"的思想，而"声东击西"也被陈老师"学术翻译"为"资源转置"（resource diversion），等等。动态竞争理论看似标准的西方理论，但蕴含的却是中国传统的观念，装的是一颗"中国人的心"。这可能延伸出当下国内管理学术界对本土与普适、主位与客位的讨论。对此，笔者非常赞同陈老师在接受《管理学报》采访时的回答（吕力，2016）："对于我而言，我是把中国当作一种思维，当作一个文化，而且我认为它们是普适的。从钱穆的观点来看，学术本来就没有国界。国学的产生完全是五四时期受到西学的大军压阵，所以用国学去抵抗。这样就把中国的学问讲小了，中国的学问有很强的普适性。"⊖

⊖　这次笔者来美国，欣喜地看到美国人现在开始按欧裔、非裔和亚裔等更平等的称呼进行划分。

2. 精一、边缘与文化双融

为了让"知"的思维具体落实，陈老师强调微观层面四个"行"的动力因素。首要的是"精一"，源自儒学乃至中国文化传统中著名的十六字心传"人心惟危，道心惟微，惟精惟一，允执厥中"。按笔者的理解，精一就是要求学者专注而有定力。没有研究的深度，哪有理论的高度？

在精一专注的同时，还需要边缘创新。文中，陈老师讨论了边缘人思维的几个特征，如善于变通的同时又比较专注，能与主流合和又能保持立场，坚强存活的同时又充满爱心。笔者认为大胆而又务实的创新，是边缘人的重要特征所在。复杂性理论认为，混沌边缘是创新性空间所在，布朗和艾森哈特（1998）在《边缘竞争》一书中对此作了详细的描述。正如该文所说，对于学术创业来说，学术创新是"本"，学术创业者寻求创造或改变既有学术研究的边界。因此，在"精一"的过程中，学术创业者需要去"化缘"，创造性地将已有知识整合到新的学术领域，使之不断延伸、扩展，蔚然成势。用当下时髦的词来说，就是跨界。动态竞争理论的成长过程，非常生动地展现了陈老师是一位跨界高手，将察觉 - 机动 - 能力、市场共同性 - 资源相似性以及竞争不对称性等战略管理、心理学及其他相关重要领域里的知识和观点，意想不到而又贴切地整合到动态竞争理论框架中，使之不断丰满。该文也是跨界的又一生动案例，陈老师很自然地将创业学研究领域使用的"创业"概念跨界应用到了科学社会学的研究领域。接下来，对于如何开展学者的学术创业，陈老师建构起"学术创业的理论框架"，以动态竞争理论为范例，说明差异化、资源调动与合法性是如何协同运作的。而该框架是汉布里克和陈明哲（2008）运用社会运动理论以战略管理学科为例构建的，解释了一个学术领域从诞生到成熟的理论模型⊖（跨界又跨界）。

⊖ 笔者非常喜欢这篇文章，认为它是解释型案例研究论文的典范，并以此为标杆写了一篇案例研究论文。

　　从某种意义来说，精一专注与边缘创新是一个两难问题。如何解决？文化双融派上了用场。文化双融蕴含着中国学问与西方的不同切入点，对管理两难的处理方式充分展现了这一点。西方思维重视逻辑。在美国期间笔者拜访了当律师的本科生物系同学，笔者问他："学生物的转行当律师，母语又是中文，是不是挺难的"。同学回答："挺容易啊，律师辩护拼的其实不是口才而是逻辑，对于咱们从中国出来的理科生来说，这是小菜。"排中律是逻辑学核心原理之一：对于任何事物在一定条件下的判断要有明确的"是"或"非"，不存在中间状态（McInerny, 2004）。因此，在西方思维中，早期解决管理紧张的最好方法是二者之中选择一个的战略（Lawrence and Lorsch, 1986），在权变理论诞生后转变为时间与空间的分离，直到最近才出现可以兼顾两者的双元能力和悖论思想（Smith and Lewis, 2011）。与过去的类似文章相比（Chen, 2009），陈老师的这篇文章更多体现的是其最近提出的"文化双融"的思维。正如论文所言，文化双融就是中庸的现代白话版，找到一个平衡点，就是文化双融的精义，也就是我们老祖宗所说"执两用中"的内涵。

　　相较于西方的悖论思想，笔者更喜欢文化双融的提法，精妙之处在于"融"字，表明对立元素不仅可以和谐共存，还相互交融，或你中有我，或互为目的，动态竞争理论就是一个生动的案例。应该说，文化双融呈现出的这种平衡美，深深地存在于中国哲学思维中，潜移默化地指引着我们的研究。例如2015年在南开大学召开的中国管理学者交流营上，杨海滨老师上台发言时就讲，虽然自己没有刻意去使用陈老师的理论和观点，但回头看看每篇文章似乎都体现了文化双融的思维。简言之，在学术创业的道路上，文化双融能通过不同切入点和美学观让我们重新审视西方传统理论，实现差异化创新。

3. 结束语

陈老师从知行合一、文化双融的视角，对动态竞争理论从无到有的心路历程进行解读，为中国学者的管理研究提供了一条新的学术发展路径。不过，学术创业，道阻且长；边缘人的定位既有跨界创新的优势，也面临骑墙的烦恼与内在的冲突，因此让人备感疲惫。如何应对？陈老师在 2015 年的中国管理学者会议上对此作了解答：用心去做研究，就不会觉得累。什么心？笔者的理解是：自己的内心，"率性之谓道"；中国人的心，"执两用中"的哲学思维。

参考文献

[1] 吕力．管理学研究的"精一""双融"和"经世致用"：对陈明哲的访谈 [J]．管理学报，2016，13(1)：1-6.

[2] 谭劲松．关于管理研究及其理论和方法的讨论 [J]．管理科学学报，2008(2)：145-152.

[3] 张静，罗文豪，宋继文，等．中国管理研究国际化的演进与展望——中国管理研究国际学会（IACMR）的发展范例与社群构建 [J]．管理学报，2016(7)：947-957.

[4] BARKEMA H G, CHEN X P, GEORGE G, et al. West meets East: New concepts and theories[J]. Academy of Management Journal, 2015, 58(2): 460-479.

[5] BARNEY J B, ZHANG S. The future of Chinese management research: A theory of Chinese management versus a Chinese theory of management[J]. Management and Organization Review, 2009, 5(1): 15-28.

[6] BROWN S L, EISENHARDT K M. Competing on the edge: Strategy as structured chaos[M]. Boston: Harvard Business Press, 1998.

[7] CHEN M J. Competitive dynamics research: An insider's odyssey[J]. Asia Pacific Journal of Management, 2009, 26(1): 5-25.

[8]   GRANT A M, POLLOCK T G. Publishing in AMJ-Part 3: Setting the hook[J]. Academy of Management Journal, 2011, 54(5): 873-879.

[9]   HAMBRICK D C, CHEN M J. New academic fields as admittance -seeking social movements: The case of strategic management[J]. Academy of Management Review, 2008, 33(1): 32-54.

[10]   LAWRENCE P R, LORSCH J W. Organization and environment: Managing differentiation and integration[M]. Boston: Harvard Business School, 1986.

[11]   MCINERNY D Q. Being logical: A guide to good thinking[M]. New York: Random House, 2004.

[12]   SMITH W K, LEWIS M W. Toward a theory of paradox: A dynamic equilibrium model of organizing[J]. Academy of Management Review, 2011, 36(2): 381-403.

[13]   TSUI A S. Contributing to global management knowledge: A case for high quality indigenous research[J]. Asia Pacific Journal of Management, 2004, 21(4): 491-513.

[14]   TSUI A S. Editor's introduction—Autonomy of inquiry: Shaping the future of emerging scientificcommunities[J]. Management and Organization Review, 2009, 5(1): 1-14.

[15]   TSUI A S. Contextualizing research in a modernizing China[M]//Handbook of Chinese organizational behavior: Integrating Theory, Research and Practice. Cheltenham: Edward Elgar, 2012: 29-47.

边缘姿态、本元追问、为学为人

韩巍（深圳大学管理学院市场营销系教授）

摘要：评论分两部分：第一部分给出了解读《学术创业》一文的三个视角，理论建构的精彩叙事，有争议的解释框架（知行合一），以及存疑的文化认同；第二部分是对陈明哲教授长期持守之信念的响应，无惧于边缘人姿态，执着于本元问题之求索，既是为学之理，也是做人之道。

关键词：评论；边缘姿态；本元追问

后辈曾经的冒犯，前辈一向的宽容，是促成这篇评论（对话）文字的主因。希望读者从行文、观点中逐渐平复心中的诧异，而不是感叹"国际大牛"与"本土草根"间的世道人心。

陈明哲教授的《学术创业：动态竞争理论从无到有的历程》（以下简称《学术创业》）一文，与其说是一幅生动展现华人学者在西方管理学界"开疆拓土"的精彩画卷，毋宁说是陈老师在"中华传统智慧、个人生命体验、战略理论建构"间跋涉、盘桓的心路历程。作为一个对"文本"心怀热诚与期待，又不免妄自阐发的诠释主义信徒，笔者不能保证自己的解读符合陈老师的"本意"，但诠释学也不接受文本制造者"垄断"文本释义权的设定。加之，陈老师了解笔者的个性，且乐于鼓励笔者对学术的一份"偏执"。所以这篇评论（对话）就不仅仅是礼貌性的"点赞"之作。

对于陈老师的《学术创业》一文，笔者倾向于从三个层次去理解：

1. 叙事的部分

有理有据，极富启发。首先，陈老师定义了"学术创业"这个略显陌生的概念（其中的"独特性"之辨析可能会引发争议）。其次，陈老师提出了建构理论的三原则——差异化、资源调动和合法性确立。感谢陈老师的坦诚，让读者明白管理学界的理论建构并非"踽踽独行"的探索，还需要"一个好汉三个帮"，甚至是中国人常说的"贵人相助"，这在经济学家张五常教授的经历中也有所印证。最后，一个新颖的想法（"互动、相对"的动态竞争观），一粒理论的种子，如何发展成一系列密切关联的研究主题，随着枝干的丰茂，长成一棵大树。"竞争互动——战略性竞争行为及其组合——多重市场和多重业务竞争——整合性竞争对手分析——竞争知觉"。陈老师并没有说明动态竞争理论后续研究思路的来由，到底是规划性的，还是涌现性的。但从"个别的竞争互动"，到"竞争行为的组合"，到"情境扩展后的竞争行为"，再到"整合性竞争对手分析"，直至竞争互动行为朝向竞争之"认知基础"的回归，确有十分清晰的内在逻辑，颇具赏心悦目的美感。

一点存疑在于，陈老师"曲径通幽"，用"平衡"而非"偏执"，用"融合"而非"对抗"所取得的成就，虽然看起来合情合理，但学术之争，如果牵扯到"范式冲突"，却未必单靠"回避竞争"就可以消弭。笔者尽管对战略算不上了解，没下过实在的功夫，但如果"互动"才是竞争更准确的分析视角，那么，"非互动"的研究最多就是"一条腿走路"，成果的可靠性如何保证？或者，战略研究者至少需要澄清，在何种情况下，单边的研究可行；而在何种情况下，唯有互动的研究才算是切中要害。换言之，如果"范式变迁（革命）"意义上的"学术创业（创新）"已经发生，就不宜"含混"地共融，从而永远是各说各话、自娱自乐了。或许下一步，陈老师有必要澄清学术创业与范式革命的异同。

2. 诠释的部分

在《学术创业》一文中，陈老师"建构"了一个"知－行观"的解释框架。学术创业三原则被看作知（认知）的思维基础，同时将"精一、边缘人的思维、过程导向，以及兴趣与个性"看作"行"的动力，并对行之动力部分做了翔实的解释。

学术探索，尤其是从事社会、组织研究，大概要义不在于主流、非主流，是孤军奋战，还是人多势众。按照笔者对陈老师"行之动力"的理解，更在于如何看待学术，如何在与学术的"互动"中找到一个真性情的自我。在行动上，要精一、执着；并非总是"与时俱进"，更不用说"随波逐流"；要享受探索的过程，而非醉心于"成果"的算计，这实在是对当下大学盛行做法的一种警示；最重要的，意图在既有的学术领地中"开疆拓土"，更需要怀揣"边缘人的心态"且保持"边缘人的姿态"。因为"边缘人通常与主流有不一样的想法与做法，比较不受常规的束缚，不会在既定的框框中打转浮沉，不安于现状，也比较有想象力、爱'做梦'，冀望能突破现况、改变既有模式，自然也比较容易'和而不流'"。

当然，陈老师或许有"知行合一"的观念在先，"知－行"之"事实构成"的确认在后，这一解释框架的内在关联不乏可商榷之处。因为"精一"也好，"边缘人""过程观"也罢，都难以只被归于"行（之动力）"一端，而忽视其"思维（认知）"，甚至"精神、信念"的意义。同理，"差异化、资源调动、合法性确立"除了作为认知的思维基础，原本更是一种行动。其实，如若真的"知行合一"，又怎会不是你中有我，我中有你呢？

3. 文化投射的部分

陈老师对中国传统（智慧）文化的赤子之心，未必不会遮蔽、忽略了其中的糟粕与厚黑之处。尤其是，在国人近当代之社会、组织实践中，到底是表述系统的那些传统更加坚实，还是洒扫应对中的"生存智慧"更加显著，当然需要理论思考与经验"事实"的充分互动才会多一分了然。因此，多少有些一厢情愿的殷殷期望，虽以陈老师个人绚烂的学术成就加以佐证，还是遗留下不少逻辑和事实上的缺口（gaps）。

中国经济体量（质量）的增长，是否就意味着中国管理学话语权的增长？乃至"中国学者如何通过学术创业引领管理领域的未来发展，已经成为一个重要课题"。中国管理学者队伍的壮大，是否就意味着应该（能够）掌握话语权？回到本（元）的那个"本（元）"究竟是什么？回归"中华智慧"吗？进一步地，就是"文化双融"吗？且可作为"中国暨全球华人管理学者从事学术创业的基石"吗？

陈老师说，"我从西方象牙塔式的学术殿堂中'跨越与回归'，真正认识到中国学问乃是'实学'的奥质"，应该是他的深刻感悟。但在笔者看来，其中难免夹杂了过多文化认同的先验成分，以致有过度诠释的嫌疑。笔者诚恳地希望《学术创业》不要又成为一种"风潮"的响亮号角。

个人的看法，建构本土管理理论当然是中国管理学者的重要议题，但并非那么迫切。如果理论建构不该成为一种政治姿态和权宜性的选择，中国管理学界当下之要务，恐怕是两个更为紧迫的问题：我们对待学术的态度，以及如何直面中国的现实（韩巍，2015）。韦伯对于学术的"志业"说，虽然在现实的关照下，越来越显得曲高和寡，但如果没有一份热爱，尤其是虔敬之心，诚恳之态度，除了多"为稻粱谋"，怎么值得有更多的期待？另外，至少阶段性地，中国管理学界要先向社会学（人类学）研究者学习，要多做"实地研究"，尽可能"接近"现实。而且，要结合研究对象和问题的特点，掌握尽可能多样化的研究手段，放弃主流范式的偏见。

陈老师说："对于有志从事学术创业的中国管理学者来说，动态竞争理论的发展过程是一个有参考意义的标杆。"他更强调："不管学术生涯或人生，都牵涉到一连串的战略选择，都是知与行长期互动的结果。"笔者对这一连串"战略选择,知行互动"虽然也懵懵懂懂,但结合《学术创业》的启发和自己的理解,总结以下三点作结。

(1)边缘人姿态

这应该是适于中国本土管理学者的整体性隐喻。我们承认西方管理学术的强大,但不应一味地因循攀附(所谓国际化),更应该强调"独立思想",要敢于"另辟蹊径",即所谓"和而不流"。落实到研究层面,以个人的理解,就是如何"陌生化"(defamiliarization)(Berry and Michael, 1997)研究者独特的生命体验,尤其是把我们"被社会化、被组织化的真切经验"转化成与如何让我们熟悉的组织、社会更加向好之使命密切相关的"研究议题"。

(2)本元追问

抱歉,笔者所理解的"本元"可能与陈老师的想法不同。笔者借用"本元"指称管理学科那些最基本的问题,一如陈老师对"竞争"的追问。不应忘记,语言是经验的载体(叙事),也是概念、理论的载体(理论化)。当经验被抽象化,抽象的概念被命题化、框架化的时候,不同语言间或许存在着与相异经验世界巨大的隔膜。因此,中国的管理研究者,有必要仔细梳理和甄别那些来自西方的管理术语,在中国的语境中到底意味着什么(具体的所指)。

(3)为学为人

学术是学者选择的人生,做什么样的学术,以及如何做学术,怕也多多少少折射了学者的为人之道。笔者特别喜欢陈老师的这一段话:"尽力而为、认真投入,不论事情做到几分,不论顺境逆境,不论外界如何看待你,都夺不走你对自己的信任。"热爱了,努力了,即使没有那么多的机缘巧合,即使没有那么显赫的"成就",难道就不是有意义的人生吗!Be myself, live strong!

笔者确信，无论有多少分歧，这一定是我与陈老师想法最契合的地方！

参考文献

[1]　韩巍. 管理学在中国：学术对话及意义生成 [J]. 管理学报，2015(8)：1097-1108.

[2]　BERRY D, MICHAEL E. Strategy retold: Toward a narrative view of strategic discourse[J]. Academy of Management Review, 1997, 22(2): 429-452.

全心投入并享受整个过程

雷勇（上海多维度网络科技股份有限公司创始人）

摘要：陈明哲教授在《学术创业：动态竞争理论从无到有的历程》中对其学术创业进行了定义，其"动态竞争"理论从诞生到受争议，到被业界主流学者认可，再到不断发展壮大的过程，本身就是运用了动态竞争的方法通过"你来我往的行动与响应"最终达到了"不争之争"的结果，充分体现了其"知"与"行"的结合，实现了他心中一直追求的"知行合一"。尤其是在正文第四部分"动态竞争理论发展的个人因素中"，阐释了他对"精一""边缘人思维""过程导向"和"兴趣与个性"的追求是如何达到"执两用中"的境界。

关健词：业；知行合一；精一

笔者常被人当作陈明哲教授"最幸运的学生"⊖，自 2011 年上了陈教授的课后，有幸参加了他在中国的许多次学术交流活动，所学习和了解的主要是他的理论知识。除了动态竞争外，他还常与我们分享中国传统哲学中的智慧，令笔者本人和所创建的企业受益匪浅。2016 年端午节在杭州西溪喜来登酒店举办的动态竞争国际论坛上，当面接过他亲手签名的这本薄薄的《学术创业》纸质文稿时，颇感新奇与意外。作为一个互联网创业者，身处中国总理亲自倡导的创新创业大潮中，对于"创业"二字除了熟悉之外，已略显麻木了，但"学术创业"这四个字却突然让笔者眼前一亮。首先是本能

⊖ 我在复旦大学本来选修的是另一位教授的课程，因不满其教学内容和方法而"跳课"至陈明哲的课堂，也许是因为少上了一天他的课，也许是因为笔者的其他方面，后来多次得到陈老师的提携，参加了他在中国的许多学术交流活动。被他笑称为："雷勇因为缺我一天课，所以要补一辈子！"

地理解为"难道老师也要创业了"？笔者那时理解的创业无非就是创建一家企业。由于全天的活动都安排得非常满，因此并没有时间读完这篇《学术创业》。

直到 2016 年 12 月 24 日的前几天，因为 24 至 25 日又将在北京上精一学堂[⊖]的第一次课的缘故，笔者整理前期学习资料时，又翻到这份文稿，才深入、全面地读完它。发现原来的理解不但错了，而且也实在太狭隘。陈教授所指的学术创业，原来是贯穿他这 30 多年来的学术历程，甚至是毕生的追求。细读之后，回想起他此前为我们讲授的内容，真正理解了他常说的"知行合一"，和他践行一生的"精一"理念。今天确有必要以此评来记载自己对他的所知所感，及对他所行的理解，笔者尝试从以下几点来理解其文。

1. 创建一个崭新的"业"

首先，陈明哲教授定义的学术创业，与我们大多数人理解的学术界的学者或学生创建商业组织，或者学术上的创新大不相同，他说的是除了其科研成果外，在学术上创建一个崭新的"业"。

什么才是崭新的"业"？陈教授认为："不仅包括学术创新这个'本'，还需要有创建平台、改变游戏规则的'术'和构筑实质内容与理论体系的'道'。这就是'君子务本，本立而道生'的真义。"从这个角度来理解，他所创的业，就不是简单地指一项科研成果了，而是一个学术体系。理解至此，笔者方感受到在他那温和儒雅的外表之下原来有着如此巨大的抱负和胸怀！

在西方人主导的管理学界，上百年来，除企业界的管理者因其企业发展

⊖　精一学堂是由陈明哲在中国各大商学院的学生自发组织的学习社群，陈明哲本人每次都在繁忙的日程中抽出一天半以上的时间来与上过他课的各校学员深入互动，以促进学生们持续（终身）学习。

壮大后的影响力而被企业界冠以"管理大师"的极少数东方人[⊖]外，鲜有东方管理学者获得全球管理学界的高度认可。作为一名企业界的学生，笔者其实对 AMR / AMJ 最佳论文奖、11 篇顶级学术期刊论文以及国际管理学会主席之类专有名词并无实际感知，但通过此文了解到"动态竞争"理论的诞生、成形和发展过程，才深切感受到陈教授所追求的这个"道"。

创建一个崭新的"业"自然不易，更何况是在顶级学术界。无论是 1989 年博士论文的争议还是 1991 年投稿 AOM 会议被拒，都没有影响陈明哲教授对其理论的坚持。其后他深刻理解学术创业历程中的差异化、资源调动与合法性构建，从原有学科中，区隔出一个相应领域并发展出独特研究议题、疆界和意义的过程。

因此，陈教授将学术创业定义为一个过程，而非结果。对于过程持续的追求，自然会产生结果。今天我们看到了结果：研究成果发表在顶级期刊上、主流学者的认可、被视为动态竞争创始人、动态竞争成为一门课程、AMC & MC-RS 分析框架被纳入战略管理主要教材，还有 1997 年获得 AMR 最佳论文奖，该理论在 1990 年到 1999 年间在所有的管理学者的成果中排进了前五名，动态竞争理论的思想也被写进战略管理领域两本代表性教材。这是其所创业的"业"，但他说这只是"业"的开始。学术创业者不但要"运用差异化、资源调动与合法性构建三大宏观要素，来形成'知'的思维基础"，同时还要"整合精一、边缘人思维、过程导向及兴趣与个性这四个微观因素，来激发'行'的动力。"

陈明哲教授从无到有在学术领域创建了一个崭新的"业"。上完陈教授课后不久，在 2012 年中，笔者也开始了从无到有的第二次创业，边学边用成了笔者这次创业的真实写照。中国互联网行业大部分领域已被巨头垄断，

⊖　主要是以丰田为代表的日本企业和以稻盛和夫为代表的日本企业家，以及从企业界转到学术界的大前研一等。

稍有空隙的细分领域一有创新出现，马上就会有大大小小的模仿者千军万马般涌向同一领域展开惨烈的竞争，千团大战[⊖]便是一种真实的写照，以及后来多个领域的千×大战，在风险资本的推动下愈演愈烈。笔者当年创建的爱抢购即是O2O[⊜]大战中的一个参与者，如何在众多巨头的打压之下找到一个缝隙且不被他们很快"打死"，既需要胆量也需要智慧。

笔者受陈教授所讲的动态竞争的理念中"对手再强也强不过他最弱的一环"这个观点的启发，分析本行业中最大的几个可能的竞争对手，比如大众点评、美团、饿了么、百度糯米等，他们最弱的一环会是什么？他们当前最可能忽略的是什么？笔者分析，分属中国最大的互联网巨头BAT[⊜]的这三大O2O巨头均有强大的资金、人才和资源优势，他们理应着眼于最大的市场，建设最大的平台。从市场角度来看，大众点评是想垄断餐饮业收费广告市场，并成为团购巨头；美团想成为当之无愧的团购霸主；饿了么、美团外卖和百度外卖为争夺外卖市场的惨烈，用"头破血流"来比喻都不为过；糯米则一直想在团购中突围。其他还有数千家团购类本地生活服务网站，大都想占据一方市场分一杯羹。他们的战略重心显然不会为爱抢购针对的具有线下商户社交传播性质的免费推广市场分心，如果他们想要竞争爱抢购的市场，也就意味着要放弃作为战略重心的团购外卖来竞争这个细分的免费推广市场，明显是捡芝麻而丢西瓜，再说他们最弱的一环除了船大难掉头外，重要的是不能放弃已有的收费模式来做免费模式。

因此，笔者决定采用陈明哲教授在动态竞争理论中的重要思想："有效降低竞争对手的对抗性，将获取竞争有利地位"。无疑，采取低调快速发展的战略，不去激怒这些强大的对手，就能做到降低对抗性的效果，从而获得

⊖ 指团购网站出现后，中国很快诞生了数千家团购网站，展开激烈的竞争。
⊜ Online to Offline 的简写，通常指通过互联网线上联结线下服务业的商业模式。
⊜ 中国三大互联网巨头百度、阿里巴巴和腾讯的简称。

有利的发展空间与时间。事后证明，这种做法是有效的。爱抢购经过两三年的发展，虽然算不上是一家有名的公司，但在如此激烈的市场环境下，也算是顽强成长起来了，不但在产品上线28个月之内获得了包括同创伟业、阿里巴巴等多家知名风险投资机构和战略投资者的投资，而且上线32个月之内登陆了新三板。相比这下，数千家O2O创业公司和数百亿风险资本则在惨烈的竞争中变成了炮灰。

笔者上课后的这5年，不断深入理解陈教授"动态竞争"的思想，不断收获创业成果。2016年在爱抢购的产品基础上进一步创新，创建了品牌食品特卖平台"好食期"，再一次在各大食品电商巨头林立的市场异军突起。同样是采用了"利用对手最弱的一环，降低其对抗性，从而获取有利的发展空间"，避其锋芒，低调快跑的战略，迅速实现了相当大的成长规模。

2. 学术创业更需"知行合一"

通常我们都将学者归为"知"的代表，企业家则被认为是管理学"行"的代表。陈明哲教授的"动态竞争"理论从诞生到被质疑，从被主流学者接受到成为一门理论和学科，是这位学术创业者巧妙运用"差异化"定位，合理进行"资源调动"，从而构建其"合法性"的结果。从文中可知，其过程简直就是"动态竞争"理论的一个"行"的现实版本。

陈明哲教授认为，"竞争的基本形式是你来我往，而不仅仅是某一方的长期竞争优势，所以动态竞争理论认为竞争的基本单元是行动和响应"。这颠覆了大多数企业家和战略专家制定竞争战略的出发点。企业家制定战略的目的，就是希望借此获得长期优势。"你来我往"之下，如何才能形成长期优势？如此挑战传统尤其是具有广泛影响力的波特五力模型，不被当时的管理学界所接受，也应是意料之中的事情。被退稿后的"差异化"诉求，寻求主流学者的参与、理解和支持的"资源调动"，直至顶级学术期刊的认可，这完全就是"你来我往"的"行动与响应"战略的体现！最终作为学术创业者，他实现了"寻求创造或改变既有学术研究的边界"。其中的"攻防互动对偶"分析，"时间"和"位置"要素，"不关心长期的绝对性优势，因为持久优势只是暂时相对竞争优势的综合结果"，这些理论与他亲身在现实中的运用完全吻合，早期论文被拒后用数年"时间"进行修改，以谦卑的"位置"寻求理解和支持，从而创造了"动态"的竞争优势。超越了"非此即彼"，提升到"有此亦有彼"的境界。此乃陈教授学术创业上的"行"。

由于多次上过他的课，甚至要"补一辈子的课"，笔者最大的收获还是陈教授言传身教的"行"。他说"学术创业"这个词本身就是知与行、学与行的结合。在讲到他的动态竞争理论发展过程中的个人因素时他分享了他的实践之旅，笔者将在下文第三点中评论。无论是他到一个新的班级上课，还是只见过一面就久别的同学再次见面，他不但记得每一个人的名字，还能记得每一个人的工作与家庭情况。笔者感到，除了他年近六旬还具有的超凡记忆力之外，背后的专注用心可能才是主要的原因。当笔者看到每次上课后大部分成年学生流泪不忍离别的情景，当笔者第一次在数十人就餐后看到一位德高望重的老者一个一个送下楼道别时，当笔者看到课堂上一些不守规矩的同学被他激发出内心的共鸣而无比感动时，笔者真正感受到了一位学者将身上的"子路无宿诺"和"子路有闻，未之能行，唯恐又闻"的气质传承至他的每一个学生。此乃陈教授日常教学与生活中的"行"。

笔者作为一个典型的互联网行业的创业者，确实是在践行着从无到有的创新创业过程，但与陈教授相对照，实在惭愧。已到中年的笔者也算"知"了不少理论，但"行"了多少呢？如果不去"行"，如何算是"知"了陈教授的理论呢？因此，笔者创建的公司里如今也在"行"着许多外人看不上眼的小规矩。比如"每一个来应聘／面试的人无论是否看中，最高面试官必须亲自将其送至电梯，并感谢和道别"，"记住每一个员工的生日和入职周年纪念日，并赠送礼物和祝福"，等等。科技创业历程往往九死一生，压力巨大，团队无论成功还是失败，都力求做到"不迁怒，不贰过"。

3."精一"的始与终

笔者多次收到陈明哲教授亲笔签赠言"惟精惟一，允执厥中"的书和笔记，初期仅仅以为陈教授只是摘录几句经典名言而已。后来在一些学习活动中，陈教授让大家深入思考和分析我们自己的"一"，再后来读到他数十年来进行学术创业所坚持的"精一"，方才有了更加深入的理解。原来，身在美国在英语世界里进行学术创建的陈教授，并非只是一时兴起在中国学生面前引经据典，而是几十年如一日地践行"精一"之道。

陈教授说他的"精一"之道始于他的少年时代。他的国（夏）学启蒙恩师爱新觉罗·毓鋆曾说："知理不难，知所以用理之为难。"于是30多年前问的这个"什么是竞争"的问题，就这样"一生二，二生三，三生万物"了。这个问题自古有之，现代管理学也问了上百年，相关学术著作不计其数，但陈教授说这一个问题他将一直问下去。之所以要问下去，他说是因为过程比结果更重要。陈教授一生都致力于对竞争的研究，但他却认为竞争的最高境界是达到"不争之争"和"仁者无敌"。

人生之路的竞争无所不在，时常让人迷茫。企业之间的竞争更是无比激烈，笔者所在的互联网行业更是如此。在这个变化以天来计的行业，竞争战略实在是难以制定。这个行业需要大量风险资本参与，为了获得投资，有些企业的竞争手段无所不用其极。业界常笑称，创业模式不但有 toB、toC，还有很多种 toVC。在 95% 的企业的平均生命周期低于 3 年的互联网科技行业，如何定下自己心中的"一"？

最终，还是在陈明哲教授的文章中找到了答案，"首先循着自己的兴趣与个性，投入并享受整个过程：一生二，二生三，三生万物，最终将能从无到有、理（梦）想成真"。由此，笔者看到陈教授一生践行的"精一"始于自己的兴趣，终于整个过程。以此来定义人生、定义创业，忽然觉得全都明了了！

第六篇

文化双融

动态竞争理论形成的 30 年,正是全球化高速发展的 30 年。人类社会实现了真正的互联互通,却也"制造"了空前的矛盾和差异性,个人生活、企业、社会乃至国家之间,仿佛都充满了悖论,林立着不可调和的对立面。对此,别过毓老师多年以后,陈明哲还是在早年研习的中国哲学里找到了灵感。

中国传统哲学的支柱就包括二元性和相对性,认为一阴一阳之谓道(《易经·系辞上》)、万物负阴而抱阳(《老子》)。东方哲学不仅承认和接纳了二元共存,还指明了二元之间的关系,相信"人 – 我 – 合",万物并育而不相害(《礼记·中庸》)。这些哲学本质,让他"无比清晰地意识到",中国传统思维和现代商业是相关的。2013 年,在国际管理学会的主席演讲中，陈明哲正式提出了文化双融的概念，任何两两相对的文化或文化载体都可以追求双融。和他的所有理论一样，文化双融不是曲高和寡的缥缈仙乐，而是一个实际的理想与理想的实际。比如林肯电气，这家位于铁锈地带的制造业企业，被他从动态竞争又讲到了文化双融，不寻常地把整合对立面变成了可见可证的竞争优势，包括计件制与终身制并存，竞争文化与共同文化兼备，让员工成为股东，向竞争公司分享自主研发技术，等等。施行"仁政"百余年的林肯电气，并非商海中的乌托邦，它至今仍是弧焊行业世界第一，让企业道德与绩效也实现了双融。历经无数次的危机与热点变换，依然保持稳定增长，林肯电气一定是抓住了什么确定性。是什么？是人性，是利他与利己的对立统一。

在非此即彼的视角下，矛盾双方彼此耗能，文化双融却是彼此赋能。一个让陈明哲感到"茅塞顿开"的发现是，动态竞争和文化双融竟也是有联系的——关系型的竞争将竞争转化为合作，以至于在更大的整体中，个体之间共存互补、各得其所——动态竞争理论的发展过程甚至是文化双融的一个范例！1999年和2019年，中美进行贸易谈判。世界上最大的两个经济体，东西方文化的代表，其地位对偶性与关系复杂性可谓空前。如果从动态竞争－文化双融的视角来看，若只狭隘地关注对抗，很可能忽略竞争的另一面：在交战中合作的机会。文化双融的目标是将最好的竞争对手（包括企业、国家或者地区）进行整合，并找出共赢的解决方案，关注共同利益进而超越对立——事实已然而思潮未然，中美实质上已是互相交融的而非平行的两个世界，真正需要的就是文化双融的战略思考。

其实，管理学研究和实践的最基本单元，是人。即便在生活、家庭、职场、人际等场景中，对于那些被冠以紧张、对立、纠结之名的各种矛盾而言，文化双融也是一个润物无声的战略，情以包容，智以整合。一个好理论，具备哲学的普适性，从各个方向看，都会透射光亮。

（文：武珩）

| 第 23 章 |

文化双融

一位管理学者的反思与行践[⊖]

原文出处 陈明哲；林豪杰译，2014，文化双融：一位管理学
者的反思与行践，《管理学报》，第 31 卷第 4 期，页 263-282。

摘要：正如生与死相互依存，管理理论与实务在许多看似相反或对立的
方面，其实也密切相关。在我们生活周遭，一分为二的现象比比皆是，例如
东方与西方、全球化与本土化、研究与教学，以及学术与实务等。然而，它
们真的相反或对立吗？本文主张，"文化"是一个涵盖人类所有活动的广义
概念，而"文化双融"（ambicultural）的观点与方法可以将两个看似无法调和
之对立面的精髓加以整合。延续我在 2013 年国际管理学会年会的主席演讲，
本文分享了我个人在研究、教学与服务等各个层面的历练与经验，期望为文

㊀ 谨将这篇文章献给我的东西方导师，爱新觉罗·毓鋆与威廉·纽曼。衷心感谢几位曾
对这篇文章提供宝贵意见的朋友，他们是斯蒂芬·卡罗尔教授、陈宇平（Y. P. Chan）、
唐·汉布里克、Adelaide King、刘黎安（Leigh Anne Liu）、约翰·米歇尔、丹尼·米勒、
詹恩·瑞夫金（Jan Rivkin）、徐淑英、Nancy Urbanowicz、安迪·方德万，以及吉姆·沃
尔什（Jim Walsh）；同时，感谢国际管理学会的 Kelly Mitchell，以及连婉茜、林豪杰、林
文琛与张晨，他们为我的演讲提供技术与后勤支援。我也要感谢我的儿子亚伯拉罕，你制
作的"全球蒙太奇视听之旅"已经在演讲的尾声播出；以及我的太太默君，25 年来你第
一次陪我参加学术会议，这给了我无限的精神鼓励。我还要谢谢查尔斯·塔克多年的友谊
与专业的协助和支持。最后，感谢所有参加达顿－麦金太尔 CORE 研讨会的同人，也感
谢弗吉尼亚大学达顿基金会与巴顿学院提供财务支援。完整演讲内容可以到国际管理学会
的视听图书馆或我的个人网站（www.mingjerchen.com）观看。

化双融观点指出一些可能的实践方向；各位可以从这些经历中发现，文化融合乃是个人与组织能够消弭差异并整合对立的一种持续追求的过程。文中也讨论了文化双融对管理与组织研究、专业与个人成长、国际管理学会未来发展，以及平衡、启迪与超越对立的意义。同时，我也阐述了个人首创的动态竞争理论，说明它正是一个整合中国哲学与西方社会科学的文化双融范例。

由于商业的全球化与数字网络通信的快速发展，企业的世界事实上已"愈变愈小"，但是，这样的新世界却依然烙着陈旧的分隔印记。东方与西方、竞争与合作、服务与制造，这些不过是一般人长期认知的诸多对立概念中的几个例子而已。本文提出的"文化双融"观点主张，对立是可以整合的，就像小麦去壳，存精华弃糟粕，反而可以产生更好的、最适的，甚至有启发性的成果。无论是生产、服务、管理实务还是人类行为，都适用文化双融观点，它能让企业、教育与生活的各个层面达到平衡，填补过去因对立而产生的隔阂。

文化这个概念在管理文献中已被广泛探讨。根据儒家传统的精神（辜鸿铭，1920），"文化"或"文"（wen），从广义来看，涵盖了人类的所有活动⊖。因此，文化一方面是一种思维方式，遵循"人类集体的心理历程"（Hofstede，1980, p16），另一方面则是一种行动模式，包括"行为的形态"（Kroeber, Kluckhon and Untereiner, 1952）或"沟通"（Hall and Hall, 1990）等。文化是一个社会建构的概念，受到许多因素影响，诸如地理区域（如东方和西

⊖ 辜鸿铭（1920，P15）对孔子的思想做了精辟的英文翻译和解释，他提到："When true moral being and moral order are realized（致中和），the universe then becomes a cosmos and all things attain their full growth and development（天地位焉，万物育焉）等。能够让天下大同者，取决于'文'"。《易经》这本专门讨论变革的书也有类似说法，如"Observe the human world to enculturate people"（观乎人文以化成天下）。

方）、行业类别（如企业界和非政府组织）、职业类别（如学术和实务工作者），或专业领域（如经济学家和社会学家）（Liu, Friedman, Barry, Gelfand and Zhang, 2012）等。文化双融乃是在各个情境与分析层次的文化观念启迪下，实现对立的整合、平衡与超越。

清楚勾勒文化双融的特征有助于辨识它和二元文化论（Benet-Martinez, Leu, Lee and Morris, 2002; Mok and Morris, 2012）、多元文化论（Fitzsimmons, 2013; Parekh, 2000; Taylor, 1991）、阴阳（Fang, 2011; Li, 2012）、辩证思维（Lewis, 2000）或双元性（ambidexterity）（Smith and Tushman, 2005）等相关概念的不同。我们可以从两方面来审视它们的差异。首先，就适用范畴与分析层次来说，文化双融具有多层次、多样化的特质，同时适用于个人、团体、企业和社会。相对地，二元文化论或多元文化论通常应用在国家或民族的范畴，双元性则主要适用于个人或组织的层次（O'Reilly and Tushman, 2013）。其次，文化双融同时强调行为导向（Swidler, 1986）与认知基础。相对地，二元文化论或多元文化论比较着重认知层面。进一步来说，正因为强烈的行动导向，因此，文化双融乃是一种持续追求（becoming）的行为，强调不断学习与成长的过程，而非一种已实现或已存在（being）的理想状态。文化双融论的英文单词是 ambiculturalism，前面的字根"ambi-"意即"周围"（around）和"同时"（both），传递出主动且持续地追求扩展性与包容性的信息。

文化双融的目的在于整合与优化两种或多种"文化"的精髓，去芜存菁。因此，文化双融观点不仅了解西方与东方（此处指华人）商业模式的个别优势，也察觉彼此的劣势（Chen and Miller, 2010）。更明确地说，文化双融强调两者并存（both/and）整合的优点，反对非此即彼（either/or）的切割。因此，对立面的矛盾结合与 / 或相互依存（paradoxical synthesis（and/or interdependence）of opposites）这种源于东方阴阳与整体论的哲学观（Chen,

2008; Jay, 2013; Poole and Van de Ven, 1989; Smith and Lewis, 2011），就形成了文化双融论的本质[⊖]。在这样的思考脉络下，文化双融所主张的平衡与整合，便不仅涵盖地域的经济文化层面，如东方和西方、全球化与本土化，还包括各式各样的"对立"面，如研究与教学、营利与非营利组织等。最后，文化双融的落实需要审酌相关的情境因素，实践者应该了解和欣赏每一种文化，汲取每一种文化的精华，而且要具备整合的能力，然后发自内心地进行整合。

本文主张，文化双融的方法可以桥接、联结与调和充斥在世界各地的对立与隔阂。文化双融是我毕生追求与实践的理念与方法，因此，我相信它对组织、企业管理者与学者，不管是短期或长期，都有深远的意义；我在文中所列举的生活与职业生涯历程，也不应该被解读为个人回忆录，而应是一个帮助读者从过程角度来理解文化双融这个前沿观点的范例。

本文首先从一名个别学习者与动态竞争（这个领域提供了文化双融的学术应用范例）学者的角度，描述我的文化双融之旅，接着说明我在国际管理学会这个广大社群所从事的组织建设工作，结论部分则介绍文化双融对研究与管理的意义。

23.1　在东西隔阂中学习文化双融并且超越

东方和西方、亚洲和北美，两种文化和两个大陆，这就是我生活的环境。在我的职业生涯中，我一直致力于整合研究与教学；在从事学术研究的同时，我也参与各式多样的、有时候还相互冲突的活动，例如不同类别

⊖　陈明哲和米勒（2010，p22）指出，文化双融有下列特点，如："有能力发现其他文化和商业典范的智慧与长处……致力将全球的知识落实到每天的行动上……具有平衡社会公益与个人私利的能力……不断地学习……最终同时达到专业成就与人文精神的巅峰。"

的教学，专业与社群的服务，以及管理实务等。不管在日常生活还是在工作中，我一直非常努力地学习文化双融。这个志向可以追溯到我早期的生活经验。

1. 个人的经历与志向

我在一个最偏远的乡镇出生、长大，我和家人一起住在那里，直到 17 岁才离开。这样的经历让我养成了从边缘（fringes）视角去观察事物的习惯。今天，我的思想与行为仍然深受这种边缘视角影响，但是，我的视野却不狭隘，反而十分开阔。为此，我要特别感谢两位良师的典范与指导：一位是我早年的东方导师，另一位则是帮助我走出学术与职业生涯迷宫的西方导师。这个迷宫就像繁华的纽约之于我偏远的故乡，让我感到无比的新奇与不可思议。

在赴美留学前，我非常幸运能够师从清朝末代皇帝溥仪的宗亲爱新觉罗·毓鋆，在他的门下学习中国经典古籍。毓老师一生都在学习，教书超过 60 年，一直到他 2011 年以 106 岁高寿辞世。在老师的指导下，我有机会阅读了中国历史上 16 位最著名哲学家的原著，这 16 位哲学家所处的年代（前 772—前 221）被认为是中国古代思想的巅峰时期。在这些经典中，《孙子兵法》和无数相关的注解书籍对我日后首创动态竞争理论有着深刻的影响。虽然毓老师对"管理"这个术语相当陌生，也未曾诠释过这个观念，他却教给了我什么叫做人性管理。

来到西方后，我很幸运也很荣幸能在威廉·纽曼教授人生的最后 12 年，获得他的近身指导。威廉曾担任国际管理学会第 6 届主席，不管在学术界还是实务界，他都是一位巨匠。学会享有盛誉的威廉·纽曼论文奖，就是以他的名字命名的。在接受宾夕法尼亚大学沃顿商学院与哥伦比亚大学商学院提供的杰出终身教职前，威廉曾是詹姆斯·麦肯锡创办的咨询公司的要员。

威廉传授给我许多至理名言，其中，有两个忠告我一直铭记于心。第一是，"做你自己，踏实而坚决地攀登正直与尊严的顶峰"。每当我有困惑或职业生涯遭遇艰难挑战时，这个原则总是帮助我清晰地思考问题的本质。威廉让我知道，如何坚持自己的标准，同时又不伤害其他人。第二是，要有远见，能超越现状，去发现别人看不见或容易忽略的问题与事物。从现实的角度来看，这点让我养成了在逆境中发现机会的能力[⊖]。这些生活化的教诲常常让我想起自己的文化传统，事实上，我觉得威廉比我的许多中国朋友还"中国"[⊖]。

图 23-1 并列了我东西方导师爱新觉罗·毓鋆与威廉·纽曼的照片，象征着我个人文化双融思维的起源。

图 23-1　我的东西方导师：爱新觉罗·毓鋆（1906—2011）和威廉·纽曼（1909—2002）

除了这两位良师的深刻指导外，初到美国时的求学经验对我也有重大

⊖ 威廉的务实智慧彰显了一个西方人不熟悉的观点，用中文讲就是"危机"，这个词包含了两个"对立"的词，一个是"危险"，另一个则是"机会"。隐含的意义就是，每一个逆境都蕴藏机会的种子。

⊖ 按照正统儒家的说法，"中国"是一种思维方式，而不是一个依照种族定义的术语。详细内容请参考"四书"中的《大学》。

影响，这些经验不仅奠立了我后来的学术发展根基，也促使我致力于消除东西方的隔阂。20世纪80年代，当我还是马里兰大学（这是愿意录取我的唯一一所学校）新进的博士班留学生时，老师们给予了我极大的帮助。他们关心我的生活，教导我专业技能与人文精神，这对我后来的发展有着深远影响[一]。他们也帮助我学习西方文化与社会习俗的微妙细节与精髓，让我很快适应了新环境。透过他们的协助，再加上我自己的观察与不断练习，我坚定地迈出了文化双融之旅的第一大步。

融贯东西文化是我学术与专业生涯的特色。从马里兰大学毕业后，我相继在哥伦比亚大学、宾夕法尼亚大学与弗吉尼亚大学任教。这些大学的历史都与美国的开国元勋及总统息息相关。可以这样说，我一直位居美国传统的核心。在纽约、费城或夏洛茨维尔（美国弗吉尼亚州的中部城市）工作和生活，让我能够敏锐地察觉汉密尔顿（Hamilton）、富兰克林（Franklin）与杰斐逊（Jefferson）留下的历史遗产。我发现，这些人不仅是他们那个时代的领导者，更走在时代的前面（从历史的角度来看，他们的志向可以说是双融的）。我能够成为一位平衡的管理学者，主要原因之一就是过去在这些学术殿堂[二]的历练。更明确地说，一方面，我在这些学校所经历的各种不同的甚

⊖ 这些学者包括塞缪尔·科兹、艾伦·纳什、法兰克·佩因（已过世）、李·普雷斯顿，以及斯蒂芬·卡罗尔教授、马丁·甘农（Martin J. Gannon）、肯·史密斯、柯提斯·格里姆（Curtis Grimm）、爱德温·洛克与凯瑟琳·巴托尔（Katherine Bartol）。马里兰大学博士班的助理主任玛丽·沃尔德鲁（Mary Waldron）及她的家人，也算是我的导师。

⊖ 这些学校存在相当多有趣的差异。例如哥伦比亚大学与宾夕法尼亚大学沃顿商学院都是研究型院校，但在弗吉尼亚大学达顿商学院，教学是最重要的。在达顿商学院，案例和专著都被视为研究成果；但在哥伦比亚大学和沃顿商学院，只有发表在四本最顶尖期刊上的文章才算研究成果。达顿商学院实施门户开放（open-door）政策，因此，学生任何时候都有权利拜访教师，标示办公室时间（office hours）是一种禁忌，这和传统认为公告办公室时间是一种负责任行为的逻辑反差极大。

至对立的事物，让我开始非常关心学界、企业界及一般人生活中处处存在的隔阂；另一方面，这些历练对我后来从事的各类文化双融活动，也提供了最好的学习舞台。

顺便提一下，几年前我曾受邀在几个大型国际论坛发表演说。不管是在布宜诺斯艾利斯、圣保罗，还是在米兰，西方企业界领袖最关注的议题都是"中国威胁论"。在那次旅行中，我最后一段行程是飞到地球另一端，参加一个在北京举行的会议。会上，郎咸平（被认为是最会挑动群众情绪的中国金融专家/企业名人，有"中国的拉里·金"（China's Larry King）之称）的演讲主题则是"外资企业对中国市场的掠夺"。我发现自己在这些会议中扮演着始料未及的文化双融角色。对西方听众，我向他们解释，在使用"中国威胁论"这样强烈的字眼时，还需要考虑哪些因素。对中国听众，我建议他们在接受其他人关于中国或西方的沉重论断前，也要再三考虑。权衡是否接受其他人的观点是迈向文化双融的第一步，或许也是最重要的一步。

基于"让世界变得更小"（making the world smaller）的人生志向，我一直踏实而坚定地遵守一个儒家传统信条：学行合一与知行合一。在这个信条下，我必须能够整合教学与实务的差异。事实上，我的人生一直在回答一个大问题：我们如何超越"非此即彼"（either/or），达到"两者并存"（both/and），最终实现文化双融？动态竞争是我过去30年的研究重心，它为文化双融在学术领域的应用提供了一个实际的范例。

2. 专业途径：文化双融驱动的动态竞争

动态竞争是战略管理领域本身发展出来的研究主轴之一（Hambrick and Chen, 2008）。随着理论与实证的快速进展（Lamberg, Tikkanen, Nok-elainen and Suur-Inkeroinen, 2009; Markman, Gianiodis and Buchholtz, 2009; Kilduff, Elfenbein and Staw, 2010; Livengood and Reger, 2010; Zhang and Gimeno, 2010; Tsai, Su and Chen, 2011），学术界对动态竞争的关注与日俱增。近期的研究成果是我和丹尼·米勒在2013年提出了一个多面的架构来重新定义动态竞争，并且把研究范畴扩展到竞争企业之间的合作与关系（relational）模式；这个架构考虑了各个利益相关者的需要，目标是所有相关者都在互动中"水涨船高"（raising all boats）（Chen and Miller, 2013）。对我来说，开创、推动这个研究主题，并且见证它从一个现象（MacMillan, McCaffery and Van Wijk, 1985）演变为一种理论观点（Chen, 1996; Chen and Miller, 2012），是一个非常有价值的历程。

动态竞争虽然一直在西方学术界发展，但它的许多内涵却可以追溯到中国哲学或传统的思想体系。例如，"不可逆转"（irreversibility）（Chen and MacMillan, 1992）的概念可以在"破釜沉舟"这句成语里找到。资源转置战略（McGrath, Chen and MacMillan, 1998）与"声东击西"所彰显的间接竞争（indirect competition）智慧相对应。偷袭与选择性攻击（Chen and Hambrick, 1995）攸关"以小博大"的竞争态势。以对手为中心（rival-centric）的竞争者分析视角（Tsai, Su and Chen, 2011）则体现了中国军事家与哲学家孙子的名言"知彼知己，百战不殆"。类似的例子还有很多。如此可知，动态竞争乃是联结中国传统思想与西方社会科学，所形成的一个兼容并整合东西方思想与实务的研究主题。

更根本地说，对偶性（duality）与相对性（relativity）乃是中国哲学的形成基础。在汉语中，"仁"有人性、果核或水果种子的意思。汉字的"仁"由"二"和"人"组成：每个人的存在都与另一个人有关系；"人－我－合"（self-other-integration）的概念——就是把对立的双方（如"我"和"人"）

视为相互依存的两造，合在一起才能组成一个整体（"合"）⊖——则是儒家思想的基石（Chen, 2002）。把这种思想和动态竞争相联结，"我"可以类推为一家焦点企业，或是这家企业所发起的行动，"人"则可以类推为某个竞争对手，或是这个对手所做出的响应。进一步来说，我们也可以把竞争与合作看作一体的两面，他们之间的相互依存关系本质上是双融的，正如竞争 - 合作（competition-cooperation）这个概念所彰显的意义（Chen, 2008）。事实上，对偶性与相对性正是动态竞争的两个核心前提；对偶性为行动与响应的配对关系提供了哲学基础，相对性则是企业间进行两两比较的基石（Chen, 1996）。就是这种关系性的（relational）哲学基础，使察觉 - 动机 - 能力（AMC）及市场共同性与资源相似性（MC-RS）观点不仅适用于竞争的情境，也适用于合作的分析与应用（Chen and Miller, 2013）。

方法论与架构是西方社会科学的全部，西方企业实务的特点则是标准化与量化，因此，许多工具被开发出来以解决实务问题。相对地，拥有悠久文化遗产的华人文化（广泛地代表东方文化），比较相信经验或实际的行动。尽管有这些差异，但两者各有优势。由于动态竞争强调对偶性与相对性，因此，它是中国哲学与西方社会科学的一种双融整合。为了显示动态竞争如何将东方与西方、哲学与科学及学术与实务做最适切的联结，表 23-1 将这种脉络按照四个方面（哲学、理论 / 系统化知识、案例、工具）进行了归纳。

值得一提的是，动态竞争也为管理研究中的微观与宏观（micro-macro）的整合提供了一个深具潜力的平台（Chen and Miller, 2012）。这一点相当重要，因为微观和宏观的分隔一直是管理领域棘手的挑战。

⊖ 互补或相互依存的对立，即"两者并存"这种思想源于中国传统的阴阳概念。西方"非此即彼"的二分法概念始于亚里士多德的互斥逻辑，近代则见于黑格尔与马克思所提出的辩证法。

表 23-1　动态竞争理论：一个双融观点

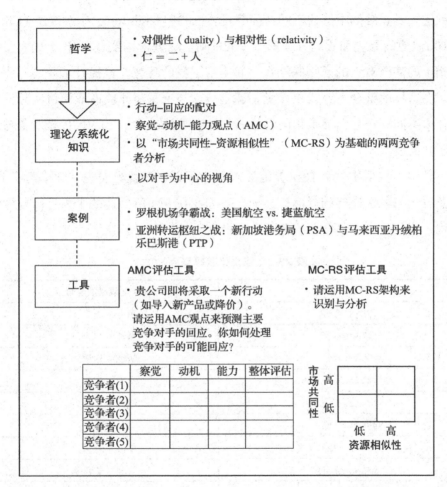

回顾过去，在长达 20 多年的时间里，我一直执着地将西方社会科学范式应用在动态竞争研究中。直到有一天，我才突然发现中国哲学与我所从事的西方社会科学研究之间具有高度关联性，这让我很惊讶，甚至震惊（Chen, 2002）。那时候，我才意识到中国古代思想，尤其是对偶性与相对性，已经对我的研究产生了潜移默化的影响。（题外话，我也突然意识到泰

德·科佩尔这位新闻记者主持的节目对我的帮助。泰德擅长尖锐地提问，我初到美国时，对他主持的夜间新闻节目《夜线》(Nightline) 非常着迷 (Chen, 2010)。他的专业和质问方式影响了我的研究、教学与实务工作。)确实，把不相干的甚至对立的事物联结在一起丰富了我的智慧，也提升了我的专业水平。在这样的整合下，我更发觉，课堂教学与论文写作或商业演讲实际上没有什么不同——它们都是相同的"一"件事 (Chen, 2012)，仅仅是对象与形式不同而已。

总之，生活中处处存在着诸如东方与西方、微观与宏观、学术与实务，以及哲学与科学这样的分隔。然而，正如我在上面所描述的个人经历与专业旅程，这些分隔也蕴藏着双融整合的机会（见表 23-2）。

表 23-2　以文化双融整合对立

对立的两端	文化双融的整合
东方 vs. 西方	东方 – 西方
全球 vs. 本土	全球 – 本土
研究 vs. 教学	研究 – 教学
学术 vs. 实务	学术 – 实务
微观 vs. 宏观	微观 – 宏观
竞争 vs. 合作	竞争 – 合作
主流 vs. 边缘	主流 – 边缘
营利 vs. 非营利	营利 – 非营利
专业 vs. 人文	专业 – 人文

23.2　发展文化双融的组织

几年前，我跟明尼苏达大学的安迪·方德万教授提到，他在 2007 年出版的主张学术互动应该跳出学术疆界的专著《入世的学术》(*Engaged*

Scholarship），它的书名在华人的情境下是冗赘的。因为，相较于西方学术界的"象牙塔"概念，华人学者经常要入世去关怀其他人和社会，透过这种方式将理论转为实务。安迪在书中提到，某些西方学者已经接受了"更广泛、开阔的"的学术概念，他引用 Boyer（1990，p16）的话说："学者的工作也要跳出个人的研究范畴，为理论与实务寻找联结点，并为两者建立桥梁。"事实上，5000 年来，东方学者所扮演的社会角色与所承担的使命一直是神圣的，只有做到"言行一致"的知识分子，才配称为学者。正是这种根植于个人的"热情与仁慈"（passion and compassion）的理想（Tsui, 2013），深刻地影响了整个华人学术界的发展。

我个人所追求的入世学术可以用平衡的学术生涯，也就是研究、教学、实务与服务并重来形容（Chen, 2010）[⊖]。从读博士期间加入国际管理学会开始，我就把文化双融当作个人的学术使命之一，致力于在东方与西方、研究与教学及学术与实务等隔阂之间搭建桥梁。到目前为止，我自己独创或与人合创的组织或活动包括：全球华人管理学者社群（CMSC）及它在中国与世界各地举办的各类活动，如建立学者导师制、全球华人企业发展中心、动态竞争国际论坛，以及王道薪传班。以下逐一扼要地说明这些组织与活动。

1. 国际管理学会（AOM）

毫无疑问，2009 年当选为 2012～2013 年度的国际管理学会主席，是我职业生涯中最感欣喜的荣誉。这个职务提供了独特的机会，让我能将文化双融的想法落实在这个我长久尊敬的机构的知识发展与组织

⊖ 有关研究 – 实务 – 教学的平衡，我要特别感谢以前在哥伦比亚大学任教时的同事和导师，包括唐·汉布里克、卡西·哈里根、迈克尔·图许曼（Michael Tushman）及乔尔·布罗克纳（Joel Brockner）等，他们在我职业生涯初期提供了诸多协助。

运作层面。我也在《管理学会展望》期刊发表了两篇文章（Chen and Miller, 2010, 2011），除了概述自己在主席任期将推动的"东方遇见西方"主题外，也提出了文化双融管理这个观念，以及与它相对应的关系（relational）视角。

2. 2011 年的年会

当我担任 2011 年在得克萨斯州圣安东尼奥举办的国际管理学会年会的议程主席时，我设定的主题是"西方遇见东方：启迪、平衡与超越"。这个主题强调，来自不同国家与文化背景的组织、管理者与学者都需要被启迪，才能平衡差异并超越分隔。更重要的是，我希望强调文化双融的好处不只是超越，更是对立的整合。正如会议议程封面上的图案（见图 23-2）——纽约与上海交相辉映，象征着文化双融整合的无穷潜力。

图 23-2　国际管理学会 2011 年的年会主题"西方遇见东方：启迪、平衡与超越"

2011 年的年会主题主席，哈佛大学的詹恩·瑞夫金（Jan Rivkin）教授在征文稿中详细阐释了这个概念：

本主题可以从两个相关的角度来诠释。在基本的层次上，这个主题要我们去检视……东方崛起（或再崛起）对企业领袖、管理学者及管理学会本身的意义。在更深的层次上……企业领袖与学者如何从实际管理时必然会经历的分隔中得到启迪？我们如何在对立中达到平衡？我们如何超越对立，利用差异来建立优势？

在星期日早上的年会开幕仪式上，我和詹恩打破以往的演讲惯例，改为邀请所有学会社群成员一起讨论一个问题："作为一名研究者、一位老师，当西方遇见东方时，你可以做什么来取其最优，而避其最劣？"我们问这个问题的目的是希望提高学会成员的文化双融意识，以便碰撞出智慧火花，扩展管理研究的范畴⊖。

3. 面临的挑战

国际管理学会目前正处在一个十字路口，三种力量汇集于此：一是快速成长，它要求学会在一个长期存在志愿服务文化的范畴中，进行专业的管理；二是学术与社会的攸关性及专业影响力；三是在面对国际化成长的压力与机会时，如何避免全球各地的学术同僚与专业机构把学会的扩展视为学术资源的垄断。审视学会 2013 年的会员组合，可以清楚发现"西方遇见东方"这个主题在这个时刻具有特殊意义。过去 12 年来，学会的会员增加了 60%，在 19 000 名左右的成员中，有将近 47% 的会员与 40% 的部门领导者来自北美以外的 109 个国家和地区。图 23-3 显示，从 2001 年到 2013 年，学会的

⊖ 这次脑力激荡也为《管理学会杂志》的一期特刊客座编辑 Harry Barkema、陈晓萍（Xiao-Ping Chen）、格里·乔治（Gerard George）、陆亚东（Yadong Luo），以及徐淑英的后续工作奠定了基础，这期特刊已于 2015 年出版。

国际会员与部门领导者⊖的比例不断增加（从2010年开始，这样的态势也出现在理事会中）。

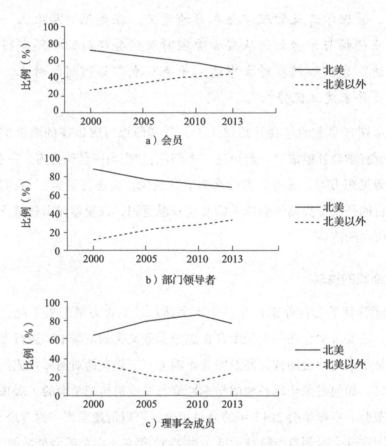

a）会员

b）部门领导者

c）理事会成员

图23-3　国际管理学会的国际化程度逐年提高

　　就像大多数大型的跨国组织一样，国际管理学会也发现自己正面临着独特的全球性挑战。从最根本的层次来说，就是组织内会员结构的变化将如何重塑管理专业与学术目标？基于全球各地对学者与教师角色的期待存在差

⊖　国际管理学会有23个部门和2个专案小组。部门领导者由每个部门执委会中的3～5名成员轮流担任。

异，全球化扩张对研究与教学的使命会产生什么影响？身为学会的一员，我们是当一名旁观者，还是积极的参与者，并对具有全球意义的重要企业议题做出建设性的贡献？

进一步来说，尽管过去相当成功而且成长迅速，但国际管理学会现在面对的不仅是全球化的问题，还有一连串的"文化双融"挑战。作为学会的学术与实务成员，我们如何在丰富的志愿服务传统与精神下，平衡"专业化"和朝"企业化"发展的需要⊖？在我们的个人生活与职业生涯中，如何对东方与西方、全球化与本土化、传统与创新、研究与教学、学术与实务进行最佳的整合，帮助学会成为国际组织的一个典范？不管是基于个人或是身为学会成员的责任，我们如何同时致力于专业成就与人文关怀？最后，我们如何把世界最好的带进学会，把学会最好的推广到世界？

目前，我们已经取得了一些突破性的进展。例如国际管理学会于2013 年在南非约翰内斯堡召开了研讨会（在加纳与卢旺达也举行了教师发展工作坊），这是学会成立 73 年以来首次在北美以外的地方举行会议。同一年，学会也在年会中首次安排一整天的时间举办了教学与学习会议（TLC）⊜。诸如此类的行动都显示，国际管理学会正朝着 21 世纪的前瞻性使命迈进。

4. 非洲会议回顾

一群梦想家和实践家所组成的核心小组，让在非洲举办研讨会的梦想变

⊖ 国际管理学会要大力感谢它的行政总管 Nancy Urbanowicz。谢谢 Nancy 及其 18 年来所领导的团队，他们称职且敬业。坚强有力的管理使专业与志愿精神的双融整合变得可能。

⊜ 这个开创性会议的成功举办要归功于我的继任者 Paul Adler（南加州大学）与 Debra Shapiro（马里兰大学），以及 TLC 的委员 Elena Antonacopoulou（利物浦大学）、肯·布朗（Ken Brown）（艾奥瓦大学）、Claudia Ferrante（美国空军学院）、Jeanie Forray（西新英格兰大学）、Chris Hannah（马里兰大学）、Jim Spee（雷德兰兹大学）与 Toni Ungaretti（约翰斯·霍普金斯大学）。

成了事实（请参见附录23A）。会议的两位联席主席在接受采访时，做了一些反思。史黛拉·恩科莫（Stella Nkomo）（比勒陀利亚大学）从"本土"的视角看见了全球化或文化双融的前景：

> 这次会议有助于增进世界对非洲的了解。我相信加入国际管理学会的非洲学者的人数会不断增加，使学会因而获益……非洲的会议提供了一个相互学习的场合，来自非洲以外的学者听到了他们以前从未接触过的问题，非洲学者也被鼓励跳出非洲的范畴去思考问题。

吉姆·沃尔什（Jim Walsh）（密歇根大学）认为文化双融对国际管理学会面对全球化的挑战与机遇有重大意义[⊖]。

> 我心里浮现出一幅干旱农田的画面，由于干旱，地面处处可见斑驳纵横的裂缝。我想，这样干旱的土地不正彰显着这个世界的分歧和差异吗？我们需要做的就是灌溉、弥合这些裂缝，让这片土地充满生机。当我们在约翰内斯堡一起讨论如何更好地理解与处理在那里碰到的问题与机会时，这些裂缝和分歧就消失了。我认为约翰内斯堡的会议证明了：只要有雨水灌溉，这片土地就能充满生机。

国际管理学会必须持续关注自己的会员，并支持那些让诸如非洲研讨会及教学与学习会议得以实现的幕后启动者与工作人员。

过去20年来，全球的中国管理学博士生与毕业生数量稳定增加，与国际管理学会国际会员增加的速度一致。这个巧合的趋势为我消除东西方

⊖ 附录23A包含更多史黛拉与吉姆的访谈内容。

管理学术的分歧打开了行动的机会之门[⊖]。以下谨列出我已经采取的部分行动。

5. 全球华人管理学者社群（CMSC）

自从我有幸在 1995 年负责国际管理学会企业政策与战略（BPS）部门的博士生论坛开始，培养年轻学者与教育工作者就一直是我专业活动的重心。在东西交汇的背景下，CMSC 从 2006 年在亚特兰大举办的仅有 26 名全球华人学者参与的发展工作坊开始，其规模与人数逐年增长，到了 2013 年，已有 200 多名学者参加当年的活动。在这些学者中，许多人已经卓然有成并在全球各大学里担任领导的角色。

作为一个独立、开放的平台，CMSC 对那些有兴趣追求学术与入世平衡的华人（或说华语的）管理学者，提供辅导方案与服务。这个源自草根、由一群自愿服务的学者组成的团体，基于对东西双融的兴趣而结合在一起，他们以传承为使命，从"中道"哲学发展出团体的核心价值观：正直、和谐、平衡、融合、动态与独立。表 23-3 进一步陈述了这些核心价值观的内涵，并且传达了 CMSC 整合东方与西方、学术与实务的文化双融志向。CMSC 以工作坊为核心，在每年的国际管理学会年会期间，举办诸如重聚（reunion）、研究与教学论坛等活动。除了提供知识性的内容与社会性的支持外，这个社群也紧扣全球本土化（global-local）的主题联结所有志同道合的

⊖ 过去 30 年来，许多学者为东西双融付出了诸多心血。以威廉·纽曼为例，他是 1984 年到中国启动高阶主管与学者发展计划的四名美国学者之一，他一生都致力于中国的管理教育。徐淑英在 20 世纪 90 年代中期抛开她在美国的事业，前往香港科技大学创设了管理系，并且邀请许多西方学者前去访问。2002 年，徐淑英创立了中国管理研究国际学会（IACMR）及其附属的《组织管理评论》期刊，其明确目标就是借由融合西方和东方，来提升华人的学术发展。IACMR 的目标是成为一个平台，号召来自东方（中国）和西方的学者一起交流想法和研究成果，建立合作、伙伴关系，并相互支持。我有幸参加 IACMR 于 2012 年在中国香港地区举行的两年一次的年会，亲身经历了一场令人振奋的学术会议。

伙伴。它为那些在主流之外，或者不熟悉诸如国际管理学会这样庞大和多样化国际组织的新朋友，提供了一个平台。

表 23-3　全球华人管理学者社群（CMSC）的价值观

从"中"或"中道"哲学衍生出我们的核心价值观和指导原则：正直、和谐、平衡、融合、动态与独立
正直（integrity）：我们重视信任、诚实、卓越和人文精神。我们致力于成为满足华人与西方社会及学术与企业团体期望的学术专业人士
和谐（harmony）：我们强调分享、相互尊重、相互帮助及持久的关系。这对我们成为一个不断栽培成员并给予支持的社群至关重要
平衡（balance）：我们追求华人与西方世界、学术和实务，以及职业生涯与个人生活的平衡
融合（integration）：我们珍惜本身的文化传统与学术背景，并且感觉自己正站在一个独特的位置上，能够弥合华人与西方在文化及实务上的差异
动态（dynamics）：我们了解这个社群不断演变的本质。我们将以社群的方式一起成长，并且随着成员的职业生涯的发展而不断地适应他们变动的需求与期待
独立（independence）：我们相信完全的独立让我们能专注地服务社群成员、倾听他们的需求，并且知道如何为他们提供最佳的服务

在 CMSC 活动中，任何种族或少数民族的专业人士都能做出贡献，考虑到国际管理学会长久以来鲜明的美国色彩，这一点更为重要⊖。值得一提的是，信息流动是双向的，不仅从西方流向东方，也从东方流向西方。由于大部分 CMSC 成员常年在北美和欧洲工作，因此，他们对帮助西方教授和同事了解中华文化与体制，也发挥了积极的作用。

6. 其他东西双融的行动

1997 年，在国家教委全国 MBA 教育指导委员会的邀请下，我花了 11 天时间与来自中国 54 个 MBA 项目的管理学者一起交流学习。这个活动具有重大意义，因为这是中国高校自 20 世纪 90 年代设立 MBA 项目以来的第

⊖　即使在我担任主席时学会已经成立 75 年了，当我前往世界各地开会时，我还是经常被称为"美国"管理学会主席。

一个大型培训项目。对大多数与会的中国学者来说，这是他们第一次接触到
西方管理教育，因此，这个工作坊可以说是经过检验的西方管理知识与华人
的创业动力（在企业界和学术界）之间的早期双融界面⊖。在这之后，中国的
管理学术迅速发展，因此，1997 年的工作坊就成了在广大的全球社群中进
行双融学习的先驱。在这两个华人学术群体中，CMSC 采取的是全球本土
化（或由外到内的）视角，而中国的本土群体采取的是一种相对本土全球化
（local-global，或由内到外的）视角。

从 2010 年开始，每年在中国各高校轮流举办的动态竞争论坛已经不断
发现文化双融的潜力。事实上，我 10 年前在沃顿商学院所成立的全球华人
企业发展中心（GCBI），已经具备了文化双融概念与视野的雏形。从 1997 年
到 2001 年，GCBI 在中国和美国召开了一系列座谈会，赞助中国访问学者，
并为沃顿商学院和纽约的国际管理学者与企业从业人员举办论坛和系列讲
座。最近，我和宏碁电脑创办人施振荣先生又创立了王道薪传班（Wangdao
Management Program），这是一个社会企业，目的是培养平衡东西文化的企
业领袖与世界级的全球化企业。（"王道"这个概念在下面的"管理意义"部
会做解释）。

当然，上述行动多少超出了常规，超出了国际管理学会传统的疆界。它
们既不是学术性（至少从美国主流的学术观点来看）或体制化的教学平台，
跟学会的活动也没有直接关联，但它们跟非洲会议有相同的开创精神，不
仅反映了学会所面对的不断增强的国际多元化态势，更呈现了文化双融的
前景。

⊖ 在全球或西方的教育和学术面前，他们是不折不扣的"本地人"。在这些学者中，许多人
现在已经是他们所任职机构的领导人和教育家。2013 年 9 月在清华大学校园（也是 1997
年工作坊的举办地点）我们召开了一个为期 3 天的重聚会议，当年参与工作坊的学者每个
人都带了一位年轻的同事与会。CMSC 在中国本土的活动已经展开，承办未来 5 年重聚会
议的学校都已经就位。

23.3　对研究和管理的启示

成为一个文化双融的专业人士或组织是有迹可寻的。它既需要长期而持续的专注、自我扩展，并且主动积极地投身其中，也需要从更高的格局思考（以学术界为例）：一个"学者"的真正意义是什么？一个学者该如何与其他人、专业社群及整个社会互动？类似这样的文化双融历程对研究与管理都有丰富的意义。以下依序介绍。

1. 对研究的启示

从事一系列的文化双融研究是可行的。从根本来说，学者可以思考"文化双融"及其延伸概念（如"双融整合"）的意义，并且定义什么才是真正的"双融专业人士或组织"；也可以探讨文化双融与其他相关概念，如二元文化论、多元文化论、整体论思维与双元性之间的差异性与关联性。例如，在检视双元性的组织（Smith and Tushman, 2005）与经理人（Tushman, Smith and Binnis, 2011）时，可以研究如何透过双融整合来平衡组织所面对的各个看似对立的议题，如创新与传统、弹性与严密管控，并且克服组织惯性。在文化与组织的哲学层次，可以把东西融合视为一种"破坏性创新"来探讨。

在利益相关者的管理方面，当企业创造出一种能够融合不同观点与做法，且能平衡各种利益相关者需求的组织文化时，可以获得哪些优势（Freeman, Harrison, Wicks, Parmar and De Colle, 2010）？具体地说，有没有可能将股东需求、顾客导向与员工赋权三者做最佳的整合，并且避免最坏的结果？如何将企业之间传统的对立行为（竞争与合作）加以整合（Gnyawali and Madhavan, 2001）？在人力资源管理方面，开发出一套能吸引全球人才并且平衡本土化与全球化需要的人力资源管理系统，有哪些好处（Bird, Mendenhall and Osland, 2010）？在双元学习方面，如何在研究跨国联盟或合作的探索性（exploratory）与利用性（exploitive）学习行为时，导入文化双融观点（Smith and Tushman, 2005）？此外，创业研究者可以探讨整合一个新企业与一个既有企业的价值，家族企业研究者则可以探讨东西方家族企业的最佳实务，或如何整合这些实务（Miller and Le Breton-Miller, 2005）？

在个人层次上，管理者应该如何整合并接受不同文化与实务的对立观点？如何甄选与培养双融管理者（Mok and Morris, 2012）？哪些人应该"追求文化双融"？仅仅跨国企业的管理者或领导人需要，还是包括大企业的专业技术人士与行销人员，甚至全体员工（Schuler, 2011）？在发展双融导向的过程中，文化范畴扮演什么角色？例如中国与印度的双融管理者，或美国和欧洲的双融管理者，他们之间有什么相似点和相异点？当一个特定文化无法支持经理人从事双融管理时，有什么后果（Chenv and Miller, 2010）？

最后，鉴于学会社群的会员结构不断变化，引领世界的学术发展也应该随着组织的扩展同步成长；学者应该被鼓励将世界各地的管理思维注入目前仍以美国为导向的主流研究中。动态竞争研究的双融整合为实现这个目的提供了一种可行的模式。

2. 对管理的意义

（1）双融的组织

将文化双融思想与经营实务结合的企业数量正不断增加。作为一个高度全球化的韩国企业集团，三星充分整合了东方与西方的管理哲学与实务，可以说是一个双融管理的典范（Khanna, Song and Lee, 2011）。林肯电气，这家成立于 19 世纪、总部在美国的焊接设备制造商，提供了另一个令人信服的范例。该公司的双融管理措施包括平衡内部竞争与合作、社会福祉和个人利益，以及传统与创业精神等。哈佛大学出版的林肯电气案例（Fast and Berg, 1975; Siegel and Larson, 2009）一直是我最喜爱的教学案例之一（Chen and Miller, 2010）；不仅仅是因为它牵涉到的主题，也因为学生会从不同的角度解读这个案例。例如，当我在美国用这个案例教企业经理人时，常常听到他们评论"这是最佳形式的资本主义"或"这家公司倡导日本式管理"。相反地，当我对中国国有企业的经理人教授这个案例时，他们却说"这是国有企业的最佳典范"，这应该是一家20世纪60年代的国有企业，或这是现代国有企业的理想。（事实上，还有另一个解读：2012年在广州举行的一个商业论坛中，一位来自以色列的经理人对我说："我追踪林肯电气差不多20年了，我一直认为它是一家犹太企业！"）

（2）文化双融的专业人士

正如林肯电气这样的组织，卓越的文化双融专业人士或"有见地的"的管理者与学者，都具有某些明显的特质。例如对新的思维方式采取开放态度，有能力接纳来自世界各地的想法与实务并且超越隔阂，能够发掘蕴藏在其他文化与商业模式中的智慧与优点，同时，对自己的文化也有比较深入的理解。双融专业人士所展现的观点和技能，使他们能胜任任何组织、地区或国家的工作。他们终生致力于追求专业成就与人文关怀的巅峰，努力寻求社会利益和个人利益的平衡，并且力求实现全面均衡的、有意义的工作和生活。琳恩·佩因（Lynn Paine）（2010，p104）曾经访谈过一些西方与亚洲的企业领袖，她发现双融的专业人士拥有下列显著的特征："他们讲战略但同时也立身实践，为人严谨但也具备创业精神，强调过程但对人也很敏感，注重权威但不忘培育他人，处事坚定而灵活，行动导向但也相当谨慎。"

双融组织与双融专业人士这种既独特又相关的概念，可以透过中国哲学中的"王道"（wangdao）理想来理解与整合（Chen, 2011）。王道这个概念立基于平衡或人－我－合，是一种透过道德而不是力气，来达到一统与成功的理想。执王道的专业人士透过自己的行动、信仰和理念在组织内灌输这种理想。有远见的企业经理人会在组织内创造一个双融的环境；在这里，我特别要提到三位个中的佼佼者，他们是康宁的詹姆斯·霍顿、海尔的张瑞敏，以及京都陶瓷与日本航空的稻盛和夫。这些领导人将双融思维的本质，以整合的、平衡的、关系型的方法运用在管理上。这是一种超越利益相关者范畴、借由服务一个更大"社群"而为组织带来长期成功的战略。

23.4 结论

文化双融提供了一个重视其他文化与传统的架构。但是，只有当我们对本身的"文化"，即我们对事物的基本假定、价值观、伦理观、优势和缺点有透彻的了解时，文化双融才会实现。缺乏这一点，我们就无法充分地理解或珍惜其他文化。在这篇文章中，借由回顾过往的经历，我阐述了个人迈向文化双融的途径。我希望它们能成为一个模式，供那些对文化双融有兴趣的专业人士和组织参考。

回想过往的历练，年轻时研读中国古典著作让我很早就对其他文化产生浓厚兴趣，这些书籍也让我在面对东西方的观念与实务时，找到了看似矛盾的平衡点○。确实，追寻"对立"为我打造了通往智慧之门的钥匙，并且给了我提升个人修为的机会。这种视角的转变对重新审视学者的工作相当重要，它能帮助我们从目标或结果导向的"工作"或"事业"的角度，转向"学习–贡献"的世界观。这种世界观以过程为导向，并且形成一种以学术或人文为两端的贡献光谱。要做到真正的文化双融，就不应该把任何事情视为理所当然，也不能自以为是。任何一个意见或现象，如果它们挑战既有的假设，或者背离直觉和长期持守的信念，或许就是一个能萌发了不起

○　即使离开台湾已经 30 年，我的床头柜仍然放着"四书"（它们是四本必读的中国古典著作：《大学》《中庸》《论语》和《孟子》）。我每天都会阅读，它们给了我不间断的文化双融灵感与志向。

的知识或新颖的观念的种子。在我的职业生涯中，学习文化双融的过程让我了解到，管理就是在处理矛盾和张力（Lewis, 2000; Poole and Van de Ven, 1989），战略则涉及整合和平衡（Wels, 1996）。我在生活中学到一个很宝贵的教训：追求成为一个双融学者或专业人士的过程，不仅可以成就事业（这不需要制定目标，而是自然衍生的结果），也会让人生更丰富。因此，一直以来我很喜欢与同事分享的座右铭就是："把自己置身于过程中（无论是研究、发表、事业或人生），这个过程会带领你往前迈进（Put yourself into the process—research, publication, career, and life— and the process will carry you through）。"

这种看似无法调和的差异能够和谐共存的观念，给了我们一把让世界变得更小的钥匙。文化双融（整合并超越差异）是一幅蓝图，让我们知道如何与我们所生活的社会和平地、繁荣地，并且永续地共处。在某种程度上，这是一个适用于寻求兼顾教学、研究、服务与其他活动的学术专业人士的日常哲学，它也为管理和组织学者提供了一个值得开拓的研究领域。从最高层次来说，借由努力超越日常生活中遇到的对立或矛盾，任何人事实上都可以实现生活和事业的平衡。从终极的角度来看，我希望有一天，文化双融的观点可以被应用到更广阔的领域，从学术与企业专业人士扩展到全人类。

23.5　后记："苏格拉底遇见孔子"

苏格拉底式的个案教学法一般都被认为是"西方的"教导方式。然而，我们在《论语》中却发现，孔子和苏格拉底这两位古代的伟大哲学家，所使用的方法有惊人的相似之处。达顿商学院采用的教学法就是遵从孔子与苏格拉底的教学理念，我相信，重视教学的哈佛大学和其他院校也是采用这样的理念。这种就发生在我的工作场所（学术界）的中西交汇，呈现了另外一种形式的双融整合。

当我在佛罗里达州布埃纳文图拉湖准备 2013 年国际管理学会年会的主席演讲时，延续苏格拉底 - 孔子式（或"泰德·科佩尔式"）的方法似乎完全合乎逻辑。社群对话这个想法不断从我的脑海中涌现出来。在这个一年才有一次机会参与的举世瞩目的盛会中，来自全世界的学者和专业人士聚集在一起，与其我一个人在会上自说自话，不如让数百人展开对话。我认为这样的方法能够发掘更丰富的想法。原因如下。

首先，从我 20 多年前参加学会年会到现在，问答的形式从未被尝试过（虽然我和詹恩·瑞夫金曾在 2011 年的年会中稍稍使用过这种方法）。作为一名一贯在课堂上使用苏格拉底 - 孔子式对话教学方法的教师，我深知这是一种有价值的做法——从对特定的个别听众提问开始，再对整个大会的听众提问，这样的做法是新颖的。对于一个同时存在着共同性与多元性的组织来说，透过这种方法更深入地自我认识，这本身就令人相当兴奋（附录 23B 扼要记录了我问的问题）。

循此脉络，这个新的方法事实上非常契合会议的主题"改变"。我希望它在整个会议过程中，甚至会后，能够留在与会者的心中，并出现在他们的交谈里。如本文前面谈到的，学会在年会前的几个月已经采取一些发展性的（有人可能说，那是革命性的）行动。因此，在主席演讲的单元邀约听众参与，乃是"改变"这个主题的合理延续，更重要的，它体现了包容性。考虑会议（及整个国际管理学会）的庞大规模，因此，关注与会者的"全体参与"极其重要。事实上，作为主席，我认为我的主要角色就是担任学会的"首席社群长"（chief community officer）。

自然地（对我来说则是珍贵的），这种主席演讲方式让我有机会将文化双融的理念以一种群体的、轻松的、分享的对话方式，传播到学会成员之中。我们所处的世界，虽然看起来越来越小，实际上却日益复杂，内部盘根错节。我希望这样的理念（也就是超越差异，将各种不同的声音、观点、思想和文化聚合在一起）能够成为一盏指引世界前行的明灯。最低限度，我希望提供一点养分来激发学会成员思考未来的各类会议。

透过吉姆·沃尔什对非洲会议的观察，我很高兴双融的方法得到了肯定。在吉姆的反思中，我看到了苏格拉底－孔子式的双融经历："我再一次被教导，当你朝着一个重要的目标奋进时，什么是坚持，什么是耐心……我乐观地离开这种体验，知道梦想将能实现。"他的话让我想起了我的已故恩师姜占魁教授（他拥有密歇根大学的组织社会学博士学位），在我30多年前准备启程前往美国时，他希望我永远记住的两个词："决心"（determination）与"坚持"（persistence）。在我个人的文化双融旅程中，这两个词一直伴随着我。我也会用这两个词鼓励那些关心文化的、社会的、专业的或个人的分隔的学者和专业人士，继续走上这个旅程。除非我们迈出第一步并且开启这个旅程，否则我们无法知道自己可以走到多远。相信我，文化双融的奥德赛之旅，前路虽然崎岖不平、充满挑战，却非常有价值而且处处充满乐趣！

附录 23A 2013 年管理学会非洲会议：第一个全球本地化行动

这次非洲会议的成功是双融小组五名成员多年努力的成果，这五个人分别是：比勒陀利亚大学戈登商学院的海伦娜·巴纳德（Helena Barnard）、波士顿学院的菲利浦·莫维斯（Phil Mirvis）、国际管理学会的凯莉·米切尔（Kelly Mitchell）、比勒陀利亚大学的史黛拉·恩科莫（Stella Nkomo），以及密歇根大学罗斯商学院的吉姆·沃尔什（Jim Walsh）。

以下内容摘录自对史黛拉·恩科莫及吉姆·沃尔什的访谈。

对国际管理学会（以下简称管理学会或学会）来说，非洲会议最重要的"一个"成果是什么？

恩科莫： 在此之前，大家一直有一种感觉，管理学会并没有真正接触到非洲管理学者……这次会议有助于增进世界对非洲的了解。我相信加入国际管理学会的非洲学者人数会不断增加，使学会因而获益。这次会议也将加速非洲管理学会的发展和壮大。

沃尔什： 尽管意图很好，但这个世界的许多传统却是根深蒂固的。这次会议不同于以往我参加过的任何一次，这表明我们可以下决心去做一些全新的事……事实上，我们做到了。我知道这件事在学会内部已经产生了影响，也得到了认同。

对管理专业而言，这次会议最重要的"一个"成果是什么？

恩科莫： 与管理专业人士最攸关的是，我们有机会了解情境脉络如何影响管理问题及相应的解决方法。随着全球各地的组织不断朝真正的全球化迈进，我相信约翰内斯堡会议所产生的新知识是有益的。

沃尔什： 实质上，对近 300 名参加约翰内斯堡会议的学者来说，我们带给他们的是将抽象的学术议题具体化、落地化的体验……在会议中，这近300个人开始相互认识，一起发掘值得他们长期关注和投入的挑战。这些参与者的领悟和彼此建立的关系，会永远地改变他们的工作。

双融组织能够从明显对立的双方之中，如东方和西方、本地化与全球化、研究和教学、学术与服务，撷取精华、弥合差异。这次非洲会议对帮助学会成为一个双融的组织有什么意义？

恩科莫：非洲的会议提供了一个相互学习的场合，来自非洲以外的学者听到了他们以前从未接触过的问题，非洲的学者也被鼓励跳出非洲的范畴去思考问题。

沃尔什：如果你问我对这次会议最深刻的印象是什么，我想到的就是闭幕式那一刻——那个晚上我体会到人性的共通点，以及在一起的那些天，当我们一起讨论如何处理我们在南非遇到的问题和机会时，之前设想的差异都消失了。在某种程度上，我们的差异来自我们独特的经历、身份和能力，然而，当我们联结在一起时，这些差异却能变成独特的优势。

附录 23B　2013 年 8 月 11 日陈明哲在国际管理学会年会的主席演讲中提的部分问题[⊖]

1. 对博士班学生及学会的新成员

你为什么来这里？作为 "精一"（The Power of "One"）的拥护者与坚定追随者（Chen, 2012），我会问：你对我今天演讲的 "一" 个期望是什么？"文化双融" 对你有什么意义？你为什么要关心它？

2. 对曾参加过 2011 年年会欢迎早餐会和主席演讲的与会者

你还记得 2011 年年会的主题 "西方与东方相遇" 吗？东方 – 西方这个主题和 "文化双融" 思维有什么关系？你还记得这张 "纽约与上海交相辉映" 的投影片吗？

3. 对爱德·弗里曼（Ed Freeman）（弗吉尼亚大学达顿商学院，2013 年的杰出教育家奖得主）

爱德，你还记得你前天看到我走向停车场时，手里拿了两个杯子，一只手各拿一个吗？（你还对我 "两手中的饮料" 发表过意见。）你知道我一直是一只手拿着咖啡，另一只手拿着茶的。（取得东方 – 西方的平衡。）

4. 对迈克·塔什曼（Mike Tushman）（哈佛商学院，2013 年的杰出学者奖得主）

你还记得我在 1989 年刚加入哥伦比亚大学，参加第一次会议时，你给我的建议吗？那时候的战略小组负责人唐纳德·汉布里克（Don Ham-brick）指定你每半年要评估我一次（你建议我要多在《行政科学季刊》（*Administrative Science Quarterly, ASQ*）而不是《战略管理杂志》（*Strategic Management Journal, SMJ*）上发表文章）。作为一名 "新手" 学者，我一直在 *ASQ* 与 *AMJ* 及组织理论与战略管理的差异——甚至张力——之间猛烈地挣扎。

⊖　译自《管理学会评论》（*Academy of Management Review*）（2014）。

（各种知识与领域之间的张力与调和。）

5. 对唐纳德·汉布里克（Don Hambrick）（宾夕法尼亚州立大学，我以前在哥伦比亚大学的同事和导师）

唐纳德，你还记得我参加的第一次教职员会议吗？由于某种奇怪的原因（具体原因我已经想不起来了），会议定在下午3点零7分开始。当时我迟到了3分钟，而你拿我的台湾时间开玩笑。事实上，你可能不知道中国人的时间概念是长期的。所以……根据我的估算，我实际早到了3个月。（不同文化中的时间概念是不一样的。）

6. 对保罗·阿德勒（Paul Adler）（美国南加州大学马歇尔学院，2013年年会主题的主席）

今年的主题"争论中的资本主义"（Capitalism in Question）与"文化双融"的追求有什么关系？针对市场主导与政府主导的经济（或者，资本主义和社会主义），两者有什么关联性？我们如何调和两者间的张力？

参考文献

[1]　Benet-Martínez V, Leu J, Lee F, Morris M. Negotiating biculturalism: Cultural frameswitching in biculturals with 'oppositional' vs. 'compatible' cultural identities[J]. Journal of Cross-Cultural Psychology, 2002(33): 492-516.

[2]　Bird A, Mendenhall M, Stevens M J, Oddou G. Defining the content domain of intercultural competence for global leaders[J]. Journal of Managerial Psychology, 2010(25): 810-828.

[3]　Boyer E L. Scholarship reconsidered: Priorities of the professorate[M]. Princeton: Carnegie Foundation, 1990.

[4]　Chen M J. Competitor analysis and interfirm rivalry: Toward a theoretical integration[J]. Academy of Management Review, 1996(21): 100-134.

[5]　Chen M J. Transcending paradox: The Chinese 'Middle Way' Perspective[J]. Asia

Pacific Journal of Management, 2002(19): 179-199.

[6] Chen M J. Reconceptualizing the competition–cooperation relationship: A transparadox perspective[J]. Journal of Management Inquiry, 2008(17): 288-304.

[7] Chen M J. Reflecting on the process: Building competitive dynamics research[J]. Asia Pacific Journal of Management, 2010(27): 9-24.

[8] Chen M J. Wangdao Business Leaders (in Chinese)[J]. Peking University Business Review, 2011(8): 40-43.

[9] Chen M J. Using the power of ' one ' as a business practice[N]. The Washington Post, 2012-7-7.

[10] Chen M J, Hambrick D C. Speed, stealth, and selective attack: How small firms differ from large firms in competitive behavior[J]. Academy of Management Journal, 1995(38): 453-482.

[11] Chen M J, MacMillan I C. Nonresponse and delayed response to competitive moves:The roles of competitor dependence and action irreversibility[J]. Academy of Management Journal, 1992(35): 359-370.

[12] Chen M J, Miller D. West Meets East: Toward an ambicultural approach to management[J]. Academy of Management Perspective, 2010(24): 17-24.

[13] Chen M J, Miller D. The relational perspective as a business mindset: Managerial Implications for East and West[J]. Academy of Management Perspective, 2011(25): 6-18.

[14] Chen M J, Miller D. Competitive dynamics: Themes, trends, and a prospective research platform[J]. Academy of Management Annals, 2012(6): 135-210.

[15] Chen M J, Miller D. Reconceptualizing competitive dynamics: A multidimensional framework[J]. Strategic Management Journal (conditional acceptance), 2015, 36(5): 758-775.

[16] Fang T. Yin Yang: A new perspective on culture[J]. Management of Organizational Review, 2011(8): 25-50.

[17] Fast N D, Berg N A. The Lincoln Electric Company. Case No. 9-376-028[Z].

Boston: Harvard Business School Case Services, 1975.

[18] Fitzsimmons S R. Multicultural employees: A framework for understanding how they contribute to organizations[J]. Academy of Management Review, 2013(38): 525-549.

[19] Freeman R E, Harrison J, Wicks A, et al. Stakeholder theory: The state of the art[M]. Cambridge: Cambridge University Press, 2010.

[20] Gnyawali D R, Madhavan R. Cooperative networks and competitive dynamics: A structural embeddedness perspective[J]. Academy of Management Review, 2001(26): 431-445.

[21] Hall E T, Hall M R. Understanding cultural differences. Yarmouth, ME: Intercultural Press, 1990.

[22] Hambrick D C, Chen M J. New academic fields as admittance-seeking social movements: The case of strategic management[J]. Academy of Management Review, 2008(33): 32-54.

[23] Hofstede G. Culture's consequences: International differences in work related values[M]. Newbury Park: Sage, 1980.

[24] Jay J. Navigating paradox as a mechanism of change and innovation in hybrid organizations[J]. Academy of Management Journal, 2013(56): 137-159.

[25] Khanna T, Song J, Lee K. The paradox of Samsung's rise[J]. Harvard Business Review, 2011, 89(7-8): 142-147.

[26] Kilduff G J, Elfenbein H A, Staw B M. The psychology of rivalry: A relationally dependent analysis of competition[J]. Academy of Management Journal, 2010(53): 943-969.

[27] Kroeber A L, Kluckhohn C, Untereiner W. Culture: A critical review of concepts and definitions[M]. New York: Vintage Books, 1952.

[28] Ku H M. The conduct of life, or, the universal order of Confucius[M]. London: John Murray, 1920.

[29] Lamberg J A, Tikkanen H, Nokelainen T, et al. Competitive dynamics, strategic

consistency, and organizational survival[J]. Strategic Management Journal, 2009(30): 45-60.

[30]　Lewis M W. Exploring paradox: Toward a more comprehensive guide[J]. Academy of Management Review, 2000(22): 110-141.

[31]　Li P P. Toward an integrative framework of indigenous research: The geocentric implications of Yin-Yang Balance[J]. Asia Pacific Journal of Management, 2012(29): 849-872.

[32]　Liu L A, Friedman R A, Barry B, et al. The dynamics of consensus building in intracultural and intercultural negotiations[J]. Administrative Science Quarterly, 2012(57): 269-304.

[33]　Livengood R S, Reger R K. That's our turf! Identity domains and competitive dynamics[J]. Academy of Management Review, 2010(35): 48-66.

[34]　MacMillan I C, McCaffery M L, Van Wijk G. Competitor's responses to easily imitated new products: Exploring commercial banking product introductions[J]. Strategic Management Journal, 1985(6): 75-86.

[35]　Markman G D, Gianiodis P T, Buchholtz A K. Factor-market rivalry[J]. Academy of Management Review, 2009(34): 423-441.

[36]　McGrath R G, Chen M J, MacMillan I C. Multimarket maneuvering in uncertain spheres of influence: Resource diversion strategies[J]. Academy of Management Review, 1998(23): 724-740.

[37]　Miller D, Le Breton-Miller I. Managing for the long run[M]. Boston: Harvard Business Publishing, 2005.

[38]　Mok A, Morris M W. Managing two cultural identities: The malleability of bicultural identity integration as a function of induced global or local processing[J]. Personality and Social Psychology Bulletin, 2012(38): 233-246.

[39]　O'Reilly C A, Tushman M L. In press. Organizational ambidexterity: Past, Present and Future[J]. Academy of Management Perspectives, 2013, 27(4): 324-338.

[40] Paine L S. The China Rules: A practical guide for CEOs managing multinational corporations in the People's Republic[J]. Harvard Business Review, 2010(88): 103-108.

[41] Parekh B. Rethinking multiculturalism: Cultural diversity and political theory[M]. Cambridge: Harvard University Press, 2000.

[42] Poole M S. Van de Ven A H. Using paradox to build management and organization theories[J]. Academy of Management Review, 1989(14): 562-578.

[43] Schuler R S. Global managers and global competencies: An ambicultural approach to management and leadership[Z]. annual meeting of the Academy of Management, San Antonio, TX, 2011.

[44] Siegel J I, Larson B Z. Labor market institutions and global strategic adaptation: Evidence from Lincoln electric[J]. Management Science, 2009(55): 1527-1546.

[45] Smith W K, Lewis M W. Toward a theory of paradox: A dynamic equilibrium model of organizing[J]. Academy of Management Review, 2011(36): 381-403.

[46] Smith W K, Tushman M L. Managing strategic contradictions: A top management model for managing innovation streams[J]. Organization Science, 2005(16): 522-536.

[47] Swidler A. Culture in action: symbols and strategies[J]. American Sociological Review, 1986(51): 273-86.

[48] Taylor C. The multicultural organization. Academy of Management Executive, 1991(5): 34-47.

[49] Tsai W, Su K H, Chen M J. Seeing through the eyes of a rival: Competitor acumen based on rival-centric perceptions[J]. Academy of Management Journal, 2011(54): 761-778.

[50] Tsui A S. 2012 Presidential address—On compassion in scholarship: Why should we care?[J]. Academy of Management Review, 2013(38): 167-180.

[51] Tushman M L, Smith W K, Binns A. The ambidextrous CEO[J]. Harvard Business Review, 2011(89): 74-80.

[52]　Van de Ven A H. Engaged Scholarship: A guide for organizational and social research[M]. Oxford: Oxford University Press, 2007.

[53]　Wels H. Strategy as paradox and paradox as strategy, images of and paradoxes in Chinese culture: Expartriate managers in Sino-Western joint vetures[M]. Koots W, Sabelis I, Ybeama (Eds.) S, Contradictions in context: Puzzling over paradoxes in contemporary organizations. Amsterdam: VU University Press, 1996.

[54]　Zhang Y, Gimeno J. Earnings pressure and competitive behavior: Evidence from the U.S. electricity industry[J]. Academy of Management Journal, 2010(53): 743-768.

第 24 章

文化双融

给管理者和企业的一个指南

原文出处 Chen, Ming-Jer; Tucker, Charles. 2015. Becoming Ambicultural: A Guide for Managers and Organizations. Technical Note S-0253. Charlottesville, VA: Darden Business Publishing.

现今世界，错综互联，差异对立性为史上之最。在这样一个全球化与碎片化并行、充满悖论的世界，管理者和企业如何能在复杂多变的商海之中顺利航行？

我的管理观念与传统管理观念有所不同。我从文化双融的角度来思考管理。2013 年，我在国际管理学会的主席演讲中，提出这样一个观点：无论是在商业领域还是其他方面（如工作乃至人生），都可以成功运用文化双融这一理念。

文化双融的核心在于：一件事或者一个观点，如果冲击了人们既有的前提假设，或颠覆了人们的直觉与信仰，那么，它往往孕育着新的领悟与认知。践行文化双融理念的组织和高管不能只是简单地包容不同的想法和行为，还需往前再迈一步，即跨越各方的壁垒，将原本彼此对立的理念（如竞争与合作、东方与西方、中国式与美国式的商业理念和战略）整合起来，这也是本文的重点所在。这些组织和高管在规避不同文化、理念和实践的缺陷的同时，还要对其各自的优势予以整合。

对于具备上述特质的东西方商界领袖，我们可以清晰地勾勒出他们的轮廓。同样，那些采取文化双融理念的组织也独具特质。以林肯电气为例，这家公司便是将竞争与合作融为一体，并平衡所有利益相关者的诉求。这些范例，我们将在后面进一步讨论。

现今世界需要一个能够采纳、行践和传播新思想和新理念的企业，而我们也需要具备整合性思维能掌控全球复杂性的企业管理者。这对践行文化双融理念的管理者或公司有何意义？

本文首先思考这一理念的基础，然后讲述一段文化双融之旅，并结合商业实践案例，说明企业和高管如何将这一理念付诸行动。尤其是，作为战略研究领域一个蓬勃发展的子领域，动态竞争理论的不断发展，体现了东西方管理理念与思维的结合，具有重大意义。最后，我们会思考文化双融的两大作用，一可填平鸿沟，二可简化商界及其他领域的复杂性。

24.1　文化双融的起源与本质

东方传统思想为理解文化双融的起源提供了一个框架。孔子倡导"中"（或中庸）的价值观，这是一种强调均衡与整合的哲学，它让人们超越工作和生活中的悖论。这个概念本身蕴含了文化双融思维的核心：二元性和相对性。这两个核心观点也蕴含在"仁"这个字中。"仁"既可指果仁，也可指人性。仁＝二＋人，也就是说，没有人可以脱离他人而独存于世。

除了"中"和"仁"之外，文化双融这一思维还整合了阴阳或正反互补等概念，再次意味着一种平衡，"中"也可表示为"动态平衡"。2000 年后，西方的托马斯·杰斐逊（代表着矛盾对立统一）把握了文化双融思维的精髓："随着新发现的出现、新真理的揭示，方法和看法随环境的变化而变化，大

大小小的组织也必须不断向前发展，与时俱进。"⊖

在我们所处的这个时代，文化双融不断吸收地缘经济文化，诸如东方与西方、全球和本土等。更广泛地说，它是对一系列二元对立面进行整合。按此思维方式，任何两个实体都可以超越它们的不同之处，这首先需要了解和欣赏他人的文化，然后再将自己的文化与他人文化进行桥接与融合。

这里，先简要回顾一下文化的意义，以助于后面的讨论。从最广泛的意义来说，文化涵盖思维、行为和交流。不同的文化可按地域来区分（例如东方与西方），按领域来区分（如公司和非政府组织），按业务来区分（如制造和高科技），按公司职能来区分（如财务与营销），按职业来区分（如学者和商界人士），以上仅胪举数例。依照儒家传统，"文化"涵盖了人类所有的活动，而且受到不同情境的影响。在不同的情境下，不同的文化会以不同的方式影响文化双融。

文化双融理念如何呈现？从最本质的意义来讲，它强调"两者并存"的整合，反对"非此即彼"的孤立或对立。它剔除文化糟粕，同时，在社群、企业、社会这三个层面，将各种文化的精华进行综合与优化。我的生涯（无论是生活还是工作）就是一段通联东西的文化旅程，可视为一个案例。

24.2 我的文化双融之旅

我在一个偏乡长大，不过幸运的是，那时我的床头摆放着一些中国经典著作，比如"四书"这样的儒家典籍。研习经典，特别是价值亘古不变的世界经典，让我发自内心地愿意去了解他者文化，树立起毕生追求文化双融

⊖ 孔子－杰斐逊的联结可被视为是一种文化双融的二联体，这个二联体涵盖数个维度——至少包括地理与历史时代，这是因为这两位大思想家从多维角度探讨了诸多彼此对立的领域，正如杰斐逊一样，许多学者认为，孔子的最大贡献在于将哲学与科学结合在一起。

的志向。那时，我寻找各种差异，对不同的视角保持开放的心态，这为我在东方与西方的观念和实践之间寻求一种略带悖论意味的平衡奠定了基础。

一路走来，两位大师一直在帮我缩短这段旅程，他们是爱新觉罗·毓鋆和威廉·纽曼。

毓老师是中国末代皇帝的宗亲，我赴美留学之前，有幸师从于他，涉猎了中华文明巅峰时期（即公元前 8 世纪至公元前 3 世纪）的经典著述。我沉醉于研读孙子的著作，这段经历对我后来从事动态竞争理论研究影响深远。

到美国后，我师从威廉·纽曼教授。教授的后半生，一直给予我谆谆教诲。纽曼教授是管理学巨匠，活跃于多个学术组织，执教于沃顿商学院和哥伦比亚商学院，曾任国际管理学会第 6 届主席，此外，他早年还投身商务实践，初入商海时曾得到麦肯锡咨询公司创始人詹姆斯·麦肯锡的提携。纽曼教授给我两点建议，让我受益终身：一是矢志不渝地做到最大程度的诚信和正直；二是超越可见的景象和肤浅的表面，尽力看得更远。纽曼教授对中国式思维和管理理念（他在很多方面比我的很多中国朋友还要"中国"）怀有浓厚的兴趣，在当代东西文化桥接的早期阶段，他是一位追求文化双融的先行者，也是集大成者。纽曼教授与毓老师一样，潜移默化地引导我去领悟文化双融，桥接东西文化。

1. 采用文化双融理念的组织和专业人士的概况

那些践行了文化双融理念的管理者与企业，有何特质？我们整理如下：

（1）承认一个事实：无论是西方还是东方盛行的商业模式，没有哪一种可以独立应对全球化的挑战；

（2）全球化背景下，专业人士和组织必须要有能力去协调多样的甚至是彼此冲突的社会需求、地缘政治需求、环境需求以及人类自身的需求，以便超越它们之间的差异；

（3）对各种新兴的甚至彼此完全抵牾的范式、实务和思维保持开放的态度；

（4）主动去理解隐匿于他人文化和组织背后的智慧与优势；

（5）以整体和道德为两大指导原则；

（6）对有别于自身的他人怀有同理心；

（7）在日常决策和行动中整合不同的视角，拥有全球意识；

（8）平衡看似冲突的利益需求（如公共利益和自身利益）；

（9）接受各种观点和实践（如信托关系和法律关系）；

（10）致力于终身学习，努力和他人分享知识与经验，实现可持续增长和共同发展。

2. 践行文化双融的组织

按照我心中的理想标准，一家采取文化双融理念的公司既不是现代西方科技公司，也不是志存高远、承载传统东方价值观的亚洲公司，而是 19 世纪成立于俄亥俄州的一家制造业公司：林肯电气。哈佛商学院有一个研究焊接设备制造商的经典案例，里面专门谈到林肯电气的管理和战略。纵观其历史，这家公司一直在坚持这些管理和战略。

不过，我之所以将此案例放入我的 MBA 和 EMBA 的教学大纲，还出于另外一个原因：在我看来，林肯电气的持续成功，很大程度上是因为这家公司拥有文化双融的基因。这家公司的商业实践背后存在明显的文化双融的理念，就像清澈的溪流中的鹅卵石那样显眼。对于如今的商业人士而言，这一价值等同于或者说远超过林肯电气在管理和战略上给商学院的启迪。

林肯电气经历过两次世界大战、经济繁荣与衰退、技术进步和美国制造业下滑、全球化和商业环境的剧变，但它坚定地借助以下手段，保持传统和创新的平衡：

（1）坚持内部发展，与员工分享利润，给员工的补偿金高于行业平均水平；

（2）采取以计件制为基础的激励机制，促进员工之间的竞争，同时推行终生聘用制；

（3）让员工拥有公司的所有权；

（4）保障利益相关者（包括员工、合作伙伴、顾客、供应商和经销商等）的共同利益；

（5）与竞争公司（如在第二次世界大战时期）分享其自主研发的技术；

（6）营造一种整体的共同文化，其背后的驱动力是员工之间的竞争文化。

解读林肯电气的故事，我们发现这是一家践行文化双融的公司。我听到有美国高管做出这样的评价，"这是资本主义的典范"，接着又说，"这家公司体现了日本式的管理理念。"不过，当我在中国提到这个案例后，中国的国企管理者们却对我讲，"林肯电气是我们的国有企业。要是在20世纪60年代，这家公司或会成为一个标杆。"而在广州举行的一次商务论坛上，有位以色列高管大呼，"我追踪了林肯电气近20年，一直认为这家公司是犹太人开的！"

其他类似的组织还包括康宁（一家主营玻璃和建材的美国公司）、宏碁以及海尔等。这些公司秉持了可持续发展理念，若追根溯源，可归结于它们的竞争观。每一家公司都依靠大量的利益相关者，不仅包括顾客和供应商，甚至包括竞争对手，以及更大范围的社群。在这样的组织中，所有员工都得到了平等对待，都被视为宝贵的、潜在的创新源泉。在这些公司中，像"无领导的领导力""创业者集聚""人人皆为CEO"等理念也被付诸实践。

在这些公司，高管所展示出来的是一种整合式、关系型的管理理念，并将其贯彻到各层级。这里，有一点很重要，那就是上层管理团队有长远的眼光：整合式、关系型的管理理念，是一种可确保持续成功的战略，其影响绝不止于利益相关者这个圈子。以上这些便是践行文化双融理念的领导和组织的所有标志。

我与东西方的企业有不少交流互动，得出了这样一种主观印象：采取文化双融理念的组织正在不断增多，并且由于一些现实的原因（如果不是纯粹追求理念的话），数量还将继续增长。

24.3 践行文化双融理念的专业人士

践行文化双融理念的专业人士除拥有前述的十大特质之外，还竭力更加深入地理解他们自己的文化，这也使得这些专业人士在超越性思维的螺旋式上升中会接受他者文化。他们一是掌握了可确保自身在任何组织、行业或国家/地区都能顺利工作的理念和技能；二是拥有真诚的意愿，愿意努力使自身职业能力得到最大提升，人性得到最大升华；三是拥有一种渴望，希望实现职业和生活的平衡。⊖代表人物包括海尔集团主席张瑞敏、西南航空公司联合创始人赫布·凯莱赫、日航董事长稻盛和夫，以及新加坡"国父"及前总统李光耀等。

⊖ 哈佛商学院琳恩·佩因教授确定了亚洲和西方成功践行文化双融理念的商界人士所应具备的一些特质："他们不仅拥有战略意识，而且身体力行；虽讲究纪律，却锐意进取；虽强调过程，却又关注员工感受；虽强调权威，却乐于提携才俊；虽坚持原则，却富于弹性；虽以行动为导向，却虑周藻密。"（《琳恩·佩因，全球：中国规则》，《哈佛商业评论》，2010 年 6 月）

文化双融的实践

MBA 毕业生时常会将他们的实践心得告诉我，从中可窥见文化双融理念的具体运用。有位 MBA 学生从达顿商学院毕业后一直从事国际商务，目前是 IBM- 东芝联营企业的合伙人。他在电子邮件中描述了自己的一段经历，反映了文化双融主义者的一些特质，包括文化理解和跨越文化差异的意识。该邮件原文如下：

> 最近因出差，去了不少国家，也到过好几个洲。您的文章⊖已经翻旧了，它伴随着我的每段旅程，是我沉思和力量的源泉。不久前，我从东京回国。在东京的时候，我有时在公司工作，有时则陪同一位美国大客户。我经常发现，每次介绍自己的角色时，我都完全采取关系式解释。我的工作是为双方提供帮助，让一方能够从另一方获取最大利益。我的身份是复杂的，既是局外人，也是局内人，虽然有些风险，但也能创造机遇。现在，我正努力地、尽可能多地接受这一现状。⊜

此外，许多 EMBA 学员也讲述了个人的切身体验，可以说明行动中体现出来的文化双融。有位学员称，1995 年，他在克罗地亚执行国际维和任务，这项任务要求参与者要懂得了解他人，心胸开阔，乐于接受不同，不断学习。他的体会如下：

> 说起文化双融，最好的例子莫过于那时候对各国维和力量进行部署。抵达克罗地亚后，我的首个任务就是和伙伴国

⊖ 那是我的一篇期刊文章，根据 2013 年我在国际管理学会上所做的演讲写的。
⊜ 引自陈明哲接收的电邮（2015 年 6 月 26 日）。

家建立工作联系。每个国家的军事组织的背后都有着某种特
定文化，而潜在的不信任引起的怀疑主义，则加深了这种特
定文化。很明显，为了能够完成工作，得到同人的信任，我
必须得完全理解他们的文化，包括他们心目中对我这个美军
代表的心理预设。我们有分享、沟通的纽带，可能会以开放
的心态去接受彼此的文化，怀疑之心需要互信才能消除，以
便进一步增进关系。

也正是在那一时期，《代顿和平协议》签署，要求各方进
行大量的信息交流，以确保协议得到遵守。如果没有之前与
各国代表所建立的信任与良好的关系，我是无法成功地履行
维和任务的。这些年来，我一直牢记这段经历。[⊖]

还有位学员，他的父亲曾在塔塔（Tata）公司工作，那是印度的一家大
型联合企业，产品从汽车到肥皂，不一而足。这位学员对塔塔公司从福特汽
车公司收购捷豹路虎业务这一案例进行思考，发现塔塔公司在适应全球化、
适应印度转向开放经济体的过程中，体现出讲究融合和均衡的特征。

塔塔决定践行文化双融的理念，这家公司并没有将印度的理念强行塞给
西方，而是让自身去面对新的思维方式，接受来自西方的观念与最佳实践。
塔塔公司带来了印度在关注顾客和员工方面的成功经验，这与捷豹路虎所采
取的"掉头计划"不仅吻合，更是一种有益补充。塔塔有意识地不去打破那
些运行良好的规章制度，同时还将西方新近出现的一些有利于创新和减少运
营成本的好办法带回印度。

在学术领域，一所中国顶尖大学的研究生院美国主任（他也是我在美
中关系全国委员会的一位旧相识）也提到了他所在的组织中存在的文化双融

⊖　引自陈明哲 2015 年达顿商学院 EMBA 暑期项目战略班同学递交的一份课程论文。

现象：

> 直至读到你的演讲稿，我才了解了你所定义的文化双融
> 主义。我喜欢这个提法。我对你并不了解，但我发现，比起
> "文化双融"这个中国表述，英文术语显得更加贴切，更加有
> 用。谢谢你，让我了解到你更多的著述。我发现，你的观点
> 不仅在学术上有趣，而且对我（所在院系）的工作有明显的
> 针对性帮助。[⊖]

24.4 "无声与有声"：动态竞争理论的研究个案

动态竞争理论的研究聚焦于两家企业的行动和响应的攻防互动。作为管理学和战略学一个相对较新的子领域，动态竞争理论是一个强有力的案例，说明了不仅可以在学术界运用文化双融理念，而且可以将这个理念推广至商业领域。我研究动态竞争，前后持续了 30 年，从早期发表基础性论文，再到最近出版专著，将研究领域拓展到合作型和关系型竞争（后面将讨论这个方面）。这一研究进展反映出这样一个趋向：动态竞争理论整合了东方哲学与西方社会科学，丰富了我们对战略以及隐匿于竞争背后的行为主义理论的理解。那么，东方与西方的联结究竟在何处？

首先，得回顾二元性这个概念，正如我们在之前所讨论的那样，二元性是中国经典哲学思想的一大支柱，我们认为，这一思想为"行动 - 响应"学说（动态竞争理论的一部分）提供了概念基础。

其次，是相对性，这是东方哲学的另一大支柱，它构成了在战略维度上进行成对比较（如市场与资源）的基础，而这正是动态竞争理论的另一部分。

⊖ 引自陈明哲接收的电邮（2015 年 6 月 30 日）。

另一个来自东方的观念也启发了动态竞争理论，即"人－我－合"，这个观念将两个对立面视为彼此互相依赖的统一体。在动态竞争理论的视域下，"我"是一家焦点公司，抑或说是由该公司发起的一个行动，而"人"对应的是一个竞争对手（和／或合作伙伴），抑或说是来自对手公司的一个响应。

如今，我已廓清这些联系。离开台湾后很长一段时间，我将中国哲学研究搁在一边，钻研社会科学时坚持采用西方的研究模式。直到有一天，我无比清晰地意识到，传统的东方思维不仅与现代商业相关，而且与我当时正从事的西方式研究也相关。这一发现令我深感惊讶。在开拓动态竞争这个另辟蹊径的学术领域数年后，我终于迎来了茅塞顿开的时刻。动态竞争这一领域正在发展，新近的理论成果与我所提出的"超悖论"（transparadoxical）这个概念（该概念可能最终会被归入文化双融的研究范畴）有所重合。2002年，我在一篇公开发表的文章中提到，"对立面之间的互动关系类似于无声与有声之间的相存关系——它们是不可分割的，一旦离开对方，则变得毫无意义。从本质上来讲，平衡关系到整体性，在更大的整体中，个体的二元对立性、多极性和互补性各得其所。"

常言中的"点亮时刻"来到，文化双融与动态竞争的联系开始成形：处于竞争互动关系中的两家公司（如二元对立者或互补者）将不时地管理两者的关系，而动态竞争（涉及竞争与合作）从本质讲是关系型的。事实上，动态竞争理论的两大核心概念时常被用于竞争对手分析或合作者分析：察觉－动机－能力以及市场共同性－资源相似性。

因此，依我所见，动态竞争理论主要研究行动中的文化双融现象。当前，在动态竞争领域与东方思想衔接方面，已经有了革命性的进展，我和同事丹尼·米勒研究员引入了这一观点：关系型的竞争超越了竞争本身，从而将竞争转化为合作。与一般人所持的竞争观（即竞争与合作独立存在，独立

发生）不同的是，动态竞争理论视域下的关系型或文化双融型竞争观将竞争与合作视为相互依存的对立面。[⊖]

24.5　跨越疆界的文化双融

当今，人类社会的差异处处可见，表现为政党多极化、发达经济体与新兴经济体、相互倾轧的族群；以及"不惜一切代价也要最终胜出"的竞争对手。不过，只要存在分裂和不合，我们便有机会运用文化双融的理念进行整合。人类从未像现在这样渴望在文化理解与合作中出现一股统摄力量，这样，我们就有可能消除误解，让看似无法调和的差异可以和谐共处，并能以互尊互重的精神去构建联盟。这一观点是践行文化双融的关键。

在商业领域，是时候在美国和中国这两个全球主导性经济体之间推行双向学习了。能否成功创立一个可实现动态平衡的国际化商业模式，取决于我们能否将西方和东方的文化与实践整合起来。文化双融的理念可以完美地整合这两大模式。有了基于文化双融理念的管理，包括管理者、决策者、顾客、员工、合作者在内的各利益相关方，不同的文化，不同的社群、组织和国家都将有机会确立长远的关系，共谋长期的利益。

让世界变得更小。我投入了职业生涯中的大量时间，致力于实现这个唯一的目标，致力于填平那些将人与人分隔、让组织彼此各自为战的鸿沟，致力于促进文化间的互谅互解，致力于让看似毫无联系的地方变得互联互通。文化双融是一种思维模式，也是一个实用工具，我们可以将其运用到所有领

⊖　关于比较的说明：动态竞争理论对竞争和战略的看法与迈克尔·波特所提出的著名的"五种竞争力量"方法论存在根本的区别。宽泛地说，五种竞争力量方法论采取的是一种宏观分析法或行业组织分析法，在这些分析法中，公司间的竞争是其中一个要素。动态竞争理论源自于人们对两个公司间的行动和反应的成对交换所做的具体研究。正如前面所讨论的那样，动态竞争理论的研究范围已经大幅度拓展，例如已经拓展到关系型竞争的研究。

域。文化双融是一个跨越差异、整合对立的持续过程，是我们在从事商业实践乃至实现所有人生追求的过程中，为获取平衡和持续进步而需采取的一条路径。

参考文献

[1] CHEN M J. Competitor Analysis and Interfirm Rivalry: Toward a Theoretical Integration[J]. Academy of Management Review, 1996, 21: 100-134.

[2] CHEN M J. Transcending Paradox: The Chinese "Middle Way" Perspective[J]. Asia Pacific Journal of Management, 2002, 19: 179-199.

[3] CHEN M J. Reconceptualizing the Competition-Cooperation Relationship: A Transparadox Perspective[J]. Journal of Management Inquiry, 2008, 17: 288-304.

[4] CHEN M J, MILLER D. West Meets East: Toward an Ambicultural Approach to Management[J]. Academy of Management Perspectives, 2010, 24(4): 17-24.

[5] CHEN M J, MILLER D. The Relational Perspective as a Business Mindset: Managerial Implications for East and West[J]. Academy of Management Perspectives, 2011, 25(3): 6-18.

[6] CHEN M J, MILLER D. Competitive Dynamics: Themes, Trends, and a Prospective Research Platform[J]. Academy of Management Annals, 2012, 6 (1): 135-210.

[7] CHEN M J. Becoming Ambicultural: A Personal Quest— and Aspiration for Organizations[J]. Academy of Management Review, 2014, 39(2): 119-137.

[8] CHEN M J, MILLER D. Reconceptualizing Competitive Dynamics: A Multidimensional Framework[J]. Strategic Management Journal, 2015, 36: 758-775.

[9] CHEN M J. Competitive Dynamics through an Ambicultural Lens: Bridging Chinese Philosophy and Western Social Sciences[Z]. 2015.

[10] PAINE L S. The Globe: The China Rules[J]. Harvard Business Review, 2010, 88(6): 103-108.

第 25 章

以文会友

群友的回馈与共勉

正襟危坐读文化双融

彭台光（义守大学教授）

"我的朋友"陈明哲教授 2012～2013 年担任国际管理学会（AOM）主席，在 2013 年会主席专题演讲中，他以"文化双融"为题，分享在个人成长和学术追求的道路上，以及在组织经营上，不断致力于融合对立文化的过程。这次的演讲稿经过润饰和延伸，刊登在今年《管理学会评论》的第 2 期上。

学报主编，"我的朋友"蔡维奇教授交代我对明哲的这篇文章写个回应。其实中国学者可以写回应的很多，但想到主编位高权重，于是恭敬不如从命，我姑且提笔。

于是，把这篇大作很仔细地拜读了。我明白了，明哲讲的文化双融固然指的是融合东西文化，但还包括融合其他对立的概念或元素，例如理论和实务、产和学、竞争和合作、科技和人文、主流和边缘、王道和霸道、微观和宏观、长期价值和短期绩效、全球和本土等。

第一部分，他谈个人的成长、学习、研究如何成为文化双融的过程，在台东长大，到台北上大学，并受教于爱新觉罗·毓鋆（人称"毓老师"），深研中国经典哲学；随后负笈马里兰大学博士班，接受威廉·纽曼指导，学到做人和做学问的坚持。由于长期浸淫在东西方文化里，他随后发展出的动态竞争理论，看似西方管理学术的果实，其实深受东方传统哲学思想的影响，他用了不少篇幅指出，动态竞争融入了许多儒学、《易经》和《孙子兵法》的精髓。明哲还特别说，虽然毓老师不懂管理，但毓老师教导他管理要注入人文精神。

第二部分，以自身经验谈经营组织的文化双融，从 AOM、全球华人管理学者社群、王道薪传班、动态竞争国际论坛等，我们可以看到他身为组织负责人的理想和实践。其中最有意义的一件事是明哲以年会主席（program chair）的身份，决定 2011 年年会的主题为"西方遇见东方：启迪、平衡与超越"，希望唤起管理学界对文化双融的省思。读者最感兴趣的或许是 AOM 的迅速"非美国化"。为了因应 AOM 快速国际化，他说，AOM 于 2013 年破天荒在南非主办了研讨会和工作坊，获得颇大的反响。

在第三部分，提出文化双融在学术研究和经营管理上的意义。研究方面，除了提出一连串的研究问题之外，明哲表示，组织研究固然仍将以美国为主流，但实有必要注入来自全球各地的本土元素。在经营实务方面，明哲强调文化双融就是人文精神的展现，也就是王道理想的实践。最后，明哲说到过去 AOM 年会的主席演讲少有机会有互动，但他决定 2013 年的演讲不循传统，要以苏格拉底和孔夫子讲课的方式，来带动台上和台下的互动和激荡。

最后，明哲以恩师姜占魁教授当年的训勉和读者共勉，强调在追求文化双融理想的道路上，需要决心和坚持。

综合来看，我们知道这篇文章所说的文化双融指的是取两种文化之长，舍两种文化之短，不但要整合，更要超越这两种对应的文化。这是一个很高的境界。

回顾百余年来的历史，中国知识分子面对西风东渐，心中往往有许多纠结。有许多人认为"中学为体、西学为用"方可以救国，此可以张之洞、严复等为代表；也有极少数人身处两种文化，游刃有余，乐在其中，林语堂是其一，他曾经以"两脚踏东西文化，一心评宇宙文章"自许。蒋梦麟在《西潮》一书里，对此有颇为生动的描述，在第五章，他说，中国人对西方文明的看法总不出两个极端，因人也因时而异。李鸿章看到丑恶狰狞的一面，因此决定建军，以魔鬼之矛攻魔鬼之盾；光绪皇帝看到光明和善的一面，因此想建立新制学校。蒋梦麟认为，麻烦的是，西方文明的黑暗面和光明面是不可分的。在这本书中，他年幼时跟着老一辈对西潮绝不接受，到少年时开始部分采用西潮，等到留美（1908～1917 年）返国后，就对西潮全部接受了。当然，他说的西潮，是指西方文化光明的一面。

另一位代表人物是"我的朋友"胡适。他中、西学底子深厚，是新文化运动的启蒙导师，一生提倡白话文，也尝试写一些白话诗，但大多一清如水，诗味不足，他真有感怀时，还是要写律诗才能抒发胸中块垒。怪不得唐德刚小心求证之后，认为胡先生终究是"三分洋货，七分传统"。近代人物我举两位。杨国枢教授接受西方正统的心理学训练，1969 年在美国取得博士学位后回中国到台湾大学教书研究，经过了几乎 20 年时间领悟出来，套用西方心理学的理论做华人心理学研究是没有意义的，必须建立华人的本土心理学。另一位是张忠谋，他从小接受中国古典文学的熏陶，到了哈佛，从大一开始受到西方文化的启蒙，包括文学、音乐、艺术、政治等；他感觉东西方价值观基本上是相通的，也认为两种文化丰富了他的人生，而且成就了公司的经营。

从上述的例子，我们大致可以了解过去中国知识分子面对东西文化的冲击，内心常有挣扎，迎、拒、舍、纳，甚至成为一辈子的课题。但是今天的西方文化已不能独领风骚，更不像百年前那样排山倒海，莫之能御，而且时代变了，今天国人的自信和包容已不可同日而语。这个时候提出文化双融可谓天时、地利、人和，因为比起过去，现今的东西方世界相对比较平等；西方人在过往经验的教化下，受过教育的人也逐渐了解西方文化不是唯一；而且明哲有学会主席的高度，更重要的是他自己就是文化双融的实践者，因此水到渠成，顺理成章。

明哲经由选举担任 AOM 主席一事，也值得一谈。AOM 的主席经由会员普选，当选者（和候选者）必然要声望崇隆，在西方会员居多数的情况下，华人学者要当选是极为困难的。过去有徐淑英担任过主席（2012），已属不易，但她在美国是从大学念起的；而明哲是在中国台湾地区完成硕士教育，再到美国读博士班的，后来能当选 AOM 主席，绝对是个异数。记得1998 年年会在圣迭戈召开，有一天我约了鼎鼎大名的罗伯特·豪斯（Robert House）谈事情，时任企业政策与策略（BPS）部门的项目主席（program chair）且即将于次年接任部门主席（division chair）的明哲恰巧路过，我们打招呼寒暄了两句，后来豪斯看着他的背影问道：他是谁？乖乖，豪斯居然不认识他在沃顿商学院卓然有成的同事，而他自己还是做跨文化领导做得有声有色的学者呢！我当时就想，即使经过这么多年，东方学者要在美国崭露头角真的要比西方学者困难很多。现在想，假设胡适留在美国教书而且也是这个时代的学者，即使以他的分量，今天要当选美国什么哲学学会或历史学会主席，机会恐怕仍然有限。因此，明哲现在提出文化双融的理念，此其时矣！

为了实践文化双融，AOM 于 2013 年在南非办了一次研讨会，是创会 73 年来首次移师海外。其实，AOM 下设的部门（division）之前就在北美之外办过活动。2008 年初，研究方法部门（Research Methods Division）在高雄义守大学办了一次为期三天的工作坊，此活动由张志楷（Gordon Cheung）（当时的主席）发起，他召集了更早的部门主席和《组织研究方法》（Organizational Research Methods）主编来讲课，并作论文发想（paper development）。那时，中国台湾地区有 200 多位学者出席，为了鼓励大家全程参与，我们对每人收 2000 元报名费，说明第三天综合座谈后可以签名退费。结果，大家真的全程参与，所有报名费全部退还给每一出席者，宾主尽欢。不知道是因为课讲得好（的确好！）还是 2000 元报名费的缘故，让大家有始有终，或许与会者早已文化双融，整合了求知和经济两个诱因，到了超越的层次。

声如洪钟的毓老师曾经问他的学生，中国孔学的书这么多，你们读过几本？哪一本读懂了？如果读了不会用，那就是不懂！明哲受教于毓老师，从他的做人、做学问和做事情来看，我相信他读懂了。这其中需要投入多少的努力、纪律、毅力和才华！诚令人佩服！

最后，明哲这篇大作可说是精心构思而成，在文化双融的主题下，把所有想讲的、该讲的全部优雅流畅地串在一起，温馨、理性、风趣的元素不断出现在字里行间，如果大卫·惠顿（David Whetten）读了，相信会说"写得好，写得妙"！ 2014 年 9 月 26 日的《高等教育记事报》（*The Chronicle of Higher Education*）正好有一篇专文《为什么学者会沉沦于写作》（*Why Academics Stink at Writing*），谈到学术文章往往无趣。而明哲这篇文章，我推荐读者一读，而且读完之后千万不要错过后面的两个附录，其中有许多慧黠的对话。如果想要有临场感，也可以看 YouTube 的实况录像，52 分钟，音质影像俱佳，可以看到典型的陈氏演讲，台上台下双向对话，不见冷场。

历年 AOM 主席演讲总是极富远见，但从播种到萌芽再到收割总要一段时间。比如 2005 年丹尼斯·卢梭（Denise Rousseau）提出"循证管理"（evidence-based management，EBM），至今世界上只有极少数的商学院教授 EBM。即使如此，如今文化双融的种子已经播了，我们期待不需要太久，就可以看到文化双融起了作用。

一轮明月照九州："文化双融"的实在与应用

洪世章（台湾"清华大学"教授）

陈明哲教授将其在 2013 年国际管理学会年会上的演讲，扩充成一篇完整论文（Chen, 2013），更系统地说明"文化双融主义"（ambiculturalism）的概念、意义，并通过自己的经历与学说（动态竞争），来阐述它的时代意义与重要性。

"文化双融主义"主张，个人或组织在面对东西方文化碰撞所产生的糅合与冲突时，最佳的自处之道就是要能融合两方的精髓，要能各取其优而避其所劣。在精神上，"文化双融"强调兼容并蓄的整合含义，不是非此即彼的区分或对立，而是对一种矛盾或对立的调和。陈教授指出，"文化双融"的主要根源是东方哲学中的阴阳调和与整全性的思想，作为一种行为的指导方针，它并非仅仅代表一个理想的境界，而是强调不断生成及学习、成长的过程，是"成为你自己"的动态过程，也是能够做到"学行合一"及"知行合一"的具体实践表现。

陈教授的论文，野心之大，立意之广，是我辈之人很难超越的。记得陈教授曾在某一场合对我们提及，他已经在国际的重要场合与主流刊物上铺好了路，接下来，就看中国的年轻后进们如何好好地利用这些机会，继续走下去。2013 年的国际管理学会年会主题是"西方遇见东方"，这是一个里程碑，而后《管理学会期刊》以此为题推出的专刊就是一个具体成果⊖。

在本文里，我根据陈教授的观点，延伸提出两个讨论议题，首先是关于实体存在，亦即陈教授所谈的东西方交汇到底是一个怎样的现象，对此的最佳因应方式又是什么？其次是普及性，亦即我们应如何看待与了解"文化双

⊖ 请参见"http://aom.org/Publications/AMJ/Special-Research-Forums.aspx"。

融"这个新的观点，它在组织管理的各个领域里具有普遍性的价值吗？还是只是个特殊现象？在实务上，我们又应如何具体实践呢？

1."致中和"是最佳作法吗

陈教授所提的"文化双融"，基本上强调"双元俱存"的观点（Junni，Sarala，Taras and Tarba, 2013），也就是说个人可以同时追求东方哲学与西方科学，正如陈教授以自己个人的学术经历为例说明的，这样的"双元"行为方式，不仅能够协助成为一个成功的学者，而且也能活出精彩而丰富的人生。然而东西两方所代表的是连续带的两端，还是两种不同类型，这并不是一个容易厘清的问题。

若是连续带的两端，则"文化双融"即代表在许多行为取舍时需要在天平的两端间求取平衡（Lavie，Stettner and Tushman, 2010），而这也比较像陈教授原本的主张，也就是要能"汲取最优，避免最劣"，做到"致中和"的"中庸之道"。

但若东西两方所代表的是两种不同的特殊类型，则"文化双融"所应强调的则应是同时依循或采用不同的文化、标准，而"文化双融"所隐含的"双元俱存"能力则是强调个人应懂得同时追求两种不同的典范，甚至进而利用东方与西方之间的互补或矛盾关系，来寻求发展与成长的机会。

若是东方与西方代表两种独特的文化类型与价值规范，那么"致中和"可能就不是一个好的战略。"中外合璧"可能只是一个理想，毕竟"中又不中，外又不外"，可能变成"里外都不是人"。例如，国内的心理学领域近几年就兴起一股希望摆脱西方心理学概念及方法的束缚，强调与当地社会的实际情况与文化传统相结合的"本土心理学"研究。有浓浓中国风的"家长式领导"，并不是依附在西方的主流理论之下，也不是寻求平衡东西方的"致中和"领导行为，而是以中华传统文化为基础而发展起来的独特领导理论体系（郑伯壎，2011）。

同样地，就像学者的论文发表若要同时在"理工"与"人社"的不同标准之间求取平衡，就有可能落得"两边都不讨好"。这时懂得了解各种不同的典范价值，在适当时候择一而行，或是利用两者之间的矛盾，来寻求成长空间，可能会是一个比较好的做法。

举个实际的例子，1996～2000年间，我在台湾"清华大学"工学院工业工程系服务，当时面对升等的"六年条款"规定，许多人建议我应该以"量"为重，满足工学院的升等标准才是上策；也有人建议我至少要做到平衡，除了继续自己的案例研究外，也要能够符合理工领域的价值规范。（例如论文要跟学生合挂作者，跟学生合挂的，都算自己的，而若只是以单一作者名义发表，并不会有更好的声誉，反而会被认为无法带领、教导学生。）然而，不管哪一个建议，对于从事质性研究的我而言，在当时不管怎么看，都是一个"不可能的任务"。最后我的选择是，继续坚持自己专长的质性分析，并且因循社会科学的价值典范而行。事后证实这才是最好的战略，因为若是寻求"致中和"，在关键时刻不管是"理工"还是"人社"，可能都不会帮你说话。也就是说，以我当时的功力，可能只能做到"致中"，但达不到"致和"。

又如，量化研究与质性分析就是代表两种不同的方法典范，整合量化与质性的研究并不是要融合两种方法，或是平衡两种探索角度，而应该是懂得同时应用两种方法，来探讨现象的本质或是厘清问题的真相（Hung and Tu, 2014; Jick, 1979）。换言之，应用到量化与质性的方法整合上，"文化双融"所代表的意义则更偏向"两手战略"，而不是"致中和"。

2. "月映万川"还是"满天星斗"

陈教授从他的个人经验中，归纳与印证了东西方冲突的存在，以及"文化双融"的重要性。虽然陈教授认为他的动态竞争理论"立基于中华文化，结合西方社会科学的方法论、流程与框架，也纳入了华人企业的经验与作为，强调中、西文化及理论与实务的融合"（陈明哲，2013），但这也可能只是一种"后设理性"。换句话说，只是就个人特定经验所知来理解现象的某一特定层面。对于陈教授而言，这是可能的，不只是因为其个人在美工作的特殊经历，更是因为其所发展的动态竞争理论的缘故。

首先，陈教授从一个未曾在美国接受过大学教育的留学生，一路努力向上，成为国际管理学会主席，其中过程可以想见是多么辛苦。而促进东西方文化交流，不仅体现了今日国际社会中华人学者的逐渐崭露头角，也切实反映出美国社会对他华人主席身份的期望。但想象一下，若陈教授是在欧洲的学校任教，他还会提出"文化双融"理论吗？欧洲的特殊历史、文化、人文、地理背景，可能会更倾向于引导其中的学者尊重各自的特色，而非追求最佳解。美国的实用主义，在陈教授的"文化双融"学说发展过程中，肯定起了一些作用。

另外，陈教授的动态竞争理论所强调的"竞合"观念，在东西方传统文化中都很容易找到共通的语言。《孙子兵法》被认为是中国谈论战略的最早著作，它原本就是以"竞争"为主题的。《孙子兵法》开宗明义就说道："兵者，国之大事，死生之地，存亡之道，不可不察也。"兵，就是打仗，用今天的话说，就是企业红海竞争。直到今日，许多中国学者还是把 strategy 译成战略。而在西方，competitive strategy 才是战略管理最早也最有影响力的一个学派。姑且不论陈教授年轻时所念的四书五经是否在其发展"动态竞争"理论时起到了潜移默化的作用，事实是，即使早期没念过这些书，事后回过头用中国传统文化的元素来对照、解读"动态竞争"理论，为其寻找根据，也应该是不困难的，毕竟这不是"春来遍是桃花水，不辨仙源何处寻"，而更像"众里寻他千百度，蓦然回首，那人却在灯火阑珊处"。"战争"与

"竞争"本来就是个自古被关心的问题。

相对地,对于研读"创新"或者"行销"的学者而言,要在东西方之间同时寻求论述的基础,就要困难许多。而"动态竞争"探究的是事物的本质,不但更容易引导学者看到"月映万川"(而不只是"满天星斗"),体认到东西方的共同关心之处,而且更容易引导双方的文化思想交流,进而促成"汲优避劣"的做法。换言之,尽管如陈教授所言,动态竞争理论是中西合璧的产物,是一个"文化双融"的典范,但是"文化双融"却不见得可以反推并扩展到各个不同的知识领域。毕竟不同事物的本质需要不同的理论观点来做解释(Rosenberg, 2008),而知识更多是"淅淅潇潇飞落叶,飘飘荡荡卷浮云"。

然而,作为一种实践的指引,"文化双融"至少可以引导我们体认各种不同文化或理论的优劣与局限,从中做出折中、整合,或互补取用,并透过知行合一的方式,将它落实在我们的日常生活或学术发展的"事事物物"之中,就这一点而言,"文化双融"还是可以"一轮明月照九州"的,而它所代表的共同价值也确实是毋庸置疑的。

参考文献

[1] 陈明哲.动态竞争:中西合璧 [J].哈佛商业评论,2013(78): 14-15.

[2] 陈明哲.西方遇见东方:迈向文化双融的管理模式 [J].哈佛商业评论,2011(55): 14-15.

[3] 郑伯埙.百花齐放或定于一尊:本土心理学研究路线的抉择 [J].本土心理学研究,2011(36): 127-138.

[4] CHEN M J. Becoming ambicultural: A personal quest— and aspiration for organizations[J]. Academy of Management Review, 2014, 39(2): 119-137.

[5] HUNG S C, TU M F. Is small actually big? The chaos of technological change[J]. Research Policy, 2014, 43(7): 1227-1238.

[6] JICK T D. Mixing qualitative and quantitative methods: Triangulation in action[J]. Administrative Science Quarterly, 1979, 24(4): 602-611.

[7] JUNNI P, SARALA R, TARAS V, et al. Organizational ambidexterity and performance: A meta-analysis[J]. Academy of Management Perspectives, 2013, 27(4): 299-312.

[8] LAVIE D, STETTNER U, TUSHMAN M L. Exploration and exploitation within and across organizations[J]. Academy of Management Annals, 2010, 4(1): 109-155.

[9] ROSENBERG A. Philosophy of social science[M]. 3rd ed. Boulder, Colorado: Westview Press, 2008.

中华文化大使

林月云（台湾政治大学教授）

首先，我要诚挚恭喜陈明哲教授荣获全球管理学术界最高的荣誉，从2011 年担任国际管理学会（AOM）年会的议程主席将大会主题定为"西方遇见东方"，到 2013 年大会的主席，再到 2014 年在费城的年会上获颁杰出教育家奖，表彰其在华人管理教育方面的贡献与成果。本人有幸于费城的年会上，聆听颁奖引言人 Mary Ann Glynn 以相当大的篇幅，细数陈教授对管理学术界与管理学术教育的贡献，当场感动得热泪盈眶。在上千位全球学术精英面前，来自中国台湾地区的陈教授能获得美国一流学者高规格的称赞，让同样身为台湾人的我，除了奋力鼓掌外也深感与有荣焉。如此傲人的成就，绝对是陈教授个人努力的结果，而台湾有幸能孕育出这样顶级的管理学者，我们同感骄傲。

今年[⊖]，个人受陈明哲教授邀请，于费城的年会结束后留下参与为期一天的"全球华人管理学者社群"（CMSC）工作坊，更深刻地体会到陈教授对于培育年轻学者的付出与甘甜的成果，也更加了解他近年来投入"承传"（先承再传）的意义，与其相关论著所带来的深远影响。此篇发表于《管理学会评论》的论文，是缩短东西方管理思维差距的巨作。

一般在讨论东西方差异时，采取的大都是双元观点，若亚洲在天平的东方，欧美则在天平的西方，各据一隅。陈教授早年师承国学大师爱新觉罗·毓鋆，而后接受西方严谨的科学教育，终生受其恩师威廉·纽曼教授的影响。虽然中国古圣先贤的教诲持续影响陈教授的待人处世，但早期于学术研究上则大部分遵循西方思维，发表一篇又一篇顶级的期刊论文。或许是陈

⊖　指 2014 年。

教授年龄渐长，看待事情有了不同体悟，于是开始探究双元论的缺点——难道竞争与合作、全球与地方、研究与教学、学术与实务一定是互斥而无法兼容并蓄的吗？陈教授细细琢磨两位恩师的观点，赫然发现，东西方的道理其实是相通的，因此本篇论文的标题是"双融文化"而不是"双元文化"。

以下简要叙述这篇文化双融论文所产生的影响。这篇论文是陈教授于 2013 年担任 AOM 主席时在佛罗里达所发表的主席演讲（Presidential Address），后来将其扩展成此论文，并加入动态的观念，把原本的"Being Ambicultural"改成"Becoming Ambicultural"，特别强调两种看似各据一方的元素持续融合的过程。本篇论文是 AMR 极少数不需修改直接刊登的论文。这篇文章刊登于全球管理顶级期刊所代表的数字意义是：18 294 个分布于 119 个国家的 AOM 会员都会收到这本期刊（2014 年 10 月数据），加上有些大企业的主管亦会定期阅读此刊物，相信全球会有上万人看过此论文，其产生的影响力不言而喻。其实质意义则是：受到感动的读者将文章的理念运用于学术研究、工作或日常生活中，可促进现今地球村内拥有不同经济形态与文化的人民之间彼此了解与融合；若能同时体悟陈教授在文中所展现的饮水思源、谦逊、感恩、执着与毅力就是中华文化的美德，再将阅读心得与友人共享，其影响力将更为深远。

过去一个世纪，多数人认为西方的科学研究是真理，东方的现象研究太过主观且不够严谨，因此我们大都思法西方，崇洋抑中。年轻的一代认为读《论语》太过八股，以至于追寻博大精深的中华文化的热情逐渐式微。反倒是西方学者发现精准的西方科学无法解决一些社会问题，例如越来越多的商业丑闻，于是开始寻求东方的智慧，例如孔子、老子、孙子与《易经》的哲理等。以上叙述并非东西方二分法，想表达的是"融合"的概念。如同陈教授自己的比喻，他是"东西东"——受东方哲理的熏陶后，接受长达 30 年的西方科学洗礼，近十年来开始糅合中华文化与他过去的论著。而对东方哲理有兴趣的西方学者，则可以是"西东西"。相信只有以自己的文化为本，了解、欣赏并运用外来文化的优点后，再回归自身文化的源头，才能够受益于文化双融，精进原生的文化，带出创新的思维。

虽然个人无法窥得陈教授之堂奥，在此仍斗胆分享阅读此论文后之感受，包含从文章中看到陈教授活化了中华文化之精髓，与他对台湾管理学术的期许。

1. 饮水思源

阅读此论文的第一个感受是：陈教授的饮水思源。将自己的成就归功于受到爱新觉罗·毓鋆与纽曼教授的影响，也提及受到姜占魁老师的影响。两年前陈教授感念恩师，在台湾政治大学设立了姜占魁奖学金，鼓励年轻学者从事与动态竞争相关的研究。西方一流学者成名后很少会在正式的学术期刊中大篇幅的推崇其恩师，陈教授这种虚怀若谷的美德实让人敬佩。

2. 感恩的心

文中常见陈教授对周遭的人事物充满感激，例如他谦称动态竞争的观念深受孙子的影响，而学术上的成就乃是纽曼教授教导他要做自己，要设高标准但不能伤害别人，要看到现在看不见的议题，要恒久地做到最高境界的诚信与尊严。在修习博士学位时，马里兰大学教授们对他的呵护，不但教导他专业知识，也启发他人文的关怀；又如他所服务的哥伦比亚大学、宾夕法尼亚大学与弗吉尼亚大学的校园，乃至整个城市所弥漫的美国开国精神与前瞻，都协助他深刻地体悟美国的文化与价值观，加速他的融入，使他在学术上能平衡发展。经过东西方文化的熏陶，以及他个人随时怀抱着感恩的心，陈教授发展出极具人文精神的管理思维。

3. 识时务的边缘人思维

陈教授谦称自己是边缘人。小时候在台东乡下长大，在资源匮乏的条件下努力学习；到了美国，在白人的世界里也是边缘人。陈教授今年（2014）9月28日在台湾政治大学的演讲中透露，刚开始在主流的输或赢竞争理念下，他欲提倡的合作、互赖与双向的竞争关系恐怕不易被接受，因此他并不敢用"动态竞争"这样的名词，所用的词汇包含竞争者分析、竞争行为、竞争响应等。后来主流学者渐渐接受他的理论，他也在适当的时机邀请主流学者共同发表文章，受到瞩目后，其他学者们给了他"动态竞争理论"创始人的封号。台湾的管理学者现今仍处于西方主导的管理思维下，也可称为边缘人。陈教授的经验告诉我们，全新的思维需要时间酝酿，较佳的方式是先找到一个可以对话的领域，试着加入主流对话，带入自己的新观念，时机成熟时，边缘也可成为主流。

4. 文化双融的动态竞争理论

陈教授所创的动态竞争理论，已成为战略领域重要的理论之一。有别于西方"我赢你输"的竞争思维，陈教授的理论加入了合作、互赖、整合与关系的元素，希望达到所有利益相关者都能同时受益（raising all boats），因而竞争者也可以合作。陈教授认为动态竞争理论中的许多元素都来自东方哲理，例如"不可逆性"就如"破釜沉舟"，"资源转置"战略就如"声东击西"，战略中的"选择性攻击"与"以小博大"有异曲同工之妙。而我们重视的"仁"就是"二"+"人"，在我们的文化里，至少要有另一人，人的存在才会有意义，因此关系是我们文化的根源；又如"互赖"与"整合"其实就是"人 – 我 – 合"的概念等。动态竞争理论中的市场共同性与资源相似性，看的就是竞争者之间的关系与相对性。陈教授自我回顾后发现，动态竞争理论的核心与发展的过程就是文化双融的最佳写照。

5. 启迪、平衡与超越

陈教授为 2011 年 AOM 年会确定的主题"启迪、平衡与超越"（Enlightening, Balancing, Transcending）与他个人的学术生涯相互辉映。在中国台湾地区与美国受到启发，在美国学术界平衡发展并大放异彩后，近十年来展现的是另一种境界的平衡，即文化双融。个人观察陈教授已经进入超越的阶段，将文化双融的理念扩散至全球，与施振荣先生共同发起的"王道薪传班"、与复旦大学管理学院共同发起的"夏商全球领袖班"，以及 9 月 28 日在台湾政治大学正式成立台湾版的"华人管理学者社群"（CMSC），都说明了陈教授对华人管理学术与企业管理之精进带着厚重的使命感。

6. 学术创业

陈教授这篇文化双融的文章，不但融合了东西方管理思维，也展示了他个人学术创业的历程。学术创业是"通过差异化、资源调动和建立合法性，从原有学科中区隔出一个独特的研究领域并发展出独特的研究议题、疆界和意义"（陈明哲，2014）。陈教授亦说明了在学术领域，创新常有而创业不常有，因为学术创业必须要能追求永续发展，包含对于研究领域的设计、建构、经营等战略议题，而且要有坚定不移的决心与贯彻始终的执行力。在管理界，截至目前能自创管理理论并使其成为全球管理教科书上经典理论之一的华人，就属陈明哲教授。在本篇论文结束前，陈教授简介了文化双融的理念可以如何与各个研究领域相结合，例如与跨文化研究、利益相关者研究、创业研究、个人层次研究等相结合。这些提示，说明陈教授期待越来越多的学者也能进行学术创业，而不单是学术创新。陈教授在台湾地区谈学术创业，他对台湾管理学者的期许显而易见。

陈教授学养之丰厚无法道尽，以上仅就阅读此篇论文与对陈教授粗浅的认识分享个人的感受与看法。最后，我深刻地体会到了陈教授每年回台数次的心境，就如同他在担任 AOM 学会主席时对学会的期许一样："我们如何将国际管理学会的精髓带给世界，以及如何将世界最精髓的部分带入学会？"转化成："我们如何将台湾的精髓带到世界，以及如何将世界最精髓的部分带到台湾。"陈教授期许台湾管理学术界能做出独特的研究以达到学术创业，再将其带到国际上，而他目前所努力的，就是将世界上最好的带回台湾。

参考文献

[1]   CHEN M J. Become ambicultural: A personal quest—and aspiration for organizations[J]. Academy of Management Review, 2013, 39(2): 119-137.

[2]   陈明哲 . 学术创业：动态竞争理论从无到有的历程 [Z]// 第五届动态竞争国际论坛：动态竞争与学术社群的建立 . 台北：台湾政治大学，2014.

对文化双融的思考

吕玉华（山东大学文学院副教授）

2017 年 10 月至 2018 年 10 月，在陈明哲老师指导之下，我于弗吉尼亚大学达顿商学院做访问学者。陈老师说，我是他邀请的第一个来自文学院的访问学者。恰是缘于陈老师的文化双融理论，我才有幸成为这个特例。

陈老师在商业管理理论中，对于中国传统文化思想的创造性运用，很早就引起了我的注意，并一直促发我的思考。对于诸多看似对立的观念，如中与西、古与今、知与行、虚与实、奇与正、道与术、理论与实务、竞争与合作、社会公义与个人私利等，陈老师提示大家在这些方面如何双融，如何体用合一。根据陈老师的观点，文化双融既是哲学理念，也是战略思维，更能落地执行。

对此，我粗浅理解为：文化双融是一个整合对立面的行为过程，将归结为执中而精一。

从自我成长的角度来说，文化双融的过程，是一个不断扬弃的过程。处身于光怪陆离的世界中，时时有新的知识、新的体验、新的矛盾，从各种角度、各个层面汹涌而来，如此复杂的状况，为什么仅仅提文化双融，而不是文化多融呢？在人生与世界交织的多维度中，多方面出击往往会让人不辨轻重，甚至迷失方向。倘若将诸多矛盾、诸多事项两两抽绎为二元的问题，而不是多维度、多方向的问题，会更利于集中思考，更利于发现重点，也更加简便易行。因此，文化双融是较好的实践出发点。

我在个人学习与实践的基础上，从"本我与异己""学问与世情"两方面梳理一下文化双融理论，略做一些阐发。本篇文字如有任何错讹，全部责任皆在我。

1. 本我与异己的双融

这个议题的核心是对自我的认识与培植。

中国古代以"士农工商"来划分人民，"士"一直是知识阶层的树人目标。"士不可以不弘毅，任重而道远。仁以为己任，不亦重乎？死而后已，不亦远乎？"（《论语·泰伯》）士承担着社会责任，以所学所知服务社会。对于士的道德规范，其实就是中国文化传统中理想的人格规范。

宋元之前，学而优则仕，士的主要出路是仕，即进入行政管理体系，为官为宰，治理政务，同时肩负文化道义，教化民众，弘扬儒家的道统。从明代开始，随着社会经济形态的转化，商人地位崛起，士、商阶层之间的关联空前密切。

士农工商，这四民之间原本有地位高低的差别，但是从明代开始，最有影响力的看法是："古者四民异业而同道，其尽心焉。"（王守仁《节庵方公墓表》）也就是说，无论从事什么职业，都是有利于人民休养生息的"道"，在"道"面前，不再有尊卑高下的区分。商人因其财富居多、影响渐大，开始承担士的角色。克勤克俭、诚实无欺等品质，由儒家士的品格扩展成为中国的商业伦理（参见余英时《中国近世宗教伦理与商人精神》）。

陈老师提出"企业士"的概念，既具备历史基础，也非常符合当今中国的状况。我们已经逐步转型为商业经济主导的社会，企业家们拥有丰富的资源，其言行举止可以深刻影响到周围的人，乃至于影响到全社会。因此，他们所处的地位，相当于以前"士"的地位。以"士君子"的角色来期许企业家，就是认可企业家们这种空前重要的社会地位，以及需要承担的社会责任。

不仅企业家可为"士"，读书向学已成为各行各业的基础，无论什么专业，都可以把"士"作为读书立人的标准，作为自我成就的目标。"人皆可以为尧舜"，从先秦时代的儒家先圣孟子到明代大儒王守仁，均持这种看法，肯定人的心性与良知，亦是肯定成就自我的无限可能。

中国传统文化着重于理想人格的培植，然后将个人道德推广到其他人，推广到其他领域，由好的个人组成好的社会。这种对于自我的重视，集中体现于"修齐治平"理论中：

> 致知在格物，物格而后知至，知至而后意诚，意诚而后心正，心正而后身修，身修而后家齐，家齐而后国治，国治而后天下平。自天子以至于庶人，壹是皆以修身为本。（《礼记·大学》）

从修身开始，先成就自我，然后才能有其他的贡献，士农工商概莫能外。

那么，如何锻造自我？我将这个过程描述为"本我与异己"的双融。本我即原初的我，其他的因素都属于异己。"本我"在成长过程中，与"异己"的接触与双融，是自我发展的根本条件。在一步步实践当中，发现哪些适合自己，哪些需要扬弃。借用陈老师的话来讲，就是："辨识人－我的差异，然后致力于平衡这些差异。"同时，不对自我的发展设置界限，虚怀若谷，海纳百川。

具体到我个人的切身感受，"本我与异己的文化双融"体现在两方面：一是本专业与其他专业，一是本乡本土文化与异域文化。

我们在大学里专攻的学业各种各样，文学、历史、数学、物理、经济等，不一而足，但是，学习的领域却不能只限于本专业。尤其毕业之后，走出校门，更要学习各种各样的知识技能。本专业提供的只是一个起始基础，而不是包打天下的工具。在本专业与其他专业的双融过程中，扩展了思维方法，增广了知识储备。这方面的体会，大概人人皆有，无须赘言。

再说本乡本土文化与异域文化的双融。一方水土养一方人，我们都带着家乡的文化烙印，一旦来到异乡甚至异国，对于当地的风土人情，不仅仅是被动地适应，更有主动地选择和改造在其中。主动选择与自我契合的文化因素，消化并吸收；推广"本我"的优点，或改造"本我"不合适的地方，让"异己"认识并接纳。最终，达到本我与异己的双融，也就是陈老师提倡的"人 – 我 – 合"的整合过程。

本我与异己文化双融的过程始终高悬一个鹄的，就是修身成"士"，以自己的知识技能谋生立身，然后回馈社会，承担社会责任，其本质属于治生之道。当自我在一点点进步的时候，对于周围人及环境的良好影响也会同步释放。

2. 学问与世情的双融

这个议题的核心是重新认识并建设中国文化传统。

因为我从事中国古代文学的学习与研究，时时关注中国文化传统的问题。在相当长的时期内，人们批判并抛弃传统，更有大量的对于糟粕的误用，阻碍了人们正确认识传统。中国文化源远流长，如此丰富、如此多层次的文化形态，怎么能套用简单的模式来描述？怎么能仅仅用一种理论来指导？怎么能一棍子全打倒？

有惩于历史教训，如今又开始提倡弘扬传统文化，遗憾的是，各种打着国学及传统美德旗号的沉渣也同步泛起，颇迷惑了不少人。

如何认识中国传统文化？其道义价值与实践价值如何界定？如何在当今之世建设中国文化传统？在我看来，传统不是死掉的东西，而是从古至今一直承传、一直吐故纳新的文化系统。有些东西已经被抛弃了，无须再捡起来。有些东西可能被误解了，有必要重新认识一下。更有些东西需要我们大加重视，以之为新的征程起点。

毓鋆老师对"夏学"的倡议，其实就是对于中国文化传统的重新认识，号召我们回到源头，发现本真。

如果说"本我与异己"的双融，依靠个人努力庶几可以达成，犹如盖个小房子，"学问与世情"的双融，就好似一个大工程，不是一朝一夕一人可以完成的。

席卷全球的现代化浪潮，影响深远。从衣着、发型、家居用品、建筑、商业模式等方面来看，全世界的城市生活都是趋同的。只是物质层面的统一与相似，并没有解决意识形态方面的差异。我们的思想根植于传统中，世代相沿的习惯根深蒂固。囫囵吞枣的模仿与照搬，不能解决根本的文化融合问题。唯有清醒而深刻地认识自我，才是学习他人并提升自我的前提，因此，说来说去，还是要回到认识并建设中国文化传统这个问题上来。

以自己的实践与体会为基础，我关注的角度是：学问与世情的双融，包括理论知识与实践经验的双融，以及知识人的角色与社会角色的双融。

学问是纸上得来的，世情是亲身经历的。不固守成见，以圆融的心态对待周遭的人与事，取其所长，弃其所短。譬如我学习了一些有关中国传统礼仪的知识，在日常生活中会注重主宾长幼之类的礼貌，但是，并不会行那些过时的礼仪，如跪拜叩首。再比如父母子女的关系，传统文化讲究孝道，其登峰造极的例子就是《二十四孝图》，其中有些故事，如老莱娱亲、郭巨埋儿等，正如鲁迅的评价，不过是"以肉麻当作有趣""以不情为伦纪"，非但不足以效法，还令人反感备至。我们从学问中习得的孝道，显然不能完全适用于当代生活。再比如"女德"之类，更是糟粕为主，居然还有人开办学习班教育女孩子三从四德，可谓荒唐至极。

就是因为世情在变化，社会更加文明宽容，更适合人性健康发展。如今人与人之间的关系，平等尊重的内涵大过尊卑主次的内涵，故礼仪也随之变化。那些能够彰显尊重、相爱等含义的传统礼仪，一定会留下来；反之，刻意强调单方面牺牲与卑抑的行为及观念，必将被抛弃或取代。很多事情都可以如此对待。将纸上得来的、理论中的传统文化知识，与现实的、现代的生活观念及实践双融，取其精华，弃其糟粕，形成新时期的新型的人际关系和道德。

作为一个读书向学多年，又从事教职的人，我似乎可以说自己是个知识分子，而且是一个相对了解中国传统文化的知识分子。如前文所述，中国知识阶层以"士"为立人目标，弘扬文化，传播知识，这是责任所在，自不容推脱。与此同时，我还是社会中具体的人，是母亲、妻子、女儿、朋友、老师、学生、同事、邻居……我的为人处世，大约相当于"士"之角色与每一个社会角色的双融，也相当于我把自己理解的传统文化以不同的角色释放的过程。

我在这方面的看法与实践，也受到了陈老师的启发。陈老师的大作《理论与实践的"合一"：一个全方位管理学者的创业历程》对学术创业的定义包括：既是学术理论的研究者与提出者，也是理论知识的应用者与实践者。我希望自己能够朝这个方向踏实努力，认识传统文化，并身体力行，首先的任务是解决自己对于中国文化传统的各种疑问，进而在学术阐释和实际行为中发挥一些影响。

最后，以陈老师和丹尼·米勒的观点作结，理想的文化双融专业人士应该具备的素质为：能够平衡社会公益与个人利益；同时强调人际信任与法律关系；同时重视团队合作与个人成就；对新思维保持开放的态度，有能力发现其他文化与商业典范的智慧与长处；能够超越全球化的差异与分隔；尽毕生之力同时追求专业成就与人文关怀的极致。

第七篇

立人立群[○]

"为什么风很大的时候，会把雨伞吹翻？"

第七届动态竞争国际论坛，杭州，围湖夜话，五岁的叶杨霄问道。论坛的发端是很多学员都希望能继续跟随明哲老师学习，为自己的内心增添一份安定的力量，于是便有了这个面向学者和商业人士的论坛。许多与会者都是陈明哲教过的 EMBA 或 DBA 学生，相聚讨论前沿的学术研究问题和实践性的商业问题。论坛的最后一晚，便是这个最温情的时刻，因受陈老师鼓励，很多学员会带着家眷一起参加。月夜清朗，围席而坐，叶杨霄等诸位孩童也

○ 本篇由谢岚女士协助整理与编辑。

是平等的一员。

这本书到了最后一篇"立人立群"，仿佛前面所有章节都找到了立足点，陈明哲的心力也至此完成了一个闭环。"中国人常说，人走茶凉。可是我想换成另一句话：人走群立。"陈明哲说。

立人立群，群智众享。

第 26 章

社群创立与发展概述

早在 1997 年，陈明哲在沃顿商学院任教时，就创立了第一个"群"——全球华人企业发展中心（Global Chinese Business Initiative, GCBI）。当时他已经看到华人企业的活力和管理文化的独特性，并预见到随着中国经济的蓬勃发展，华人企业的结构和体量将大为改变，进而深远地影响中美和全球的政治经济。"GCBI 旨在促进中西方企业及商界、学术专业人士之间的相互了解……并帮助他们了解华人企业的思维模式、工作方式以及遍布中国、亚太其他地区及世界各地的关系网络。"陈明哲说。

1997 年，GCBI 中心举办论坛，拟邀请一位中国企业家来沃顿商学院讲座。陈明哲提名的人选——马云，一个创业两年、籍籍无名的精瘦后生——让同事们颇为不解。"当时马云的注册资本只有 80 万元（人民币），但我的判断是，他可以代表中国经济与企业发展的一个新'时机'，从他这代企业家开始，中国企业管理者将会和世界有更多直接的碰撞和对话。"陈明哲说。

2011 年夏，6 月 12 日至 13 日，沃顿商学院第一次在北京举行全球校友论坛，陈明哲邀请了海尔集团首席执行官张瑞敏出席，并在开幕式上第一位做主题演讲，分享了他"人单合一"的自组织管理系统。

"这个中心的工作，为我日后的各类新创项目奠定了基础。"陈明哲说。

这些年来，陈明哲先后创立了八个社群（图 26-1 为陈明哲创立的社群的核心理念、受众对象示意图；表 26-1 为社群的相关介绍）。从参与者的角度来看，这些社群大体可以分为两类，一类面向企业经营管理者，一类面向华人管理学者，可以说是实务界和学术界齐头并行，体现了陈明哲"学行合一"的信念。有意思的是，"动态竞争国际论坛"这一首创于 2010 年的社群，最初由大陆和台湾知名大学举办，后由企业界人士接手，逐渐形成了实务界和学术界共聚一堂的形态，打破了实务和学术"各行其是，互不相干"的怪圈，产生了相互对话、相互启发的氛围。这也是陈明哲倡导的"文化双融"理论的实践。

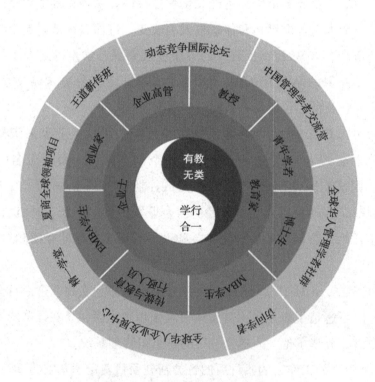

图 26-1　明哲平台社群概念图

表26-1　立人立群汇总表

社群名称	成立年份	社群宗旨	主要受众	社群发展与历年活动概述
全球华人企业发展中心（Global Chinese Business Initiative, GCBI）	1997	促进中西方企业及商界、学术专业人士之间的相互了解	EMBA学生与MBA学生	• 邀请马云先生于east-west.com 分享 • 安排海尔集团张瑞敏先生于沃顿商学院演讲
访问学者（Visting Scholars）	1998	促进东西方学术的交流，并为中国学者提供接触海外教学研究环境的机会	青年学者与博士班学生	• 1998年与某知名基金会合作，中国学者到沃顿商学院访问 • 而后秉持薪火相传，生生不息的信念，每年都会邀请2~3位来自各地的学者到陈明哲任职的学校访问一年
全球华人管理学者社群（Chinese Management Scholars Community, CMSC）	2006	以"传承"为使命，集结成员自发为社群服务，均衡发展管理学术。提供一个平台，让全球华人学者在一个更大的学术社群中找到自己的"家"，并做出贡献	全球华人管理学者	• 社群成立于2006年，从为战略管理领域26位华人学者所举办的一个小型"工作坊"开始，目前成员已超过700位 • 每年举办系列性活动，包括重聚、研究论坛或教学论坛（每年轮流举办）、工作坊或导师交流会（每年轮流举办）
动态竞争国际论坛（Competitive Dynamics International Conference, CDIC）	2010	立足于动态竞争与文化双融理论，期望透过群众交流与深度对话，提升参与者的思维高度、深度与广度	学者和企业高管	• 该会议原由大陆和台湾著名的高校主办，包括复旦大学（2012年）、清华大学经济与管理学院（2013年）、北京大学光华管理学院（2015年）、台湾成功大学（2010年）、台湾政治大学（2011年和2014年）。从2016年开始，改由陈明哲教过的高管人员及EMBA/DBA学生负责举办
王道薪传班（Wangdao Management Program）	2011	致力于提供独一无二的战略思维，实用知识与利用第一手经验培训高管的方案，协助企业成为顶尖且独特的全球华人标杆企业	企业家与企业高管	• 与宏碁集团创办人施振荣先生共同创办 • 2011年正式开班，每年举办两期，分别于台北与大陆两地上课，共授课四期

（续）

社群名称	成立年份	社群宗旨	主要受众	社群发展与历年活动概述
中国管理学者交流营（Chinese Management Scholars Workshop, CMSW）	2013	促进中国管理学者的成长，推动中国管理问题的研究，提高中国管理教育的品质，助力中国企业可持续发展	全球华人管理学者	• 该会议由各高校主办，包括清华大学（2013年）、华中科技大学（2014年）、南开大学（2015年）、浙江大学与浙江工业大学（2016年）、吉林大学（2017年）、西北工业大学（2018年）、上海财经大学（2019年）、兰州大学（2020年） • 目前各高校争相申请承办，已排到2026年
夏商全球领袖项目（Xiashang Global Business Program）	2013	以夏学精义为根基，旨在提倡文化双融的新型管理思维，并展示华夏文化所代表的具有全球精神和思维范式的创业者风范	企业家与企业高管	• 与复旦大学管理学院陆雄文院长共同创办 • 2014年正式上课，分成两个课程模块，分别在台北与上海授课
精一学堂（The Oneness Academy）	2016	打造一个进德修业、承传文化、美利天下，生生不息的终身学习平台	明哲平台学友及其亲友	• 学堂是由几位受明哲老师精神感召的学友自发成立的 • 元期2016年9月至2017年9月，共四期。二期2017年11月至2018年9月，学友成立学习小组，每周学习，每月一次线上课程，每年一次线下课程，两次企业参观访问

整体而言，这八个社群各有侧重，参与者、所在地域、关注议题都有所不同，但内在却是有个相通的"一"，亦即陈明哲遵从的中华文化核心之一：君子务本，本立道生。用西方文化的语言来说，就是"每个人一生中必须要面对三个基本问题：我是谁（Who am I）？我做了什么事（What have I done）？这（些）事有什么意义（What does it（or do they）mean）？"

面向企业管理者的若干社群，如"王道薪传班""夏商全球商业领袖项目""动态竞争国际论坛""精一学堂"等，都源于陈明哲对美国 – 中国、西方 – 东方企业经营的深入体察和洞见，以及他对中国企业高管的挑战与期望。

陈明哲写道："现代企业的管理思维与模式大多来自西方，尤其是美国。（然而）美国的企业管理教育出现了很大的问题，最严重的问题就是太强调所谓的'专业标准'，凡事都追求量化，且仅重视单一指标的短期表现。这种本末倒置的结果，使企业经营完全忽略了个人的平衡发展、人本与人文精神以及多重目标的长期落实。

"美国是强势文化，往往认为自己有最好的制度，放之四海而皆准；往往居高临下，把自己的价值观与思维习惯强加于人。美国的企业在这方面也一样，追求所谓标准化的全球运作，却容易引来其他国家的反感。

"2008 年金融危机暴露了美国二三百年来管理制度的脆弱本质与结构缺陷，许多人开始质疑西方资本主义和管理模式的适当性与永续性，尤其是一些企业可以为了少数人的短期利益（如 CEO 的超高报酬）而牺牲公司的长远价值，这就更令人难以苟同。但是大部分的反思仅停留在经济领域，没有深入到更根本的管理、价值观与文化层面。

"中国企业正在迅速崛起，开始大批走向世界舞台。然而，看到客观经济活动活跃的同时，我开始自问，中国企业能否在深厚的中华文化中找到自己的文化竞争力，形成更深层的、不可替代的竞争优势？

"我一直坚持一个观点，那就是中国企业应该成为大家尊重的对手，而不是令人生畏的对手。讲求互利共赢、共创价值，以共同利益为基础，把竞争的代价降到最低、功效提到最高。"⊖

在这样的认识之下，陈明哲提出"王道企业家""夏商领袖""企业士"这些概念，并创立社群，希望为中国企业管理者的成长与成熟提供一个平台。

"企业家需要重新思考'生财之道'。改革开放造就了很多企业家，包括很多非常成功的企业家，（他们）也到达了一个境界，衣食无虞，也有很多的成就。那么真正来讲缺什么？缺的可能是心灵里面更深的一层寄托，缺的是更深层的人文素养。所以在这个时候我们提出企业家要做现代中国的'士'，目前是提升个人修为的一个非常好的时机。通过个人人文素养的提升，我相信对各位的企业会有最直接的、最好的帮助，会让你们用更大的格局、更具有战略性的思维，来面对更大的一种挑战：怎么对中国、世界文明的发展能够有一些贡献。"⊜

学术社群亦然。

访问学者（Visiting Scholars）社群源于 1998 年，陈明哲与某知名基金会合作，邀请 10 位中国学者到他当时任教的沃顿商学院访问，以促进东西方的学术交流。而后他秉持薪火相传、生生不息的信念，每年都会邀请两三位来自各地的学者或者博士生到任职学校访问一年。这 20 多年来，前后共有 27 位学者赴美与陈明哲近距离共学，此社群除了为华人学者提供一个接触海外教学研究环境的机会，还培养了多位活跃于管理领域的学术工作者。

全球华人管理学者社群（Chinese Management Scholars Community，CMSC）于 2006 年在美国亚特兰大成立，最初只是一个小型工作坊，仅

⊖⊜ 请参见：陈明哲，《论王道企业家》，《北大商业评论》，2011 年第 8 期，页 40-50。

有 26 位战略管理领域华人学者参加，多为年轻的助理教授和博士生。目前 CMSC 的规模已经发展到 700 多位成员，致力于为主流之外的学者（如国际管理学会中的新成员）提供一个平台，让他们在一个更大的学术社群（国际管理学会）中找到自己的"家"并做出贡献。

中国管理学者交流营（Chinese Management Scholars Workshop, CMSW）则是陈明哲和一批中国管理学者于 2013 年共同创立的，这批管理学者源于陈明哲 1997 年受全国 MBA 教育指导委员会邀请，在清华大学举办的 MBA 管理学师资培训班的第一梯次受训教师。他们在过去近 20 年里，为中国 MBA 教育总体质量和水平的提高做出了极大的贡献。CMSW 每年举办为期两天的年会，吸引了中国各大高校众多的管理学者，既有著作等身的知名教授，也有初出茅庐的青年教师和博士生，是国内管理学界高度关注的学术活动。

这两个学术社群的宗旨是相同的：通过实实在在的交流，引领大家反求诸己，精一执中，不断叩问自己的专业和人生：我要成为一个什么样的管理学者？我有没有找到我真正的学术兴趣和关心的议题？我孜孜以求的论文和课题，其价值在哪里？在论文发表的"数字化"压力下，如何保持学术的纯粹性？如何面对现有的以西方思维和理论主导的管理学体系与研究？如何回归和根植于中国传统智慧和企业管理实践？中国的管理学术如何才能与西方主流的管理学术对话，并创立独特的领域？等等。

是的，这些社群都很"严肃"，与此同时，它们还有一个非常显著的共同点：真诚而温暖。在陈明哲心目中，所有的社群伙伴都是平等的，都是一个个活生生的"人"，他"看不到"事功和名气的大小、地位和权力的高低，只在乎每个人内在的个性、经历、需要和追求。他希望在这些社群活动中，人们有机会脱去"外壳"，彼此交流真实的所思所感，分享自己引以为豪的、深感困惑的东西，"大人者不失赤子之心"。

陈明哲说，他的教学模式不是"点对面"（见图 26-2），一个人在台上一直讲，一群人在台下一直听。他创造的是一种互动模式（见图 26-3），老师（或者社群活动的主持人）是一个引领者，事先充分准备，现场用心观察、倾听，老师的责任是尽可能让一个场域里更多的人真实地表达自己，进而彼此碰撞，彼此激发，是为"群智众享"。

图 26-2　单向——点对面　　　　　图 26-3　互动——群智众享

这样抽象的描述难免枯燥，没有亲身参加过社群活动的读者无法切身体会。让我们来看一个陈明哲的"小故事"。

2007 年，陈明哲受邀去巴西参加一个高端管理论坛。七名演讲嘉宾，除了陈明哲，还有纽约市前市长朱利安尼、提出蓝海战略的金伟灿（W. Chan Kim）博士等。论坛规模宏大，演讲嘉宾要面对 4000 名听众。然而陈明哲居然像在 EMBA 课堂上一样，向论坛的主办人提出一个要求："所有的演讲者都是高高在上的，我不想这样。我想走到台下，和大家谈谈，你觉得怎么样？"

怎么可能？主办方瞪着眼睛，那么多人，又是灯光，又是翻译，还是葡萄牙语系的国家，还是那么大的会场……陈明哲继续说道："请你告诉我，我怎么找到具体负责的舞台经理？我想和他谈谈。"最后，两人居然解决了所有的技术难题。众目睽睽之下，陈明哲果真从讲台上走下来，在和听众的互动中完成了自己的演讲。

这样的小故事不计其数。让我们再来了解一下陈明哲社群活动亲历者的分享。

一位初次参加社群活动（2016 年第七届动态竞争国际论坛，杭州）的律师发现："大家年龄跨度非常大，有五六十岁的长辈，有十多岁的青少年，还有七八岁的小朋友，但是每个人都会来分享，不说套话，这蛮特别的。"

只要条件许可，陈明哲非常鼓励大家带自己的家人来参加活动，并且在事先的活动设计中，他会把所有同学的家人考虑进去，届时一起参与。因此有位五旬开外的江苏企业家的妻子这样说："我陪老公参加过很多课程，从来都是在酒店等他，没有机会一起学习。昨天这样的活动（2016 年第七届动态竞争国际论坛），我是第一次参加，很有意思。家庭的参与、孩子的参与，让我找到了存在感。"

"今天是中秋节的前一天，我的很多朋友都在送礼，但我能在这里，心很静。"参加了 2018 年精一学堂的一次活动后，一位 80 后企业家这样说。

"将自己投入到过程中，这个过程自然会引领你向前（Put yourself into the process and the process will carry you through）。"这是陈明哲的座右铭，也是他所知的"君子务本、本立道生"的路途，"我希望我们在社群中所重视的价值观和所做的一切，不仅能帮助我们大家在'过程'中兴旺发达，更重要的是，能享受这个过程。我们共同的心愿，是建立一个真诚交流、生生不息的家园。"

（文：谢岚）

第 27 章

以文会友：群友的回馈与共勉

不追求人脉，追求深度的自我检视

陈美琪（台湾勤诚兴业公司董事长，2011 年王道薪传班学员）

一路以来创业维艰、勤业诚信。参加王道薪传班，我的收获和感受是非常震撼的，犹如醍醐灌顶。除了看到来自大陆和台湾的企业家学员精英组合，看到大家的学习力和追求成功的愿望非常强烈之外，在学习过程中我也不断地深省：身为领导者应该具备的思维高度、眼光、格局以及企业责任心为何？相较于其他学府 EMBA 追求的学位和人脉，王道薪传班是对自我的深度检视和挑战。

如何把使命感和理念转化为希望，推己及人？一如王道课程中所讲的"文化是心、策略是脑、执行是手"的三环链，最重要的是知而行，落实去做。我在公司内部推广"战略五要素：钻石模型""战略思维架构"以及"动态竞争理论"。让并肩作战的同人从知己知彼开始，做到不只是研究竞争者、研究客户，更要了解客户的竞争者，再进行系统逻辑的建立以及流程简化等行动。

在王道薪传班的学习过程中，最令我感动的是创办人施振荣先生与陈明哲教授的全程陪同和引导。施先生谈到华人竞争力、共荣共存的王道精神，一讲就是三个小时不见疲态。陈教授面对这些企业家大老板级学生的高谈阔论，回答满是温文儒雅、谦虚智慧。他们如此全心投入王道精神的实践与传承，让我得以窥见修身、齐家、治国（企业）乃至于平天下之大智慧典范。

因此，我陆续于第三期、第四期安排多位高管参加王道薪传班。让公司高管两人一组报名参加，通过互相切磋和对照反省，体会王道即平衡的精神。让学问不只是个人的学问，而且是组织的学问。比起经营事业动辄上千万上亿元的投资，参加王道薪传班的学费实在微不足道，而且，对于人才的投资更是值得。学习和体悟是如此深刻，这是人生难得的、值得的一场智慧修行。

这辈子可能最难回答的一个问题

俞晔（兴业证券上海分公司资本市场部总经理，2014 年夏商全球领袖项目学员）

2014 年 6 月课程（夏商全球领袖项目）结束之后，我公司里发生了许多事情，于是一头扎进了事务堆里，根本就没有时间来考虑课程的事情。终于到了要交作业的时候，于是逼迫自己停下来，静下心好好思考一下，到底最近忙了些什么，又从课程中感悟到了什么。

其实这次陈老师所给的这"十六字心法"（一、二、三、九；仁、义、礼、止；元、时、中、独；大、诚、明、道）中，给我启发最大的还是"一"这个字。我对这个"一"字的理解，又多了许多，体会出了以前在 EMBA 课堂上所没有体会到的含义。（俞晔曾上过陈明哲在复旦大学讲授的 EMBA 课程。）

这次课上，陈老师和同学们谈到"一"，都是围绕着"精一"，围绕着企业如何抓住一个核心，如何坚持一条思路，怎样把企业打造成百年老店等角度去探讨的。夏商全球领袖项目的大部分同学都是企业所有者，而我作为一名职业经理人，我觉得有一些角度不是我现在这个阶段可以考虑到的。

最近公司业绩节节攀升，发展速度已经远远超过预期。公司的线上平台去年（2013 年）4 月份上线，到去年 11 月份一共就完成了 600 万元的交易额。而从我和我的管理团队接手后，到今年 8 月为止已经完成了交易额 3.3 亿元，业绩增长了 54 倍；客户数量从 2000 人增长到了 30 000 人，增长了 14 倍。就在我们准备向着更高的目标迈进的时候，出现了股东争权，甚至过河拆桥的事情。

这次课后我一直每天坚持读《子曰论语》，其中讲到"一日三省"，我真的开始反思，我的问题出在哪里？我回过头来要问我自己："俞晔，你的'一'是什么？"

回顾我自己的职业经历，从保险销售开始，一直在一线从事销售工作，基本没有在办公桌坐班的经历，每天打交道最多的就是我的客户。我在一家保险公司工作了 10 年，人际关系相对简单，而且又是公司的 Top Sales，所以不论是去全国各地讲课还是在自己公司，基本是处于众星拱月的明星状态。但是我选择回复旦大学念 EMBA 并且离开老公司，就是希望自己未来的职业生涯可以做一个转换，能够在更高的层面去发挥自己的才能。可是当做了公司的 CEO 时总觉得缺少了一些东西，这给我带来了许多困扰，许多问题，我总是处理得太直接、太简单。原先在销售岗位并没有太多的条条框框，更多的是直截了当，但是到了 CEO 的位子上，有许多关系需要协调。而且我来到的是刚起步的民企，在与老板的关系协调上，更是有许多我不曾考虑过的东西。

现在我一直在调整自己从 CEO 的角度抽离出来，反过来冷静地看看自己到底拥有的"一"是什么，以及未来自己想要的"一"又是什么？

真的问到自己拥有的"一"是什么的时候，这还真的是挺伤脑筋的一件事情。我发现自己能做的事情挺多的，拥有的能力也挺多的，但如果要归结到一个，就不知道该怎么表达了。我原本想说我拥有的这个"一"是沟通能力。但是我发现，尽管我和客户沟通的能力确实非常强，"一对多"的讲演能力也非常强、非常有感染力，可是在和某些人，特别是背景性格与我极不相似，而且又是利益相关方或者公司大股东的情况下，我的沟通能力就很欠缺了，几次都不能掌握主动，沟通的效果也不好，没有办法让对方很好地理解和接受我的观点。相对来说，我的沟通方式有点居高临下，对于较强势的沟通对象，我就没有办法以柔克刚了。

除了沟通能力，我又想到资源整合的能力、数据分析的能力、创意设想的能力、培养团队的能力等，但是最后发现自己在这些方面都有缺陷，不能完全符合我心目中的那个"一"的标准。排除了许多能力之后，我甚至都已经觉得没有答案了，这时随手翻翻听老师讲课时记的笔记，我突然想到，我的这个"一"应该就是我的"学习能力"。其实每当我遇到困难和问题的时候，最终把我带出来的还真的就是这个学习的能力。我从保险跨界做有机蔬菜，然后又从有机蔬菜跨界到互联网金融，我都是用最短的时间就学习到行业的核心，在最短时间里就适应新行业的发展规律，然后顺应规律用一些创新的思路把公司的业绩带到较高的水平。

所以，如果说我自己的"一"是什么的话，那应该就是我的学习能力。

从老师的课上，我还体会到，最重要的是要认识到"一"，这样才能从一去生二，再生三，再到九。所以我觉得好好思索自己的"一"到底是什么，对我自己未来要如何走非常重要。老师说遇到困境要"待时、蓄势、识人、笃定"，我觉得其中的"识人"就包括如何认识自己，对自己有一个清晰的定位。

谈到自己未来想要的"一"是什么，我也问了自己很多，到底是金钱还是地位，最终我给自己的回答是"成就的感觉"。也就是说，我要的是一种感觉，这种感觉中包含了尊重、理解，还有能把我的设想变成现实的那种自由和信任。当在职业生涯中失去这种感觉的时候，我就会觉得迷茫和痛苦，在不断妥协的过程中找不到工作所带来的快乐。

己所不欲勿施于人。并不是所有人想要的东西，都和我的一样。我在过往的管理中也忽视了其他人想要的"一"，这就会产生矛盾，而且很多时候我是不自知的。现在我知道要去发掘别人想要的"一"是什么，然后再去判断下一步该如何进行，否则只会事倍功半，徒劳无果。

又想起陈老师曾经叫我们写出自己这辈子最想做的一件事。其实，当时并没有太理解，现在想来，这可能真的是这辈子最难回答的一个问题了，而且也是这辈子每天都要问问自己的一个问题了。

陈老师的十六字心法，每个字都有其特殊的深意，同时又互相关联、互相影响，我想今后在工作和人生中我都会不断琢磨其中的奥义。

你怎么样才能让别人觉得你是一个可以相信的人[⊖]

张孝威（威望媒体暨 IC 之音董事长，2016 年第七届动态竞争国际论坛主题演讲嘉宾）

我意外地发现，这些青年才俊，开始想要走出自己的"舒适圈"

认识陈老师大概有八到十年的时间，一直对他非常钦佩。我在台湾的电信运营商工作的时候，就曾请他到我们公司来教导我们的高级同人。

上周接到了陈老师的信，邀我到杭州来。我看了一下行程表，没有一定不能离开台北的理由，马上就答应了。没有什么时间准备，陈老师也没有告诉我应该讲什么，我就照着自己的想法来讲。这是一个开放的论坛，我就用分享的心情跟大家做一些分享。

先谈一下"两岸青年领袖研习营"，从 2010 年我开始办这个活动起，到今年 7 月已经是第七届了。这是一个什么样的活动呢？每年，我委托在北京的中国教育国际交流协会帮我甄选、邀请四五十位大陆高校生来台湾。参加这个研习营的学员大多是研究生，其中也有不少博士生，他们都是各个高校头角峥嵘的青年才俊。他们来三周，我帮他们安排 20 堂课，两次旅游，深度认识台湾，也看看台北以外的地方。

这 20 堂课，我尽我最大的力量，运用我所有的资源，请到台湾最好的老师，谈两岸关系，台湾的文化、经济、艺术……各个层面。大部分老师都是赫赫有名的。这三周，不是我们教导他们中华文化，而是让他们从这些老师们身上感受到、体验到中华文化。

我们就是这样一年一年举办下来。每年从结业式的晚上开始，直到第二天到机场为止，几乎每一个人都流眼泪，大哭的也不少，大家变成一个非

⊖ 本文根据张孝威在 2016 年第七届动态竞争国际论坛上的主题演讲整理而成。

常紧密的团体。我跟他们之间的关系，从开始第一周的陌生，到过了一半以后，他们就把我当作家里的长辈。我们建立了非常好的关系。

这两天我参加这个活动，从陈老师身上学到一件事，就是要把这个研习营继续办下去，我想这是一个很广义的传承。

当初办研习营，我只是想邀请年轻一代的大陆同学，让他们能够对台湾有深入的了解。他们将来都是国家栋梁，长期来讲对两岸的和平应该会有帮助，后来没有想到，办到第三年以后，发现我们能够做的比当初想的还多。

从第三年起，我慢慢发觉，其实同学们受到的启发，不只是对台湾的认识，他们个人的人生观也受到很多的启发。很多同学跟我讲，他们在学校里都是得到高度认可的，他们当中比较偷懒的下一步就是留校，这是他们的舒适圈。但参加完研习营后，很多同学跟我说，我不想留校了，我要出去闯，我要出国去念书，我要出来创业，等等。

当初我定名为"两岸青年领袖研习营"，是因为他们是各校的青年领袖，他们未来很可能就会是各行业的领袖、社会的领袖，甚至在政府里做领袖。那么透过领袖营的熏陶，提高一些基本的人文素养是非常开心的一件事。

因为那次挫折，我花了非常多时间去想，怎么样做一个好的领导

谈到了传承这件事，我也跟大家稍微介绍一下我自己。我出生在一个知名度非常高的家族，是清代名臣曾国藩的玄外孙，也就是第六代。曾文正公是我祖母的外祖父。

小时候我的祖母跟我们同住，她没有受过什么高深的教育，但是从小在这样的家庭和家风中长大。平常在家里，我父母在的时间比较少，祖母总是跟我们讲家族里的故事。

我祖母是上海聂家的，上海聂家是谁呢？上海华东师范大学有位宋路霞教授，她曾经对清末民初的上海大家族做过一些研究，写了一本书叫《上

海的豪门旧梦》。那本书有 30% 左右的篇幅是在讲上海聂家。我祖母就是聂家人。

祖母不太讲聂家在上海的显赫，她比较讲家里的很多规矩，吃饭要怎么样，大人在旁边的时候要怎么样，很多的规矩。也讲很多曾文正公的事情，就是讲故事。她很喜欢"念叨"这些事情。她"念叨"了那么多遍之后，这些故事对我以后的人生产生了相当大的影响。一直到 40 多岁以后，我才真正体认到我以身为曾文正公的后代为荣。

昨天有一个同学说到，当企业走到一定程度的时候，会碰到一些不如意的状况，这种状况我也碰到过。40 岁刚出头的时候，我在"中华开发"担任总经理，总经理就是行长，是当时台湾最年轻的银行行长。

不幸的是，我只做了一年就下来了，我犯的一个错误就是得罪人，断人财路。当时我非常沮丧，也很失意。但是后面这些年的发展，让我领会到，当年那段心路历程对我有非常大的帮助，让我知道每个人的发展都有高峰，都有低谷。你只有走过低谷的时候，才晓得你在高峰的时候应该怎么样自处。

那段经历，让我改掉了很多习惯。以前比较不好的一个习惯就是过度自信。过度自信并不一定代表判断错误，但是过度自信会让我没有耐心听同事说话。他可能才报告了三分之一，我就让他不要再讲了，因为我认为他要讲的我都知道。但是，这对他来说是很大的打击。

因为那一次的挫折，我花了非常多的时间思考领导的事情，思考怎么样做一个好的领导。后来我觉得，我抓到了一些当领导的窍门，这也是后来为什么我可以从金融业跑到高科技行业，从高科技行业又跑到电信运营商都能胜任的主要原因。

我在台湾大哥大做了 7 年，2010 年的时候，我坚持一定要退休。绝大部分人都不懂，公司情况那么好，团队那么顺手，各方面都是最好的时候，你为什么一定要退？但是我就是坚持一定要退。电信运营商是我从事的第三个行业，到 2012 年，又跑到媒体业来，这真的不是规划的。

我在每一个行业都可以做一些事情，我把它归纳成陈老师讲的"一"。这个"一"是什么呢？简单来讲就是领导，你知道怎么样领导，怎么样用人，你在哪一个行业都可以做。我不需要懂这个行业，我只要知道怎么样用懂的人，我就可以做，这是我最大的收获。

当我从中华开发总经理的位子上下来的时候，心里非常不平衡，觉得这对我是完全不公平的事情。可是在台湾大哥大任内，好像在 2006、2007 年的时候，《中国时报》评选台湾企业奖，颁给我一个"最佳管理人奖"。我那时候心里想，我得到的是我当初失掉的好多倍。

我再讲一下我在 TVBS 的情况。台湾的媒体业非常难经营，市场很小，但媒体却太多，单是 24 小时新闻台就有 7 个。一个过度竞争的环境，再加上这两年新媒体的崛起，所以到目前为止，媒体的广告收入是呈下跌趋势的，很难成长。台湾的媒体还有很多的问题，今天就不多说。

很多人称台湾的媒体业不是媒体业，是"制造业""修理业"，因为它可以制造一些新闻，可以修理你。久而久之，台湾的媒体人觉得别人会怕他，他可以修理你，有这种心态。我一个非媒体人进入这个行业，就看不懂。台湾的电视新闻都差不多，你转到哪个频道看的新闻都是类似的内容。我想要了解一下，为什么他们是这样运营。同时，我也觉得媒体对社会的影响实在是太大了，台湾需要有一两家比较公正、客观的媒体，所以我选择进入媒体行业。

有一个很有趣的现象，原来这个公司几乎所有人都是记者出身，做管理的是记者出身，做资讯的也是记者出身，只有做财务的例外。于是我开始做一些改变，比如做人力资源的，要有过人力资源经验的人才能做；做内部管理的，也要有管理的经验。要有人懂一点战略，懂一些商业经营模式，不然这个公司很难永续经营下去。所以，我从外面引进了一些专业人才，但是因为媒体业平均薪资不高，除其中有少数是看在我的面子上，愿意薪水打折来以外，其他的只能硬碰硬去找。

后来我还是找到一些过去台湾大哥大的员工来加入。我又发现一个有意思的现象。这些后进来的人，原来在台湾大哥大和我在职级上至少隔了三层或者四层，我认识他们，可是他们并没有太多的机会直接跟我一起工作，我也没有办法直接影响他们，或者亲自跟他们做一些交流。但后来我发觉这些来的人，他们做事情的想法、态度、价值观，大体上跟我是一致的。我们这些人，被原来 TVBS 的同事称为"企业人"，他们是"媒体人"；媒体人是有文化的，企业人只懂得赚钱。

传承是一件有意思的事情。在台湾大哥大，我透过一层一层对同人的带领，已经把我们做事情的方法、态度和基本的价值观传承下去了。过去这些同人也都认识我，对我有一些了解，虽然我没有机会亲自带他们，但是我们基本的想法、价值观和行为模式是非常接近的，也可以说形成了一种企业文化。

在大哥大第二年的时候，我推动一场企业文化变革，颠覆我们原来整个的企业文化，几年下来，取得了很好的成果。那时候我想要建立的企业文化，用英文来说，是 ECE（Excel customer experience），就是要给客户带来最好的使用体验。

全公司的人都要去上课。先是去顾问公司，后来是顾问公司帮我们培训了一些"种子老师"。这些种子老师一批一批的，让大家对客户体验有了很深刻的了解，而且告诉每一个人，客户体验不是只有第一线的人才需要，每一层的人都要了解客户，这很重要，你做的事情最后都会影响到第一线的人。从那个点开始，很多过去不能解决的问题，现在可以解决了。这是一个认知的问题，也是一个重要的传承，因为它影响了很多人的工作态度。

一旦他相信你能做到，互信的程度就高了很多

我再讲一件关于台湾大哥大的事。为什么我们这些在台湾大哥大的同事，会有比较相同的想法？他们来 TVBS，有些是薪水打折的，有些就算没打折，TVBS 也没办法给他们加薪水，那他们为什么会来？

一个企业要传承，绝对不是单靠一个人。刚才有人说到企业里做决策的人要以身作则，这点我非常同意，但是单靠那个人还不够，除了他以身作则之外，一定要有一群跟他想法相同的人，一层一层地影响所有同人。

刚才也提到分钱的艺术，分钱的艺术非常大，我一定会让我们的同人了解一点：我们是在一条船上，我绝对不会苛刻地对待我们的同人。

过去我做电信运营商，一直都是很赚钱的。我接任的时候，这个公司很赚钱，只是公司治理出了很大的问题。我接任的时候是董事长和总经理同时走路。

过去，公司赚的钱里面，有年度奖金，金额不小，大部分都由十个二十个人分掉了。我把这个游戏规则整个改掉，范围扩大到四五十个人。我跟董事长说，分配奖金是我的事情，我希望董事长把这个权力给我。

我跟董事会有一个契约，我的奖金从一开始就是一个固定的比例，绝对不再多拿。当时奖金的分配完全在我，但是到后来，大家会觉得只要努力一点，我就会给他额外的奖金。可是给谁我是不讲的，这种事情有时候不要多说，他自己看到银行存折里奖金进账了，心里自然有数。我用实际行动告诉同人，我们是在同一条船上，一旦他相信你能做到，互信的程度就高了很多。团队互信度高了，你再跟他们说什么事情，他们就会一层一层地执行下去，一层一层地传下去，这是非常要紧的事情。

2010 年上半年，我提请年底退休，我们董事长一开始不理会我的退休请求。到 8 月份，我写了一封很客气的，但是非常坚决的信，跟他说我一定

要退，才得到他的同意。到年底的时候，董事长办了一个欢送宴会，除了董事会成员之外，还请了六七十位主管。宴会上他请我的同事上来，每个人跟我说几句话，或者是评论我几句。起初同人们有点不好意思，到后来非常踊跃。到了晚上 11 点多的时候，我说不能再讲了，大家该回家了。

他们讲了那么多，我可以跟大家做一个简单的归纳：第一，我很严厉；第二，我虽然很凶，但是要求合理；第三，我是一个好领导。离开的时候，有一位董事跟我说，他说他听了这么多人的话，只有一个结论：他们相信你。所以从传承来讲，要从建立互信开始。

再回到陈老师刚才讲的"惟精惟一"。我想来想去，在这几个不同行业里闯荡，能够幸运地在每一个行业都取得一些成绩，是有一个"一"的：你怎么样才能让人家觉得你是一个有诚信可以信任的人？

这么纠结的一个原因，是我们不能接受失败

郭玲（弘毅投资地产运营总经理，第七届动态竞争国际论坛参会者）

这几年我有一些变化。今年（2016年）年初从中投发展旗下的公司离职了。这几个月在做两件事，这也是我这几年跟着明哲老师学习，在不断思考和追问自己的过程中所做的选择。

第一件事情，健康人生。

2013年，我的身体出了一些状况，一个原因是20多年长期高负荷工作，另一个原因是孩子在中考这段时间特别叛逆。当时明哲老师给我很多开导。我当时真的很纠结。身体出现的毛病，可能跟纠结有很大关系，特别是孩子和家庭。回过头来看，这么纠结有一个原因，我们不能接受孩子的失败。其实我孩子在北大附中的时候，基本上是完全放弃了学习，所以没考上北大附中的高中学校，去了国际学校。但为什么这对他人生一定不是一件好事？可作为父母，当时不能接受，就很抑郁。现在知道了，孩子走一段弯路，对他的成长是一件好事，早一点受挫折可能不是坏事。

后来我的心态开始放松，积极参与一些运动。特别感谢清华大学的户外协会，我参加一年多，从最后一名到今年能走到前队了，身体状态也确实好了很多。我先生也开始戒烟、减肥，重视生命。身体的健康是家庭幸福、亲人幸福的基石，所以一定要告诉大家，没有什么过不去的事，一定要放得下。

第二件事，陈老师让我们追问，活在这个世上，或者下半生，我们的使命是什么？我想，更多的是服务别人、成就别人，这可能是今后的使命。就我个人的事业追求而言，财富或者收益不是现在最重要的。

上周，我和清华大学的伙伴去以色列，进行有关创业创新的游学考察，

我深有感触。犹太人占全世界人口的 0.2%，但是有 27% 的诺贝尔奖获得者是犹太人。他们在 1948 年建国的时候只有几十万人，到现在已经有 800 万人。在这样一个寸草不生的环境下，为什么以色列人会有这样大的成就？我理解就是它的信仰。

有两件事，我的感触特别深。

第一件事。周五下午从太阳落山到第二天，是犹太人的"安息日"，我们受邀到一个犹太人的家里吃安息日的晚餐。他们家庭很和谐，男主人的第一个仪式就是用歌声赞美她夫人，第二个是用歌声赞美他的孩子，第三个是餐前祈祷。他们在安息日什么事情都不做，电脑不会去动，手机不会去按，汽车也不会开，电梯也不会用。这一天男人要去会堂祷告，女人这一天都要回归家庭。我们已经有六天都在忙碌，这一天一定要回归，要安息，要停下来。

第二件事。我们到耶路撒冷的哭墙，看到很多在祷告的基督教徒。他们在离上帝最近的地方，不是乞求上帝保佑他什么，而是希望在做选择的时候，上帝能够让他们看清方向。

我们凝聚在明哲老师这里，就像在过安息日。本来很浮躁，但是到明哲老师身边，我们觉得这里就是一个追问自己、反思自己，让自己心灵安息下来的时空。另外，我也深深地感到，明哲老师确实像我们人生中的一盏明灯，不断在我们的人生道路中给我们慰藉和力量。我也希望我们在座的学友，在未来的人生道路上也能够不断地得到慰藉，不断地开启新的征程。这个学堂，让大家始终有一个心灵的归宿和港湾。

用心、诚心、公心：精一学堂二三事

曹中华（精一学堂元期与二期学友）

课堂结缘

初识明哲老师是在北京大学光华管理学院的课堂上。我是最后一个急急忙忙冲进教室的，还没坐下，身后就响起一个慈祥的声音："中华。"我转过身去，瞬间感觉自己被眼前这位长者祥和的笑意笼罩了。"您是这次授课的陈老师吧？"我脱口而出。"是的，我是陈明哲，请多关照！"说话的同时，明哲老师双手递过来他的名片。一位国际大牌教授竟然用这样谦逊的口气对一个最后进教室的学生说话，我着实被吓了一跳。递过名片，明哲老师并没有急着走开，而是和我唠起了家常："中华，听说你去年带了一帮同学去非洲做野生动物保护……"这个他也知道？我更是险些惊掉了下巴。趁着上课前的空隙，明哲老师就我的情况简单聊了聊。也就是这两三分钟，让我感觉自己和明哲老师已经相识多年。

明哲老师上课喜欢问问题，每个问题都会引起同学们的深思，大家都很踊跃，都希望把自己思考的结果讲出来，这在 EMBA 课堂上是极为少见的现象。明哲老师总会把同学们的精彩发言记录在黑板上，并能找到与之相应的中国传统文化中的经典语句写在一旁。这些让人感觉遥远的传统文化仿佛一下子变得活泼起来，原来这其中的道理就在我们身边。

明哲老师一共上了四天的课，一位同学的感受很有意思：第一天，好像听到了一百个道理，但不知道老师要讲什么；第二天，若有所悟；第三天，恍然大悟；第四天，恋恋不舍。确实，上明哲老师的课，内心一点一点地被打开。我在最后一天落泪了，也说不清为什么。

学堂续缘

明哲老师在课堂最后的寄语是"立人立群",没想到还真的有人把这事操办起来了。

自从在光华管理学院上课之后,只要听说明哲老师在国内讲课,我就会想办法过去见老师一面。但是却错过了很重要的一次活动"西溪论坛",也就是2016年第七届动态竞争国际论坛。这是论坛第一次从高校转移到校外,而且专门面向老师曾经教授过的学生。我当时正值创业最艰难的时期,很多事情无暇应对,精神状态也非常不好,就没有去参加。听说西溪论坛是一次温馨的学友聚会,参加的人都有一种"回家"的感觉。也正是在这次论坛上,五位清华大学经济管理学院的学友(上过明哲老师课的学员彼此的称呼)倡议发起学堂,想请明哲老师再陪伴学友们一段旅程。

没想到,学堂的组织任务最后传到了我的手上。当时的心情真是诚惶诚恐。一来自己对学堂的组织完全是门外汉;二来学友们都是社会精英,我作为学友和大家一起上课总能学到很多,当身份转换成学堂组织者的时候,真不知该怎么办。只能凭借一颗诚心接着往下走。

现在回过头看,当时的一些做法更多的是"形"而非"行",在外形上用力太多,结果往往事倍功半。但从另一个视角看,经历的事情越多,内心的感触越深。

一次,学堂安排在苏州一位学友的企业上课,那次老师因身体不适没能参加,参加的学友也比较少,但没想到出现了精彩的一幕。

这家企业营业额不大,但却是其所在细分领域的世界第一,占了全球近80%的市场份额。学友作为老板,秉承看似"无为"的思想管理着这家企业。他强调,很希望自己的企业越小越好,如果能把规模降到50人才是最理想的。他与员工之间彼此信任,员工自主性非常强,幸福感也很强。

正当我暗暗佩服这位学友的管理哲学时,一位做投资的学友突然站起来开炮："我不认为你们是一家优秀的企业。你们浪费了自己精一的技术优势，没有建立起更高的竞争壁垒，员工都是小富即安的心理，这是非常危险的！"这位学友强调："今天我们来到这里，因为在学堂大家有共同的价值观，必须要讲真心话。"这番话撕开了一个口子，许多同学站出来，指出他们看到的各种具体问题。一个之前还让人感觉完美无缺的企业，很快被"批"得体无完肤，并且是在这家企业的管理层都在场的情况下。接下来的半天时间，作为这家企业老板的学友始终一言不发，直到课程接近尾声。他最后站起来说了一番动情的话：

"原以为大家这次是来向我们学习的，我最初是抱着做公益、做贡献的心态来承接这次课程的。没想到，大家过来帮我们实实在在上了一课，我们才是学生。我创办企业这么多年，一直沉浸在成功的表象里，今天学友们帮我把表象揭开，说实话，心里很难受，但是真心感谢大家。可能我生活在自己感觉不错的一种舒适状态之下，确实没有承担更多的社会责任或者企业责任。我理想中的组织，它内部应该有它自有的幸福感。我自己做过很多努力，但是一直无法给大家带来我理想中的那种特别的幸福感。今天，听到大家直言，我一直在反思自己过去干了什么，我发现我已经成了企业发展的瓶颈，很多事情根本没有做，甚至连管理的基础工作都没有做好……"

课后，这家企业马上进行了大刀阔斧的改革。一次课程促进了一家企业彻底的变革，这是人与人之间真诚相待所产生的力量。

三心

在学堂，老师提出了"用心、诚心、公心"这三心，展开来讲就是"用心深细、诚心做人、公心做事"。老师提出三心，并非单为学堂本身，更是希望学友们能够在工作和生活中践行"三心"的理念，以此修身、齐家、治业，营造安定和谐的社会人文环境。

"三心"和精一思想一脉相承，甚至可以说是精一的基础。"人心惟危，道心惟微，惟精惟一，允执厥中。"如果不在心上下功夫，又如何能做到精一呢？因为在学堂服务，得以有机会通过一些小事，更深地体会到老师对"三心"的践行。

老师每次都会提前一天到课堂现场实地查看。他会用不同颜色的笔在白板上写下大小不同的字，让我们观察什么样的颜色和字号看起来更加清晰、舒适，并且会询问我们站在教室的不同角落是否能够听清楚他的声音。还有一次在 EMBA 课堂上，我看到助教打印出来的学生背景资料足足有两大摞。我很惊讶，老师如何能够记住这么多人的各种资料？老师说："我看到的不是一堆资料，而是一个个鲜活的人和他们的故事。"难怪老师每次给新的班级上课，不但能叫出每一个人的名字，还能像熟悉的朋友般交流，原来在课堂还没有开始之前，老师就已经做了深入了解。

在"精一学堂"服务一年，常因不知如何更好地帮助学友而焦虑，也尝试采用一些新的学习形式，但终究难以令人满意。一天，明哲老师问我："如果在未来一年，你愿意为学堂再做一件事，你会做什么？"我若有所悟。过去一年中，在学堂里明哲老师和大家的每一次交流，以及学友之间的交流，都蕴含着对人生的思考与智慧的碰撞，而我对这些宝藏却从来没有进行过仔细的梳理和挖掘。明哲老师常讲的"一鱼八吃"，就是要练好基本功，用心深细，从而达到性生万法的境界。于是我回答说，要"补基本功，整理课堂学习交流内容。"明哲老师接着问道："你可不可以从更基本的开始，帮忙校对《明哲笔记》中的错别字？"闻此言，我不禁唏嘘，如我这样已经在职场打拼 20 年，经历过一些起伏的人，真的能够看到或者愿意去看地毯下面别人看不到的地方吗？在校对《明哲笔记》的过程中，我竭力做到静心诚意，全然投入，收获真是不可言喻。

老师常常会问学友："如果一生只能做一件事，你会做什么？"从西方回归东方，从学术界到企业界，无论是从全球华人管理学者社群、中国管理学者交流营到动态竞争国际论坛，还是从王道薪传班、夏商、学堂到清华研究中心，老师传承和育人的"一"从来没有改变过。他总是把心放在过程中，始终如一，一路前行。

我们的"一"又是什么呢？

有时回忆是一种奢侈——缘起 1997

魏立群（香港浸会大学工商管理学院教授，2000 年访问学者）

时间回到 1997 年的夏天。对外经济贸易大学。完成了三年的硕士课程的学习，时任管理学系系主任的马春光教授找到我说，留校吧。当时还没有商学院，所有相关学科都在泛称的管理学系里，我们十二个硕士学生前两年基本在一起上课，大多数课程由来自美国的教授授课，老系主任高国沛教授讲授第一门课程"高级商务英语"，为我们这些大部分本科毕业于理工科大学的硕士生奠定了良好的英文基础。然后第二年下学期开始逐渐分别在管理、营销、统计、生产运营等领域的老师指导下完成硕士论文。我在徐子健老师指导下的硕士论文是有关人力资源流动的，作为徐老师的第一个硕士生，和老师相处的点滴仿若昨日，如今只能在记忆里追思，老师的英年早逝已成为心中无法抹去的痛。

这个夏天，有十多天是在美丽的清华园。

1997 年 7 月初办好对外经济贸易大学的入职手续，一日马春光教授告诉我，清华大学有一个关于管理学课程的师资培训，推荐我去参加。虽然读硕士研究生的三年期间，我有不少各类教学的经历，但还没有系统讲授商学院管理课程的经历，特别是针对 MBA 的，相关的系统训练应该会很有帮助。后来到了清华园才知道，原来是国家教委全国 MBA 教育指导委员会针对中国当时 50 多所有 MBA 教育项目的商学院所举办的针对骨干教师的分科培训，包括管理学、战略管理、人力资源和组织行为等主要基本学科，而且精心安排了来自世界各地非常有经验的教授来华指导。这是培训开始第一天在课堂上遇到远道而来的陈教授时，大家才意识到的。温文尔雅的陈明哲教授出现在课堂上，随着带班老师的介绍，大家的目光聚集在陈教授身上。

陈教授开始一桌又一桌地认识各位学员，递给每一个人两张名片，现在我还非常清楚地记得，他非常低调的态度和大家看到两张名片上写的任职单位时的惊叹所形成的反差。当时陈教授刚从哥伦比亚大学商学院赴沃顿商学院履新，在这个时刻来到中国传道，不知是不是天意，但其后的日子里，大家从陈教授那里学到的东西应该说还是和这两所大学分不开的。陈教授在哥伦比亚大学教授 MBA 的经验为大家提高相关教学能力和培训技巧提供了切实的指导和帮助。而沃顿商学院既是此后陈老师倾注了全部心血的全球华人企业管理研究平台的基地，也是未来华人学者访学的基地。作为受益者，我在沃顿的日子也由此成了此生难忘的一部分。

在清华的这十多天，不论是白天排得满满的让大家收获颇丰的课程，还是傍晚在清华园里漫步，和陈教授互动与交谈，都已成为大家回忆里的道道风景。还记得老师在第一堂课上问的第一个问题是"什么是战略"，由于大家还没有 warm-up，或者是还不熟悉互动教学，所以老师点名让我回答，因为留意到我是班上最年轻的。（希望当时的回答没有令陈老师和大家失望！）随着大家的学习状态渐入佳境，讨论越来越热烈，学习互动效果也越来越好，各种精彩也随之而来，包括学习如何进行启发式教学，以及如何进行聚焦式科研，大家参与得越来越多，思考、提问以及激辩充满了课堂内外。

转眼各自回到学校。暑期过去，新学期开学，开始紧张的教学，一直到年底课程结束；春节后新学期又开始……这时收到了来自陈老师的信息，获邀赴美访问。很清楚地记得，当时同济大学的吴敏老师已经赴美，在陈老师筹建的全球华人企业研究中心协助工作，开展邀请中国学者赴中心访问的具体事宜。收到吴老师的电话时，心情很是惊喜。一场培训，十天清华园，缘起。

由于女儿刚出生的缘故，这次没有成行。转眼第二年再次收到陈老师的邀请，这一次，是赴香港中文大学读博士的计划。原来，清华园的经历让细心且远虑的陈老师发现当时国内商学院的博士教育几乎还是空白，大多数

MBA 教师没有博士学位，从长远来看需要发展博士教育。看到了想到了就做，并且精心安排，这是陈老师的一贯风格。由于此前陈老师接受了香港中文大学的邀请，任客座教授，鉴于内地学者的文化相似性和香港学术的国际化，陈老师希望内地学者能够在香港这个桥接东西的地方接受管理专业的博士教育。1998～1999 年间，我通过了各类英文考试，并完成了博士班的入学准备。2000 年 1 月，我赴香港办理了香港中文大学的博士研究生入学手续，然后即赴沃顿商学院开始了我总共四年半的博士学习过程。

应该说，在沃顿商学院跟随陈老师学习和工作，以及之后在香港中文大学总共四年半的博士学习，奠定了我之后以国际学术科研为基础的职业生涯的基础。这也是为什么在香港中文大学取得博士学位以后我回到对外经济贸易大学工作，一年后又转到香港浸会大学工作的主要原因。当初博士毕业时的第一个念头就是回校工作，然而回去以后发现自己这四年半学习的国际规范的科研工作在内地还无法被接受和理解。例如当时内地的老师大多数还是写书，所谓科研文章也是概念叙述式的，经验和实证研究几乎没有。我提出做科研要做调查收集数据，要有充裕的时间展开完整的科研过程，学院和系里还不太理解，当时正值内地工商管理硕士教育蓬勃兴起，大家都承担着大量的 MBA 教学工作，想要安排整块的科研时间也不太可能。尽管如此，学院和校领导都为"学成归来"的我提供了尽可能的帮助，包括接洽科研处探讨如何提供所需科研经费（虽然之前的经费主要都是支持编写教材），甚至学院还将工商管理系拆分，成立人力资源管理系并委任我为系主任。然而这些并不能解决我开展科研工作所面临的各种困难。为了能够继续自己已经开展的科研工作，之后，转赴香港浸会大学工作至今。

虽然在沃顿商学院跟随陈老师工作和学习的时间不长，仅八个月左右，但却开启了我从硕士毕业以后至今的职业生涯。那是我第一次赴美，也是首次接触真正的科研。还记得当时与老师谈起自己最初有关博士课题方面的想法，现在回忆起来，应该既不是明确的选题，也不是可研究的课题，非常粗略、肤浅、没有逻辑。在沃顿商学院修的两门课对我有一些帮助，但更重要的是在一旁看老师如何思考和工作，启发更大。例如当时老师正在写作那本最后由哈佛商学院出版社出版的《透视华人企业：全球经理人指南》，我和天津财经大学来访问的强志源教授有幸参与，也从中学到了很多。陈老师精益求精的精神震撼了我们！直到今日，每当各种事情压在手上，自己想偷懒的时候，陈老师的这种精神总像鞭子放在一旁，我告诉自己要坚持，不能马虎和懈怠。现在每一次收到稿件被拒的作者发来感谢信的时候，都会在心里特别感谢老师教会我"认真做好每一件事"。认真回想自己从什么时候开始坚持"要做就必须做好"这样一种信念的，应该就是在老师身边学习的时候。后来，我每年都会趁内地交流营和国际管理学会年会的机会跟随老师继续学习，每一次都是强化信念的过程。自己常常感叹律己之不易，也常常想老师是怎样做到的，慢慢地，当更多地了解老师的胸怀和强烈的使命感后，才更好地体悟到坚持的动力和源泉。

这几年老师提及"用心"而非"用脑"做事，犹如醍醐灌顶，一下子好像明白了很多。我经常观察老师在外人看来非常辛苦的工作中非常愉悦的状态，慢慢到感受做一份自己喜欢并能有所贡献的工作时的愉快心情。也许时间才是真正的魔法，只有去除年轻时的浮躁，才能体会人生更多的真意，真的是越陈（沉）越好。

在沃顿商学院跟随老师学习的另一个体会是老师全方位的"用心深细"，无论多忙，陈老师也会带我和强老师参加学院里的聚会以及特意安排的一些家庭聚会，创造多样的学习环境和机会。还记得我们被安排去参加哥伦比亚大学的有关中国问题的研讨会，同时赴波士顿参观费正清中心，虽然细节已经模糊，但对于初涉国际学术界的我们，都是睁大了眼看，用心去体会，无论如何，影响都是深远的。

印象比较深刻的还包括当时老师在 GCBI 举办的几场国际研讨会，包括邀请一些日后特别有影响的华人企业家，例如马云，虽然当时不能理解多少，但如今看来，老师极富远见，在学术和实践界之间构架桥梁，融会贯通，应该始终是管理学者追求的目标。过去这些年，借 AOM 会议之机又去过两次宾夕法尼亚大学，当年沃顿商学院的教学楼已经搬到了新的地方，就是那幢我们在的时候正在建设的新楼（还记得强老师常常感慨其超慢的建设速度——根基打得深，墙砌得坚固——这样的楼才可以屹立百年）。老楼还在不远处的树林中间，样子没有变，只是有些旧了。多少次踏雪来到这里，多少次在华灯闪耀的午夜从楼里出来，又有多少莘莘学子从这里走向商界，这些都留在记忆里，是生命中最不能忘却的部分。因为，它的影响已经深入骨髓。

理论与人性靠得很近，不是只有冷冰冰的逻辑

谭畅（西南大学经济管理学院讲师，2016～2017 年沃顿商学院访问学者）

亲爱的陈老师：

见字如面！我想写一些话作为给您的临别礼物，希望您读信愉快。

由于文学素养有限，我得为我以下表达不够准确或不够柔和的地方先道个歉。我想，您既有我所达不到的细致，也有充足的智慧来理解我的本意。

去年我申请来达顿商学院，收到您回复的邮件那天是我的 24 周岁生日。您无意间给了我一个超惊喜的生日礼物，以至于之后每年的生日，都有一个很甜的回忆。我无疑是幸运的，真的很感谢您一年来的言传身教，对于一个刚踏入学界的博士生来说，这一年有太多不同寻常的意义。我有很强烈的成长的感觉，这很舒服，是很珍贵的生命体验。

动态竞争是一个非常有趣的理论。只有有趣的人，才会开创出有趣的理论。而这一年我所获得的养分已经足够作为我未来很多年进行研究的基础。通过在这里学习动态竞争在教学、学术和实践中的多重应用，我由衷地佩服您走出的这条路。很多次上完课，我内心都很激动，庆幸能够听到您在课堂上对它的解读，有些观点是我之前知道的，有些观点是我无法通过论文和书籍获得的。新的东西逐渐累积，才有了我现在对动态竞争更深刻的认识。我喜欢您话语里的温度，您说，您对五力模型有一种 philosophical bias（富有哲理的偏见），因为它不能运用于个人生活。在您那里，理论与人性靠得很近，不是只有冷冰冰的逻辑。

而我最崇拜的，是您的人文关怀精神（借用我的导师刘林青老师的话），这本身就是一种智慧。在您无数的问题里，不单是对思维深度的追寻，更是

对"道"的探索。这一年来我明白了一个道理，有的时候能够解决问题的并不是只有答案，还可以是问题。现在我的思维方式已经转变成让自己多提出有价值的问题。您说，"学"是"觉"，是"效"；"生"是"苍生"，是"生生不息"。这一年来，我模仿您，又与琬婕相互学习，同时继续保持高度的探索精神和情怀，但愿在您心里，我尽到了一个"学生"的本分。

一年很快，转眼就要分别。不过很多瞬间都已经深深地印在我的心里。您说，Just small things make you different（一件小事就能让你与众不同）；您说，Learn things, relearn things and unlearn things（学习，再学习，摒弃学习）。您偶尔也会谈谈自己，解读自己的名字，谈谈自己的生平。我很喜欢这样的时刻，您和学生们就像朋友一样闲聊，世界一下子变得很安静，又很明亮。正是这一年，让我深刻体会到了"教书育人"复杂而深远的意义，以及从"教学"到"教育"的距离。也正是因为这一年，我才更加理解您所站的位置，感受到您的"初心"，这让我以后在从"被教育"到"教育"的转变中，多了很多底气与激励。

韩愈说："道之所存，师之所存也"。师是对道的一种传承，我很幸运，我由衷地感谢您这一年来为我积累的"本"和传承给我的"道"。记得来美之前我给您写过一封信，提到"风行草偃"，这是我当时理解的"师道"，也是我选择从事教育工作的初心。如今一年过去了，初心依旧，但对"师道"的理解已然丰富很多。我永远会记得您拿着订书机教我装订的时刻，也记得您就"有教无类"的翻译和我反复讨论的经历。而这次在亚特兰大，在12年后，CMSC又回到了最初的地方，这是我第一次参加您的社群。希望再过12年，我也能成为一个"已识乾坤大，犹怜草木青"的教育工作者和战略研究者（researcher），成为一个不让您失望的学生。

有个我很喜欢的名人，叫高晓松，毛姆的《月亮与六便士》被他很多次提起，被他解读为崇高的理想和卑微的现实。他说生活还有诗和远方，就像书中的月亮。对我而言，这一年就像生活在我的诗和远方里，您就成了我永远的诗和远方。

　　谢谢您与我共度这一年时光，这一年对我来说，无比珍贵。

　　师生一场，三生有幸！

　　此致
　　敬礼

畅　敬上

2017 年 8 月 12 日

只有在心这个地方，你才能把握真正的力量

牛琬婕（兰州大学管理学院讲师，中国管理学者交流营营员）

中国管理学研究正逐步与国际接轨，很多中国学者在国际顶级学术期刊上发表了论文，高校也将发表论文作为教师考核和学生评奖的重要依据。我们的研究在国际上得到了越来越多的认可，这对于中国管理学者而言，是件非常值得高兴的事。但是，在努力发表论文的过程中，我们是否还记得自己当初为什么要做这些研究？当越来越多的大学教师为了评职称而不得不多发几篇论文凑数，越来越多的博士生（包括我自己在内）因为论文而焦头烂额，我们是否应该放慢脚步思考一下，现在的这条路是不是存在问题？"师者，所以传道授业解惑也"，这本是教师的基本职责，现在却没有得到应有的重视，而如何发表学术论文反倒成了大家最关心的事。发表学术论文需要内在动机的驱动，遗憾的是，真正因为热爱学术研究而写论文、发表优秀论文的学者（和学生）并不是很多。写论文的能力很容易得到锻炼，但是要想在写的过程中不断成长，并对社会做出贡献，却不是那么容易做到的。

在这一背景下，中国管理学者交流营（Chinese Management Scholars Workshop, CMSW）的存在，为管理学教师和学生提供了宝贵的反思和学习的机会。

2015 年 6 月，我从兰州大学硕士毕业，来到南开大学读博士，恰逢第三届中国管理学者交流营年会在南开大学召开。当时我对交流营完全不了解，对于管理学研究也是一知半解。但在那次会议上，很多管理学者真诚地分享了自己的学术之路，对尚未入门的我而言，是莫大的启发与鼓励。

我亦有幸在学术生涯刚起步时就有机会认识陈明哲教授，领略到什么是学者风范，什么是对学术研究的热爱和执着。让我印象最深刻的是，年会第

一天，陈老师向每一位参会者赠送了他的论文，首页上，陈老师亲笔写上了我们每个人的名字和那句"人心惟危，道心惟微，惟精惟一，允执厥中"。说实话，第一次看到这句话时，并不明白其为何意。直到后来去美国跟随陈老师访学一年之后[⊖]，我才慢慢领悟到：始终保持自己的初心，把每件事做到极致，"把一招用到极致就成绝招"，这是陈老师的处世哲学，也是"精一"的核心内涵。

中国管理学者交流营的创立过程可以追溯到 21 年前。

1997 年 7 月，一群年轻的大学教师齐聚清华大学，参加了为期 11 天的 MBA 管理学师资培训班。当时我国的经济发展迫切需要优秀的企业管理人才，MBA 教育应运而生。国内缺少资深的 MBA 教师，而西方发达国家的 MBA 教育经验有着重要的借鉴意义，因此，美国知名管理学者陈明哲教授受全国 MBA 教育指导委员会的邀请，为年轻教师开展为期 11 天的 MBA 管理学教学培训。这 11 天里，陈老师向这群年轻教师传授了 MBA 教育的教学理念和方法，在"道"与"术"两个层面分享了自己的教学经验，大家结下了深厚的师生情谊。此后，陈老师与培训班的很多教师保持着密切联系，时刻关心着中国管理学者的发展。十多年后，时机成熟了，陈老师便牵头创办了中国管理学者交流营，大家共同寻找一条适合中国管理学界的发展之路。

2013 年 9 月，首届中国管理学者交流营在清华大学经管学院举办，与会的很多学者都是当年参加师资培训班的年轻老师，如今，他们已是中国管理学界的中坚力量。他们都听了陈老师的"主意"——"传帮带"，各带一位年轻老师前来参会，让中国管理学者交流营的精神传播开来。这是一个名

⊖ 2016 年 8 月～2017 年 8 月，我与武汉大学博士生谭畅一起在弗吉尼亚大学达顿商学院进行访问学习，跟随陈老师学习了五门课程，亲身感受到了陈老师对教学与科研的专注和双融。

副其实的"交流营",大家自由坦率地交流学术研究心得,分享教学经验,互相学习。年轻学者还可以向资深学者请教职业生涯中遇到的困惑和难题。

从 2013 年开始,中国管理学者交流营每年举办一届年会,迄今已经成功举办了六届,参加人数也从最初的 50 余人增加到近 200 人。每一次,陈老师都会做大量准备工作,并且从美国飞回来参加。

年会通常在每年的 6 月末举办,时间一般为一天半。第一天上午是主题分享,下午是圆桌论坛,并采用陈老师上课的做法,参会者分为多个小组进行讨论。第二天上午则是学术界与企业界人士的对话——这是交流营的一个特色,倡导学术与实践紧密结合。

每年年会都有一个特定的主题。首届年会上,大家围绕"管理学科的发展与中国管理学者的个人发展"这一主题,对中国管理学研究与教育中存在的问题进行了深入讨论。第二届年会,陈老师以"动态竞争理论的从无到有"为例,向与会者讲述了自己的学术创业历程,鼓励中国管理学者从旧的事物中提取出新的理念,做创新性的研究。第六届年会,陈老师的演讲主题是"知行合一:管理科研与实践的互促发展",呼吁中国管理学者重视教学,将管理学的科研成果应用到教学中,以体现学术的实践价值。

交流营的活动,陈老师一般都会采用与 EMBA 课堂同样的流程来完成。陈老师在课前会充分了解每个人的信息,将参会者按照最大差异原则分为若干小组,围坐在各自的圆桌旁边;上课时从不"满堂灌",而是采用启发式沟通的方式,引导参会者主动思考,时不时提问某位参会者"你在想什么"。演讲前,陈老师会在白板上写下三个问题:"我们为什么在这里?""我们为什么要关心?""我们知道多少?"

此外,陈老师的风趣也让大家印象深刻。陈老师一直都是以一些有意思的话题作为开场白。记得 2019 年第六届交流营年会恰逢世界杯在俄罗斯举行,陈老师就以此开场,问大家有没有自己支持的球队,气氛一下子就活跃起来（尤其是深圳大学的韩巍老师，如果我没记错的话，韩老师是巴西队的忠实粉丝，他当时还担心巴西队踢不过比利时队），会场笑声不断。

陈老师的授课模式是不变的，但他会根据受众的不同调整内容，以最大限度地启发参会者进行深入的思考，让每个人去寻找自己的答案。

陈老师所体悟到的东西方文化差异比很多人都更深刻，他发现了一条"双融"之路，对我也深有启发。其实，不仅东西方文化可以"双融"，而且，教学与科研看似充满矛盾，也可以实现"双融"。陈老师屡次在交流营年会上跟大家分享自己如何将学术研究应用到课堂教学中，让学生们（包括很多优秀的企业家）阅读自己的学术论文，了解动态竞争理论，并且用动态竞争理论的实用工具来分析自己的企业所面临的竞争问题；在与学生的互动中，陈老师也会获得新的想法，并将其发展为学术论文发表在顶级学术期刊上。

管理学研究本来就是源于管理实践，然后反过来指导管理实践。然而，现实情况却不容乐观，很多管理学论文并不是从现实问题出发，也并不能为现实问题提供切实可行的解决方案。我们不禁要问：这种论文的意义何在？对于像我一样想成为一名教师的年轻人，教学可能是职业生涯初始阶段的一个重大挑战。但遗憾的是，我们在读博士期间并未受过专门的教学培训，仅有的教学知识可能只是自己的讲课经验。陈老师给我们提供了一个很好的范例，原来学术研究也可以帮助课堂教学，在学生们获得知识的同时又能使自己得到灵感与反馈。找到适合自己的"双融"之路，我们的职业生涯才更可能获得成功。

就我个人为期不长的学术生涯而言，虽然经历过文章被采用时的喜悦，但更多的是被拒稿时的沮丧，以及做演讲时老师的批评。遇到这些挫折的时候，我就深深地怀疑自己是否适合走这条路，有时甚至后悔选了这条路。参加第六届交流营年会之前，我就处于这种状态，文章被拒了好几次，对自己非常没有信心，心里一直困惑：我写的文章到底有没有价值？年会上也有学者提出同样的问题。陈老师说："做学问也好，写文章也好，其实我都会拉到心的层次上来看，只有在那个地方，你才能把握真正的力量。"陈老师的回答让我幡然醒悟。回头想想，自己的文章是不是用心写的呢？如果用心了，价值早晚会得到认可；如果没有用心，文章被拒也就理所当然。这样一想，问题的关键似乎不在于文章，不在于期刊，而在于我自己。

这些年来，陈老师始终通过中国管理学者交流营这个平台，毫无保留地与大家分享自己的教学、研究、精一双融的历程，毫无保留地解答我们在科研、教学、实践上的困惑，竭尽所能帮助大家实现个人的发展目标，让我们回归做学问的初心。我想，让中国管理学者不断思考自己所做的管理研究是否有意义，如何才能实现自身的长远发展，如何通过自己的研究对管理学界和社会做出贡献，既是中国管理学者交流营的独特之处，也是我们需要它的原因。

中国管理学者交流营已经成功举办了六届。在现在的学术研究环境下，发表论文被视为管理学者的第一要务，教师的绩效评定、学生能否毕业和获得奖学金都与所发表的论文有关。这种方式虽然比较客观，但是却有点偏离了正常的轨道。而在中国管理学者交流营里，这些都不重要，每次年会大家聚在一起时，总能激起很多思想的碰撞，从彼此身上学到很多，真正地探讨我们身为学人应当如何立德立言，成为一名优秀的管理学者。

"惟精惟一"是陈老师的处世哲学。我时常思考我的"一"是什么。在纷纷扰扰的世界中找到自己的"一"，是件既幸运又幸福的事。目前看来，我还没有办法明确自己的"一"，但可以确定的是，我已经找到了努力的方向，相信这是一个好的开始。这条路很艰难，但很值得走。

陈灿先生事略

　　陈灿先生，民国十七年（1928年）生于福建省福州市，排行老三，上有二兄，下有一妹。少壮毕业于家乡南平中学，在学时即展现过人的数字记忆能力。

　　民国三十六年（1947年），大陆时局不平，时任福建永安田粮处之先生，为长远计，请调渡海来台，初任职于台湾省水利局，因一份说理清楚、分析严谨之出差报告，深受局长之赞赏，乃破格推荐至台东水利工程处，担任主计主任乙职，时年未满二十。先生后转任林务局之关山、恒春、竹东等林管处主计主任，公职四十余年未曾有任何差池，且深得长官赏识与信任。

　　先生处世具古风，宁人负我，切不负于人，甚且宽厚以报。与朋友相交，或有金钱往来，从不言返还，知朋友有需要也。每逢年节厂商送礼，先生既无从拒，恐伤人情，更不敢留，惧伤廉，于是将礼品悉数转赠慈善单位，因此，年节勤跑邮局转寄礼物，竟成明哲、明德两兄弟少时之特殊记忆和经验，此乃先生之身教一也。

　　先生与夫人结褵五十六载，夫妇相处备受亲朋钦羡。先生对夫人呵护有加，而夫人上班之余，持家依然井井有条，娶贤妻若此，先生福分大矣。居台东时，先生曾于出差回程却逢台风豪雨，路毁水淹，交通中断；当时之通讯未若今日完备，先生为免家人悬念，又心系家中大小安危，竟跋山涉水，顶强风大雨，徒步二日以返。此所以先生辞世，夫人思及一甲子温情，泪尽声竭，有以致也。

先生教子以身正、言直为榜样，二子卓然有成，同为亲朋友好所思齐。长子明哲毕业于中兴大学企管系，并负笈美国，获马里兰大学企管博士，先后任教于哥伦比亚大学与宾夕法尼亚大学，现为弗吉尼亚大学讲座教授，三校俱为世界顶尖学府。明哲所创"动态竞争"理论，声动国际管理学界与企业界。明哲早已为全球知名学者，并于近期当选国际管理学会之准主席。次子明德先后毕业于台湾"清华大学"、逢甲大学经济研究所，现任教于嘉义大同技术学院，以教学认真、辅导贴心，深受学生喜爱。而其平日事亲至孝，尤为街坊亲友所称道。此堪称一门双杰，此先生福分二也。

长媳默君与明哲同为兴大校友，随明哲负笈美国，就读著名之约翰·霍普金斯大学，获硕士学位。然为全心支持夫婿之事业，毅然弃职持家，卒为明哲坚实之后盾。默君事长辈至孝，为当今社会所少见，而公婆亦感念至深，此先生福分三也。长孙子都现为宾夕法尼亚大学沃顿商学院三年级学生，父子先后任教、就读于同一名校，亦一时佳话；次孙子扬现为九年级学生，个性纯真又富创意。义子之媳一家三代，时相往来，频输温暖。且子孙满堂，卓然有成，亦先生之大福也。

纵观先生之一生，于公为同僚所钦戴，俯仰无愧；交友则古道热肠，诚于中而形于外；居家妻贤子孝，家风得以延续光耀，且克享嵩寿，有此一生，完美矣。吾等不舍先人远去，为生者痛；然为长者风范长留，如謦欬左右，亦毋须悲。

晚　钟达荣　敬书　二〇〇九年十月九日

一场让最多人受益的行动

文化双融

编者按 本文为陈明哲于 2018 年 10 月 26 日接受《权威杂志》(*Authority Magazine*) 的专访。

英文原文出处 Eldad Shashua. 2018, "I'd like to inspire an 'ambicultural movement' that has the potential to do an enormous amount of good within organizations and across national borders," *Authority Magazine*, October 26.

1. 请用三句话 (以第三人称方式) 来介绍您自己。

陈明哲,现任美国弗吉尼亚大学达顿商学院讲席教授,是一名学术创业者和管理教育家。他致力于透过智慧与知识传承"让世界变得更小"。他以创立动态竞争 (公司如何在全世界竞争与合作) 与文化双融理论 (组织与管理者如何把看似对立的企业文化和实践做最好的整合) 而闻名。他的研究理念及著作见诸世界主要媒体,包括《金融时报》《外交事务》《华尔街日报》和《华盛顿邮报》等,也曾为多家著名的跨国企业 (包括联邦快递、摩根士丹利、劳斯莱斯和腾讯等) 提供战略咨询与高管人员培训。

2. 是什么原因让您选择学术研究?

从事后的角度来看,几年以前我才逐渐意识到,本科之前的那段年少岁月几乎已经决定了我一生要走的路。我出生于 20 世纪 60 年代,在一个资源相对贫乏的偏乡中长大。因为地处偏远，我一直将自己视为一个身处边缘的"局外人"。此种"边缘人"的思维塑造了三个至今仍深刻影响我的特质：生存的本能、克服资源限制与改变既有模式的能力，以及为身处边缘与主流的人士搭建桥梁的动力。

同时，我对国际上发生的大事小事有着浓厚的兴趣，且被新闻媒体业深深吸引，这与我从小就喜爱大量阅读报纸有很大的关系。我在阅读之余，也会积极参与竞争性的运动来平衡静态的阅读活动。对于我所经历的每一件事，我都会从战略角度不断分析其竞争焦点。这些都是我为什么对竞争与合作（不论是在商业、地缘政治、团队运动，还是人际关系方面的）这个议题感兴趣的根源。

在我到美国马里兰大学攻读博士学位，乃至之后在哥伦比亚大学以及沃顿商学院开展我的学术研究时，在年少时所培养的这些特质，皆有助于我将动态竞争理论发展成为战略管理研究中相当重要的次领域。竞争不是一个新的研究议题。从亚当·斯密到迈克尔·波特，许多著名的经济学家和思想家皆曾探讨过这个议题。而我的主要贡献在于将微观、企业行为层次的互动及动态过程的视角带入竞争分析中，此层次也正是企业竞争（或者合作）实际发生之处。这种微观分析也可以应用到其他层次或者竞争领域，例如不同商业生态系统或者国家之间的竞争。从事后的角度来看，这些我在年少时所形成的特质，以及之后接受的宏观的国际视野和东西方战略的训练，使我能够以不同的视角深度挖掘"竞争"这个议题。

3. 您目前研究的最新或者最感兴趣的议题是什么？

我最感兴趣的研究是竞争的另一面——合作。近来，我致力于通过"文化双融"思维，来弥合东方与西方、实务与学术之间的对立。文化双融是指，对看似对立或不可协调的两端，皆可以通过"取其精华、去其糟粕"

的方式来进行整合。也就是说，透过撷取精华、整合差异来建立优势。文化双融思维有助于弥合组织、文化、社会或个人之间的对立，并实现生产、服务、管理实务以及人类行为上的提升。

我目前的一个"大项目"是文化双融观点的发展、传播以及践行。我正在写一本关于如何将文化双融观点应用于企业实务的书，其内容结合了我近期的一篇关于以文化双融观点整合竞争与合作的文章。我还发表了两篇文章，分别是关于研究与教学整合、理论与实践整合的，这两个议题是我作为一名学者与践行者长期关注的焦点。

最后，我即将完成一套文选，这套文选将包含我所有英文著作的中文版。这套文选分三册，一册以"承传行践"为主题，一册以"动态竞争"为主题，一册以"文化双融"为主题。其中，"承传行践"这本专著除了叙述我为下一代企业管理者和学术专业人士所做的传承工作，还分享了我一路走来的职业历程。

与之前的学术著作相比，我现在的写作方向更加着重于践行方面，这些写作的终极目标都是希望通过一个中立的声音及联结不同社群与文化的行动，来践行"让世界变得更小"的终生使命。

4. 每一位成功人士，在成功的道路上，都或多或少得到过别人的帮助。您这一路走来，是否也有这么一位，让您至今仍对他的帮助心怀感激？

中国人认为，一位学者不仅要肩负起教育的责任，更要为社会大众（或者全人类）设立道德与伦理标准，以及将古圣先贤的智慧传承给下一代。我有幸投身于东、西方几位学术践行大师的门下，至今仍受益良多。对中国人来说，对给自己带来深远影响的导师表达由衷的感谢是根深蒂固的传统，而我有幸不仅受到一位导师的影响，所以请允许我向大家介绍我的两位东西方导师。如果没有他们的谆谆教诲及以身作则的示范，我肯定无法走到今天这一步。

第一位是爱新觉罗·毓鋆，他是清朝末代皇帝溥仪的宗亲。在他的指导下，我阅读了中国古代（前 772—前 221）的经典著述。例如，我沉醉于研读孙子的著作和各家对此著作的注释，这段经历对我后来从事动态竞争理论影响深远。毓老师在中国台湾地区任教 60 余载，直到 106 岁去世。他的弟子除了学者和企业专业人士之外，还包括中国台湾地区的政界人士，以及多位美国著名的汉学家，如加利福尼亚大学伯克利分校的魏斐德（已故）、宾夕法尼亚大学的席文、芝加哥大学的孟若，还有哈佛大学的包弼德等。

另一位是我职业生涯中的良师益友——威廉·纽曼。我在哥伦比亚大学商学院任教时与纽曼教授结识。他不仅是管理学领域的巨擘，更是一位密切关注商业和国际事务、具有远见卓识的商务实践家，后来成为一名学者。纽曼教授是国际管理学会的联合创始人暨第六届学会主席。到沃顿商学院和哥伦比亚商学院任职之前，他曾担任詹姆斯·麦肯锡的执行助理，以此开启他的业界生涯。在我的西方导师当中，纽曼教授比我的很多中国朋友更"中国"。他拥有超越当前、预见未知的能力——他真正关心的不仅仅是眼前，而是下一个五十年。

5. 您认为中国尚未开发的新市场中，什么可能成为下一个"大事件"？

我认为人工智能、移动通信技术和金融科技、旅游、互联网和教育皆有可能。2017 年，中国在人工智能项目上的投资总额居于世界前列，目标是在 2030 年成为人工智能领域的领航者。其他潜在的、巨大的未开发市场还可能是再生能源技术，如风能、太阳能和电动汽车（绿色能源也是中国渴望做到世界领先的领域）。

教育这个市场是我特别感兴趣的。中国在教育领域的投资正在增长，预计会随以下两个关键因素发展起来——人口结构和国家战略方向。随着中国持续从出口转向内销，从低端制造业转向高附加值的商品和服务，一个庞大的中产阶层已经发展起来。随着社会和经济的发展，他们需要更好的生活条件、更精致的食物，且在旅行、娱乐和奢侈品方面的消费也越来越多，同时，他们更需要好的教育。近代史上，东西方教育交流的方向一直是单向的：中国学生到西方求学。如今，大约有35万名中国留学生在美国高校就读，平均每人每年支付大约5万美元的学费。

但随着中国的快速发展，年轻一代发现，他们到西方留学几年后，可能会失去在国内的关系网，且重新融入中国社会是一个挑战。到国外受教育的巨额投资、中美的贸易问题，以及在美国反智主义日益抬头的情况下对中国留学生的敌意（不论是认知上的或实际存在的），使得许多中国学生皆认为在海外求学的投资回报已逐渐降低。因此，考虑到中长期发展，越来越多的人决定留在中国的高校求学。从国际竞争力的角度来看，中国政府的目标是希望培养中国学生成为全球公民，同时又保有人文和传统文化的积淀。

那么，中国教育市场的下一个"大事件"会是什么呢？许多西方的高校会开始与中国高校建立合作关系或合办项目，例如现有的昆山杜克大学、上海纽约大学、宁波诺丁汉大学与西交利物浦大学。

6. 这些新市场面临着什么样的挑战？您有什么看法？

让我们继续用教育的例子来分析可能的挑战。政治方面的因素，使得文化和经济上的挑战更加复杂。华盛顿和北京之间不断升级的贸易争端，增加了西方大学与中国高校合作办学的风险，且除此之外还有许多其他因素需要考虑。

从宏观角度来看，随着中国在经济和政治上的再崛起和技术方面取得重大的进展，尽管多年来的"警示"不断，某些全球参与者还是无法适应。从哲学、实践或商业角度来看，为了全球和平与繁荣的发展，中国和西方国家能够（或愿意）投入"非零和博弈"，选择"双赢"吗？这两个截然不同的社会政治体系都必须学习如何在未来几年或者下个世代中共存与竞合。

据我对中美两国历史文化的认识，我相信世界的舞台绝对足以让两个国家发挥各自的优势、造福人类。然而，对于中国而言，推进教育等新市场的主要挑战来自不停地同时推进两个看似相互冲突的任务：既需要在不同的领域中（如教育和商业）不断实现全球化和开放性，又必须系统性、持续性地致力于将现代中国与其丰富的历史与文化联结。

7. 在中国经商最大的挑战是什么？您建议应该如何克服？

对西方企业和管理者来说，最大的阻碍与十多年前一样：制度方面、法规方面的限制，以及文化上的差异。许多企业都面临着以下三个挑战：低估了真诚地尊重与展现谦逊（真正的开放性）的重要性、未能从本地的历史和社会角度来理解竞争规则，以及企图将自己的目的和制度强加给一个有着悠久和辉煌的历史且具独特风俗的国家。

在西方，企业通常会将自己国家中的"最佳实践"应用到其他国家。但实际上，在不同文化背景下，并没有一套通用的"最佳实践"。西方（或任何外国）经理人常以两种方法来克服在中国经商的阻碍，一是降低不对称性的知识差距（这种差距是由于东西方学生流动和知识交流所造成的），二是寻找一个可以兼容的、值得信赖的当地合作伙伴。

想要在中国经营的外企，若能够遵循我所倡导的"文化－战略－执行三环链"，皆能在中国的市场上蓬勃发展。在文化上，他们聘用了解中国文化、知道如何在当地生存的管理者；在战略上，他们发展独特的商业模式，综合考虑当地文化、经济、政治以及消费者的因素；在执行上，他们聘用能够妥善处理人际关系，且有能力在不"踩地雷"、不在文化或政治上越线的情况下完成任务的员工。

8. 近来，关于贸易战的讨论，众说纷纭。您对此事件有什么看法？

这是一个小至 64 000 美元，大至 6400 亿美元的问题！实际上，有两个大问题需要解决：所谓贸易战的总体利益和代价是什么？美国是否会为了短期的经济利益，而牺牲自第二次世界大战以来所建立的软实力，尤其是这个软实力让美国在过去的 70 年里成为全球最受尊崇的领航国家？

值得注意的是，当前的中美贸易战很大程度上是时代的产物，既有经济面的考虑，也少不了政治面的目的，而且它反映了一种全方位竞争（甚至是对抗），包括科技、军事等。在中国以外，新的世界秩序也正在重新建立，例如修订后的《北美自由贸易协定》（NAFTA）（现在是《美国－墨西哥－加拿大协定》），以及日本在抵制多年之后，近期也开始进行双边贸易协定的谈判（原希望保护汽车制造商免受征收关税的影响）。从全球视角来看，很重要的现实状况是，因为世界变得互通互联与紧密依存，美国无论采取何种贸易行动或与不同的贸易伙伴结盟，都不再有能力与资源主宰整个国际商业的运作。

然而，可以肯定的是，中美贸易战的影响，势必波及全球各个行业的商业竞争。无论贸易战的起因或规模如何，都已经在现有的全球贸易体系中制造了一种不确定性，且在文化和社会互动中产生了一种紧张形势。最后，为了世界的福祉，最重要的是如何避免陷入当代版的"冷战陷阱"（科林·鲍威尔和马德琳·奥尔布赖特等地缘政治权威也提出了同样的警告）。

另外，还有一个潜在的危险。若是人们只将注意力狭隘地集中在对抗和贸易争端上，很有可能忽略竞争的另外一面：在交战中进行合作的机会。暂且让我们跳出动态竞争的思维，从文化双融的视角来看问题。文化双融的目标是将最好的竞争对手（包括企业、国家或者地区）进行整合，并找出一个让所有利益相关者皆赢的解决方案。在贸易争端的背景之下，我们所面临的主要挑战是如何在中美之间的分歧扩大成鸿沟之前，进行弥合。因此，从文化双融观点来看，应该为每一个利益相关者或整体寻找一个共同利益，让大家能够超越对立，一起为同一个目标和计划努力。世界的新秩序正慢慢地发展，因为各种差异而制造出的对立，只会让现有的情势更加复杂。

我最后还有一些想法。美国的经济体系，向来以短期思维、强调结果导向为主，而且选举任期不是 4 年就是 8 年，美国是否准备好应对一个强调连续性和长期性的中国体系？中国可能采取的战略之一，基本上就是什么都不做，"共克时艰"，既不与美国接触，也不将资源配置到其他国家。我们已经看到这种情况发生在欧洲、东南亚、中东和非洲地区。

如同我们前面所提到的，美国和整个西方所面临的最大挑战，可能是中国留学生通过在海外求学的过程学习当地文化，让中国拥有高度不对称的文化和知识优势。相比之下，西方国家只有一小部分留学生在中国求学。他们将如何缩小知识差距？

最后，美国与中国是在进行一场贸易"战"还是一系列的贸易"仗"？像世界贸易组织这样的机构应该扮演什么样的角色？

从文化双融的观点出发，我们都应该抱持一个崇高的目标：所有层面的和谐关系都应该适用于全世界，而不仅是单一国家。

9. 您的人生哲言是什么？它与您有什么联结？

我最喜欢的人生哲言之一是："把自己全心投入到过程中，这个过程自然会引领你向前。"我把这一哲言传递给我所教过的每一个学生（从 MBA 到企业高管），以及学术界的同僚。我的想法是迈出第一步，参与到过程之中，看看它会把你带到哪里。在生活中，我们很难控制结果，但让自己投入到过程中是相对容易的。我们需要做的，就是开始这个过程，并坚信与坚持，要不然我们永远不知道自己会创造出什么样的未来。这是我一直努力的方向，正是通过专注过程，我才在管理领域中开拓了新的研究领域，并且在个人生活中找到了幸福和满足。

如果我能再说一条我的人生哲言的话，那就是我从我的东西方导师身上总结出来的："做自己，从别人的角度看待问题，且矢志不渝地做到最大程度的诚信和正直。"这是另一种同理心的表达方式，我称之为"换位思维"，从动态竞争理论的角度来看，就是理解您的竞争对手（或合作者）。这个思维帮助我以及我所教过或给过建议的朋友们，在面临困惑或严峻挑战时，还能够静下心来，透彻地思考问题。

10. 您是一位具有影响力的人。如果让您引领一场能让最多人受益的行动，那会是什么？您永远不知道您的想法会引发什么反响。

我相信，引领一场文化双融的行动具有这样的潜力，能够为组织在内部和跨国管理方面皆获得巨大益处，尤其在当前这个日益分裂和分离的时代。这正是我在推行的理念。无论是在商业上、政治上还是个人生活上，都需要超越差异。对于未来的企业、文化和社会而言，如果希望世界持续进化和发展，那么将各种不同的、看似对立的想法与实务的精髓加以整合，这将是我们所需具备的基本技能。鉴于当今世界面临的不确定性和不稳定性，是时候找到一个平衡的声音了。

矛盾的是，虽然全球化、技术革命及数字化将我们紧密联结，但我们却变得越来越分裂和"部落化"。要在"对立"之间架起桥梁并不容易，比如个人主义的西方和集体主义的东方，整合需要双方深入思考、自我反思、相互尊重以及耐心等待。一场文化双融的行动，是指超越组织、行业实践或社会议题，深入到核心的人文层面的行动。

在不少具有文化双融特征的组织当中，我最喜欢的一家企业是林肯电气，这是一家美国工业企业。林肯电气有 125 年的发展历史，它有效平衡了传统与创业精神、个人利益与社会福利。我经常讲这样一个故事。我为一家美国《财富》500 强企业培训，我用林肯电气做典范案例，在我们讨论结束时，其中一位高管强调："他们展现了资本主义的最佳形式！"一个月后，我在北京与一些国有企业的高管们提起林肯电气的案例，他们说："林肯电气是一家很好的国有企业。"我个人解读，林肯电气是一家拥有文化双融基因的企业，它坚持跨越不同民族和文化的人性共通原则，其成果为所有利"义"相关者取得了一个跨世纪的成功。

另一个相关的"微观面的行动"是，我在关注如何整合教学、研究和实践。我认为西方管理学术机构有必要进行彻底的改革或者范式转换，甚至需要改变其"思维"（或"灵魂"）。需要从底层着手，进行一场体制与体系的全面改革，改掉西方所盛行的"不发表，就毁掉"（publish or perish）的准则。这一倡议在一定程度上也代表着"什么都是有可能的"案例或榜样（这是我用来总结我的 MBA／EMBA 教学的一个概念），以及管理学者如何做出对更多的利益相关者（尤其是商业人士）有贡献的研究。

推动实务和学术融合的这种范式转变，实际上是将文化双融付诸行践的行动。过去 15 年里，我在东西方建立了多个组织与社群，企图填补实务和学术之间的巨大鸿沟。例如每年度举办的动态竞争国际论坛（以研究和践行为导向）、全球华人管理学者社群（专业服务）以及精一学堂（专业践行）。而我在这些国际性组织与社群中所扮演的角色是"言传身教"，我将自己投身这些"世事"当中，最终目的是希望能够对多数人产生最深远的影响。

"凉山小朋友"读《明哲文选》后的知与行

自从认识了明哲钻石俱乐部里一群来自四川省凉山州的年轻学子后，出于同是"边缘人"出身的特殊情感，陈明哲老师特别关注他们，并且亲切地称他们为"凉山小朋友"。他逐一回复每一位"小朋友"的读后感，告诉他们"行比知更重要"，鼓励每个人在读书感悟的基础上落实第一个"小任务"，完成自己渴望已久但是一直没有付诸行动的事情。因为事情不论大小，只要懂得坚持，就能在行践中获得许多学习机会，智慧、器识与能力也将随之逐步提高。

"凉山小朋友"们仍在朝着各自的目标前进。明哲老师给每一位"小朋友"的回复，以及他们每个人的行践故事，在此不一一引述，期待将来有机会再与读者分享。这里，谨发表部分"小朋友"的读后感及明哲老师与曲木阿木的书信往来内容，以飨读者。

何波　张宏亮

明哲钻石俱乐部

一、"凉山小朋友"读《明哲文选》的感悟

王富琳（本科毕业，四川省凉山彝族自治州会东县）　我的家乡在四川

省最边缘的一个县城,隔着金沙江与云南相望。我一直希望能够通过努力学习改变"边缘人"的身份,改变自己的命运,进而为自己的家乡建设贡献一份力量。所以大学毕业后我回到了自己的家乡,当了一名基层公务员。读完《明哲文选》后,我更加坚定了自己的选择,"边缘人"不能将自己边缘化,自己要开放思想,积极与外界交流,脚踏实地,向上生长。虽然基层工作远比想象中的更辛苦、困难,但只要诚心正意,心存正气,做事也就有力量,多一分坚持,多一分努力,一定能够将家乡建设得更加美好。

马云花(本科三年级,彝族,四川省凉山彝族自治州昭觉县) 幼时在极度落后的老家接受教育的经历,曾经一度成为我自卑的源泉,让我不敢正视那段时间和那所小学。输在起跑线上的挫败感,也成了我逃避儿时回忆的一个借口。有幸接触到陈明哲老师的思想,让我茅塞顿开。我知道了"边缘人"也能有努力的方向,"边缘人"也可以有很"伟大"的梦想,更明白了"边缘人"并没有自卑的必要。接下来我要回老家的小学看看,多多回忆当年的种种小事,直视自己成长过程的所有经历,我想,这应是我踏出这个自卑圈的第一步。

沙娜(本科二年级,彝族,四川省凉山彝族自治州普格县) 读了《明哲文选》,感触最深的便是知识改变命运。同样出生于偏远乡镇的我,看到老师在不理想的环境中依旧取得了今天的成就,我感到震撼。我家乡的教育资源比较贫瘠,致使十几年来身边辍学的朋友也数不胜数,这常让我感到遗憾。儿时的玩伴,辍学后早已结婚生子,再见面时,我谈理想,她谈生活。孰好孰坏,无从考证。唯有庆幸在这样的环境中我从未放弃学业。《明哲文选》让我更加坚定了自己当初的选择。出身寒门,知识也许不一定能带来成就,但它让我懂得了什么是理想,让我能有机会去选择自己想要的生活。

王汝舟(本科三年级,四川省凉山彝族自治州盐源县) 老师的"凡走过必留痕迹"这一观点就可以很好地作为我自己读书的目标。读过书后不管是在本子上写下自己的观点，还是在潜意识里思考，都是读过书之后该有的痕迹，如果在下一次的温故中能够知新，那就是收获。

岳丹（本科二年级，藏族，四川省甘孜藏族自治州九龙县） 在我上初中时，我走出家乡，到了一个教育环境较好的地方。很多人就问我："你是哪里人呀？"我回答："四川省甘孜州。"但当我回答后，很多人都反问："你老家有公路吗？"每当这时，我就感到特别难受，也不敢与人争论，因为家乡确实只有很少的公路。慢慢地，我不再主动介绍我的家乡，我开始抱怨自己的出生地，为自己身上"甘孜州"的标签而感到自卑。但当我读到老师在《明哲文选》中提到他对家乡的感恩时，我顿时感到非常羞愧。老师在自己成长过程中将家乡不太理想的环境化作了向上求进的动力，老师"双融"的理念，让我明白家乡的贫瘠和自身的成长并不相悖，反而是促进自己成长的动力。虽然我的家乡偏远又落后，但它却给了我站在山巅眺望远方的机会，它让我知道作为一个"边缘人"，也要像雪莲花一样，在雪山上尽情地绽放。

陈晨（博士生，四川省成都市新津县） 明哲老师说"Be Myself"（做自己），就是要敢于做自己。同时，明哲老师也指出了更重要的一点——"真、实的功夫"，也是凭借着这样的功夫，明哲老师成功做到了"成为他自己"。我们当然也想勇敢做自己，在这之前，我们所要做的就是努力打磨自己，活好每一天，让自己有朝一日有资本、有能力、有机会成为自己，因为结果源于每一次的选择。

李红梅（研究生三年级，重庆市万州区） 因为明哲老师的激励和指引，使我有勇气去创造更多的可能性，不断地积淀，成就更好的自己。多年后，我也希望自己有一定的能力去影响或激励更多的年轻人，就像明哲老师现在对我们的指引和鼓励一样，将这种奉献的精神不断延续下去。

范义红（本科二年级，四川省资阳市雁江区） 明哲老师的经历告诉我"不要自我设限，只要跨出第一步，你不知道你可以走多远"。尝试了之后可能会成功，但不尝试一定不会成功。所以，不要给自己强行贴上一些否定的标签，没有尝试就一定不会有收获，在学习中就该多一分坚持，多一分努力。

李婷婷（本科三年级，四川省成都市金堂县） 像我这种年轻人，有时就难免太贪心，经常图三天新鲜就放弃了，"精一执中"对于我来说，还是有点困难。也许应该读点什么或者经历点什么，去掉心浮气躁，静下心来，可以更加透彻地理解"精一执中"。

李叶子（研究生二年级，甘肃省庆阳市合水县店子乡） 或许在没有长远愿景时，我不能做到不断地跨越和回归；或许在没有体会和而不流时，我不能真正理解双方相融的思想。但我始终坚持想学一点新东西的初心，想要心地干净，想法纯正，做事有力量。

孙婷（MBA 学员，陕西省渭南市华州区） 我的毕业论文的研究对象虽然是一家新创的小微餐饮企业，但它的年轻的创始人也在寻求怎样成为"百年新店"而非昙花一现，我打算把明哲老师的书推荐给她，相信企业创始人会很受启发，会很有收获。

曹丹（MBA 学员，四川省绵阳市） 读《明哲文选》后，明白了如何做人。做一个了解自己，真诚面对自己，做一个在意心魂的人。心魂，一方面是有心，顺着自己的心意，不论是成为大我还是小我都不必苛责自己，改变小我可以启迪大我，成为小我才有机会成就大我；另一方面是有魂，而魂所在就是我所读的书、所走的路，以及所见过的人，这些都成就了我的魂。

刘可欣（研究生一年级，四川省宜宾市） 养花一直是我的兴趣，但我没想过把它与职业生涯联系在一起。读了《明哲文选》，我也在思考将自己的兴趣变成未来工作和生活的主题，并将我目前在学校学的包括管理学的知识和思维方式，运用到我的兴趣中去，这一定会让我不再迷茫，并更有动力。

刘扬（本科三年级，四川省成都市双流区） 读了《明哲文选》，发觉明哲老师在文中对很多经典名句信手拈来，为自己所用。说来惭愧，有些句子我要看老师文下的注释才能看懂，以前也发愿要扩大自己的知识面，每天要看半小时课外书，但总是没过几天就放弃了。《明哲文选》让我意识到我最缺失的就是坚持。

骆润（本科二年级，四川省自贡市） 刚进入大学的时候，自己做事总是唯唯诺诺，上课怕回答问题，面试不敢去怕丢脸等，现在我慢慢地开始认识自我，发现我自己的价值所在，慢慢地学会在课堂上回答问题了，但是觉得还不够。所以读完老师的《明哲文选》，我最想做的一件事就是以后抓住每一次回答问题的机会。

田宇莎（本科三年级，四川省达州市渠县） 陈教授在《明哲文选》中讲到自己与普通人一样，不过是多一分坚持、一分努力、一分幸运。我恍然，或许幸运我暂时没有，但坚持和努力是人人都能做到的。若要有提升，必然要自我坚持和不懈努力，铁打的业务能力并非一蹴而就，我相信幸运也会伴随坚持和努力而来。

魏银环（本科三年级，四川省绵阳市三台县） 回溯过去种种，我有时候总觉得自己是这个世界的"边缘人"。但我一直告诉自己，关于自己的定义是自己才能下的。每天认真地面对自己，做自己，对自己负责，那么我是谁，我做了什么事，这些事有什么意义，自然就有了我想要的答案。

徐彬汇（本科二年级，四川省成都市） 明哲老师在《明哲文选》中提及"世路人情皆学问"，老师感恩身边一切的人与事，不论是顺境还是逆境，都能不断向上求进，忠于自己。老师用自身的经历给我上了重要的一课，让我懂得了感恩的重要性。

杨璐月（本科二年级，四川自贡市） 明哲老师说的对，一个人能否成功，会受到太多因素的影响，并不是个人能决定的。我应该做的就是真诚地面对自己，不断进步和努力，这样等到某天我成功的时候，才能对自己说这是你应得的。

杨燕霞（研究生二年级，四川省乐山市） 明哲老师在台湾台东的成长经历，带给了老师不断向上求学的动力以及与主流思维不同的边缘思维。因此无论过去是顺利或不顺利，我们都应该坦然接受，积极正视，善于反思，不断总结，让那些好的不同点继续闪光。

曾芬（本科三年级，四川省广元市旺苍县） 关于人生应该回答的那三个问题，我现在还没有找到合适的答案，但是我想，只要我继续坚持下去，总会找到答案。只要怀有一颗感恩之心，脚踏实地做事，每天进步一点点，做平凡的事情也能成就不平凡的人生。

赵晟磊（本科三年级，河北省邢台市） 明哲老师说的做人和在意心魂突然点醒了我，长久以来我一直关注自己做了什么并为之满足，从未审视过自己。借着这次机会，我想先把既定计划放一下，腾出一两天来认真思考自己喜欢什么，以前做的是否有意义，以及日后的计划，好好自省，寻找自己的初心。

邓柏江（本科三年级，四川省绵阳市） 明哲老师在《明哲文选》中所提到的"一个人首先要学会如何面对自己，在生活中找寻自己，甚至实现自己"，重新定义了我对"小我"的认知。临近毕业，我对父母与我沟通就业问题感到厌烦，不是充耳不闻就是恶语相向，平白增添许多焦虑，还伤害了父母。面对自己的"缺"（不足，欠缺），是明哲老师教会了我真诚地"求缺"，真诚面对自己。关于就业问题，是我自己太浮躁，还需静下心来与父母做好沟通，耐心地表达自己的想法！

王雯雪（本科二年级，河北省邯郸市） 在《明哲文选》中，"我不过是比普通人多一分坚持，多一分努力"这句话吸引了我。读完文选，我产生了一个想法，就是首先坚持读完一本书。坚持认真看完一本书对于从前的我是不易的，但这一次我在明哲老师的启发下，一天天地坚持了下来。也许一本书读下来我没有什么大的收获，但是我发现自己能够安静下来阅读，这就是不一样的改变。

张欣怡（本科二年级，四川省成都市双流区）《明哲文选》让我印象最深的是，明哲老师面对人生的成败，他选择每天认真地面对自己，对自己负责。以前，我是一个很自卑的人。从小，我的身材都是微胖的，不符合大众对美的定义，我的周围总是充斥着一种声音——胖子，童年的阴影便成为我自卑的来源；长大以后，我成绩平平，没有突出的特长，这又加重了我的自卑。读了《明哲文选》后，我认识到了真诚对待自己的必要性。我可能不瘦、不美，但是我热爱美好，想要创造美好；我可能成绩平平，但是我仍然努力进步着。以后，我会通过真诚地面对自己的不足和优点，慢慢地减少自己的自卑感。我相信要战胜自卑或者其他困难的最好方法就是——真诚地面对自己，发现并改进不足，将长处发挥到极致。

赵若杉（研究生二年级，四川省乐山市）《明哲文选》教会我最深刻的就是"what's possible"。一直以来的我，胆小又怯懦，做事总是会习惯性地为自己设限，最常对自己说的一个词就是"不可能"，比如"我不可能把这本书看懂""主持节目我不可能办得到"等。在阅读的过程中，我开始思考到底什么是"可能"。于我而言，"可能"其实是自己翻开书阅读的第一分钟，是站上主持台的第一分钟。希望以后的自己能多给自己一点点"可能"，不为自我设限，给自己跨出第一步的勇气，多一点坚持与努力，为自己创造一个"可能"的未来。

二、明哲老师与曲木阿木的书信往来

（一）曲木阿木（本科毕业，彝族，四川省凉山彝族自治州越西县）的来信

明哲老师您好：

读完《明哲文选》，让我印象深刻的是明哲老师的这一段话："一个人的

一生结果如何，是成是败（每个人定义不同），有太多的情境因素与运气，非个人所能决定。但是我的做法是选择每天认真地面对自己，真诚地求'阙'（缺），做自己，对自己负责。"明哲老师从一个"小我"，一个本可能被这个社会淘汰的"边缘人"，到如今的"大我"，成为国际管理学术研究的核心，并且通过每天真诚地面对自己，对自己负责进而给出了自己一生中必须面对的三个基本问题"我是谁，我做了什么事，这（些）事有什么意义"的解答，这引起我的反思。

反观自己，出生于中国西南腹地，四川凉山彝族自治州越西县，文昌故里。越西县境内多山，以横断山脉为主，最低海拔1170米，最高海拔4791米，主要居住着彝、汉、藏、回四个民族，共36万多人，其中彝族占了75%左右的人口，经济文化落后。在20世纪50年代初期这里还很封闭，是中国最贫困的地方之一，有自己的文字、语言、习俗、习惯法，所以在以前对外来事物接受度很低，甚至排斥。进入现代，因基础设施不完善、教育条件差、思想落后、经济来源单一而长期处于贫困状态，虽然如今有了很大改变，但情况仍很不乐观。非常感谢父亲能一直支持我们几兄弟读书。在老家，很少有像我们家这样注重教育的家庭，我很幸运。经过努力，我于21岁时走出了凉山，有机会来到四川绵阳求学，作为一个"边缘人"，没有因地域限制、教育条件差、知识匮乏、经济贫困而被淘汰，我比大凉山绝大多数人多了一份幸运。幸运也一直伴随着我。在大凉山，我幸运地在老师们的帮助下走出凉山，有机会见见外面的世界；在大学，幸运地遇到了何波老师带我见识到了更广阔的天空。因此，从学生时代开始，我便决定尽自己的力量改善我的家乡，尽管我的力量非常薄弱，能做的微乎其微。

在外面，因为人们不了解凉山，我听到过很多与事实不符的言论。有些人不了解真实情况只凭道听途说就妄加判断，让我很是生气，每每听到我都会奋起反驳。但更多时候会想，这样解决不了什么，总有一天，我会竭尽全力改变这些东西，竭尽全力改变贫穷落后的环境。所以我不停地学习各种知识，提高自身能力，但后来发现好像每种知识我都只触碰到了表面，所以每到深夜常常会想，是不是这就是我性格上的缺陷，也许我并不是一个适合去深挖内理的人，只能做一个浮于表象的人。因此，我时常会怀疑自己是否能够实现这些想法，是否面对未来不可预料的环境还能够不忘初心。毕业时，我也选择了从政，在去年九月选择当了一名大学生西部志愿者，在四川达州的一个贫困县当基层服务人员，平时负责辖区内的房屋建造、是否享受政策扶持方面的资格审查，以及当驻村工作队队员，工作繁多但简单。选择这条路，是因为我感觉这距离我想改变的东西最近，但越近却发觉困难越大，有时更是寸步难行。每当夜晚将头放在枕头上准备入眠之时，都会想今天我做了什么，今天有没有对得起自己，有没有做好什么工作。但第二天一把冷水洗脸过后，好像昨天的反思又会重复，日复一日地继续这个过程，很怕自己来到世上一无所获。我在很多时候会因为能力不足而陷入困境，有时会因无法帮助别人而懊恼，有时又会把别人的想法及感受看得太重，希望自己能够使每个人都满意，而把自己逼入困境。因此，面对这些问题、矛盾，我常常想是否有一个正确且简单的答案供我选择，或者能有一个人手把手教我怎样解决这些问题？但是，我也明白一切需要靠自己。

所以，当读到明哲老师的这段字时，我陷入沉思，究竟什么时候才能实现自己的想法？我这个"边缘人"连每天认真地面对自己、真诚做自己、对自己负责都不能做到，感觉自己剩下的只有想法，不能做出什么行动，很害怕一无所获地走完这一生。我发觉未来的路还很长，而且崎岖。

因此在未来，我希望像明哲老师那样，做到"吾日三省吾身"，找到"小我"，从"小我"出发，做到每天真诚面对自己，对自己负责，不负自己，不惧未来，找到"大我"，实现"大我"，回答好自己面对的那三个问题。这样等到将来回忆起自己这短暂的一生时，应该会有一两件让自己值得兴奋的事情。

很想和老师分享我最喜欢的一首诗《在山的那边》。

在山的那边
——王家新

小时候，我常伏在窗口痴想
——山那边是什么呢？
妈妈给我说过：海
哦，山那边是海吗？
于是，怀着一种隐秘的想望
有一天我终于爬上了那个山顶
可是，我却几乎是哭着回来了
——在山的那边，依然是山
山那边的山啊，铁青着脸
给我的幻想打了一个零分！
妈妈，那个海呢？

在山的那边，是海！
是用信念凝成的海
今天啊，我竟没想到
一颗从小飘来的种子
却在我的心中扎下了深根
是的，我曾一次又一次失望过
当我爬上那一座座诱惑着我的山顶
但我又一次次鼓起信心向前走去

因为我听到海依然在远方为我喧腾

——那雪白的海潮啊,夜夜奔来

一次次浸湿了我枯干的心灵……

在山的那边,是海吗?

是的!

人们啊,请相信——

在不停地翻过无数座山后

在一次次地战胜失望之后

你终会攀上这样一座山顶

而在这座山的那边,就是海呀

是一个全新的世界

在一瞬间照亮你的眼睛……

　　这是我最喜欢的一首诗。小时候,对于身处崇山峻岭的我来讲,总是好奇家前面那座山的那一边是什么,于是会经常爬上家前面的那座山看看;初一时读到现代诗人王家新的这首《在山的那边》,更让我增强对山那边的世界充满了渴望,好奇那些山是什么;高中毕业,终于有机会走出大山,看看外面的世界;大学毕业,选择了从政,想进大山改变大山,但发觉"大山"很多,有时更是寸步难行,无法做出一点改变,甚至有时想是不是路选错了,所以有时思想放松了,我都会爬上那座山,再看看,山的那边是什么,还能征服多少山,海什么时候能看到。

　　感恩明哲老师,祝您和家人一切安好!

曲木阿木

2020 年 5 月 3 日

（二）陈明哲老师的回信

阿木如晤：

非常高兴接到你的来信。2018 年在成都动态竞争论坛上，你弹着吉他唱歌的那一幕至今仍让我记忆犹新。很高兴这次因为明哲钻石俱乐部的联结，我们围绕《明哲文选》有机会再次相聚。

也非常感谢你寄来家乡以及家族的照片，那里的蓝天，以及蓝天下绵延的山脉和山脚下的城市，都非常美丽。谢谢你分享诗人王家新的《在山的那边》这首诗，它对我的触动非常大。随信附上《明哲文选》自序的更新版本，我想你会从第 49 号脚注中了解我的家乡，台湾台东。虽然台东的鲤鱼山跟你家乡的大小相岭的规模不能比较，但是相信对同样身为边缘人的你我而言，它的意义是一样的。你提到你的家人跟家庭，我也借这个机会跟你分享我在父亲过世时写的祭父文和怀念我父亲庭训的一篇短文。

对我而言，我把你们大家都称为"凉山小朋友"。阿木，你更是"凉山小朋友"的代表。我很佩服你当初放弃铁骑力士那么好的工作机会，直接回到家乡，贡献桑梓。

这条路不一定好走，但是我相信只要一步一步地往前努力，就能走出来。路本身就是人走出来的。很少有人像你这样有心，一心建设家乡、回馈家乡。我也希望不管将来你到哪里，或是做什么事情，都把建设和回馈家乡当作你这辈子的"一"。虽然我从 17 岁离开台东以后，到目前为止，都没有机会再回到我出生跟成长的地方，但是回馈家乡的观念始终是驱动我一步一步往前走的最大动力。我也附上自序的台湾版本，相信你从同样的自序里面，更能够感受到我对家乡以及乡土的情怀。

建设家乡本身就是最好的学习目标，也是训练个人成长最好的过程。"家乡"的形成，不论是文化，还是人情世故，抑或是基层建设，都不是一朝一夕所能达到的，需要从各方面动员许多人来形成合力，一起做出贡献。但只要你"心诚求之，虽不中不远矣"。更重要的是，"风俗之厚薄奚自乎，自乎一二人心之所向也"（曾国藩）。要做移风易俗的事情，更需要长期的努力，但只要你发心大、发心远，我相信就可以一步一步做到。在此，也跟你分享我从马里兰大学博士毕业时的演讲（中英文），里面也提到我如何从初到美国的艰难中一步一步走出来。

很多时候，建设或者协助自己的家乡，不一定非要在自己家乡来做。三五年以后，如果你有机会到一个更"大"的平台上去做更"重要"的事，希望你也要考虑。我不希望你从现在开始就一心把自己栽在家乡，有时候跳出家乡，其实可能比你留在家乡能做出更大的贡献。甚至将来再去多读一些书，或者抓住一些进修的机会，或者为家乡做出贡献的其他机会。重要的是，乡土的情怀，绝对不要丧失。

最后，我想告诉你，你是一个真心而努力的年轻人，你需要的是更多的自信，在各种历练中相信自己。其实你很能观照、省察自己，勇于面对自己，但是也给了自己太多的压力和批判，这或许与离目标尚远，而且不断遭遇横亘途中的重重"大山"有关。从我的角度来看，你至少有两重优势，如果你了解了，必定会带给你更多的信心与支持力量。

第一，你是生长于大山的"边缘人"，这不是你的弱项，而是你的优势。因为，边缘人别具一种视野，甚至更能观照全局；边缘人也更懂得珍惜并善用资源，对于一般人忽略的部分更能付出关怀。你生长于大山，那里重峦叠嶂，而社会上、生命中同样处处有"大山"。不要觉得好像走不出很相似的情境，反过来想，有形或无形的大山并不是阻碍、困境，而是宝贵的考验、学习的机会，踏实地攀越一座座大山，会让你茁壮成长，让你的胸怀更壮阔。所以，要感恩、喜悦地迎接它们。边缘人的特质、大山里的生长经验，也会引领你在人生中走出自己的路、克服途中的种种挑战。

第二，引用你所唱歌词中的一句话"悠久灿烂的彝族文化在喜德拉达光芒四射"，不要忘了你的彝族文化基因（我相信你是引以为傲的），那是你的文化本源，是你的内在特质之一。我并不了解彝族文化，但是我相信彝族的文化与智慧必定有可以帮助你面对并处理当代问题的部分。容我揣测，彝族与大自然和谐相处的智慧、人伦与生活中的人性之美，一点也不过时，反而是当代人可以资取的。当你向外拓展、学习的同时，也需要继续承传彝族的文化，深入了解祖先的智慧和教导，与你的各种学习融会、触类旁通，这些将是你最重要的养分，也是你的特质和优势。由此来看，不论未来你是否在家乡服务、建设，你都能对家乡与自身文化做出你意想不到的贡献。

有什么我可以帮忙的地方，或者你平常有什么想法，可以随时跟我联系。

加油，希望全家健康平安。

明哲

2020 年 5 月 11 日

随信附寄：

自序最新版的台湾和大陆版本；马里兰演讲中英文版本；祭父文；忆庭训。

彼得·德鲁克全集

序号	书名	序号	书名
1	工业人的未来The Future of Industrial Man	21☆	迈向经济新纪元 Toward the Next Economics and Other Essays
2	公司的概念Concept of the Corporation	22☆	时代变局中的管理者 The Changing World of the Executive
3	新社会 The New Society：The Anatomy of Industrial Order	23	最后的完美世界 The Last of All Possible Worlds
4	管理的实践 The Practice of Management	24	行善的诱惑The Temptation to Do Good
5	已经发生的未来Landmarks of Tomorrow：A Report on the New "Post-Modern" World	25	创新与企业家精神Innovation and Entrepreneurship
6	为成果而管理 Managing for Results	26	管理前沿The Frontiers of Management
7	卓有成效的管理者The Effective Executive	27	管理新现实The New Realities
8 ☆	不连续的时代The Age of Discontinuity	28	非营利组织的管理 Managing the Non-Profit Organization
9 ☆	面向未来的管理者 Preparing Tomorrow's Business Leaders Today	29	管理未来Managing for the Future
10☆	技术与管理Technology，Management and Society	30☆	生态愿景The Ecological Vision
11☆	人与商业Men，Ideas，and Politics	31☆	知识社会Post-Capitalist Society
12	管理：使命、责任、实践（实践篇）	32	巨变时代的管理 Managing in a Time of Great Change
13	管理：使命、责任、实践（使命篇）	33	德鲁克看中国与日本：德鲁克对话"日本商业圣手"中内功 Drucker on Asia
14	管理：使命、责任、实践（责任篇）Management: Tasks,Responsibilities,Practices	34	德鲁克论管理 Peter Drucker on the Profession of Management
15	养老金革命 The Pension Fund Revolution	35	21世纪的管理挑战Management Challenges for the 21st Century
16	人与绩效：德鲁克论管理精华People and Performance	36	德鲁克管理思想精要The Essential Drucker
17☆	认识管理An Introductory View of Management	37	下一个社会的管理 Managing in the Next Society
18	德鲁克经典管理案例解析（纪念版）Management Cases(Revised Edition)	38	功能社会：德鲁克自选集A Functioning Society
19	旁观者：管理大师德鲁克回忆录 Adventures of a Bystander	39☆	德鲁克演讲实录The Drucker Lectures
20	动荡时代的管理Managing in Turbulent Times	40	管理(原书修订版) Management (Revised Edition)
注：序号有标记的书是新增引进翻译出版的作品		41	卓有成效管理者的实践（纪念版）The Effective Executive in Action

明茨伯格管理经典

Thinker 50终身成就奖获得者，当今世界杰出的管理思想家

写给管理者的睡前故事

图文并茂，一本书总览明茨伯格管理精要

管理者而非MBA

管理者的正确修炼之路，管理大师明茨伯格对MBA的反思
告诉你成为一个合格的管理者，该怎么修炼

拯救医疗

如何根治医疗服务体系的病，指出当今世界医疗领域流行的9大错误观点，提出改造医疗体系的指导性建议

战略历程（原书第2版）

管理大师明茨伯格经典著作全新再版，实践战略理论的综合性指南

管理进行时

继德鲁克之后最伟大的管理大师，明茨伯格历经30年对该名作《管理工作的本质》的重新思考

明茨伯格论管理

明茨伯格深入企业内部，观察其真实的运作状况，以犀利的笔锋挑战传统管理学说，全方位地展现了在组织的战略、结构、权力和政治等方面的智慧

管理至简

专为陷入繁忙境地的管理者提供的有效管理方法

管理和你想的不一样

管理大师明茨伯格剥去科学的外表，挑战固有的管理观，为你揭示管理的真面目

战略过程：概念、情境与案例（原书第5版）

殿堂级管理大师、当今世界优秀的战略思想家明茨伯格战略理论代表作，历经4次修订全新出版

战略过程：概念、情境与案例（英文版·原书第5版）

明茨伯格提出的理论架构，是把战略过程看作制定与执行相互交织的过程。在这里，政治因素、组织文化、管理风格都对某个战略决策起到决定或限制的作用